KB126777

사할린의 한인 디아스포라

사할린의 한인 디아스포라
본국 귀환 문제 그리고 소비에트와 러시아 사회로의 통합

초판 1쇄 발행 2020년 12월 15일

저 자 ㅣ 진 율리야 이바노브나(Дин Юлия Ивановна)
역 자 ㅣ 김종헌
발행인 ㅣ 윤관백
발행처 ㅣ 도서출판 선인

등록 ㅣ 제5-77호(1998.11.4)
주소 ㅣ 서울시 마포구 마포대로 4다길 4 곳마루 B/D 1층
전화 ㅣ 02)718-6252 / 6257   팩스 ㅣ 02)718-6253
E-mail ㅣ sunin72@chol.com

정가 35,000원

ISBN 979-11-6068-415-5 93900

사할린의 한인 디아스포라

Корейская диаспора Сахалина

본국 귀환 문제 그리고 소비에트와 러시아 사회로의 통합

проблема репатриации и интеграция в советское и российское общество

진 율리야 이바노브나(Дин Юлия Ивановна) 저

김 종 헌 역

도서출판 선인

이 책은 진 율리야 이바노브나의 저서 "사할린의 한인 디아스포라: 본국 귀환 문제 그리고 소비에트와 러시아 사회로의 통합"의 완역본이다. 이 책은 사할린에서 한인 사회의 형성 배경과 과정, 한인들의 송환에 대한 관련 국가들의 정책과 태도, 사할린한인들의 정체성 확립과 디아스포라의 형성 등 사할린한인에 관한 문제를 종합적이면서도 매우 치밀하게 밝혀낸 연구물이다. 특히 이 글은 사할린의 공식자료를 사용하여 사할린한인 사회의 역사를 분석했다는 점에 큰 의의가 있다. 또한 현지인들과의 인터뷰 및 다양한 자료를 사용하고 있다.

이 책은 '사할린한인' 1세대와 1.5세대의 귀환 문제를 밝히는데 대부분의 지면을 할애하고 있다. 본인은 귀국 문제의 해결이 사할린한인 문제 해결의 종착점이 될 것으로 단순하게 생각했다. 그러나 이 책은 그들이 그렇게 원하던 '귀환'이 문제 해결의 종착점이 아니라, 새로운 문제의 잉태점이 되고 있다는 사실을 밝히고 있다.

부모세대가 역사적 모국으로 귀국하면서 부모세대와 자식세대들은 실질적인 이산가족이 되었다. 그리고 그 이산가족 문제가 개인에 따라서는 매우 심각한 형태로 종결되기도 했다. 또한 부모세대가 떠나면서 사할린한인들 내에서는 한국의 전통문화가 급격하게 사라지고 있다. 사할린한인의 자식세대들에게 한국을 어떻게 알릴 것인가도 또 하나의 문제일 것이다. 결국 부모세대의 귀국으로 우리가 풀어야 할 새로운 과제가 생긴 것이다.

조선의 실정으로 우리는 일본 식민지가 되었다. 당시 일반 백성들은 정치에 참여할 수 없었다. 그런데 국정 실수에 의해 발생한 비극과 불행을 고스란히 감당한 것은 국민들이었다. 사할린한인 문제 역시 국민들이 겪어야만 했던 비극과 불행 중 하나였다. 따라서 이 문제를 해결하는데 이제는 대한민국이 주도적 역할을 해야 할 것이다.

진 율리야 이바노브나의 저서는 전문가의 연구는 물론, 일반인들이 사할린한인 문제의 실체를 이해하는데 큰 도움이 될 것이다. 따라서 본인은 이 책이 지금이라도 한국에서도 출판될 수 있다는 점을 다행으로 생각한다.

이 책을 쓴 진 율리야 이바노브나 선생에게 수고했다는 말을 전하고 싶다. 이 책의 가치를 알아보시고 선뜻 출판을 결정해 주신 도서출판 선인에게 깊은 감사의 뜻을 전한다. 또한 여기서 일일이 언급할 수 없으나, 번역 도중에 의문이 생겼을 때 도움을 주신 모든 분들께도 감사의 마음을 전한다. 마지막으로 이 책을 번역할 수 있는 기회를 얻게 된 것을 큰 행운으로 생각하며, 이 책과 관련된 모든 사람, 단체, 기관 등에 심심한 경의를 표한다.

일러두기

1. 한국어를 러시아어로 표기할 때 한계가 있다. 여기에 표기된 한국인의 이름은 저자의 뜻에 따른 것이다. 따라서 역사 상 존재했던 사람의 실제 이름과 차이가 있을 수도 있음을 미리 밝혀둔다.

2. 글 중에 '귀환'과 '송환'이 모두 등장한다. 패전국 일본과 관련되어 있을 경우, 즉 일본군과 일본인을 돌려보내는 경우에는 '송환'으로 했으며, 한인이 모국으로 귀국하려 한 것과 관련되었다고 판단될 경우에는 '귀환'으로 했다. 신중하게 생각하여 표현을 선택했으나, '송환'과 '귀환'이 잘 못 적용되어 사용된 부분이 있다면 그것은 전적으로 역자의 실수임을 밝혀둔다. 참고로 저자는 'Репатриация'를 사용했다. 이 단어에는 송환과 귀환 뜻 모두가 있으니 저자의 잘 못이 있을 수 없음을 또한 미리 밝혀둔다.

3. 본서에서는 한반도의 두 정부를 구분하기 위하여 '남한'과 '북한'이라는 용어를 사용했다. 이를 번역할 때 '남한'은 '한국'으로 '북한'은 그냥 '북한'으로 표기했다.

4. 사할린 출신의 한국인은 '사할린한인'으로, 연해주를 통해 러시아로 자발적으로 입국했으나, 1937년 중앙아시아로 강제 이주된 한국인은 '고려인'으로 표기했다. '사할린한인'은 애초의 목적이 모국으로의 귀국이었기 때문에, 자신이 한국인이라는 정체성을 잃지 않으려 했다는 사실을 고려한 번역이다. 또한 그들의 귀국 의지를 고려한 저자역시 '한인'이라는 표현을 사용해 달라고 특별히 부탁했다.

서 론

　스스로 다민족 국가임을 인정하고 있는 러시아에서는 민족이나 인종문제가 종종 가장 예민하고도 논쟁적인 사안이 된다. 다문화 공간 속에 있는 각각의 공동체와 인민들은 국가의 보호와 주변의 이웃들로부터 존경을 느끼고자 원했을 것이다. 그러나 우리는 역사의 다양한 시기에 다문화 공간이 지닌 고통스러운 문제와 또다시 조우하게 된다.

　특히 러시아가 민주사회 형성의 복잡한 시기를 겪고 있는 최근 들어 민족 문제가 더욱 긴요한 사안이 되었다. 러시아 영토에서 서로 다른 민족 집단의 형성 및 각 집단과 다수민족 간의 상호관계, 그리고 이 집단에 기초하여 민족 디아스포라가 발생하는(혹은 발생하지 않는) 선행조건들에 대한 관심이 커지고 있다. 디아스포라가 사회경제적, 정치적, 문화적으로 러시아 사회에 통합되는 것, 그리고 그 통합 과정에서 각 민족의 문화적 특징을 유지해야 할 사회정치기구들의 역할 문제 역시 관심을 불러일으키고 있다.

　한인이 사할린에 처음으로 입도한 시기는 19세기 후반이었다. 당시 입도한 한인들은 대체로 계절노동자였기 때문에 항시적인 공동체를 형성하지는 않았다. 그럼에도 불구하고 한인들은 사할린 사회의 민족사에서 자신만의 흔적을 남겨놓았다.[1] 그러나 그것은 다른 분야의 사

---

[1] 사할린에 처음 등장한 한인들에 관해서 보다 자세하게, 그리고 러시아 극동지역을 향한 한인들의 전체 이주 중 일부분으로서의 이주에 대해서는 다음을 보시오. Петров

할린한인사이기 때문에, 이 책에서는 언급되지 않을 것이다.

1905년부터 1945년까지 사할린 남부(북위 50도 이하 - 역주)는 일본의 영토였으며, 명칭도 가라후토(樺太 - 역주)였다. 사할린한인들은 일본인 및 소수의 원주민들과 함께 거주했다. 대부분의 사할린한인들은 일본 정권에 의해 강제동원 되었기 때문에 자신의 의지와는 상관없이 사할린 주민이 되었다. 1945년 제2차 세계대전 종전 이후 사할린 남부와 쿠릴열도가 소연방의 영토로 편입되었으나, 그곳에 남아 있던 한인들은 일련의 이유로 인하여 그곳에 남겨지게 되었다. 이 책은 바로 그들에 관한 그리고 그들을 위한 것이다.

본 저자는 이 책을 집필하면서 기본적으로 연대순으로 사건을 서술한다는 원칙을 지키려했으나, 일부 그럴 수 없는 경우도 있었다. 이 책은 사료적 토대와 역사문헌에 대한 개관에서 시작하여 사할린한인 공동체에 '디아스포라'라는 용어를 적용할 수 있는 근거를 제시하는 것으로 끝을 맺는다. 이런 이론적 문제들 간에는 사할린한인사, 비정상적인 삶의 조건에 적응하고 통합되는 힘들고도 독특했던 과정의 역사, 송환·시민권·민족정체성·사회운동 등 중요한 문제가 해결되어가는 과정의 역사 등이 존재한다.

이 책에서는 한국 이름과 지명에는 콘체비치(Л.Р. Концевич)의 표기법이, 일본 이름과 지명에는 폴리바노프(Е.Д. Поливанова)의 표기법이 각각 적용되었다. 러시아의 동방학에서는 이 두 표기법이 가장 보편적으로 사용되고 있다.

А.И. Корейская диаспора на Дальнем Востоке России. 60–90-е годы XIX века. Владивосток: ДВО РАН, 2000. 304с.; ПетроваА.И.Корейская диаспора в России 1897–1917 гг. Владивосток: ДВО РАН, 2001. 400с.; Кузин А.Т. Переход корейцев в Дальневосточные пределы Российского государства(Поискиисследователя). Южно-Сахалинск, 2001. 64с.; Ким Г.Н. История иммиграции корейцев. Книга1. Вторая половина XIXв. – 1945г. Алматы: Дайк-пресс, 1999. 424с.

한국과 일본에서 유래하여 러시아어에서 관용적 표현이 된 지명과 개별 인명의 표기는 위의 두 표기법에서 예외가 된다. 본 저자는 사할린의 모든 일본식 지명이 러시아어로 올바르게 표기된 것이 아니며, 소비에트와 러시아 문서에서 위의 두 표기법이 사용되고 있고, 러시아 독자들에게도 더 익숙다는 사실을 고려하여 위 표기법들을 사용하기로 결정했다. 예를 들어 일본 점령기에 유즈노사할린스크(Южно-Сахалинск)시의 명칭인 도요하라(豊原)를 폴리바노프 표기법에 따르면 토요하라(Тоёхара)이지만, 러시아 독자들에게는 토이오하라(Тойохара)가 더 익숙하다. 따라서 이 책에서는 일본 문헌에서 온 표기법(토요하라)와 러시아 사료에서의 표기법(토이오하라) 두 가지가 모두 사용되고 있다.[2]

한인 이름과 성을 표기하는 것에서도 비슷한 문제가 존재하며, (올바른 표기법에서는 물론 발음을 전달하는 수준에서의)오류도 막대하다. 그럼에도 그런 표기들이 공식 문서에서 이용되고 있다. 역사서에도 많은 러시아의 한인 혹은 대한민국의 한국인 성명이 나오는데, 러시아어로 발표된 연구결과물에 로옌돈(Ло Ен Дон, 노영돈)이나 팍총효(Пак Чон Хё, 박종효)로 표기되어 있다. 본 저자는 혼동이 발생하지 않도록 이런 성명을 애초의 발음(한국식)으로 표기하지 않기로 결정했다. 독자들은 본문 중에서 콘체비치의 표기방식으로 그리고 그것과는 다른 방식으로 표기된 이름(종종 위 방식에 따라 표기된 이름의 바로 다음에 나오기도 한다)이 병존하는 것을 보게 될 것이다. 이 경우 러시아 한인의 이름은 그것의 표기 방식에 따랐으며, 한국인의 이름은 한국어에서 전사(轉寫)되었다는 사실을 상기해야만 한다.

사할린한인사에는 어려운 순간이 많았다. 본 저자는 그 어느 편에 서지도 않고 그 누구도 비난하지도 않음으로써 모든 역사학자들에게

---

2) 360쪽에 있는 지명의 러시아와 일본식 명칭의 통합목록을 보시오.

반드시 필요한 표현의 객관성과 중립성을 유지하려 노력했다. 인생은 충분히 복잡하며, 과거가 연구되어야 하는 것은 당연하지만, 주장과 비난의 제기가 앞으로 나아가는데 항상 도움이 되는 것은 아니다. 그럼에도 불구하고 본 저자는 이 책에 언급되지 않은 중요한 사건, 세부 사실이나 이름이 있다면 그에 대해 미리 사과를 드린다. 책 한 권에서 모든 문제를 아우를 수는 없다. 따라서 사할린한인사 연구는 계속될 것으로 기대해도 된다.

본 저자는 지난 여러 해 동안 지원을 아끼지 않은 모든 이들에게 진심어린 고마움을 표한다. 그 첫 번째 대상은 인터뷰에 응해주고, 알려지지 않은 세세한 사안들에 관심을 갖도록 조언해주었으며, 회고와 의견을 함께 해 주신 사할린한인 디아스포라의 일원들이다. 본인의 첫 번째 지도교수인 마리나 이바노브나 이센코(Марина Ивановна Ищенко)와 미하일 스타니슬라보비치 븨소코프(Михаил Станиславович Высоков)에게 특별한 사의를 표한다. 또한 논평과 비판을 해주신 모든 분들께, 무엇보다도 본 저자가 자신만의 관점을 형성할 수 있도록 사심 없이 도움을 주신 러시아, 한국 그리고 일본의 모든 학자들, 논문심사자들 그리고 친구들에게 고마움의 마음을 전한다.

이 책은 유한책임회사 '리고-디자인(Лиго-Дизайн)'의 대표 이 드미트리 쿠율로비치(Ли Дмитрий Кулолович), 사할린 주의 사할린한인 이산가족협회 대표 박순옥(Пак Сун Ок), 유즈노사할린스크 주재 대한민국 문화센터 소장 장원찬, 사할린 지역 한인노인회 대표 김홍지(Ким Хон Ди), 지역 간 한인협회 '사할린한인회'의 김태익(Ким Тхе Ик) 등과 같은 한인디아스포라 대표자들의 재정적 지원이 없었다면 발간될 수 없었을 것이다. 이에 본 저자는 그들에게 진심 어린 고마움을 전한다.

제1장
자료와 문헌

사할린한인 디아스포라에 관한 모든 자료와 문헌은 조건적으로 기록에 사용된 언어에 따라 러시아(소비에트와 러시아연방), 일본어, 한국어 그리고 영어로 작성된 해외 자료와 문헌(본 저자는 이 주제와 관련하여 다른 언어로 작성된 자료와 연구물을 발견할 수 없었다) 등 총 네 개 부분(군)으로 나뉜다. 따라서 연구 주제에 대한 자료와 문헌 검토가 언어에 따라 네 개의 항목으로 제시되어 있다. 1.1에서는 러시아어로 작성된 사료와 문헌에 대한 개관되어 있다. 1.2, 1.3, 1.4에서는 각각 일본어, 한국어 그리고 영어로 작성된 자료와 문헌에 대한 개관이 이루어졌다. 문헌을 생산된 나라에 따라 구분하는 것은 쉽지 않은 일이다. 많은 저자들이 민족적으로는 한인이지만, 일본이나 러시아에 거주하면서 일본어나 러시아어로 글을 쓰고 있으며, 종종 한국의 학자들은 일본어와 러시아어 그리고 일본의 학자들은 한국어와 영어 그리고 러시아어로 자신의 연구결과를 발표하기 때문이다.

1.1. 러시아어 자료와 문헌

사할린한인사 연구의 중요한 기초는 러시아어로 작성된 자료와 문헌이다. 가장 먼저 들 수 있는 것은 러시아연방국립문서보관소(ГАРФ, 이하 가르프 - 역주), 러시아국립사회정치사문서보관소(РГАСПИ, 이하 르가스피 - 역주), 러시아국립최신사문서보관소(РГАНИ, 이하 르가니 - 역주), 국립사할린주역사문서보관소(ГИАСО, 이하 기아소 - 역주) 등과 같은 러시아 중앙과 사할린의 문서보관소에 소장된 문서들이다. 가르프 소장 자료 중 관심을 끄는 것은 1945년부터 1947년까지 유즈노사할린스크와 쿠릴열도에서 기능했던 민정국의 활동과 관련된 문서들, 특히 사할린 지방당국이 모스크바 정부기관(외무부, 각료회의 등) 및 전후 첫 시기동안 극동지역의 군지휘부와 주고받은 왕복문서이다.

르가스피에는 사할린한인사의 특정 측면과 관련된 문서들이 외무부 몰로토프(В.М. Молотов) 문서군에 보관되어 있으며, 코민테른과 코민포름의 지역분과가 제2차 세계대전을 전후하여 소련에 보고한 한국과 일본의 국내 상황에 관한 정보들은 관련 문서군들에 보관되어 있다.

르가니에는 1953년부터 1991년까지 소련과 대한민국 그리고 일본 간의 국제관계와 관련하여 기밀 해제된 문서들이 소장된 문서군이 흥미롭다. 그러나 예전처럼 연구자들이 위 시기 소연방과 북한 간의 관계(대한민국과 일본의 관계보다 훨씬 폭넓고 다양했던 과거의 관계)에 관한 정보를 수집할 수 있는 문서에 접근할 수 없는 게 큰 아쉬움이다.

사할린한인사에 관련된 막대한 양의 문서가 소장된 곳은 유즈노사할린스크에 위치한 기아소다. 이곳에는 공식적으로 발간된 통계자료집에 포함되지 않은 통계 자료들이 있으며, 서로 다른 시기에 사할린과 쿠릴열도에서 활동했던 민정국, 사할린주 내무통치부 산하 여권과, 노동자 이주 및 조직징집과, 사할린 주행정위원회 교육과, 소연방 공산당 주위원회 등의 다양한 정부 기구와 기관들이 생산한 문서들이 있다.

사할린한인 디아스포라사 연구를 위해서는 문서보관소 자료들이 가장 중요하지만 기존에 발간된 사료의 분석 역시 반드시 이루어져야한다. 그 중에서도 사할린한인들 삶의 다양한 분야, 특히 한인의 시민권 문제 등을 다루었던 법률적 성격의 문서인 소연방과 러시아연방의 법률과 규정,[1] 1948년 12월 10일 국제연합 총회에서 채택된 세계인권선언 등 공식적으로 발간된 문서들은 반드시 언급되어야 한다.[2]

디아스포라의 삶에 관한 것이라면 그 어떤 문제도 통계 없이는 논할 수 없다. 그런 통계에 관한 정보를 제공해 줄 수 있는 것으로는 다양한 인구통계 편람에서 발간되었으며,[3] 정부의 공식 사이트에 게재된 전소연방(1959, 1970, 1979, 1989년)과 전러시아연방(2002, 2010년)의 인구조사가 있다.[4]

---

1) Закон СССР от 01.12.1978 № 8497-IX «О гражданстве СССР». Статья 13 // Ведомости ВС СССР. № 49. С. 816; Закон СССР от 23.05.1990 № 1518-1 «О гражданстве СССР». Статья 16 // Ведомости СНД и ВС СССР. 1990. № 23. С. 435; Закон РФ от 28.11.1991 № 1948-1 «О гражданстве Российской Федерации». Статья 17 // Ведомости СНД и ВС РФ. 1992. № 6. С. 243; Закон РФ от 17.06.1993 № 5206-1 «О внесении изменений и дополнений в Закон РСФСР «О гражданстве РСФСР»». Статья 17 // Ведомости СНД и ВС РФ. 1993. № 29. С. 1112; Федеральный закон от 31.05.2002 № 62-ФЗ «О гражданстве Российской Федерации». Статья 12 // Ведомости СНД и ВС РФ. 1992. № 6. С. 243; Постановление ГД ФС РФ от 17.10.2003 № 4485-III ГД о Федеральном законе о внесении изменений и дополнений в Федеральный закон «О гражданстве Российской Федерации». Статья 12 // Ведомости ФС РФ. 2003. № 30. С. 1584.

2) Всеобщая декларация прав человека // Официальный сайт Организации Объединенных Наций. Режим доступа: http://www.un.org/ru/documents/decl_conv/declarations/declhr. shtml (검색일: 01.08.2011).

3) 예를 들어 다음을 보시오. Сахалинская область на рубеже XXI века. Статистический ежегодник. Южно-Сахалинск: Госкомстат России, Сахалинский областной комитет государственной статистики, 2001. 321с.; Сахалинская область: цифры и факты 2010–2011 гг. Южно-Сахалинск: Федеральная служба государственной статистики, Территориальный орган федеральной службы государственной статистики по Сахалинской области (Сахалинстат), 2012. 48с.

문서자료집은 연구자와 학자의 작업에 도움을 주는 중요한 문헌이다. 특히 쿠진(А.Т. Кузин)[5]의 연구물 그리고 부가이(Н.Ф. Бугай)와 심헌용[6]의 공동 작업을 강조하고 싶다. 사할린한인회 중 하나가 만든 문서집에서 한국어, 일본어, 러시아어로 된 자료들이 소개되었다.[7] 이 문서집은 사할린한인 디아스포라사에서 연구되지 않은 분야를 밝혀주는 편지와 호소문을 비롯한 다양한 문서들을 소개해주고 있다.

회고록 역시 사할린한인사를 밝혀주는 중요한 문헌 중 하나다. 그 중에서도 사건 목격자의 기억을 담은 박현주(пак Хен Чжу)[8]의 작품(일본어의 번역본이다. 원본에 대해서는 뒤에 언급될 것이다)이 눈에 띈다. 사할린과 쿠릴열도의 한인들이 2차 대전 이후 유즈노사할린스크 주의 민정국장 크류코프(Д.Н. Крюков)[9]의 지도하에 소비에트의 정치체제와 경제체제로 통합되었던 만큼 그의 회고록 역시 중요하다.

사할린한인사를 보다 완전하게 재현하기 위해 본 저자는 구술 자료,

---

4) 예를 들어 다음을 보시오. Демоскоп Weekly (Институт демографии Национального исследовательского университета «Высшая школа экономики» // Режим доступа: http://demoscope.ru/weekly/2013/0559/index.php (검색일: 01.08.2013); Всероссийская перепись населения 2002 г. // Официальный сайт. Режим доступа: http://www.perepis 2002.ru (검색일: 01.08.2013); Всероссийская перепись населения 2010 г. // Официальный сайт. Режим доступа: http://www.perepis-2010.ru (검색일: 01.08.2013).

5) Кузин А.Т. Сахалинские корейцы: история и современность. Документы и материалы, 1880–2005. Южно-Сахалинск: Сахалинское областное книжное издательство, 2006. 460 с.

6) Бугай Н.Ф., Сим Хон Ёнг. Общественные объединения корейцев России: конститутивность, эволюция, признание. М.: Новый хронограф, 2004. 370 с.

7) Сахалинская общественная организация дважды принудительно мобилизованных корейцев / под ред. Со Дин Гира. Южно-Сахалинск: Идюн динен, 2001. 228 с.

8) Пак Хен Чжу. Репортаж с Сахалина. Южно-Сахалинск: ЗАО «Файн Дизайн», 2004. 167 с.

9) Крюков Д.Н. Гражданское управление на Южном Сахалине и Курильских островах в 1945–1948 гг. // Краеведческий бюллетень, 1993. № 1. С. 3–44; № 2. С. 2–24; № 3. С. 3–40.

즉 사할린한인 디아스포라 제3세대를 상대로 한 인터뷰 내용도[10] 이용했다. 인터뷰는 사할린과 대한민국에서 진행되었으며, 인터뷰에 응한 이들은 그 당시의 삶을 살았던 한 사람의 관점에서 역사적 증언 및 경험자의 관점에서 자기 삶에 관한 정보를 집중적으로 진술해 주었다.[11]

소연방이 존재했던 거의 모든 기간 동안 사할린한인 디아스포라 문제는 문서 접근이 금지되어서 거의 연구되지 못했다. 그러나 최근 20년에 걸쳐 상당히 광범위한 학술적 결과가 축적되었다.

소비에트 시기에는 두 명의 학자들이 사할린한인사라는 주제를 다루었다. 이병주는 자신의 박사학위 논문[12]에서 식민지 시기, 즉 일본이 사할린을 통치했던 1905-1945년 사이 한인의 이주 원인, 일본 당국의 정책, 거주 환경 등 한인사의 일부 문제를 다루었다. 그의 연구가 지닌 장점 중 하나는 일본어와 한국어로 된 막대한 분량의 사료를 이용했다는 것이다. 콜례스니코프(Н.И. Колесников)는 '노동자 그리고 농민과 함께 한 대열에서'[13]라는 자신의 저술에서 소비에트 문서보관소의 문서를 분석하여, 사할린 남부가 소연방에 양도된 이후 그곳에 남겨진 주

---

10) 사할린한인 디아스포라 세대는 매우 명확하게 구분된다. 모든 제1세대의 신분증명서 출생란에는 1945년 8월 15일이라는 날자가 기재되어 있다. 이 시점을 기준으로 하여 제1세대의 자녀들이 제2세대로 여겨진다. 따라서 1세대의 손자와 증손자는 제3세대와 제4세대가 된다. 이런 구분이 전적으로 옳은 것은 아닌 것으로 보이는 바, 왜냐하면 '한 세대' 내에서의 연령차가 20-30년이 될 만큼 매우 크기 때문이다. 그러나 이런 구분이 사할린한인 공동체 내에서도 그리고 국제적으로도 기준으로 사용되고 있기 때문에(사할린한인들의 1세대만이 모국으로 돌아갈 수 있는 권리를 지니고 있다), 이 책에서도 그 구분을 따르는 것이 합목적적이라 판단된다.

11) 인터뷰 인용은 다음과 같은 형태로 이루어졌다. 즉 [이름의 첫 번째 글재(만약 이름이 알려져 있지 않으면 피조사자를 [H]로 표기했다), 성, 출생연도, 인터뷰 진행 장소, 인터뷰 진행 일자. 인터뷰 자료는 본 저자가 개인적으로 보관하고 있다.

12) Ли Бен Дю. Южный Сахалин и Курильские острова в годы японского господства: дис. ... канд. ист. наук. М., 1976. 177с.

13) Колесников Н.И. В одном строю с рабочими и крестьянами. Южно-Сахалинск: Сахалинское отделение Дальневосточного книжного издательства, 1974. 120с.

민으로서의 한인들에 대한 정보를 제공해주고 있다. 특히 그는 1945년 당시 사할린에 남겨진 한인의 수가 4만7천 명이 넘는다는 사실을 보여주고 있다(우리는 이 책을 통해 이 수치가 심하게 과장되었음을 확인할 수 있다).

1985년 페레스트로이카와 글라스노스트의 시기가 도래하면서 사할린한인 디아스포라사에 관한 많은 연구물이 등장했다. 여기서는 주의 깊게 이 주제를 연구한 러시아 학자 세 명을 언급하겠다.

우선 첫 번째로 꼽을 수 있는 이는 복지고우다. 그의 연구물 중에는 페레스트로이카 당시 저술되었으나 1993년에서야 출간된 '사할린의 한인들'이 있다.[14] 사할린한인사 연구에 끼친 그의 업적에는 의심의 여지가 없다. 복지고우는 자신의 저서에서 한인 이주와 관련된 일본의 학술서적과 대중서적을 분석하고 있으며, 사할린한인 협회에 속한 일부 회원의 회고록을 인용하고 있다. 복지고우는 자신이 목격한 사건들을 서술했으며, 당연히 그런 점이 그의 연구가 지닌 장점이다. 그러나 개인적 경험으로 인해 그의 연구물에는 일부 주관적 요소가 존재한다. 그런 사실에도 불구하고 복지고우의 저서는 러시아 역사학계에서 사할린한인에 관한 최초의 전문서이다. 그는 사할린한인사와 관련하여 러시아와 일본에서 연구되고 있는 일련의 문제들을 설명하는 다수의 연구업적을 발표했다.[15]

러시아 학계에서 이 주제를 연구하는 학자 중 가장 뛰어나고 저명한

14) Бок Зи Коу. Корейцы на Сахалине. Южно-Сахалинск: Южно-Сахалинский государственный педагогический институт, Сахалинский центр документации новейшей истории, 1993. 222с.

15) Бок Зи Коу. К вопросу о «проблемах сахалинских корейцев» // Нам жизнь дана / сост. Сун Дюн Мо. Южно-Сахалинск: Дальневосточное книжное издательство. Сахалинское отделение, 1989. 111с.; Бок Зи Коу. Сахалинские корейцы: проблемы и перспективы. Южно-Сахалинск: ИМГиГ ДВО АН СССР, 1989. 77с.

이는 쿠진이다. 그는 사할린의 각 문서보관소에 소장 중인 막대한 자료를 학술적으로 가공한 최초의 저서를 발표했다. 그가 첫 번째로 발표한 연구서 '극동 한인들: 삶과 비극적 운명'16)은 지금까지도 사할린한인사에 관한 최고의 역작 중 하나로 꼽힌다(일본어로 번역되었다17)). 이 책의 제2부에서는 현대 한인 디아스포라를 다루고 있다. 2010년 쿠진은 오랜 시간 동안 사할린한인사를 연구해 온 자신의 연구업적을 집대성하여 3권으로 구성된 '사할린한인들의 역사적 운명'18)을 발간했다. 그는 사할린한인 공동체의 역사가 지닌 각각의 의문점과 문제를 다룬 다른 서적들도 집필했다.19) 2012년 쿠진은 러시아과학아카데미 산하의

16) Кузин А.Т. Дальневосточные корейцы: жизнь и трагедия судьбы. Южно-Сахалинск: Дальневосточное книжное издательство, Сахалинское отделение, Литературно-издательское объединение «Лик», 1993. 368с.

17) クージン, А.Т. 沿海州・サハリン近い昔の話: 翻弄された朝鮮人の歴史. 東京: 凱風社, 1998. 317頁. [Кузин А.Т. Приморский край и Сахалин: беседы о недавнем прошлом. Токио: Гайфуся, 1998. 317с.].

18) Кузин А.Т. Исторические судьбы сахалинских корейцев. В 3 кн. Кн. 1. Иммиграция и депортация (вторая половина XIX в. – 1937 г.). Южно-Сахалинск: Сахалинское книжное издательство, 2009. 262с.; Кн. 2. Интеграция и ассимиляция (1945–1990 гг.). Южно-Сахалинск: Сахалинское книжное издательство, 2010. 336с.; Кн. 3. Этническая консолидация на рубеже XX–XXI вв. Южно-Сахалинск: издательство «Лукоморье», 2010. 384с.

19) Кузин А.Т. Судьбы корейцев в аспекте исторического опыта освоения Сахалина и Курильских островов // Россия и островной мир Тихого океана. Выпуск I. Южно-Сахалинск: Сахалинское книжное издательство, 2009. 400с. С. 269–281; Кузин А.Т. История сахалинских корейцев как неисследованная актуальная научная проблема // Научные проблемы гуманитарных исследований. 2010. № 10. С. 30–37; Кузин А.Т. Корейцы – бывшие японские подданные в послевоенной советской системе управления на Южном Сахалине (1945–1947 гг.) // Власть и управление на Востоке России. 2010. № 3. С. 95–101; Кузин А.Т. Проблемы послевоенной репатриации японского и корейского населения Сахалина // Россия и АТР. 2010. № 2. С. 76–83; Кузин А.Т. Послевоенная вербовка северокорейских рабочих на промышленные предприятия Сахалинской области (1946–1960 гг.) // Россия и АТР. 2010. № 3. С. 148–156; Кузин А.Т. Сахалинские корейцы: из истории национальной школы (1925–2000-е гг.) // Вестник Санкт-Петербургского университета. Серия 13. 2010. Выпуск 4. С. 3–8; Кузин А.Т. Трансформация гражданского статуса сахалинских корейцев // Власть.

극동지역 인민사, 고고학과 인류학 연구소에서 대박사 학위를 받은 뒤 장기간에 걸친 연구결과를 발표했다.[20]

쿠진은 일본정부에 의해 잔혹한 운명에 버려진 인민의 역사라는 관점에서 사할린한인사에 접근하여 사할린 공동체 역사의 수많은 현실적 문제들에 대한 답변을 탐구하여 찾아냈다. 특히 그는 1945년 이후 한인의 수를 도출해냈으며, 사할린한인들에 대한 소련, 러시아, 일본, 북한, 한국 정부의 정책, 편파적 대우의 경우와 사실, 제한된 권리, 명

2010. № 08. С. 75–78; Кузин А.Т. Переход корейцев в Дальневосточные пределы Российского государства (Поиски исследователя). Южно-Сахалинск, 2001. 64с.; Кузин А.Т. Интеграция корейского населения в историко- географическое и социокультурное пространство Сахалинской области // IV Рыжковские чтения: материалы научно-практической конференции, 7–8 октября 2008 г. Южно-Сахалинск: издательство «Лукоморье», 2009. С. 77–82; Кузин А.Т. Корейская эмиграция на русский Дальний Восток и ее трагизм // Миграционные процессы в Восточной Азии. Международная конференция, 20–24 сентября 1994 г.: тезисы докладов и сообщений. Владивосток, 1994. С. 112–114; Кузин А.Т. Корейцы на Южном Сахалине // Великая Отечественная война: итоги и уроки. Всероссийская научная конференция, 21–22 апреля 2010 г. Владивосток, 2010. С. 40–47; Кузин А.Т. Выдворение // Особое мнение. 2007. № 53. С. 54–56; Кузин А.Т. Сахалинские корейцы // История и положение корейцев в России: материалы научно-практической конференции, посвященной 140-летию добровольного переселения корейцев в Россию, 13 августа 2004 г. Хабаровск, 2004. С. 61–72; Кузин А.Т. Сахалинское корейское население: гражданско-правовые аспекты // III Рыжковские чтения: материалы краеведческой научно-практической конференции, 5–6 октября 2004. Южно-Сахалинск: Сахалинское книжное издательство, 2006. С. 95–101; Кузин А.Т. Сахалинские корейцы: международно-правовые аспекты // А.П. Чехов в историко- культурном пространстве Азиатско-Тихоокеанского региона: материалы международной научно-практической конференции, 21–30 сентября 2005 г. Южно-Сахалинск: издательство «Лукоморье», 2006. С. 155–159; Кузин А.Т. История сахалинских корейцев как неисследованная актуальная научная проблема // Научные проблемы гуманитарных исследований. 2010. № 10. С. 30–37; Кузин А.Т. Социально-демографические проблемы этнического меньшинства сахалинских корейцев на рубеже XX–XXI вв. // Сахалин и Курильские острова в истории России: материалы научно-практической конференции, 24 января 2012 г. Южно-Сахалинск, 2012. 340с. С. 126–130.
20) Кузин А.Т. История корейского населения российского Сахалина (конец XIX – начало XXI вв.). дис. … д-ра ист. наук. Владивосток, 2012. 526с.

백한 차별 등을 분석하고 있다. 쿠진은 사할린한인 공동체에서 의미 있는 다양한 역사적 과정이나 현상, 즉 북한 사람의 노동 이주, 시민권 문제, 강제 퇴거와 재정착, 역사적 모국으로의 귀환 문제, 한인 사회조직의 활동, 대한민국과 북조선 간의 관계 등을 밝히고 있다. 쿠진의 저술은 역사학자들 사이에서 잘 알려져 있으며, 러시아는 물론 해외에서도 지명도가 높다.

사할린한인사와 민속학 연구에서 세 번째로 유명한 사람은 박승의 (Пак Сын Ы)이다. 그의 (단독 혹은 공동)저서는 사할린한인의 역사와 문화를 밝히고 있다.[21]

박승의는 사할린한인들의 민족 의례,[22] 귀환 문제,[23] 사할린한인들

---

21) Пак Сын Ы. Политические репрессии и депортация корейцев с Сахалина в 1930–1970-х гг. // Известия корееведения в Центральной Азии. 2010. № 9 (17). С. 55–67; Пак Сын Ы. Корейцы на Сахалине: до и после Чехова // А.П. Чехов в историко-культурном пространстве Азиатско-Тихоокеанского региона: материалы международной научно-практической конференции, 21–30 сентября 2005 г. Южно-Сахалинск: Лукоморье, 2006. С. 159–179; Толстокулаков И.А., Пак Сын Ы. Корейская диаспора на Сахалине: история формирования // Международная научная конференция «Россия и Корея в Северо-Восточной Азии в конце XIX –начале XX вв.». Владивосток, 24–25 августа 2009 г.; Пак Сын Ы. Политические репрессии и депортация корейцев с Сахалина в 1930–1970-х гг. // Вестник Сахалинского музея. 2014. № 21. С. 147–156; Иконникова Е.А., Пак Сын Ы. Писатели корейской диаспоры на Сахалине // Азия и Африка сегодня. 2009. № 7. С. 74–77; Пак Сын Ы. А.П. Чехов и проблема ассимиляции иммигрантов (на материале произведений сахалинских корейцев) // IX Чеховские чтения: А.П. Чехов и проблемы нравственного здоровья общества. Южно-Сахалинск: издательство СахГУ, 2006. С. 53–58.

22) Пак Сын Ы. А.П. Чехов и проблемы аккультурации в сфере питания сахалинских корейцев // X Чеховские чтения: «Ориентиры сахалинского чеховедения в панораме XXI в.». Южно-Сахалинск: издательство СахГУ, 2007. С. 55–61; Пак Сын Ы. Адаптационная эволюция обрядов жизненного цикла у сахалинских корейцев // Современные корееведческие исследования в Дальневосточном государственном университете. Выпуск 4. Владивосток: издательство Дальневосточного университета, 2006. С. 37–44; Пак Сын Ы. К вопросу об этимологии и структуре собственных имен сахалинских корейцев // Материалы VI научно-методической сессии ЮСПК СахГУ: сборник научных статей. Южно-Сахалинск: издательство СахГУ, 2006.

의 일체감 등에 대해서 연구하고 있다.[24] 사할린한인 일 세대인 박승의는 사할린한인 디아스포라의 역사를 분석하였으며, 자신이 목격자였던 사건들을 묘사하고 있다.

위에 언급된 세 명의 연구자 이외에도 특정 분야의 사할린한인사 또는 위와 비슷한 주제를 연구하는 이들도 있다.

1945-1963년에 존재했던 사할린 주 한인학교를 상세하게 연구한 이로는 코스타노프(А.И. Костанов)와 포들루브나야((И.Ф. Подлубная)가 있다.[25] 두 저자는 문서보관소 자료에 기초하여 한인 주민들을 위한

С. 107–112; Пак Сын Ы. Обряды жизненного цикла сахалинских корейцев: рождение ребенка, пэкиль, толь // Материалы XXXVII научно-практической конференции преподавателей, аспирантов и сотрудников СахГУ: сборник научных статей. Южно-Сахалинск: издательство СахГУ, 2006. С. 41–43; Пак Сын Ы. Проблемы сыновней почтительности «хё» у сахалинской корейской диаспоры // Актуальные проблемы духовно-нравственного воспитания детей и молодежи: материалы региональной научно-практической конференции, 25–26 мая 2006 г. Южно-Сахалинск, 2007. С. 63–67; Пак Сын Ы. Сахалинская корейская семья: от традиционной к современной // Материалы II международной конференции «Феномен творческой личности в культуре». М.: издательство МГУ, 2006. С. 133–141.

23) Пак Сын Ы. Проблемы репатриации сахалинских корейцев на историческую родину // Сахалин и Курилы: история и современность: материалы региональной научно-практической конференции (27–28 марта 2007 г.). Южно-Сахалинск: издательство «Лукоморье», 2008. С. 277–287; Пак Сын Ы. Репатриация сахалинских корейцев на родину: история и проблемы // Сахалинское информационно-аналитическое агентство. Режим доступа: http://siaa.ru/index.php?pg=1&id=127088&owner=1&page=4&ndat=&cd=012012&hd=3 (검색일: 08.07.2012); Пак Сын Ы. К вопросу о послевоенной ответственности Японии за судьбу сахалинских корейцев // Сборник трудов Второй Международной научно-практической конференции «Уроки истории. Вторая мировая война и история России и мира XX–XXI вв.». СПб.: издательство Политехнического университета, 2009. С. 89–90.

24) Пак Сын Ы. Проблемы идентификации сахалинской корейской молодежи // «Мозаика культур»: теория и практика поликультурного диалога в Азиатско-Тихоокеанском интеграционном поле: материалы международной научно-практической конференции (20–25 марта 2009 г.). Южно-Сахалинск: издательство СОИПиПКК, 2009. С. 39–41.

25) Костанов А.И., Подлубная И.Ф. Корейские школы на Сахалине: исторический опыт и современность. Южно-Сахалинск: Архивный отдел администрации Сахалинской

민족 학교의 설립과 활동 그리고 폐교의 역사를 추적했으며, 학교 운영에 동원된 인력과 재정 문제 그리고 심지어 민족 학교의 폐교로 귀결된 소비에트 정부의 정책을 전반적으로 분석하고 있다.

포들루브나야는 한인 디아스포라사를 꾸준히 연구하여 "사할린에서 한인 주민의 형성 근원"이라는 논문을 발표했다.[26] 저자는 이 논문에서 한인의 사할린 이주에 대한 자신의 관점을 명확하게 보여주었다. 그녀는 다양한 러시아 자료를 이용했으나, 일본의 사할린 통치 시기 자료를 사용하지 않아 러시아 자료를 보완하지는 못했다.

자브로프스카야(Л.В. Забровская)는 사할린의 한인 공동체에 대한 북한의 정책,[27] 1940년대 북한의 사할린 노동이민[28] 그리고 현재 사할린한인 디아스포라가 한국 및 북한과 유지하고 있는 관계[29] 등을 연구했다.

김 이리나(И.Б. Ким)의 '사할린의 한인'이라는 논문은 사할린한인의 민족지학적 정보수집 및 (유즈노사할린스크에 위치한)사할린 지역박물관의 소장품 보완작업에 관한 연구물이다.[30] 가라후토 시기 일본 문

области, Сахалинский центр документации новейшей истории, 1994. 24 с

26) Подлубная И.Ф. Источники формирования корейского населения на Сахалине // Миграционные процессы в Восточной Азии: тезисы докладов и сообщений международной конференции 20–24 сентября 1994 г. Владивосток, 1994. С. 115–117.

27) Забровская Л.В. Россия и КНДР: опыт прошлого и перспективы будущего (1990-е гг.). Владивосток: Изд-во Дальневост. ун-та, 1998. 116 с

28) Забровская Л.В. Трудовая миграция из КНДР в Россию (середина 1940-х – 2003 гг.) // Проблемы Дальнего Востока. 2005. № 5. С. 62–72.

29) Забровская Л.В. Власти КНДР и РК в борьбе за симпатии сахалинских корейцев (1990-е гг.) // Китай и АТР на пороге XXI века: тезисы докладов IX международной научной конференции. Ч. 1. М., 1998. С. 185–188; Забровская Л.В. Российские корейцы и их связи с родиной предков (1990–2003 гг.) // Проблемы Дальнего Востока. 2003. № 5. С. 39–50.

30) Ким И.Б. Сахалинские корейцы // Проблемы сахалинского краеведения: тезисы выступлений на краеведческой конференции 18 мая 1988 г. Южно-Сахалинск, 1988. 61 с.

서군, 그 문서군 내에 함유되어 있는 한인에 관한 정보를 포함한, 다양한 정보에 대한 개관과 분석은 두다레츠(Г.И. Дударец)의 논문에서 찾아볼 수 있다.[31]

사할린 주민(한인은 그 중 일부이다)의 민족 정체성에 대한 민족학 연구에서 큰 업적을 남긴 이는 미소노바(Л.И. Мнссонова)이다.[32] 그녀는 자신의 저서에서 사할린한인들이 한반도의 남쪽에서 기원했다는 역사적 특징 및 도시에 거주한다는(특히 사할린 주 전체의 한인 주민들 중에서 절반 이상이 주도(州都)에 거주) 사실에 주의를 기울였다.

일본 민족주의자들이 1945년 미즈호(瑞穂, 현재의 포자르스코예 [Пожарское])[33]에서 한인 민간인을 살해한 비극적 사건에 대한 연구로는 가포넨코(К. Гапоненко)의 '미즈호 마을의 비극'[34]과 그린(В. Гринь)의 '인생에서의 오랜 이별'[35] 등 두 편이 있다. 두 연구물은 중편소설처럼 집필되어서 학술적인 연구로 볼 수 있느냐는 의문이 들기도 하지만, 조사 분과의 자료에 입각하여 집필되었다는 점에서는 사할린한인 디아스포라사 중 가장 힘겨운 시기를 밝혀주는 것이기도 하다. 두 작품 모두 한국어로 번역되었으며, 그린의 저서는 일본어로도 번역되었다(원본과 번역본이 동시에 출간되었다).

알린(Ю.Ю. Алин)의 논문은 적은 분량임에도 중요한 문제, 즉 일본

31) Дударец Г.И. Обзор японских фондов государственного архива Сахалинской области // Краеведческий бюллетень. 1995. № 2. С. 188–192

32) Миссонова Л.И. Этническая идентификация населения Сахалина: от переписи А.П. Чехова 1890 года до переписей XXI века // Исследования по прикладной и неотложной этнологии. М.: ИЭА РАН, 2010. Вып. 223. 88 с.

33) 여기서와 이후 지명은 해당 사건이 발생한 당시의 형태로 표기된다(그러나 일부 경우에는 현대 지명으로 표기되었다).

34) Гапоненко К. Трагедия деревни Мидзухо. Южно-Сахалинск: Риф, 1992. 134 с.

35) Гринь В. Разлука длиною в жизнь… Южно-Сахалинск: издательство «Лукоморье», 2010. 76 с.

은행들이 가라후토의 광산에서 탄부로 근무한 사할린한인들의 적금을 지불하지 않았다는 사실을 밝힌 유의미한 연구물이다. 본 저자는 이 책에서 이 문제의 해결 가능성에 대해 내 견해를 밝히고 있다.[36]

추펜코바(И.А. Цупенкова)의 논문 '잊힌 극장'[37]은 한인연극극장의 짧은 역사를 언급하고 있다. 본 저자는 이 연구에서 사할린의 여러 문서보관소에 소장된 자료들은 물론, 이념을 앙양하며 이 극장의 직원이었던 사람들의 회고록을 이용했다.

카자흐스탄(Казахстан)의 유명한 학자인 김 게르만(Г.Н. Ким)은 광범위한 연구로 사할린한인 이주사를 밝혔다. 그는 두 권으로 된 '한인이주사'[38]에서 사할린한인들의 이주, 사할린한인 디아스포라와 관련된 일련의 문제, 연령과 성 그리고 사회적 구성원의 특징, 한국 및 북한과 디아스포라의 관계 등에 주된 초점을 맞추고 있다. 김은 자신이 발표한 저서와 논문에서 일본 통치 시기 사할린으로의 이주, 북한 출신 노동자들의 노동징집 그리고 역사적 모국으로의 귀환 같은 사할린한인사 문제들을 다루고 있다.[39] 김 게르만의 연구는 인구조사 외에도 복지고우, 존 스테판(Дж. Стефан), 이병주, 쿠진 등의 연구물을 인용했다. 그는 제2차 세계대전 이후 사할린에 남겨진 사할린한인과 국가에

36) Алин Ю.Ю. Получат ли сахалинские корейцы свои вклады? // Южно-Сахалинск. 2000. 18 октября. С. 5.

37) Цупенкова И.А. Забытый театр (Из истории Сахалинского корейского драматического театра. 1948–1959 гг.) // Вестник Сахалинского музея. 1997. № 4. С. 207–213.

38) Ким Г.Н. История иммиграции корейцев. Кн. 1. Вторая половина XIX в. – 1945 г. Алматы: Дайк-пресс, 1999. 424 с.; Ким Г.Н. История иммиграции корейцев. Кн.2.1945 –2000годы. Ч.1. Алматы: Дайк-пресс, 2006. 428 с.; Ч.2. Алматы: Дайк-пресс, 2006. 396 с.

39) Ким Г.Н. Корейцы на Сахалине // Сервер «Заграница». Режим доступа: http://world. lib.ru/k/kim_o_i/str1rtf.shtml (검색일: 04.02.2011); Ким Г.Н. Распад СССР и постсоветские корейцы // Сервер «Заграница». Режим доступа: http://world.lib.ru/k/kim_o_i/aws. shtml (검색일: 04.02.2011).

의해 모집되어 중앙아시아에서 파견되어온 고려인 사이에 존재하는 갈등에 대해서도 밝히고 있다.

김 인나(И.П. Ким)는 자신의 박사학위 논문에서 1945-1949년 소비에트 행정부 전면에 대두된 문제의 범위 내에서 전후 사할린한인의 지위와 남사할린한인의 귀환 문제를 간략하게 다루었다.[40]

사할린한인사 문제가 '동북아시아 시베리아와 한국'이라는 논문집에서도 일부 다뤄지고 있다. 특히 그 중에서도 적응 문제에 관한 허가이(И.А. Хегай)의 글[41] 그리고 한인의 1945년 소일전쟁 참전과 귀환 문제를 다룬 쿠즈네초프(С.И. Кузнецов)의 글[42]이 주목할 만하다.

불라빈체프(М.Г. Булавинцев)는 '우리시기의 일본'이라는 논문집에서 여러 문제를 언급하며 한인학교의 부재, 시민권 그리고 이산가족 등 가라후토 시기와 그 이후 시기의 사할린한인 문제를 다루고 있다.[43]

븨소코프(М.С. Высоков)는 자신의 논문 중 한 편에서 사할린한인의 귀환 문제를 분석하고 있다.[44] 그는 귀환 계획이 독일이나 이스라엘 같은 다른 나라에서 이미 이행되었기 때문에 그들의 경험을 사할린한인에게도 적용할 수 있다는 점을 전적으로 이치에 맞게 지적했다.

---

40) Ким И.П. Политическое, социально-экономическое и демографическое развитие территорий, присоединенных к Российской Федерации после завершения Второй мировой войны (Восточная Пруссия, Южный Сахалин, Курильские острова). 1945 – первая половина 1949 г.: дис. ... канд. ист. наук. Южно-Сахалинск, 2010. 255 с.

41) Хегай И.А. Корейцы России: история и современность // Сибирь и Корея в Северо-Восточной Азии: сборник научных статей. Иркутск, 2004. С. 21–25.

42) Кузнецов С.И. Корейцы в Советско-японской войне 1945 г. и проблема репатриации // Сибирь и Корея в Северо-Восточной Азии: сборник научных статей. Иркутск, 2004. С. 51–52.

43) Булавинцева М.Г. Сахалин – Карафуто: история границы сквозь ценность образования // Япония наших дней. 2010. № 3 (5). М.: ИДВ РАН, 2010. 167 с. С. 89–98.

44) Высоков М.С. Перспективы решения проблемы репатриации сахалинских корейцев в свете опыта Израиля, Германии и других стран // Краеведческий бюллетень. 1999. № 2. С. 94–102.

체르놀루츠카야(Е.Н. Чернолуцкая)는 소비에트 시기 극동에서의 주민 이주에 관한 광범위한 연구를 진행하면서 1940년 말부터 1950년 초까지 사할린한인들의 노동 및 생활 조건에 관한 논문을 발표했다.[45] 벨로노고프(А.А. Белоногов)는 자신의 박사학위 논문에서 한인 디아스포라의 정치적, 법적 지위에 대한 문헌 연구를 진행했다.[46] 셰글로프(В.В. Щеглов)는 전후 사할린과 쿠릴열도에서의 이주 문제를 언급하면서 한인 문제를 다루었다.[47]

저명한 한국학 학자인 란코프(А.Н. Ланьков)의 '사할린의 한인'[48]이라는 소논문은 충분히 관심을 끌만하다. 그는 이 논문이 심오한 학술적 연구라고 주장하지 않았음에도 불구하고 한인 공동체 내에 서울 말투가 남아 있으며, 사할린 청년 한인은 역사적 모국으로 돌아가야 할 동인이 없음에도 불구하고 한국과 폭넓은 관계를 유지하고 있다는 사실에 무게를 두어 관심을 기울이고 있다. 후일 란코프는 사할린을 여행한 뒤 사할린한인에 관한 더욱 심오한 연구물을 영어로 집필했다.

소연방과 러시아의 유명한 민속학자인 부가이(Н.Ф. Бугай)는 사할린 한인 문제를 종종 소연방과 독립국가연합(CIS) 한인사의 일부로 언급했다. 그는 '러시아 한인과 햇볕정책'[49] 그리고 '러시아 한인: 역사의 새

---

45) Чернолуцкая Е.Н. Трудовое и бытовое устройство корейцев на Сахалине в конце 1940-х – начале 1950-х годов // Вестник Центра корееведческих исследований ДВГУ. Спецвыпуск: материалы II международной научной конференции. Владивосток, 2004. № 1. С. 117–125.

46) Белоногов А.А. К вопросу об историографии политико-правового положения корейской диаспоры на российском Дальнем Востоке (вторая половина XIX – конец XX вв.) // Вопросы гуманитарных наук. 2009. № 4. С. 51–55.

47) Щеглов В.В. Переселение советских граждан на Южный Сахалин и Курильские острова в середине 40-х – начале 50-х гг. XX в. // Краеведческий бюллетень. 2000. № 4. С. 54–68.

48) Ланьков А.Н. Корейцы Сахалина // Восточный портал. Режим доступа: http://lankov. oriental.ru/d113.shtml (검색일: 04.02.2011).

로운 전환'[50])이라는 두 편의 연구서를 통해 사할린한인 제1세대의 귀환 과정을 러시아와 대한민국 양국 외교관계의 관점에서 분석하고 있다.

'사할린 박물관 소식'이라는 학술지에 발표된 임숭숙의 논문은 한국의 사할린 귀환 동포들을 상대로 진행한 현장조사이자, 역사적 모국에서 생활하기 위해 출국한 사람들의 감정을 분석했다는 점에서 가치가 있다. 임숭숙은 사할린한인들의 정체성에 관한 복잡한 문제가 존재하며, 그 문제의 지속적 연구가 필요하다는 사실을 확인시켜주고 있다.[51]

장 비탈리(В.С. Тян)는 한국에 있는 친척을 방문한 후 논문의 형태로 여행 보고서를 집필했다.[52] 그는 사할린 동포들이 귀국 이후 겪은 모국에서의 삶, 한국에서 느낀 안전과 안정감에 대해서 얘기하면서도, 귀국 동포들이 피할 수 없는 문제, 즉 언어, 힘든 취업, 자식과 손자손녀 같은 가족과의 이별, 사할린에 대한 향수 등에 대해서도 언급하고 있다.

외국의 학자들도 러시아어로 이 주제에 관한 연구 업적을 발표했다. 그런 연구 업적 중 일본의 하니야(С. Ханья)가 "지방 공보"에 게시한 논문이 가장 중요하다.[53] 하니야는 르가니에 소장된 사할린한인사에 관한 문서 중 일부를 발굴하여 분석했으며, 사할린한인 디아스포라에서 가장 첨예한 문제에 대한 다양한 관점들을 비교했다.

49) Бугай Н.Ф. Российские корейцы и политика «солнечного тепла». М.: Готика, 2002. 256 с.

50) Бугай Н.Ф. Российские корейцы: новый поворот истории, 90-е годы. М.: ООО «Торгово-издательский дом «Русское слово-РС», 2000. 112 с.

51) Лим Сунг-Сук. Обсуждение значения «возвратной миграции» среди сахалинских корейцев // Вестник Сахалинского музея. 2011. № 18. С. 261–264

52) Тян В.С. Сахалинские корейцы в Южной Корее (Отчет о поездке в Республику Корея) // Вестник Сахалинского музея. 2011. № 18. С. 475–477.

53) Ханья С. Интеграция Сахалинских корейцев в советское общество в середине 50-х гг. XX столетия // Краеведческий бюллетень, 2005. № 4. С. 195–212.

또 한 명의 일본인 학자 미야모토는 '러시아와 태평양의 섬 세계'라
는 논문집에 발표한 논문[54]에서 사할린한인 문제에 대한 일본의 연구
사를 정리하면서 이 문제가 일본 역사학계에서 아직 충분히 밝혀지지
않았다는 결론을 도출해 내었다.

러시아에서 연구 중인 대한민국의 학자 역시 사할린한인사 문제에
관심을 보이고 있다. 특히 법률문제를 연구한 이성제[55]와 노영돈[56]은
사할린한인들의 대한민국 국적취득 문제가 정부 차원에서나 해결될
수 있을 것이라는 결론에 도달했다.

한국인 학자의 다른 연구물 중에서는 '민속학 평론'에 발표된 이광규
의 논문[57]의 논문과 유즈노사할린스크 시에서 개최된 국제학술대회에
서 발표된 박종효의 발표문[58]이 유명하다. 박종효는 이 발표문에서 최
초로 발굴한 러시아 사료와 일본국회도서관 문서들을 분석했다.

사할린한인사에 관심을 가지고 있는 독자들은 본 저자가 발표한 연
구물에 관심을 가질만하다. 각종 학술지와 학술회의 자료집에 게재된
모든 연구물이 본서의 연구주제와 직간접적으로 관련이 있다.[59]

54) Миямото М. Японские исследования быта корейцев на Сахалине в период Карафуто
// Россия и островной мир Тихого океана. Выпуск I. Южно-Сахалинск: Сахалинское
книжное издательство, 2009. 400 с. С. 261–268.

55) Ли Сонг Джэ. Вопросы гражданства в международном праве: дис. ... канд. юрид.
наук. М., 2002. 215 с.

56) Ло Ен Дон. Проблема российских корейцев. М.: издательство «Арго», 1995. 108 с.

57) Ли Квангю. Корейская диаспора в мировом контексте // Этнографическое обозрение.
1993. № 3. С. 27–39.

58) Пак Чон Хё. Сахалинская область и корейцы после окончания Второй мировой войны
// Уроки Второй мировой войны и современность: материалы международной научно
-практической конференции, посвященной 65-летию окончания Второй мировой войны,
2–3 сентября 2010 г. Южно-Сахалинск, 2011. С. 158–165.

59) Дин Ю.И. Проблема репатриации Южного Сахалина (1945–1950 гг.) // Вопросы
истории. 2013. № 8. С. 72–81; Дин Ю.И. Общественное движение за репатриацию
сахалинских корейцев на территории Японии и Южной Кореи (1945–1991 гг.) //

1.2. 일본어 자료와 문헌

사회활동가와 유명 인사들은 일본 사회가 사할린한인사 문제에 관심을 갖도록 중요한 역할을 했다. 그런 사람 중 한명이 한국 출신의 유명한 일본 작가 이회성(일본에서 그는 리카이세이로 불린다)이다. 그는 1935년 사할린의 마오카(Маока, 眞岡) 시(현재는 홀름스크[Холмск])에서 출생했으나, 그의 부모님이 일본인인 척했기 때문에 소비에트 당국에 의해 홋카이도로 송환되었다. 이후 한국으로 돌아갈 수 없었던 그들은 삿포로에 정착했다. 이회성은 오랜 기간에 걸친 창작활동으로 다수의 문학상을 받았다. 특히 1972년에는 소설 '빨래꾼'으로 일본에서 가장 권위 있는 아쿠타가와(芥川賞) 상을 한국인으로는 최초로 수상했다. 자신이 경험한 비극(그의 누나는 가족과 헤어져서 사할린을 벗어나지 못했다)으로 인해 사할린은 그에게 가장 중요한 비극적인 창작동기 중 하나가 되었다. 그는 1975년에 소설 '나의 사할린'[60]을 발표했으며, 1989년에는 사할린을 방문한 후 사할린한인들에 관한 또 하나의

Теория и практика общественного развития. 2013. № 9. С. 209–212; Дин Ю.И. Миграция корейского этнического населения на Южный Сахалин в период японского правления (1905–1945 гг.) // Гуманитарные исследования в Восточной Сибири и на Дальнем Востоке. 2013. № 4(24). С. 34–42; Дин Ю.И. Корейская диаспора Сахалинской области: конфликты групп и столкновения идентичностей // Россия и АТР. 2013. № 4(82). С. 5–14; Дин Ю.И. Этническая идентификация корейцев Сахалина // Вестник Центра корейского языка и культуры. 2014. № 15. С. 361–380; Дин Ю.И. Зарубежная историография истории корейцев Сахалина // Российская история XIX–XX вв.: Государство и общество. События и люди: сборник статей. СПб.: Лики России, 2013. С. 232–247; Дин Ю.И. Корейцы Сахалина в поисках идентичности (1945–1989 гг.) // Вестник РГГУ. Серия «Востоковедение. Африканистика». 2014. № 6(128). С. 237–249; Дин Ю.И. Несостоявшееся изгнание: планы депортации корейцев Сахалинской области в контексте геополитики послевоенного периода // Клио. 2015. № 1 (97). С. 137–140.

60) 李恢成. 私のサハリン. 東京: 講談社, 1975. 197頁. [Ри Кайсэй. Мой Сахалин. Токио: Коданся, 1975. 197с.]

책을 선보였다.[61] 그의 작품들은 일본 여론이 가라후토 한인사에 관심을 갖도록 만드는데 중요한 역할을 했다.

이회성은 사할린한인인 박형주를 만나 사할린한인의 삶에 관한 회고록을 쓰도록 설득했다.[62] 1990년에 책이 출판되었으며, 2004년에 러시아어로 번역되었다. 학술적 가치를 논하기에 앞서 이 책은 어떤 문서보관소에서도 찾을 수 없는, 사할린한인들의 삶에 관한 값진 정보의 원천이다.

위에 언급된 자료 이외에도 일본에는 사할린한인사 문제에 관한 다수의 연구물이 존재한다. 이 주제로 일본에서 처음 출판된 연구서는 재일한인 박경식의 '조선인 강제연행의 기록'이다.[63] 귀환 운동에 적극적으로 참가했던 박경식은 이 책에서 식민제국주의 시기 일본의 강제 징용을 새로이 밝혀줄 수도 있는 중요한 정보, 문서, 인원 명단 등을 인용했다. 이 연구는 일본정부를 상대로 한인들이 법정 소송을 제기하는 과정에서 중요한 역할을 했다.

일본 연구자들의 연구물도 인용되었다. 나가사와 시게루는 2차 대전 당시 일본 탄광에서의 한인 노동과 관련된 사료 발굴과 연구를 신중하게 진행했다. 그는 연구에 정진하여 학술서 '조선인 강제연행 강제노동의 기록'[64], 1986년 '재일조선인사 연구'라는 학술지에 게재된 논문[65]

61) 李恢成. サハリンへの旅. 東京: 講談社, 1989. 506頁. [Ри Кайсэй. Путешествие на Сахалин. Токио: Коданся, 1989. 506с.]
62) 朴亨柱. サハリンからのレポート. 東京: 御茶の水書房, 1990. 200頁. [Пак Хен Чжу. Репортаж с Сахалина. Токио: Отяно суйсябо, 1990. 200 с.]
63) 朴慶植. 朝鮮人強制連行の記録. 東京: 未来社, 1965. 341頁. [Пак Гёнсик. Хроники насильственной депортации корейцев. Токио: Мирайся,1965.341с.]
64) 長澤秀. 朝鮮人強制連行強制労働の記録〈北海道・千島・樺太篇〉. 東京: 現代史出版会, 1974. 485頁. [Нагасава Сигэру. Документальные свидетельства насильственной депортации и принудительного труда корейцев: Хоккайдо, Тисимарэтто, Карафуто. Токио: Гэндайси сюппанкай, 1974. 485с.]

그리고 1992년과 1996년에 각 한 권씩 총 두 권의 자료집을 발간했다.[66] 또한 그는 조반(じょうばん[常磐], 현재의 이와키[いわき]시 - 역주)시에서 징용되어 강제동원에 처해진 한인들의 명단을 발표했다.[67] 나가사와는 자신의 연구물에서 가라후토 소재 각 탄광의 일자리 수, 탄광 운영자, 일본 탄광의 내부구조 등에 관한 정보를 포함하여 각 탄광에서의 인력 배치를 자세하게 묘사하고 있다. 그의 연구는 일본이 남사할린과 쿠릴열도를 통치할 당시 사할린한인사를 밝히는데 크게 기여했다.

일본 연구자 오누마는 1985년에 1946-1949년 도쿄전범재판(러시아에서는 극동국제군법회의로 더 유명하다)에서 확정된 일본의 전후 책임에 관한 연구서를 출판했다.[68] 일본주재 사할린한인의 권리를 위한 운

65) 長澤秀. 戰時下南樺太の被强制連行朝鮮人炭礦夫について//在日朝鮮人史研究. 1986年10月. 第16号. 1–37頁. [Нагасава Сигэру. Исследование о корейских шахтерах, насильно переселенных на Южный Сахалин в период войны //Дзайничи тёсэндзинси кэнсю. 1986. № 16(10). С. 1–37.]

66) 長澤秀. 戰時下朝鮮人中国人連合軍俘虜强制連行資料集:石炭統制会極秘文書 復刻版. 東京: 緑蔭書房, 1992. 4冊. [Нагасава Сигэру. Сборник документов о насильственной мобилизации корейцев и китайцев во время войны. Токио: Рёкуин сёбо, 1992. В 4 т.]; 長澤秀. 戰時下強制連行極秘資料集. 東京: 緑蔭書房, 1996. 4冊. [Нагасава Сигэру. Сборник документов о насильственной мобилизации во время войны. Токио: Рёкуин сёбо, 1996. В 4 т.]

67) 長澤秀. 戰時下常磐炭田の朝鮮人鉱夫殉職者名簿:1939.10~1946.1. 東京: 松戸, 1988. 51頁. [Нагасава Сигэру. Список корейцев – жертв принудительной мобилизации в угольной промышленности г. Дзёбан. Токио: Мацудо, 1988. 51 с.]

68) Монография вышла в 1985 г. и выдержала несколько переизданий: 大沼保昭. 東京裁判から戦後責任の思想へ. 東京: 有信堂高文社, 1985. 241頁. [Онума Ясуаки. К идее о послевоенной ответственности Японии по результатам Токийского суда. Токио: Юсиндо Кобунся, 1985. 241 с.]; 大沼保昭. 東京裁判から戦後責任の思想へ. 東京: 東信堂, 1993. 330頁. [Онума Ясуаки. К идее о послевоенной ответственности Японии по результатам Токийской суда. Токио: Тосиндо, 1993. 330 с.]; 大沼保昭. 東京裁判から戦後責任の思想へ. 東京: 東信堂, 1997. 416頁. [Онума Ясуаки. К идее о послевоенной ответственности Японии по результатам Токийской суда. Токио: Тосиндо, 1997. 416 с.]; 大沼保昭. 東京裁判, 戦争責任, 戦後責任(『東京裁判から

동의 지도자인 박노학의 인생과 활동에 관한 책[69] 역시 그의 저술 중 하나다. 이 책은 1993년에 한국어로 번역되었다.[70]

사회 활동가들이 사할린한인 문제에 관한 지식의 축적을 위해 큰 역할을 했다. 1989년 일본인 변호사이자 사할린한인의 권리를 위한 운동에 적극적으로 참가했던 다카기는 연구서를 출간하여 일본정부의 전후 책임에 대한 자신만의 평가를 내렸다.[71]

'철의 장막'이 해체된 후 일본 사학자들은 사할린을 자유롭게 방문하여 사할린의 모든 문서보관소(사할린 주 국립역사문서보관소에 소장되어 있는 실로 막대한 양의 노획문서들로 구성된 문서군 포함)에 접근할 수 있게 되었다. 1991년 다카시 이토가 발표한 사할린한인사에 관한 사진 및 문서집[72]이 일본 사회의 큰 관심을 끌었다. 이 책은 1997년 한국어로 번역되었다.[73] 1992년 하야시는 자신이 수집한 새로운 자료들을 보강한 책을 출판했다.[74] 그는 자신의 저서에서 2차 대전 중에 그

戦後責任の思想へ』の改題). 東京: 東信堂, 2007. 361頁. [Онума Ясуаки. Токийский суд, военная и послевоенная ответственность (дополненное из-дание «К идее о послевоенной ответственности Японии по результатам То-кийской суда». Токио: Тосиндо, 2007. 361с.]

69) 大沼保昭. サハリン棄民—戦後責任の点景. 東京: 中央公論社, 1992. 228頁. [Онума Ясуаки. Люди, брошенные на Сахалине. Токио: Тюокоронся, 1992. 228с.]

70) 오누마 야스아키. 사할린에 버려진 사람들. 서울: 정계연구소, 1993. 228쪽.

71) 高木健一. サハリン残留韓国・朝鮮人問題: 日本の戦後責任. 大阪: 大阪人権歴史資料館, 1989. 80頁. [Такаги Кэнъити. Сахалин и послевоенная ответственность Японии. Осака: Осака дзинкэн рэкиси сирёкан, 1989. 80с.]

72) 伊藤孝司. 写真記録 樺太棄民—残された韓国・朝鮮人の証言. 東京: ほるぷ出版, 1991. 150頁. [Ито Такаси. Свидетельства корейцев, оставшихся на Сахалине – фотоальбом. Токио: Хорупу сюппан, 1991. 150 с.]

73) 이토다카시. 사할린 아리랑: 카레이스키의 증언. 서울: 눈빛, 1997. 234쪽. [Итхо Дакхаси. Сахалин ариран: свидетельства корейцев. Сеул: Нунбит, 1997. 234 с.]

74) 林えいだい. 証言・樺太(サハリン)朝鮮人虐殺事件. 東京: 風媒社, 1992. 302頁. [Хааси Эйдай. Свидетельство об убийствах корейцев на Карафуто. Токио: Фубайся, 1992. 302с.]

리고 일본의 패전 이후에 이루어진 한인 학살에 대한 강력한 증거들을 제시했다.

1994년 문서집인 '사할린 잔류 한국, 조선인 문제와 일본의 정치: 7년의 의원간담회'[75]가 출간되었다. 이 문서집은 사할린한인사의 연구 분야를 본질적으로 확장했다. 이 문서집에는 사할린 문제와 관련하여 7년 동안이나 이어졌던 일본 의회의 간담회 기록이 포함되어 있다.

1994년 노부타 후사코는 '슬픔의 섬 사할린: 전후 책임의 배경'을 출간했으며, 1997년에 2쇄가 발행되었다.[76] 이 책의 저자는 한인사를 일본인에 의해 버려진 민족, 모국인 한국으로 돌아가기를 바라면서 살았던 사람의 모습으로 보여주고 있다. 이 책은 사할린한인의 반세기에 걸친 '고립'의 역사를 다루고 있으며, 오랜 동안 이국만리에서 지내야 했던 삶의 비애, 감정, 슬픔 등을 묘사하고 있다. 노부타 후사코는 이 책에서 향후 한일관계의 발전을 위해서 반드시 일본의 전후 책임을 되물어야 한다는 자신의 견해를 밝히고 있다.

개전 이전에 일본에 살았던 한인들의 선거권 문제와 같은 사할린 디아스포라사의 단면을 다루는 연구자들도 존재한다. 예를 들어, 마츠다 도시히코[77]는 상당히 미시적인 연구를 진행했으나 한인 후보자가 가

75) サハリン残留韓国・朝鮮人問題と日本の政治:議員懇談会の七年. 東京: サハリン残留韓国・朝鮮人問題議員懇談会, 1994. 501頁. [Проблемы корейцев, оставшихся на Сахалине, и японская политика: семь лет парламентских встреч. Токио: Сахалирндзанрю канкоку тёсэндзин мондай гинконданкай, 1994. 501с.]

76) 角田房子. 悲しみの島サハリン―戦後責任の背景. 東京: 新潮社, 1994. 308頁. [Нобута Фусако. Остров печали Сахалин: следствие послевоенной ответственности. Токио: Синтёся, 1994. 308с.]; 角田房子. 悲しみの島サハリン―戦後責任の背景. 東京: 新潮社, 1997. 380頁. [Нобута Фусако. Остров печали Сахалин: следствие послевоенной ответственности. Токио: Синтёся, 1997. 380с.]

77) 松田利彦. 戦前期の在日朝鮮人と参政権. 東京: 明石書店, 2004. 195頁. [Мацуда Тосихико. Избирательное право для корейцев, проживающих в Японии до Второй мировой войны. Токио: Акасисётэн, 1995. 135с.]

라후토 지방의회 선거에 참가했다는 증거를 찾지 못했으며, 한인 중에 당선된 후보자가 있는지의 여부도 밝혀내지 못했다. 이 책은 2004년에 한국어로 번역되었다.[78]

1998년 사할린에서 발간되었던 '가라후토의 평일'이라는 신문자료들을 분석하여 가라후토 자치회의에 한인 의원이 존재했다는 사실을 증명해 낸 아라이의 책이 출판되었다.[79]

2001년 한국인 길상과 일본인 가타야마 미치오가 공동으로 저술한 책이 출판되었다.[80] 이들은 사할린에서 진행된 인터뷰 자료에 기초하여 강제 이주부터 한국으로 귀환할 때까지의 사할린한인사를 기술했다. 길상과 가타야마 미치오는 사할린한인 문제의 미해결 상태가 한일관계에 부정적으로 반영되고 있다는 결론에 도달했다.

사할린한인사에 대한 연구를 계속한 가타야마 미치오는 2001년에 '사할린에 남겨진 한인들의 생애'[81]라는 책을 발표하여 사회활동에 적극적으로 참가했던 사할린한인 전태식(Тен Тхэ Сик)의 인생사를 상세하게 소개했다(그와의 인터뷰 내용이 본서에서도 인용되었다). 이 책에는 한국에서 출생하여 아버지의 뒤를 따라 사할린에 입도했으나, 일본으로 '이중 징용'된 아버지가 돌아오시기를 기다리며 소비에트 당시

---

78) 마츠다 도시히코. 일제시기 참정권문제와 조선인. 서울: 국학자료원, 2004. 195쪽. [Мачхуда Тосихикхо. Корейцы и избирательное право во время японского правления. Сеул: Кукхакчарёвон, 2004. 195с.]

79) 新井佐和子. サハリンの韓国人はなぜ帰れなかったのか. 東京: 草思社, 1997. 268頁. [Араи Савако. Почему не смогли вернуться на родину сахалинские корейцы? Токио: Сосися, 1997. 268с.]

80) 片山通夫, 吉翔. サハリン物語—苦難の人生をたどった朝鮮人たちの証言. 大阪: リトルガリヴァー社, 2001. 260頁. [Катаяма Митио, Киль Сан. История корейского народа на Сахалине в трудных условиях жизни. Осака: Риторэгариуася, 2001. 260с.]

81) 片山通夫. 追跡!あるサハリン残残留朝鮮人の生涯. 東京:凱風社, 2010. 288頁. [Катаяма Митио. Жизнь корейцев, оставшихся на Сахалине. Токио: Гайфуся, 2010. 288с.]

사할린한인학교의 선생님으로 그리고 광산의 십장으로 근무하다 현재
는 적극적으로 자료를 수집하면서 사할린한인사를 집필 중인, 독특한
운명을 겪고 있는 한 사람의 역사가 존재한다. 그의 삶은 사할린한인
들의 복잡한 운명을 보여주는 실례로서 소개되었다.

2001년에 출간된 나가 사토루의 '일본 그리고 일본인과 깊은 관계가
있는 타냐 할머니의 이야기'[82]라는 책은 이전의 연구처럼 사할린에서
수집된 자료에 기초하여 일본과 소비에트 통치시기를 겪은 한 여자의
운명과 삶을 이야기하고 있다. 이 책에서는 여러 사람들의 경험과 기
억에 기초하여 사할린에 남겨진 수 만 명의 한인, 모국으로 돌아가려는
그들의 희망, 두려움과 위험에도 불구하고 모국까지 가겠다는 바람 속
에 작은 배를 타고 해협을 거쳐 항해했던 사람들의 삶이 언급되어 있
다. 나가 사토루는 홋카이도에서 석탄산업사를 연구하던 중 이 주제에
빠져들었다.

마사후미 미키는 가라후토 청의 역사라는 범위 내에서 사할린한인
디아스포라사를 연구하는 유명한 학자들 중 한 명이다. 2003년 그는 사
회경제학사라는 논문집에 '전간기 사할린에서의 조선인사회 형성'[83]이
라는 논문을 발표했으며, 2006년에는 '국경 식민지 - 가라후토'[84] 그리
고 2012년에는 '이주형 식민지 가라후토의 형성'[85]이라는 연구서를 각

82) 奈賀悟. 日本と日本人に深い關係があるババ・ターニャの物語. 東京: 文藝春秋, 2001. 331頁.
   [Нага Сатору. История бабы Тани и ее отношений с Японией и японцами. Токио:
   Бунгэйсюндзю, 2001. 331с.]
83) 三木理史. 戦間期樺太における朝鮮人社会の形成//社会経済史学. 2003年 1月. 第65-
   5号. 25-45頁. [Мики Масафуми. Формирование корейского общества на Карафуто
   в период войны // Сякай кэйдзайсигаку, 2003. № 1(68-5). С. 25-45.]
84) 三木理史. 国境の植民地・樺太. 東京: 墙書房, 2006. 173頁. [Мики Масафуми. Пограничная
   колонизация - Карафуто. Токио: Ханава сёбо, 2006. 173с.]
85) 三木理史. 移住型植民地樺太の形成. 東京: 墙書房, 2012. 420頁. [Мики Масафуми.
   Формирование Карафуто как колонии миграционного типа. Токио: Сёбо, 2012. 420с.]

각 출판했다.

미키는 자신의 저술들에서 1905년부터 1920년까지 가라후토의 식민지화 시기, 한인의 이주 과정, 사할린으로의 한인 이송, 주요 활동 범위, 노임 수준, 노동과 생활 조건 등을 상세하게 언급하고 있다. 미키 마사후미는 주민 구성과 거주 지역 그리고 노동 시장에서 한인들의 지위를 주의 깊게 분석하고 있다. 그는 일본이 한인을 상대로 가혹한 일본화 정책을 추진했음에도 남사할린에서는 충분하고도 명확한 일본화 방침을 제시하지 못했으며, 가라후토 청을 상대로도 전반적으로 미약하면서도 거의 특징이 없는 정책 노선을 취했다고 파악했다. 그는 그런 정책이 가라후토가 일본의 다른 식민지에 비해 홋카이도와 매우 가깝다는 가라후토만의 지리적 특성에 따른 것이라고 설명했다.

또한 미키는 자신의 연구를 통해 가라후토 내 일본 식민지 형성에서 한인 이주(특히 강제 노동 징용)의 역할을 추적하고 있다. 가라후토 청 당국은 이주민으로 이루어진 식민지인 가라후토를 통치하면서 그곳에 인적 자원을 확보하기 위한 작업을 꾸준히 실행했으며, 경제개발을 추진하면서 많은 어려움을 겪었다. 일본 당국에게 중요한 것은 일본 노동자들이 항상 부족했기 때문에 가라후토에 살고 있는 민족들에 대한 지배가 아니라, '타지에서 온' 사람들을 그 지역에 식민하는 것이었다. 일본 당국이 실행한 한인 징용도 이를 위한 것이었는데, 이렇게 징용된 한인들은 탄광의 탄부는 물론, 항구에서의 선적과 하역 작업, 건설 및 기타 육체노동을 담당했다.

2007년 한국인 저자 최길성의 저서 '가라후토 한인의 비극'[86]이 일본

---

86) 崔吉城. 樺太朝鮮人の悲劇―サハリン朝鮮人の現在. 東京: 第一書房, 2007. 282頁.
 [Чхве Кильсон. Трагедия корейцев Карафуто: современная жизнь сахалинских корейцев. Токио: Дайитисёбо, 2007. 282с.]

어로 번역되었다(이 책에 대한 보다 자세한 서술은 1.3을 보시오). 일본 식민제국주의 시기 남사할린을 상대로 일본정부가 전개한 정책을 상세하게 묘사한 구도 노부히코의 연구서가 2008년에 출판되었다.[87]

2010년 홋카이도 대학교의 (한국 계)일본인 연구자인 현무암의 연구물이 소개되었다. 그는 사할린한인에 관해 두 편의 저서를 집필했는데 그 중 하나는 한국과 일본 간에 사할린한인 문제로 진행된 협상 관련 논문[88]이며, 다른 하나는 한인 디아스포라에 관한 연구서이다.[89] 현무암은 위 논문에서 한일협상과 관련된 문서들을 면밀하게 분석했으며, 사할린한인들의 귀환 문제로 한국과 북한 간에 갈등이 있었다는 사실도 밝혀냈다. 또한 그는 자신의 연구서에서 사할린한인 디아스포라를 한반도의 경계를 넘어선 전체 한인 디아스포라의 일부로 보았다. 즉 일본, 중국 동부, 러시아 극동과 사할린 지역에서 한인들의 이주와 정주 그리고 자기정체성의 다양한 측면들을 연구했다. 그는 20세기에 한인들의 거주 지역이 확대되면서 형성된 한인들의 공동관계망(저자는 네트워크라는 용어를 사용했다[90]), 한인 대중매체의 설립 그리고 공동체 내에서 역사적 모국의 모습을 적극 재건하려는 행위 등을 집중 분석하고 있다.

---

87) 工藤信彦. わが内なる樺太—外地であり内地であった「植民地」をめぐって. 東京: 石風社, 2008. 310頁. [Кудо Нобухико. Сделать нашей землей – внешние земли в период колониального правления – Сахалин. Токио: Сэкифуся, 2008. 310с.]

88) 玄武岩. サハリン残留韓国・朝鮮人の帰還をめぐる日韓の対応と認識-1950~70年代の交渉過程を中心に//同時代史研究. 2010年 3月. 35-50頁. [Хён Муам. Переговоры Японии и Южной Кореи в отношении корейцев, оставленных на Сахалине (1950–1970 гг.) // Додзидайси кэнкю. 2010. № 3. С.35–50.]

89) 玄武岩. コリアン・ネットワーク:メディア・移動の歴史と空間. 札幌: 北海道大学出版会, 2013. 468頁. [Хён Муам. Корейская сеть: история и пространство диаспоры и ее СМИ. Саппоро: Хоккайдодайгаку сюппан, 2013. 468с.]

90) 영어로 network는 러시아어로 сеть이다.

이마니시 하지메가 편집한 흥미로운 학술 연구논문집 '동북아 사할린한인의 디아스포라'가 2012년에 출간되었다.[91] 아마노 나오키, 아카야마 다이쇼, 미키 마사후미, 미즈타니 사야카, 이시카타 료타, 현무암 등의 저자들은 사할린한인사의 다양한 측면들을 분석하고 있다. 이 논문집에서 다룬 주제는 양차 대전 사이 사할린에서의 한인공동체 형성, 20세기 초 극동지역 한인 무역상들의 활동, 소연방 치하에서의 한인들, 자기정체성의 모색, 한국 및 일본과 사할린한인들의 상호관계 등이다. 여기에는 또한 모국으로 귀환하여 한국에서 살고 있는 한인들과의 인터뷰 내용도 담겨있다. 그리고 사할린한인의 국적 문제에 관한 본인의 논문 역시 게재되어 있다.[92]

최근의 연구물로는 나카야마 다이쇼가 자신의 학위 논문을 더 발전시켜 2014년에 출간한 저서가 있다. 여기서 나카야마는 한인이 일부를 구성했던 가라후토 사회의 형성을 연구했다. 가라후토에서 한인들은 조직적으로 차별을 받아 자신들의 한인학교나 평등권 모두 누리지 못했다. 일본 당국은 사려 깊은 민족정책을 펼치지 못했다. 예를 들어 한국에서 창씨개명이 강요된 것은 1939년부터였으나, 가라후토에서는 그 이전부터 창씨개명의 사례가 존재했다. 한인들은 폐쇄된 공동체에서 생활했던 것이 아니라 일본인들과 함께 생활했으며, 따라서 한인들 중 많은 이들은 부모로부터 한국어를 들은 적이 한 번도 없었기 때문에

---

91) 北東アジアのコリアン・ディアスポラ樺太を中心に/今西一編著. 小樽: 小樽商科大学出版会, 2012. 339頁. [Корейская диаспора Сахалина в Северо-Восточной Азии (Карафуто) / гл. ред. Иманиси Хадзимэ. Отару: Отару сёкадайгаки сюппанкай, 2012. 339с.]

92) ディンユリア. アイデンティを求めて―サハリン朝鮮人の戦後//北東アジアのコリアン・ディアスポラ樺太を中心に. 小樽: 小樽商科大学出版会, 2012. 148-165頁. [Дин Юлия. Корейцы Сахалина в поисках идентичности // Корейская диаспора Сахалина в Северо-Восточной Азии. Отару: Отару сёкадайгаки сюппанкай, 2012. С. 148–165.]

한국어를 몰랐다. 나카야마는 그런 상황 속에서도 한인들(특히 사영 농장에서 농업에 종사했던 이들) 중에 재력가가 적지 않았으며, 심지어 박병일(Пак Пениль)은 시의회 의원으로 선출되었다는 사실을 지적하고 있다.

1.3. 한국어 자료와 문헌

사할린이라는 주제는 한국 사람들 내에서 특별한 감정을 불러일으 킨다. 사할린한인사는 지금까지도 한민족의 비극으로 여겨지는 국권 상실의 시기와 연관되어 있다. 1910년 8월 22일 조선병탄으로 시작된 일본의 식민통치는 1945년 제2차 세계대전이 끝나는 순간까지 이어졌 다. 일본 당국에 의해 가라후토의 탄부로 강제 이송되었다가 전후 미 해결 문제의 인질이 된 사할린한인의 역사는 학계를 비롯한 한국 사 회[93])에서 큰 관심을 끌고 있다.

대한민국에서는 사할린한인사에 관한 자료들이 대전의 국가기록원 에 소장되어 있다. 그러나 한국의 문서보관소 상황이 특별하여 일부 설 명이 필요하다. 한국의 문서보관소는 장기간에 걸쳐 문서를 수집하고 보관해 본 전통이 없으며, 러시아 같은 문서 소장 체제를 갖추고 있지 도 않다. 얼마 전까지만 해도 개인, 각 회사, (정부와 의회에 이르기까 지의)정부기관의 문서들이 필요 없다는 이유로 폐기되었다. 최근 십여

---

93) 본 저자는 대한민국에 있는 한국어로 된 문헌과 사료 연구만을 번역할 수 있었다. 북한 사료학의 연구를 번역하는 것은 북한은 폐쇄성 때문에 절대적으로 불가능했 다(문서보관소는 차지하고, 심지어 도서관에 출입하는 것도 외국인들에게는 금지되 어 있다). 러시아의 각 도서관에도 사할린한인들의 역사에 관한 북한 출판물이 소 장되어 있지 않다. 따라서 현 시점에서는 북한의 학자들이 이 주제를 연구했다고 볼 수 있는 근거가 없다.

년 동안 국가기록원 요원들이 사할린한인사와 관계있는 문서와 자료를 수집하기 시작했으며, 그 문서로 이루어진 개별 문서철이 생겼다.[94] 그 덕에 사할린한인사 연구가 손쉬워졌지만, 수집된 자료의 양이 극히 제한적이다.

그럼에도 불구하고 한국에서는 구술자료 모음, 현장 조사, 사진, 신문 등 사할린한인사와 관련된 자료가 들어간 일부 연구물이 출판되었다. 가장 자료가 풍부한 연구물 중 하나가 '검은 대륙으로 끌려간 조선인들'이라는 구술집이다.[95] 여기에는 한국 연구자들이 수집한 사할린한인들의 구술 자료가 실려 있다. 인터뷰에 응한 사할린한인은 유유원(1916년 생), 이문택(1923년 생), 윤태봉(1919년 생), 임순조(1920년 생), 김종선(1921년 생), 전화자(1925년 생), 노삼순(1938년 생), 우종구(1934년 생), 강순예(1923년 생) 등이다. 이들의 역사는 사할린한인사의 도해 같은 것으로 그들의 답변은 20세기 사할린에서 발생한 사건에 대한 선명한 지도를 제공해 준다.

이 자료집에는 사할린한인사에 관한 매우 중요한 자료가 들어 있다. 즉 사건의 당사자였던 사할린한인이 직접 작성하여 유명해진 일기 두 개 중[96] 중 하나가 실려 있다. 자료집의 저자들은 보존된 원본을 스캔하는 방식으로 원문을 게재했다. 2013년 방일권은 회고록을 학술적으로 가공하고, 주해와 도해 그리고 연대기 등을 보강하여 보다 접근하기 용이한 형태로 발간했다.[97] 이 자료가 러시아어로 번역되면 사할린한

94) 국가기록원. 문서군 BA0881063. 문서철.1260349-99999999-000019.
95) 검은 대륙으로 끌려간 조선인들·강제동원 구술기록집 / 방일권 책임편집. 서울: 일제강점 하 강제 동원 피해 진상규명위원회, 2006. 351쪽.
96) 위에 언급한 박형주의 회고록은 검토 대상인 사건이 발생하고 현저하게 많은 시간이 흐른 후에야 집필되었다.
97) 춘계 (류시욱). 오호츠크해의 바람 / 방일권 옮김. 서울: 선인, 2014. 350쪽.

인사는 물론, 사할린 전 지역의 역사를 연구하는데 크게 도움이 될 것임에 의심의 여지가 없다.

언론인 출신으로 한국 사회에서는 최초로 사할린한인 문제에 관심을 가졌던 박경석의 작업은 가치 있는 자료이다. 그는 1957-1959년의 귀환자들이 일본에서 발송한 편지를 발간[98]했으며, 귀환 운동을 위해서도 큰 역할을 했다.

사할린한인문제를 다룬 첫 번째 연구서가 1972년에 출판되었다. 이 책에서 저자인 현규환은 소비에트 한인사를 다루고 있다.[99] 이 책의 제5장인 '가라후토 한인들의 삶 - 과거와 함께 억류된 이들'은 사할린한인 문제만으로 채워져 있다. 이 책에서는 귀환이 이루어지지 않은 원인으로 이데올로기적 대립에 주목하고 있다.

'사할린한인들을 위하여'라는 라디오 프로그램의 창설자이자 편집자인 장민구는 1972년 4월부터 작업을 시작했다. 그는 편집국이 수신한 모든 (구술과 서신)편지를 분류하고 분석하여 논문[100]과 저서[101]를 집필하기 위한 자료로 이용했다. 그는 이런 연구 결과물로 1977년 서울의 동국대학교에서 석사학위를 받았다.[102] 그는 이 연구를 통해 사할린의

98) 박경석. 적치하의 망향 30년 // 신동아. 1967. 제3집. 170–178쪽. [Пак Гён · сок. Тридцатилетняя тоска по родине // Синдонъа. 1967. № 3. С. 170–178.]; 박경석. 사할린에서 온 편지// 신동아. 1967년. 제9집. 248–252쪽. [Пак Гёнсок. Письма, пришедшие с Сахалина. 1967. № 9. С. 248–252.]

99) 현규환. 재소한인의 사적 고찰 / 교포정책자료. 서울: 제13집. 해외교포문제연구소, 1972. 1-200쪽. [Хён Гюхван. Исследование истории советских корейцев / Материалы о соотечественниках. Т. 13. Сеул: Хэвигёпхомундже ёнгусо, 1972. С. 1–200.]

100) 장민구. 사하린의 한국인들// 북한. 1976. 제56(8)집. 243–253쪽. [Чан Мингу. Сахалинские корейцы // Пукхан. 1976. № 56(8). С. 243–253.]

101) 장민구. 사할린에서 온 편지. 서울: 한국방송공사, 1976. 284쪽. [Чан Мингу. Письма, пришедшие с Сахалина. Сеул: Хангукпансонгонса, 1976. 284с.]

102) 장민구. 사할린(화태)억류동포실태에 관한 연구: 석사학위논문. 서울: 동국대학교, 1978. 53쪽. [Чан Мингу. Исследование истории корейцев – задержанных на Сахалине: магистерская диссертация. Сеул: Тонгуктэхаккё, 1978. 53с.]

역사, 사할린 개발사, 사할린 지배권을 둘러싼 러시아와 일본의 경쟁을 언급하고, 그런 사건 속에서 한인 이주 등의 문제를 다루었다. 그는 한인들이 사할린에 억류되었던 상황 및 한반도의 남쪽 출신이라는 사실(그의 견해에 따르면 한반도 남부 출신이 약 90%다)에 특히 관심을 기울였다. 그는 소비에트의 정책, (주로 한국과 일본에서 있었던)귀환 운동, 시민권 문제, 사할린한인 디아스포라에 대한 북한의 정책, 귀환 문제와 그에 대한 일본정부의 책임 문제, 공산주의 이데올로기의 주입에도 불구하고 모국으로의 귀국을 원하는 사할린한인 대다수의 바람 등을 연구했다. 장민구가 진행한 연구가 많은 장점을 지닌 것이 사실이나 단점 역시 존재한다. 즉 그는 주로 구술 자료와 개인 자료(구술과 서신)를 이용하면서도 종종 그런 자료에 대한 비판적 재해석을 가하지 않았기 때문에 연구의 정확성을 잃고 있다. 예를 들어 장민구는 1939-1942년 사이에 15만 명의 한인들이 가라후토의 공장과 탄광에 노동력을 제공하기 위한 차원에서 이주되었으며, 제2차 세계대전 이후 사할린에 남은 4만 3천 명의 한인[103] 중 한반도의 남부에서 태어난 사람이 3만 8천 명(경상도가 70%, 충청도가 20%)이라고 했다. 이 수치는 다른 연구자들에 의해서 인용되고 또 재인용되었다.

한국에서의 사할린한인 문제 연구는 소연방과의 대외관계가 거의 없다는 특징을 지니고 있다. 양국 관계의 부재는 학술 연구의 원천이 될 수 있는 문서와 자료에 접근하기 곤란하게 만들었다. 이런 면에서 한국의 학문은 장기간 동안 일본 책을 번역하고 일본 자료에 기초하는

---

103) 한 연구에서 다른 연구로 인용되었던(특히 복지고우와 일련의 일본과 한인 학자들이 그 수치를 인용하고 있다) 4만 3천 명이라는 1945년의 사할린한인들의 수치는 박노학의 지표에 기초한 것이다. 그가 귀환한 1958년 당시 사할린 주에 있는 한인은 대체로 그 수치에 달했었으나(1959년의 인구조사에서 42,337명), 이 수치에는 1956-1949년 사이 사할린으로 입국한 약 12,000명의 북한 노동자들과 충분히 대규모라 할 수 있는 한인의 자연 증가가 포함되어 있었다.

데 만족하여 일본 학문의 그늘 아래 있었다. 소련과 한국이 1990년에 외교관계를 수립한 이후 한국 사학계에서는 사할린한인 디아스포라사 문제에 대한 관심의 높아졌다. 러시아와의 경제적 · 정치적 협력, 러시아 자료와 문헌에 대한 접근 가능성, 그리고 사할린한인 제1세대의 모국 송환 등이 사할린한인 디아스포라에 대한 학술적 연구의 기초가 되었다.

1990년대 초에 나온 연구물 중에서는 유명한 한국 학자 노영돈(러시아에서는 로옌돈으로 알려져 있다)의 논문들을 꼽을 수 있다.[104] 노영돈은 주로 사할린한인들의 귀환과 시민권 문제라는 주제에 관심을 기울였다. 그는 일본이 샌프란시스코강화조약의 조항에 따라 한인들의 귀환이 실현되지 않은 것에 대한 자신의 법적 책임을 부정하는 것은 위법이라고 보았으며, 일본정부는 (인식하고 있는)도덕적 책임은 물론, 법률적 책임까지도 져야 하고, 사할린한인들에게 상당한 액수의 배상금을 지불해야 할 의무가 있다는 사실을 증명하고 있다. 노영돈은 해외의 한인들을 상대로 취한 일본의 행동을 아무런 반대 없이 그대로 받아들인 한국정부의 소극적 자세에 대해서도 비판하고 있다. 그의 견해에 따르면 한국은 완전한 권리를 지니고 있는 사할린한인의 대한민국 국적은 물론, 그들의 권익을 적극적으로 보호했어야 했다. 그는 사할린한인이 일본 은행에 저축한 문제에 대해서도 언급했다.[105]

---

104) 노영돈. 사할린한인에 대한 일본의 법적 책임 / 교포정책자료. 서울: 제35집. 해외교포문제연구소, 1990. 35-41쪽. [Но Ёндон. Юридическая ответственность Японии по отношению к сахалинским корейцам / Материалы о соотечественниках. Т. 35. Сеул: Хэвигёпхомундже ёнгусо, 1990. С. 35–41.]; 노영돈. 사할린한인의 귀환문제에 관하여 // 인도법논총. 1991. 제10-11집. 219–236쪽. [Но Ёндон. О проблеме репатриации сахалинских корейцев // Индобомнончхон. 1991. № 10–11. С. 219–236.]; 노영돈. 사할린한인에 관한 법적 제문제 // 국제법학회논총. 1992. 제37-2집. 123–144쪽. [Но Ёндон. Юридические проблемы сахалинских корейцев // Кукчхебопхакхвенончхон. 1992. № 37–2. С. 123–144.]

2002년 이성환의 논문이 발표되었다. 그는 일본, 러시아 그리고 미국 자료를 증거로 인용하여 사할린한인사를 전반적으로 개관했다.[106] 이성환은 사할린한인 문제에 해결의 마침표를 찍는 것은 아직 이르다는 결론을 내렸다.

한국 학자들은 귀환한 한인 공동체(안산 시와 다른 곳) 내에서 경험적 자료를 수집하고 분석하는 방법으로 많은 작업을 수행했다. 이 주제에 최초로 관심을 보인 집단은 민속학과 민족학자들이었다. 최길성은 여러 편의 논문[107]과 단행본[108]을 출간했다. 그는 자신의 연구물 속에서 고역의 사할린이라는 역사적 배경에서 이주, 강제 동원, 이루어지지 못한 귀환과 모국으로의 출국 금지 같은 역사를 분석했으며, 언어적 동화, 일상생활, 결혼, 소연방의 붕괴와 그로 인한 정치적 변화, 사할린한인과 한국 사람들 간의 만남 등을 살펴보고 있다. 사할린한인사에 관심이 있었던 최길성은 다른 민족학자인 이순형이 사할린 1세대를 상대로 한국에서의 생활에 대한 만족도 및 귀환 문제에 대한 사할린 사람들의 태도라는 주제로 진행한 막대한 양의 인터뷰를 분석하여 저술한 저서[109]를 편집했다.

105) 노영돈. 사할린한인 우편저금 등 보상청구소송 // 한민족공동체. 2008. 제16집. 60–76쪽. [Но Ёндон. Судебные иски сахалинских корейцев о компенсации почтовых вкладов // Ханминджоккондончхе. 2008. № 16. С. 60–76.]

106) 이성환. 사할린한인 문제에 관한 서론적 고찰 // 국제학논총. 2002. 제7(12)집. 215–231쪽. [Ли Сонхван. Введение в проблему сахалинских корейцев // Кукчехагнончхон. 2002. № 7(12). С. 215–231.]

107) 최길성. 한인의 사할린 이주와 문화변용 // 동북아문화연구. 2001. 제1집. 243–271쪽. [Чхве Гильсон. Миграция корейцев на Сахалин и культурная аккультурация // Тонбугамунхваёнгу. 2001. № 1. С. 243–271.]; 최길성. 사할린 동포의 민족간 결혼과 정체성 // 비교민속학. 2000. 제19집. 103–123쪽. [Чхве Гильсон. Национальные браки и идентичность корейцев Сахалина // Пигёминсокхак. 2000. № 19. С. 103–123.]

108) 최길성. 사할린: 유형과 기민의 땅. 서울: 민속원, 2003. 302쪽. [Чхве Гильсон. Сахалин: земля каторги и брошенных людей. Сеул: Минсогвон, 2003. 302с.]

109) 이순형. 사할린귀환자. 서울: 서울대출판부, 2004. 180쪽. [Ли Сунхён. Сахалинские

민속학자와 민족학자 말고도 사회학자 역시 한인 1세대 연구에 관심을 보였다. 2000년 정근식은 염미경과 함께 공동으로 논문을 집필했다.[110] 이 논문에서 두 저자는 모국이 식민지가 되고 냉전이라는 상황으로 형성된 사할린 디아스포라가 지닌 단결성, 많은 점에서 소비에트 정책 때문에 지금의 정체성에 도달한 사할린한인사회가 이제는 원점으로 '회귀'할 수 없다는 사실을 지적했다.

2000년 '적십자'의 요청에 따라 안산에 있는 사할린 귀환 동포들의 생활에 대한 조사가 진행되어 보고서가 출간되었다.[111] 이 보고서의 작

репатрианты. Сеул: Соульттэчхульпханбу, 2004. 180с.]

110) 정근식·염미경. 디아스포라, 귀환, 출현적 정체성: 사할린한인의 역사적 경험// 재외한인연구. 2000. 제9집. 237–280쪽. [Чон Гынсик, Ём Мигён. Диаспора, репатриация, сконструированная идентичность: исторический опыт сахалинских корейцев // Чэвеханинёнгу. 2000. № 9. С. 237–280.]

111) 최종혁·한동우. 사할린 귀환동포 생활실태조사. 용인: 강남대학교, 2001. [Чхве Чонхёк, Хан Дону. Исследование жизни репатриированных корейцев Сахалина. Ёнъин: Каннамдэхаккё, 2001.]; 황정태. 사할린 귀환동포의 생활적응 과정에 관한 연구: 석사학위논문. 용인: 강남대학교, 2002. 70쪽. [Хван Джонтхэ. Исследование процесса адаптации репатриированных сахалинских корейцев. Ёнъин: Каннамдэхаккё, 2002. 70с.]; 호경임. 사할린 귀환동포의 생활만족 결정요인에 관한 연구: 석사 학위논문. 용인: 강남대학교, 2002. 75쪽. [Хо Гёнъи. Исследование основных причин принятия решения о удовлетворенности жизненными условиями в среде репатриированных сахалинских корейцев: магистерская диссертация. Ёнъин: Каннамдэхаккё, 2002. 75с.]; 배상우. 사할린영주귀국 시설노인의 생활실태 및 만족도에 대한 연구: 석사학위논문. 대구: 대구대학교, 2006. 93쪽. [Пэ Сану. Исследование о степени удовлетворенности и условия жизни репатриированных стариков с Сахалина и Приморья: магистерская диссертация. Тэгу: Тэгудэхаккё, 2006. 93с.]; 정천수. 사할린영주귀국동포 생활상 및 사회복지 지원실태에 관한 연구: 안산고향마을을 중심으로: 석사학위논문. 금산군: 중부대학교, 2007. 103쪽. [Чон Чхонсу. Исследование картины социального благополучия и жизненных условий репатриантов с Сахалина и Приморья в «Кохян маыль» г. Ансана: магистерская диссертация. Кымсангун: Чунбудэхаккё, 2007. 103 с.]; 김주자. 사할린 귀환동포의 생활적응 실태연구-노인시설 거주자를 중심으로: 석사학위논문. 용인: 단국대학교, 2007. 89쪽. [Ким Джуджа. Исследование процесса адаптации сахалинских репатриантов: учреждения для стариков: магистерская диссертация. Ёнъин: Тангуктэхаккё, 2007. 89с.]; 장세철. 사할린 영주귀국자들의 생활실태: 안산시에 영주 귀국한 1세 독신노인을

성자들은 생활 조건, 한국에 대한 귀환자들의 태도, 이주 조건에 대한
만족도, 새로운 환경에의 적응 정도 등을 조사했다. 이 조사연구는 한
국에 있는 사할린 디아스포라의 삶을 개선하는데 크게 기여했으며, 중
요한 학술적 정보의 원천이고 앞으로도 그럴 것이다.

김성종[112]과 조정남[113]은 자신의 논문에서 사할린한인에 대한 소연
방, 러시아, 일본, 북한 그리고 한국의 정책을 분석했다. 두 저자는 사
할린 공동체에 대한 북한의 태도를 상세하게 기술하면서 한인 디아스
포라 형성의 특성, 3개의 서로 다른 한인 집단, 그 집단들 간의 관계와

중심으로 // 인문사회과학연구. 2003. 제3집. 127–143쪽. [Чан Сечхоль. Картина жизни
репатриантов Сахалина и Приморья в Ансане: взгляд одинокого старика из
Приморья // Инмун сахве квахак ёнгу, 2003. № 3. С. 127–143.]; 나형욱. 사할린
영주귀국 동포 정착실태에 관한연구// 외동포와 다문화: 2009년 재외한인학회 ·
세계한상문화연구단 공동학술대회 자료집. 2009년. 109–137쪽. [На Хёнук. Исследование
процесса закрепления репатриантов Сахалина и Приморья // Ведонпхова тамунхва:
2009нён чэвеханинхакхи-сегехансанмунхвёнгудан кондонхаксульдэхве чарёджип,
2009. С. 109–137.]; 김인성. 사할린한인의 한국으로의 재이주와 정착분석–제도 및
운용실태를 중심으로 // 재외한인연구. 2011. 제24집. 279–301쪽. [Ким Инсон. Анализ
переселения и закрепления в Корее сахалинских корейцев – система и применение
// Чэвеханинёнгу. 2011. № 24. С. 279–301.]; 배수한. 영주귀국 사할린동포의 거주
실태와 개선방향: 부산 정관 신도시 이주자 중심으로 // 국제정치연구. 2010. 제13(2)집.
279–308쪽. [Пэ Сухан. Курс на улучшение условий проживания сахалинских
репатриантов: переселенцы в г. Синдо близ Пусана // Кукчеджончхиёнгу. 2010. №
13(2). С. 279–308.]
112) 김성종. 사할린한인동포 귀환과 정착의 정책과제// 한국동북아논총. 2006. 제40집.
195–218쪽. [Ким Сонджон. Репатриация сахалинских корейцев и политика закрепления
// Хангук тонбуга нончхон. 2006. № 40. С. 195–218.]; 김성종. 사할린한인동포 귀환
의 정책의제화 과정 연구// 한국동북아논총. 2009. 제50집. 309–329쪽. [Ким Сонджон.
Исследование процесса политического курса по репатриации сахалинских корейцев
// Хангук тонбуга нончхон. 2009. № 50. С. 309–329.]; 김성종. 정책옹호연합모형을
통한 정책변동과정 분석: 사할린 동포 영주 귀국 사례// 한국동북아논총. 2009. 제
53집. 309–334쪽. [Ким Сонджон. Анализ процесса политических изменений через
призму политического союза // Хангук тонбуга нончхон. 2009. № 53. С. 309–334.]
113) 조정남. 북한의 사할린한인정책// 민족연구. 2002. 제8집. 187–197쪽. [Чо Джоннам.
Политика КНДР в отношении сахалинских корейцев // Минджогёнгу. 2002. № 8.
С. 187–197.]

대립 등을 추적하고 있다. 또한 조정남은 사할린에서 유명한 사건, 즉 사할린한인 디아스포라의 열성분자들에 의해 창립되어 잠시 동안 존재했던 '한국공산당'을 자신만의 시각으로 해석했다.

최근 발표된 연구물 중에서는 연세대학교 텐 옥사나의 석사학위 논문이 흥미롭다.[114] 옥사나는 이 논문에서 사할린한인의 정체성을 우즈베키스탄 한인 디아스포라의 정체성과 비교하여 조사, 분석했다.

사할린한인의 회고 내용을 구술사로 다루는 독특한 연구자들이 있다. 한경구,[115] 이은숙과 김일림,[116] 박승의[117] 등의 연구물은 문서보관소에는 기록이 없는, 오직 당사자의 기억에만 남아있는 사건들을 묘사했다.

한혜인의 연구물은 중요한 의미를 지닌다.[118] 한혜인은 자신의 연구

114) 텐 옥사나. 러시아 사할린한인의 민족정체성-우즈베키스탄 고려인과의 비교를 중심으로: 석사학위논문. 서울: 연세대학교, 2011. 64쪽. [Тен Оксана. Национальная идентичность сахалинских корейцев в сравнении с корейцами Узбекистана: магистерская диссертация. Сеул: Ёнседэхаккё, 2011. 64с.]

115) 한경구. 일본인의 전쟁과 죽음의 기억: 신화로서의 사할린. 마오카 우편전화국 여성 전화교환수 집단자살 사건과 국제이해 교육// 사회과학연구. 2008. 제21집. 23–48쪽. [Хан Гёнгу. Воспоминания о войне японцев и смерти: Сахалин сквозь мифы, массовые убийства корейцев в Маока и международное понимание // Сахве квахак ёнгу. 2008. № 21. С. 23–48.]

116) 이은숙·김일림. 사할린한인의 이주와 사회문화적 정체성: 구술자료를 중심으로// 역사문화지리. 2008. 제20-1집. 19–33쪽. [Ли Ынсук, Ким Иллим. Миграция корейцев Сахалина и социально-культурная идентичность: сквозь материалы устной истории // Ёкса мунхва чири. 2008. № 20–1. С. 19–33.]

117) 박승의. 사할린한인동포 제2세. 우리는 누구인가 // 지역사회. 2004. 제47집. 115–129쪽. [Пак Сын Ы. Сахалинские корейцы второго поколения: кто мы? //Чиёксахве. 2004. № 47. С. 115–129.]

118) 한혜인. 사할린한인 귀환을 둘러싼 배제와 포섭의 정치: 해방후~1970년대까지의 사할린한인 귀환 움직임을 중심으로// 사학연구. 2011. 제102집. 157–198쪽. [Хан Хеин. Обстановка, окружающая репатриацию сахалинских корейцев, и политика вовлеченных стран: движение за репатриацию сахалинских корейцев в период освобождения – 1970-е гг. // Сахак ёнгу. 2011. № 102. № 157–198.]; 한혜인. '조선인 강제연행'에서의 강제성의 한 단면: 홋카이도탄광 기선주식회사를 중심으로 // 일본

물에서 일본과 러시아 문서보관소의 자료, 사할린에서 수집한 현지 조사자료 등을 이용하여 (확고한 관념에도 불구하고 모든 사할린한인이 처했던 것은 아닌)강제 동원의 역사 및 각각의 역사적 단계에서 사할린한인 디아스포라사와 관련 있는 국가들의 정책을 연구함으로써 사건을 충분히 객관적으로 묘사하고 있다.

이재혁은 인구사회학과 지리학의 관점에서 사할린한인 디아스포라의 특징을 연구했다.[119] 그는 한인의 이주와 거주의 성격을 분석했으며, 인구학적 기간 및 공동체 내에서의 역사적, 정치적 상황을 연구하고 있다.

일본 식민통치시기의 강제 동원 역사에 대한 한국 학자들의 연구물

어문학. 2001. 제10집. 265–293쪽. [Хан Хеин. Характеристика «принудительности» в принудительной мобилизации: исследуя Хоккайдскую угольно-пароходную акционерную компанию // Ильбоно мунхак. 2001. № 10. С. 265–293.]; 한혜인. 전시기(戰時期) 조선인 강제연행의 경로 -강제연행 정책수립의 과정을 중심으로// 한일군사문화학회. 2007. 제5집. 149–171쪽. [Хан Хеин. Принудительные миграции корейцев в первый период войны // Ханиль кунса мунхва хакхве. 2007. № 5. С. 149–171.]; 한혜인. 코리안 디아스포라로서의 사할린여성: 착중된 고향, 화태의 기억 // 심포지움 '코리안 디아스포라: 젠더, 계급, 민족'. 서울: 서울대학교. 2007년 11월 3일-4일. 1–9쪽. [Хан Хеин. Женщины сахалинской корейской диаспоры: воспоминания о Карафуто // Симпходжиум «Кхориан диасыпхора: чендо, кегып, миндок». Сеул: Соульдэхаккё, 3–4 ноября 2007 г. С. 1–9.]; 한혜인. 노동력 동원에 있어서 식민지 지배 '폭행'선 // 중국인 강제여행. 2002. 제6집. 1–9쪽. [Хан Хеин. Господствующее колониальное насилие: принудительная мобилизация // Чунгуин канджеёхэн. 2002. № 6. С. 1–9.]

119) 이재혁. 러시아 사할린한인인구의 형성과 발달: 박사학위논문. 서울: 경희대학교, 2010. 202쪽. [Ли Джэхёк. Формирование и развитие сахалинского корейского населения. Сеул: Кёнхыйдэхаккё, 2010. 202с.]; 이재혁. 러시아 사할린한인이주의 특성과 인구발달 // 국토지리학회지. 2010. 제2(44)집. 181–198쪽. [Ли Джэхёк. Особенности переселения сахалинских корейцев и демографическое развитие // Кукходжирихакхведжи. 2010. № 2(44). С. 181–198.]; 이재혁. 일제강점기 사할린의 한인이주// 시베리아연구. 2011. 제1(15)집. 85–135쪽. [Ли Джэхёк. Корейская миграция на Сахалин в период Японской колониальной империи // Сибериаёнгу. 2011. № 1(15). С. 85–135.]

들은 강제 동원 연구에서 별개의 단층을 형성하고 있다. 이 문제에 대한 첫 번째 연구물 중에는 김민영의 논문120)과 현지 조사결과에 기초하여 작성되어 '국립민속박물관'에서 발행한 논문집이 있다.121) 이들은 강제동원에 관한 (일본어로 번역된 러시아 문서를 포함하여)많은 자료들을 수집했으나, 그들이 제시한 학문적 결론과 현실적 대안은 너무나 미약하다.

김승일은 강제동원 역사를 분석하면서 일본정부를 상대로 보상을 요구하려면 강제동원된 이들에 관한 정확한 통계자료, 사건에 대한 전방위적 분석, 심지어 사할린한인 문제에 대한 공동 연구 등이 필요하다는 결론을 제시했다.122) 이 문제에 대한 새로운 관점을 제시한 연구자들 중에서는 강제동원에 관한 (인터뷰, 인명록, 문서 등)광범위한 자료를 수집하여 개괄한 정혜경의 연구123)와 연구 프로젝트의 범위 내에서 미즈호(포자르스코예)와 카미시스카(레오니도보) 마을에서의 한인학

120) 김민영. 사할린한인의 이주와 노동, 1939–1945 // 국제지역연구. 2000. 제1(4)집. 23–52쪽. [Ким Минён. Миграция и труд сахалинских корейцев, 1939–1945 // Кукчеджиёгёнгу. 2000. № 1(4). С. 23–52.]

121) 러시아 사할린, 연해주 한인동포의 생활문화. 서울: 국립민속박물관, 2001. 419쪽. [Повседневная жизнь зарубежных соотечественников на российском Сахалине и в Приморье. Сеул: Куннип минсок панмульгван, 2001. 419с.]

122) 김승일. 사할린한인 미귀환 문제의 역사적 접근과 제언 // 한국근현대사연구. 2006. 제38집. 185–225쪽. [Ким Сынъиль. Исторические подходы и представления о проблеме несостоявшейся репатриации сахалинских корейцев //Хангуккынхёндэсаёнгу. 2006. № 38. С. 185–225.]

123) 정혜경. 1944년에 일본 본토로 '전환배치'된 사할린(화태)의 조선인 광부// 한일민족문제연구. 2008. 제14집. 5–73쪽. [Чон Хегён. Сахалинские корейские шахтеры в 1944 г.: перемещение в японскую метрополию // Ханиль минджок мундже ёнгу. 2008. № 14. С. 5–73.]; 정혜경. 전시체제기 화태 전환배치 조선인 노무자 관련 명부의 미시적 분석 // 숭실사학. 2009. 제22집. 155–182쪽. [Чон Хегён. Микроанализ списка имен корейских рабочих, перемещенных на Сахалин во время войны // Сунсильсахак. 2009. № 22. С. 155–182.]; 정혜경. 지독한 이별: 1944년, 에스토르(惠須取). 서울: 선인, 2011. 299쪽. [Чон Хегён. Эсутору – жестокая разлука. 1944 г. Сеул: Сонъин, 2011. 299с.]

살 사건을 연구한 방일권[124]을 꼽을 수 있다. 이원용은 자신의 저서에서 이 비극적 사건을 다루고 있다.[125]

방일권은 또한 사할린한인사의 연구사 검토에 관한 논문을 발표했다.[126]

강제 동원에 관한 중요한 연구 중 하나로 김명환의 연구를 들 수 있다.[127] 그는 동원된 주요 장소, 노무자들의 노동 조건, 사망률, 한인 학살 사례 그리고 귀환 문제의 역사 등을 분석하고 있다.

고려대학교 한국사학과에서 발표된 이상원의 석사학위논문은 사할린한인들의 귀환 운동사에 관한 것이다.[128] 그는 러시아와 한국 자료들에 기초하여 모국으로 돌아가려는 사할린한인들의 노력을 분석했으

---

124) 사할린 가미시스카(上敷香) 조선인 학살사건 진상조사 / 연구책임자: 방일권. 서울: 일제강점하강제동원피해진상규명위원회, 2007. 88쪽. [Исследование убийств сахалинских корейцев в Камисисука / под ред. Пан Ильгвона. Сеул: Ильче канджомха гандже тонвон пхихэджин сангюмён вивонхве, 2007. 88c.]; 사할린 미즈호(瑞穗) 조선인 학살사건 진상조사 / 연구책임자: 방일권. 서울: 일제강점하강제동원피해진상규명위원회, 2008. 107쪽. [Исследование убийств сахалинских корейцев в Мидзухо / под ред. Пан Ильгвона. Сеул: Ильче канджомха гандже тонвон пхихэджин сангюмён вивонхве, 2008. 107c.]

125) 이원용. 사할린 가미시스카 한인학살사건 1. 서울: 북코리아, 2009. 426쪽. [Ли Вонён. Трагедия убийств корейцев в сахалинском Камисисука. Сеул: Пуккхориа, 2009. 426c.]

126) 방일권. 한국과 러시아의 사할린한인 연구 – 연구사의 검토 // 동북아역사논총, 2012. 제38(12)집. 363–413쪽. [Пан Ильгвон. Российская и южнокорейская историография истории корейцев Сахалина // Тонбугаёгсанончхон. 2012. № 38(12). C. 363–413.]

127) 김명환. 할린 강제동원 조선인들의 실태 및 귀환. 서울: 대일항쟁기강제동원피해조사 및 국외강제동원희생자등 지원위원회간, 2011. 92쪽. [Ким Мёнхван. Обстоятельства насильственной мобилизации корейцев на Сахалин и репатриация // Сеул: Тэиль ханджэнги гандже тонвон пхихэ чоса мит кугве гандже тонвон хыйсэн чадын чивон вивон хвеган, 2011. 92c.]

128) 이상원. 해방 이후(1945–1977) 사할린한인의 정착과정과 귀환운동: 석사학위논문. 서울: 고려대학교, 2014. 79쪽. [Ли Санвон. Процесс адаптации сахалинских корейцев после Второй мировой войны и движение за репатриацию (1945–1977): магистерская диссертация. Сеул: Корёдэхаккё, 2014. 79c.]

며, 사할린한인 공동체에 영향을 주었던 내부적(소비에트 사회로의 통합 과정) 그리고 외부적(북한의 선전, 대한민국으로의 귀환 운동) 요소들을 검토했다. 이상원은 소비에트 민족정책으로 인해 한인들이 소연방에서의 삶에 적응하기 시작했으며, 1970년대 중반이 되면 이미 대부분의 한인은 비싼 대가를 치르면서까지 한국으로 돌아가길 원하지는 않았다는 결론을 내렸다.

2011년에는 사할린한인의 강제동원에 관한 한국 학자들의 공동저술이 출간되었다.[129] 이 주제는 아직까지도 고통스러운 문제로 남아 있는, 향후 한국 학자들과 연구자들의 관심을 끌 것으로 보이는 문제를 언급하고 있다.

최상구의 연구가 2015년에 발표되었다.[130] 이 연구는 한국의 시민단체인 지구촌동포연대(KIN)[131] 일원들과 함께 현장에서 수집한 조사 자료에 기초하고 있다. 이 책은 3부로 이루어져 있다. 제1부는 저자가 사할린을 방문한 내용이다. 제2부는 한인들이 직접 얘기해주고 보여준 사할린한인사, 고난과 복잡했던 삶의 여정에 대한 역사를 다루고 있다. 마지막 제3부는 사할린한인들의 시민권 문제로 한국의 법정에서 승소하여 귀환한 부인들과 사회 활동가들의 역사를 보여주고 있다. 동정과 연민을 갖고 집필된 최상구의 책은 사할린한인사 연구에 의심할 바 없

---

129) 정혜경, 심재욱, 오일환, 김명환, 北原道子, 김남영. 강제동원을 말한다. 1, 이름만 남은 절규: 명부편. 서울: 선인, 2011. 422쪽. [Чон Хегён, Сим Джэук, О Ильхван, Ким Мёнхван, Китахара Митико, Ким Намён. Разговоры о насильственной мобилизации. 1, список тех, от кого остались только имена. Сеул: Сонъин, 2011. 422с.]

130) 최상구. 사할린: 얼어붙은 섬에 뿌리내린 한인의 역사와 삶의 기록. 서울: 미디어 일다, 2015. 308쪽. [Чхве Сангу. Сахалин: записи о жизни и истории корейцев на холодном острове. Сеул: Мидио Ильда, 2015. 308с.]

131) 지구촌동포연대(Korean International Network)는 한국 이외 지역, 특히 일본 사할린 그리고 구 CIS에 있는 한인 디아스포라와 밀접하게 상호작용하고 있는, 한국에서 유명한 시민단체이다.

는 공헌으로 남아 있다.

1.4. 영어 자료와 문헌

사할린한인사에 관한 영문 자료는 (콜롬비아 구)워싱턴에 위치한 미국국립문서기록관리청(National Archives and Records Administration)에 소장되어 있다. 이곳의 사료들은 미국이 사할린한인들의 삶에 직접적으로 관여했던 시기, 즉 전후 귀환이 성사되지 않았던 시기와 관련된 것들이다. 이 자료들은 1945년 10월 2일 설치되어 1952년 4월 28일까지 존재했던 연합국총사령부(General Headquarters Supreme Commander for Allied Powers)[132]의 문서와 기록이다.[133] 사료들은 사할린한인들의 송환 요구에 대해 SCAP에 질의한 것과 그 질의에 대한 SCAP의 답변, 그리고 참모부에서 있었던 논의와 그 문제를 해결하기 위해 미국사령부가 채택한 결정 등에 관한 문서이다. 이 문서 중의 일부는 한국 학자들에 의해 발간되었다.[134]

영어권 학계에서 사할린한인사를 연구하는 학자들은 극히 소수다. 본 저자가 사할린한인 디아스포라와 관련하여 서구 문헌에서 발견할 수 있었던 연구물은 관련 주제로 집필된 저서 내에서 문맥상으로 그리고 일부 논문에서 약간 언급된 내용, 석사학위 논문 한 편이 전부였다. 이처럼 학문적 연구가 깊지 않은 것은 장기간에 걸친 소연방과 소연방

132) Верховный Главнокомандующий Союзными войсками для Японии – *General Headquarters Supreme Commander for Allied Powers* (이하 약자인 SCAP로 표기된다).

133) National Archives and Records Administration. Ф. «Military Agency Records RG 331».

134) 장석흥. 사할린 지역 한인 귀환 // 한국근현대사연구. 2007. 제 43집. 210–275쪽. [Чан Сокхын. Материалы о репатриации сахалинских корейцев // Хангуккынхёндэсаёнгу. 2007. № 43. С. 210–275.]

문서보관소들의 폐쇄성 및 세계 학문의 중심지로부터 동떨어진 사할린의 지리적 위치 때문이었다.

사할린 역사에 관심을 가지고 있었던 최초의 뛰어난 서구(미국) 학자는 존 스테판이었다. 1971년 그는 사할린사를 저술했으며,[135] 후일 이 책은 러시아어로 번역되어 '크라예베드체스키 블레텐(지역 공보)'이라는 학술지에 게재되었다.[136] 존 스테판은 영어, 러시아어 그리고 일본어 자료와 문헌을 폭넓게 이용하며 고대시기부터 20세기까지의 사할린 역사를 자세하고도 객관적으로 묘사했다. 이 저서에서는 사할린의 지리와 역사는 물론, 중국 최초의 탐사대가 도착한 것, 사할린을 둘러싼 러일 간의 각축, 차르체제의 통치 시기, 가라후토 청의 역사와 소연방 시기 북 사할린의 역사, 20세기 중반 이후의 사할린 역사 등이 기술되어 있다. 이 저서의 상당 부분에서 사할린한인사가 언급되었다. 특히 존 스테판은 일제 치하에서 한인들의 지위, 1945년 8-9월 소련과 일본 간의 전쟁 당시 주민들의 잡거, 전후 시기 사할린한인 공동체가 직면한 문제들을 묘사하고 있다.

존 스테판의 저서에는 사실관계가 정확하지 못한 점이 있다. 예를 들어 스테판은 사할린한인들이 1945년에 15만 명이었으나, 전쟁 중에 그리고 주민 철수 당시 10만 명의 한인이 사할린을 떠나고 나머지 5만 명만 사할린 주에 남았다고 주장했다. 이제는 열람할 수 있는 문서보관소 자료를 통해서 보면 이 수치는 명백하게 몇 배나 과장된 것이다. 하지만 서구학계에서 사할린과 사할린한인사를 밝히는데 끼친 스테판의 업적에는 의심의 여지가 없다.

135) Stephan John J. Sakhalin: a history. Oxford: Clarendon Press, 1971. p. 240.
136) Стефан Дж. Сахалин. История // Краеведческий бюллетень. 1992. № 1. С. 46–88; № 2. С. 25–67; № 3. С. 65–126; № 4. С. 63–116.

사할린한인에 관심을 보인 미국의 다른 학자로는 긴즈부르크가 있다. 그는 소연방 내 북한 이주노동자에 관한 논문[137] 그리고 저서인 '소연방의 시민권에 관한 법률'[138] 등 자신의 두 연구물에서 사할린한인사에 상당한 지면을 할애했다. 긴즈부르크는 위 논문에서 북한 노동자들의 모집과정 및 캄차트카, 사할린 그리고 쿠릴열도 지역에서의 노동 조건을 소비에트 노동법과 관리법의 관점에서 설명했다. 긴즈부르크는 위 저서에서 1948년의 시민권에 관한 법률을 분석하면서 사할린한인들의 시민권 문제를 연구했다.

2011년 리 데인(Lee Dayne)이 "사할린한인들의 정체성과 20세기 한인 디아스포라 내에서의 갈등"이라는 논문으로 석사학위를 받았다.[139] 이 논문은 저자가 직접 실행한 현장조사 자료를 기반으로 작성되어 사할린한인사학에서 큰 사료학적 가치를 지니고 있다. 데인은 민속학, 인종학 그리고 사회학적 방법론을 이용하여 3대에 걸친 사할린한인들의 정체성, 북한 및 한국과의 관계, 교회와 문화센터의 기능, 사할린한인의 문화유지와 다른 문제들을 분석했다.

쿠진의 영어 논문[140]은 잘 알려지지 않았음에도 불구하고 소련 문서보관소에 소장된 자료에 기초하여 작성된 많지 않은 연구물 중의 하나

137) Ginsburgs George. Labor policy and foreign Workers: the case of North Korean Gastarbeiter in the Soviet Union // Soviet Administrative Law: theory and policy edited by George Ginsburgs, Giarnmaria Ajani, Ger P. van den Berg. Netherlands: Martinus Nijhoff Publishers, 1989. pp. 399–424.
138) Ginsburgs George. The citizenship law of the USSR. Netherlands: Martinus Nijhoff Publishers, 1983. p. 391.
139) Lee Dayne. Sakhalin Korean Identity & Engagement in the 21st Century Korean Diaspora: senior thesis. Claremout: Pomona College, 2011. p. 157.
140) Kuzin Anatolii. The former Japanese citizens in the post-war Soviet control system on Southern Sakhalin (1945–1947) // Power and administration in the east of Russia. Khabarovsk, 2010. № 3. pp. 82–88.

다. 그는 이 논문에서 2차대전 이후 사할린에 남겨진 한인, 차별 받는 한인, 인종 간 관계의 어려움 그리고 전후 귀환 문제 등을 제기했다.

란코프는 사할린을 여행한 뒤 '왕립아시아학회 한국지부'라는 학술지에 영어로 논문을 발표했다.[141] 특히 이 논문은 사할린한인사 연구물에서 흔히 볼 수 있는 진부한 표현을 사용하지 않았다는 점에서 흥미롭다. 예를 들어 저자에 따르면 가라후토의 한인 이주가 첫 시기에는 (일반적 의견에 따르면, 강제 동원이 아니라)자발적인 것으로 가라후토 탄광의 높은 임금이 유인요인이었다고 주장했다.

한국인이 영어로 작성한 연구물 중에서는 시민권이 없는 사할린한인의 귀환[142] 및 북아시아에서의 한민족 이주[143]에 관한 두 편의 논문을 들 수 있다. 첫 번째 논문에서는 사할린 귀환에 대한 대한민국의 정책이 연구되었으며, 두 번째 논문에서는 한반도를 넘어 이주한 한인 이주사의 한 부분으로서 사할린한인의 이주사가 검토되었다.

홋카이도 대학교 소속의 학자인 스베틀라나 파이차제와 필립 시튼이 수석편집자로 있는 루틀레지 출판사에서 2015년에 저서(존 스테판의 뒤를 이어 발표된 첫 번째 영미문헌)가 출간된 것은 사할린사의 사료학에 있어서 하나의 큰 사건이었다. "가라후토/사할린: 변경되는 러·일 국경으로부터의 목소리"[144]는 서구에서는 일반적인 공동 집필된 저서이다. 이런 형태의 책은 각 장이나 단락을 다른 학자들이 집필하지

141) Lankov Andrei. Forgotten People: The Koreans of Sakhalin Island, 1945–1991 // Transactions of the Royal Asiatic Society – Korea Branch. 2010. Vol. 85. pp. 13–28.
142) Chong Il Chee. Repatriation of Stateless Koreans from Sakhalin Island // Korea and World Affairs. 1987. Vol. XI. №. 4. pp. 708–743.
143) Lee Jeanyoung. Ethnic Korean Migration in Northeast Asia // Proceedings of International Seminar: Human Flows across National Borders in Northeast Asia. Monterey: Monterey Institute of International Studies, 2002. pp. 118–140.
144) Voices from the Shifting Russo-Japanese Border: Karafuto/Sakhalin / edited by Svetlana Paichadze, Philip A. Seaton. London and New York: Routledge, 2015. p. 362.

만, 각 주제, 개념, 내용, 서론은 수석편집자에 의해 숙고되어 집필되는데, 이것은 명확하게 규정된 연구 대상에 대한 다양한 관점들을 확보하고, 그 연구대상을 국적이 다른 저자들의 견해에 입각하여 검토할 수 있게 해준다.

위 저서의 총 11개 장 중에서 4개 장이 사할린한인사에 관한 것인데, 그 중에서도 자기 저서의 내용을 간략하게 요약하여 소개한 나카야마의 연구[145]를 특히 꼽을 수 있다.

현무암과 스베틀라나 파이차제가 집필한 장[146]에서는 2차 대전 이후 사할린에 남을 수밖에 없었던 일본 여인들의 문제가 다루어져 있다. 한국 남자와 결혼한 일본인 여자들은 자신의 자녀들과 함께 한인 공동체에 흡수되었다. 또한 한국인들이 입양한 일본인 아이들도 한인 공동체에 포함되었다. 그들 모두 한국식 이름과 성을 받았으며, 한인학교에 다니면서 한국어를 배우면서 그들 내에서 다문화 정체성이 형성되었다. 냉전 이후 그리고 러시아, 일본, 한국이 귀환 문제로 합의서를 체결한 이후 그들도 역사적 모국으로 귀환할 수 있었다. 그러나 이들이 다문화 가족을 이루었음에도 귀환 계획은 단일민족 국가에 의해 이루어졌다. 결국 가족 중 일부가 사할린에 남거나, 일부는 한국으로 그리고 나머지는 일본으로 돌아가는 경우가 적지 않았다. 국경선이 그들 사이를 지나며 이산가족을 만들어내고 있다.

사벨리예프가 집필한 장[147]은 극동에서의 국경선 형성이라는 관점

145) Nakayama Taisho. Japanese society on Karafuto // Voices from the Shifting Russo-Japanese Border: Karafuto/Sakhalin... pp. 19–41.

146) Hyun Mooam, Paichadze Svetlana. Multi-layered identities of returnees in their 'historical homeland': returnees from Sakhalin // Voices from the Shifting Russo-Japanese Border: Karafuto/Sakhalin... pp. 195–211.

147) Saveliev Igor R. Borders, borderlands and migration in Sakhalin and the Priamur region: a comparative study // Voices from the Shifting Russo-Japanese Border: Karafuto/Sakhalin...

에서 사할린으로의 한인 이주를 다루고 있다. 국경의 형성과 재형성은 다양한 민족 집단 및 해당 지역에 거주 중인 그 이웃들 간의 상호관계에 많은 영향을 주었다. 시베리아횡단철도의 건설이 민족 지도를 만드는데 영향을 준 연해주와는 달리 사할린은 1945년까지 러시아제국과 소연방에게는 먼 변방으로 남아 있었으며, 러시아보다는 일본의 영향력에 종속되어 있었다. 특히 저자는 사할린의 한인 수가 가라후토의 석탄산업에 인적 자원이 필요했던 시점에 빠른 속도로 증가했다는 사실을 강조하고 있다. 강제이주는 사할린도 겪었던 식민지 발전의 그늘이다.

위 저서에는 2000년대 초 많은 이들이 한국을 방문했던 2세대와 3세대 사할린한인에 관한 본인의 논문도 포함되어 있다.[148] 낯 설은 한국 사회의 현실에 직면하고 그 사회로의 동화가 현실적으로 불가능하다는 것을 인식한 위의 두 세대는 사할린으로 되돌아가는 쪽을 택했다.

* * *

사할린한인 디아스포라사의 연구사 검토를 통해 다음과 같은 결론에 도달할 수 있다. 본 주제로 연구가 상당히 진행되어 많은 학문적 연구 업적이 축적되어 있다. 문서보관소에 소장된 문서와 구술(정보 제공자들과의 인터뷰) 자료, 회고록과 기억, 신문 자료, 개인적 증언과 같은 다양한 종류의 자료들이 인용되었다. 그러나 부분적 형태로 미국 문헌에 존재하는 것을 포함하여 러시아, 일본 그리고 한국 문헌에 존재

---

pp. 42–60.
148) Din Yulia. Dreams of returning to the homeland: Koreans in Karafuto and Sakhalin // Voices from the Shifting Russo-Japanese Border: Karafuto/Sakhalin... pp. 177–194.

하는 중요한 업적에도 불구하고 사할린한인사의 규명에 큰 공백이 존재한다.

아직까지 러시아연방, 한국, 일본 그리고 미국의 문서보관소에 소장되어 있는 자료와 문서에 대한 종합적 연구가 이루어지지 않았다. 사할린한인들에 관한 문제는 국제적인 문제로서 정치적 최고 단계에서 수차례에 걸쳐 관심을 끌었던 사안인 만큼, 역사 편찬에서 종합적 연구가 누락되었다는 것은 사할린한인 디아스포라사 연구의 본질적인 공백이라 할 수 있다.

지금까지 연구자들은 자국의 연구와 자료에 집착했다. 이 주제와 관련하여 러시아, 일본 그리고 한국의 막대한 문헌과 사료를 인용한 연구물은 실질적으로 존재하지 않는다.

심지어 사할린한인 디아스포라사 전반에 대한 연구에서조차 디아스포라가 완전한 사회정치적 현상이자 단일한 사회조직으로서 조명되지 않았다. 예를 들어 현 시점에서 가장 전반적인 것으로 여겨지는 쿠진의 연구도 사할린한인 디아스포라사를 역사적으로 다양한 시기에 정주한 '다수 한인'의 역사로 다루고 있다.

사할린한인 디아스포라사 연구가 완결되려면 아직 요원하다. 그런 만큼 연구자들의 많은 관심이 필요하다. 본 저자는 이 책이 본 주제의 학문적 연구에 기여하고, 전문가는 물론 일반 독자들도 흥미롭게 읽을거리가 되기를 바란다.

제2장
한인 디아스포라의 형성

2.1. 가라후토 청

사할린은 1643년 마르텐 헤리첸 프리스(Маартен Герритсен Фрис)의 탐사 이후 유럽열강의 지도에 표기되었으나, 사할린의 지위는 그 이후로도 오랜 시간 동안 확정되지 않은 상태로 남아 있었다. 직접적이든 간접적이든 19세기까지 사할린에 대한 영유권을 주장하던 모든 국가들 중에서 사할린의 식민화에 착수하는데 충분히 강력한 청구권을 지닌 나라는 러시아와 일본의 두 나라였다.

사할린의 소유를 공식적으로 규정한 첫 번째 국제조약은 1855년에 체결된 시모다조약(Симодский трактат, 下田條約)이다. 이 조약에 따라 러시아와 일본 양국은 사할린을 공동영유지로 인정했으며 양국 국경선은 우루프(Уруп)와 이투루프(Итуруп) 두 섬 사이를 지나는 것으로 규정했다(이처럼 북 쿠릴은 러시아, 남쿠릴은 일본의 영토로 인정되었다).

1875년 일본과 러시아는 상트페테르부르크조약을 체결하여 사할린이 러시아의 영토임을 공식적으로 확인했다. 그 대신 일본은 쿠릴열도의 18개 섬을 획득했다(캄차트카 바로 앞까지의 전체 쿠릴열도가 일본에 양도되었다).

1904-1905년 러일전쟁을 종결짓는 포츠머스강화조약 체결 이후 적극

적인 대한정책을 포기한 러시아는 한국 내에서 일본의 압도적 영향력을 인정했으며(이 조약 이후 1910년 일본은 한국을 병탄했다), 북위 50도 이하의 사할린 남부를 일본에게 할양했다.[1] 일본은 1907년 새로이 획득한 영토에 가라후토(樺太) 현을 설치했다.

고려해야 할 사실은 당시 일본제국의 모든 영토는 공식적으로 내지(본국의 영토)[2]와 외지(식민지배지)[3]로 나뉘었으며, 이 양 지역의 법률적 지위에는 현저한 차이가 있었다. 1943년까지 가라후토는 외지에 속했으나, 그 이후 홋카이도현에 소속되면서 내지의 지위를 얻었다. 이처럼 일본 통치의 (40년 중에서) 38년 동안 남사할린은 식민지로 인식되었으나, 많은 연구자들은 일본 식민지배령 체제 내에서 사할린의 독특한 지위를 강조하고 있다. 이것은 상당 수준에서 일본인들이 가라후토의 민족 구성에서 지배적 다수였다는 사실과 연관되어 있다.[4]

일본제국의 모든 신민들은 내지인[5]과 외지인[6]으로 구분되었는데, 이런 구분은 호적[7]체제에 의해 현실적으로 강화되었다. 일본에서 태

---

1) История Сахалина и Курильских островов с древнейших времен до начала XXI столетия / отв. ред. М.С. Высоков. Южно-Сахалинск: Сахалинское книжное издательство, 2008. С. 374.
2) 내지(內地) - 내부의 영토로서, 일본제국의 본국 영토는 혼슈, 규슈, 시코쿠, 오키나와, 홋카이도, 치시마(千島, 쿠릴열도), 이즈(伊豆) 제도와 오가사와라(小笠原) 제도 등이었다.
3) 외지(外地) - 외부의 영토, 즉 식민지를 말한다. 한국, 대만, 관동 주 그리고 남양군도(캐롤라인, 마리아나와 마샬 군도는 제1차 세계대전에서 독일제국의 패전 이후 국제연맹에 의하여 일본의 위임통치령에 속해 있었다. 위임통치는 1919년부터 1947년까지 지속되었다) 등이다.
4) The Japanese Colonial Empire / edited by Ramon H. Myers, and Mark R. Peattie. Princeton: Princeton University Press, 1984. p. 265.
5) 내지인(內地人) - 내지에 살고 있었던 사람들. 일본 출신의 신민, 즉 일본인.
6) 외지인(外地人) - 외지에 살고 있었던 사람들. 식민지의 식민.
7) 호적(戶籍) - 가족 등록 체제. 이 체제는 고대 중국에서 시작되었으며 현재까지도 동아시아 지역 국가들의 법률체제에서 중요한 구성 부분을 차지한다. 호적에 기초하여 가족 출생부에 주요 가족 구성원의 정보가 게재되는데, 공식적 서류의 역할을

어났어도 일본인 가족에서 태어난 게 아니면 외지인의 지위가 부여되
었으며, 내지인 용 호적에 함께 등재될 수 없었다.[8] 이런 정책은 식민
지 주민들의 상대적인 낮은 지위를 실질적으로 강화시킴으로써 일본
인과 식민지 주민들 간의 차이를 유지시켜 주었다. 일본의 본토를 제
외한 일본식민제국의 모든 식민지 중에서 가라후토와 관동주(남만주)
만이 95% 이상의 일본인(내지인)으로 이루어져 있었다. 타이완, 조선
그리고 남양군도의 일본인 비율은 5~10%로 확연하게 적었으나, 1940년
에 들어 남양군도에서의 일본인 비율은 50%에 이르렀다.[9]

그림 1. 사할린한인의 출생부

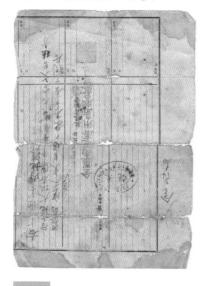

출처: 한국문화센터 문서보관소.
사진은 하이(O.H. Хай)가 제공했다.

하는 이 출생부에 모든 가족 구성원의 정보를 기록한다. 중국에서는 이 제도가 후
코우, 베트남에서는 혹카우, 한국에서는 호적으로 불린다(한국에서는 이 용어가 일
본에서처럼 한자로 표기된다).

8) Lee Ch., De Vos G. Koreans in Japan. Ethnic Conflict and Accommodation. Berkeley,
Los Angeles, London: University of California Press, 1981. p. 136.

9) Мики Масафуми. Формирование корейского общества на Карафуто в период войны...
С. 31.

그림 2. 일본제국 영토 별 신민 비율

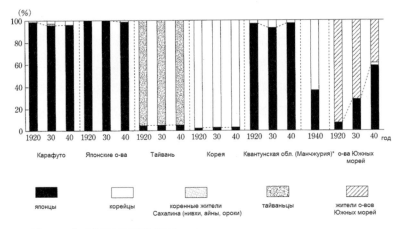

출처: 미키 마사후미. 三木理史. 戦間期樺太における朝鮮人社会の形成 // 社会経済史学.
2003年 1月. 第65-5号. 272쪽.

　　일본의 연구자 시오데는 가라후토가 행정적으로 본토와 떨어져 있
음에도 불구하고 타이완이나 한국과는 큰 차이를 보인다고 강조했다.
가라후토 청의 행정 관리 시스템은 내지의 체제를 완전하게 따르고 있
었다. 이것은 일본에서 가라후토로 이주한 사람들이 압도적 다수를 차
지했기 때문이었다. 일본 주민의 수가 급격히 증가하면서 식민통치 초
기에 일본인이 아이누, 울타(Ульта) 그리고 니브히(Нивхи) 등으로 구성
된 원주민의 수를 능가했다.[10]
　　일본 식민청이 가라후토를 접경지역이라는 특별 지위로 구분한 데
는 두 가지의 이유가 있었다. 즉 한편으로는 이 섬이 잠정적 적국인 소

10) Shiode H. Nation or Colony? The Political Belonging of the Japanese in Karafuto //
　　Social Science Journal. 2009. Vol. 12. № 1. p. 104.

연방과 접경한 영토이라는 점에서 가능한 외부로부터의 공격에 대비할 필요가 있었다. 다른 한편으로는 가라후토는 '개발되지 않은 야생'의 지역에 있는, 제국주의 일본의 독특한 전초기지라는 특수역할을 지니고 있었다. 이런 두 가지 관점으로 인해 가라후토에게 외지가 아닌 바로 일본 영토로서의 접경지라는 독특한 지위가 부여되었다.[11]

연구자 미키 역시 형식적으로는 식민지인 가라후토가 다른 외지가 아닌, 홋카이도와 더 많은 공통점을 지니고 있다는 사실에 주목했다. 가라후토에 일본 출신 이주민이 압도적으로 많다는 사실을 강조한 다른 학자들처럼 미키 역시 가라후토를 이주식민지의 범주에 넣고 있다. 경영투자형 식민지와 이주식민지 간의 주된 차이점은 원주민이 소수민족이라는 것이다. 일본의 식민지 중에서 가라후토만이 이주식민지에 해당되며, 몇 가지 조건을 달면 북만주도 거기에 해당된다. 위 지역은 농업과 광물채광에 집중된 곳으로 도시의 인구 비중이 높지 않다.[12]

위 사실을 통해 명료해지는 것은 가라후토로의 한인 이주를 일본의 조선에 대한 식민통치시기 전체에 걸쳐 매우 적극적으로 이루어진 일본열도로의 한인 이주라는 문맥에서 연구해야 한다는 점이다.

이에 더해 사할린에는 그곳으로 이주한 사람들의 삶을 상당히 힘들게 만드는 일련의 특성이 존재했는데, 변덕스러운 기후, 격리된 지리적 위치 그리고 농업에 적당하지 못한 자연 조건 등을 특별히 꼽을 수 있다. 예를 들어 러시아는 사할린 이주를 위해 1단계에서는 유형수를 이용했으며,[13] 1906년 이후에는 이주민에게 상당한 혜택을 제공했다. 일

11) Morris-Suzuki Tessa. Northern lights: The making and unmaking of Karafuto identity // The Journal of Asian Studies. 2001. Vol. 60 (Aug). No. 3. p. 646.

12) Мики М. Карафуто в системе японских колоний // Россия и островной мир Тихого океана. Вып. I. Южно-Сахалинск: Сахалинское книжное издательство, 2009. С. 147.

13) 사할린에서 유형은 공식적으로 1869년부터 1906년까지 존재했다.

본 역시 이주민을 유입시키고자 가능한 모든 혜택을 제공하는 정책을 도입한 것은 물론, 광범위하게 노동 모집과 동원을 실행했다. 전반적으로 보면 일본 행정부의 노력은 충분히 성공적이었다. 1910-1930년 사이에 일본 주민이 28,688명에서 284,198명[14]으로 10배나 증가했다(비교를 위해 수치를 제시하면 이 기간 동안 러시아령 사할린의 주민은 1908년의 8,000명에서 1929년 26,500명으로 늘었다).[15]

그 외에도 일본은 가라후토 청의 경제를 적극적으로 개발했다. 어업, 석탄, 삼림, 펄프 및 제지산업이 특히 발전했다. 급격한 경제 발전은 결과적으로 막대한 노동력 수요를 낳았으며, 그런 수요는 일본 본토에서의 일본인 이주는 물론, 모집 그리고 나중에는 한인을 대상으로 한 강제노동이주로 해결되었다.[16]

1945년 일본의 패전으로 아시아 태평양 지역 내 지정학적 상황이 근본적으로 변했다. 2차 대전의 결과 사할린 남부와 쿠릴열도가 소련의 사법권 치하로 양도되었다. 한국은 제국주의 일본의 다른 식민지와 함께 독립을 얻었으나, 한반도는 소연방과 미국이 관할하는 두 개의 점령지로 분단되었다. 1948년 한반도에 두 개의 새로운 국가, 즉 대한민국(한국)과 조선민주주의인민공화국(북한)이 등장했다.

14) Мики Масафуми. Формирование корейского общества... С. 30.

15) Экономика Сахалина / Бок Зи Коу, М.С. Высоков и др. Южно-Сахалинск: Сахалинское областное книжное издательство, 2003. С. 40, 51.

16) Там же. С. 95.

2.2. 가라후토로의 한인 이주

현대 한인 디아스포라의 역사를 연구하는데 있어 가장 의미 있는 시기는 사할린 남부가 일본의 지배하에 있었던 때이다. 그 당시 사할린에는 현재 그곳에서 살고 있는 생물학적 한인의 선조가 있었다.

사할린 남부를 향한 한인 이주가 처음에는 자발적으로 서서히 이루어졌다. 1910년 가라후토에는 총 33명의 한인이 있었으며, 5년이 흐른 뒤인 1915년에도 그 수가 변하지 않았다. 1920년이 되어서야 한인의 수가 증가하여 총 513명에 달했다.[17]

1910년부터 '미츠이 마이닝' 사가 탄광를 구하기 위해 가라후토의 남쪽에 있는 한인들을 다음과 같은 방식으로 고용하기 시작했다.[18] 즉 미츠이 사 소유였던 가와카미(현재의 시네고르스크/Синегорск) 탄광의 운영진은 1917년 조선총독부한테 한인들을 모집해도 된다는 허락을 받았다. 이후 한국의 신의주에 있는 회사 대표들이 한인 노동자 모집에 착수했다. 1.5년 기간의 계약서가 체결되었으며, 계약에 따라 교통비도 제공되었다.[19] 노동자(일본인, 한인, 중국인)의 일당이 도요하라(유즈노사할린스크)에서는 2.5엔이었던 것에 비해, 오토마리(코르사코프)에서는 한인들의 일당이 일본인의 2.5엔보다 적은 1.5엔에 불과했다(표 1을 보시오). 당시 식민지 한국에서 숙련 노동자의 평균 노임은 월 15-29엔이었기 때문에 재정적 관점에서 보면 이런 노동 조건은 충분히 매력적이었다.[20] 대체로 독신 남자를 고용하려 했다.

---

17) Мики Масафуми. Формирование корейского общества… C. 31.
18) Мики Масафуми. Формирование корейского общества… C. 31.
19) Хан Хеин. Обстановка, окружающая репатриацию сахалинских корейцев… C. 165.
20) Lankov Andrei. Dawn of Modern Korea. The Transformation in Life and Cityscape. Seoul: EunHaeng NaMu, 2007. p. 166.

표 1. 1925년 가라후토 노동자들의 평균 노임

주민	도요하라(豊原)		오토마리(豊原)	
	남	여	남	여
일본인	2.50	1.50	2.50	1.50
한 인	2.50	-	2.50	-
원주민	2.50	-	-	-

출처: 미키 마사후미. 이주식민지로서 가라후토의 형성. 279쪽.

일본은 1920년 4월부터 1925년 5월까지 1917년 혁명과 러시아 내전 등 러시아 전역을 덮친 위기를 이용해 사할린 북부도 점령했다.[21] 당시 연해주와 북 사할린에 있던 상당수의 한인이 가라후토로 이주했다. 그 예로 아래의 증언자는 자기 가족이 사할린으로 이주한 것을 아래와 같이 회상했다.

> 우리 아버지는 북한에서 출생하셔서, 부모님과 함께 연해주로 이주하여 그곳에서 성장하셨습니다. 그러다 아버지가 20살쯤 되셨을 때 돈벌이하러 사할린으로 오셨어요. 아마도 북쪽에도 일본인들이 있었을 겁니다. 그래서 아버지는 북쪽에서 남쪽으로 내려가 그곳에서 사셨어요. 어머니는 한국에서 오셨는데, 1926년에 두 분이 결혼하셨습니다. 그래서 1945년에 러시아 군대가 사할린에 들어왔을 때 아버지는 통역으로 근무하셨죠. 아버지가 러시아어를 할 줄 아셨거든요.[22]

1922년 북사할린극동삼림회사에 근무하던 100명이 넘는 한인들이 가라후토로 이주했다. 1923년 연해주와 극동지역 러시아령에서의 외국인 추방정책 때문에 사할린으로 유입되는 한인들이 자주 목격되었다. 초기에는 한인들이 자신의 가족들을 데리고 함경도에서 연해주로 이주했기 때문에 이 시기의 가라후토에서는 여자와 아기들의 수가 증가

---

21) 다음을 보시오. РГАСПИ. Ф. 495. Оп. 127. Л. 21
22) [Б.], муж.(남), 1938 г. р., г. Южно-Сахалинск, 22.12.2009.

되는 모습이 목격된다.[23]

표 2에서 보는 바와 같이 1921년부터 1925년까지 유즈노사할린스크에서의 한인 가구와 주민의 수가 크게 증가했다.

표 2. 1921-1925년 가라후토 내 한인 주민의 수

연도	가구 수	한인 주민 수		
		남자	여자	총
1921	68	444	23	467
1922	76	577	39	616
1923	117	1,256	207	1,464
1924	170	1,522	305	1,827
1925	380	2,660	873	3,533

출처: 한혜인, 사할린한인 귀환을 둘러싼 배제와 포섭의 정치: 해방후~1970년대까지의 사할린한인 귀환 움직임을 중심으로// 사학연구. 2011. 제102집. 166쪽.

1925년 블라디보스토크에 거주하던 유력한 고려인들이 약 3천 명의 고려인을 연해주에서 가라후토로 이주시켜달라는 청원을 일본정부에 제출했다. 가라후토 청장은 1천 명의 이주를 허락해주었다. 그러나 실제로 이주한 사람은 562명이었다. 이들은 가족을 데리고 에스토루(惠須取, 현 우글레고르스크/Углегорск)와 시리토리(현 마카로프/Макаров)로 이주하여 그곳에서 일터를 잡고 정주했다.[24]

러시아에서의 정치적 위기와 에스토루, 시리토리 그리고 가라후토의 다른 지역에서 제지산업이 부흥하면서 발생한 노동력의 수요 증가와 일치한다는 점에 주목해야한다. 러시아로부터의 이주, 탄광에서의 모집, 한국으로부터의 이주 등으로 인해 1920년대 말 가라후토의 한인 수가 확연히 증가했다. 표 3은 1910-1930년 가라후토 주민의 수적 변화

23) Мики Масафуми. Формирование корейского общества... С. 36.
24) Мики Масафуми. Формирование корейского общества... С. 167.

를 보여준다. 여기서 보이는 바와 같이 총 주민 수가 증가했으나, 가장 많이 증가한 것은 인종적 한인으로 무려 251배나 늘어났다. 여기서 8,301명이라는 한인의 수를 충분히 정확한 것으로 보기는 어렵다. 즉 1930년대 말 무렵 한인의 수가 줄어들면서 남사할린에는 겨우 5,359명만 남기 때문이다.25) 이런 대규모의 증가는 가라후토의 한인 공동체 중 상당수가 예전처럼 계절노동자였다는 것으로 설명된다. 그들은 계약 기간이 만료되거나, 삼림이나 어업 분야에서의 계절노동이 종료되면 사할린을 떠났다.

표 3. 가라후토 주민의 인종적 구성. 1910-1930년

민족	1910	1915	1920	1925	1930
일본인	28,688	58,449	88,747	183,742	284,198
한 인	33	33	510	3,206	8,301
원주민	2,103	2,066	1,741	1,724	2,164
중국인	25	27	21	203	319
러시아	168	85	115	127	170
기 타	0	0	2	34	44

출처: 三木理史(미키 마사후미), 戰間期樺太における朝鮮人社會の形成. 30쪽.

한반도로부터의 한인이주사 문제를 보다 더 자세하게 살펴볼 필요가 있다. 한인이 가라후토와 러시아로 이주한 과정은 서로 유사하다. 한국의 남부는 공업지대였던 북부와는 달리 농업지역으로 남아 있었기 때문에 일본 회사들은 남부에서 노동자들을 모집하려했다. 가라후토에 정착한 한인은 그곳으로 가족을 불렀으며, 심지어 종종 친척이나 같은 동네사람들에게도 사할린으로 이주하라고 권했다. 그리고 일본 당국은 이주 한인의 그런 행동을 장려했다.

25) 한혜인, 사할린한인 귀환을 둘러싼 배제와 포섭의 정치: 해방후~1970년대까지의 사할린한인 귀환 움직임을 중심으로// 사학연구. 2011. 제102집. 165쪽.

그림 3. 븨코프에 위치한 탄광의 주 갱도

출처: ГИАСО.Ф.Фотодокументы. Оп. 1.
Ед. xp. 568.

　보수적 사회의 전통과 이주에 대한 두려움 때문에 처음에는 이주민
이 많지 않았다. 그러나 제1차 세계대전 이후 일본에서의 산업 호황으
로 노동력 수요가 유례없이 폭증했다. 그에 더해 행정직원에 임명되거
나 사업가 혹은 지주가 될 수 있었던 한국으로 이주하는 일본인의 수
가 늘어났다. 이주 일본인이 조선총독부의 지원을 받아 가장 좋은 토
지를 차지하는 과정에서 파산한 수많은 한인 지주들에게 남은 유일한
출구는 이주였다. 그 결과 일본 도처에서 한국인의 수가 빠른 속도로
증가했다. 일본의 조선 병탄 직전인 1909년 일본에 거주하던 한국인은
총 790명뿐이었으나, 1938년에는 약 80만 명에 달했다. 한국인들은 주
로 탄광이나 저임금 비숙련 노동에 종사했다.[26]

26) Lee Ch., De Vos G. Koreans in Japan... pp. 35–38.

표 4에 인용된 자료를 통해 한국의 어느 지역에서 일본 본토로 가장 많이 이주했는지 확인할 수 있다. 일본에 거주했던 한인 중 750,072 (93.8%)명이 한국 남부 지방 출신이었으며, 27,061(3.4%)명이 북쪽 지방 그리고 22,745(2.8%)명이 1945년 이후 38선에 의해 분할된 지방 출신이다. 남사할린의 한인들 역시 대부분 한국 남부의 농업지역 출신들이었다(당시 한국 북부 지역의 한인들은 만주로 이주했다. 한편 만주 역시 1931년부터는 실질적으로 일본의 통제 하에 있었다).

표 4. 1938년 일본에 거주 중이던 한인들의 출생지

출신 도	일본에 거주 중이던 주민 수	
	명	%
경상남도	300,163	37.53
경상북도	184,651	23.08
전라남도	165,125	20.64
전라북도	48,858	6.11
충청남도	28,751	3.59
충청북도	22,524	2.82
경 기 도	14,433	1.80
강 원 도	8,312	1.04
평안남도	7,824	0.98
함경남도	5,884	0.74
양 강 도	5,643	0.71
평안북도	4,666	0.58
함경북도	3,044	0.38
총	799,878	100.00

출처: Lee Ch., De Vos G. Koreans in Japan... pp. 35–37.

* 주: 경상남도, 경상북도, 전라남도, 전라북도, 충청북도 등은 한국이 38선을 따라 분단된 이후 대한민국에 속하게 되었다. 평안남도, 함경남도, 양강도, 형안북도, 함경북도 등은 조선민주주의인민공화국에 속했다. 한편 경기도와 강원도는 38선에서 남과 북으로 분단되었다.

그림 4. 1930-1940년 가라후토 내 거주지 별 한인 주민 수의 변화

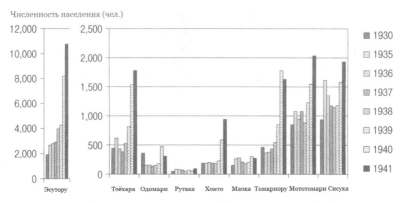

출처: 三木理史. 戦間期樺太における朝鮮人社会の形成... 346쪽.

표 5를 통해 1941년 도요하라에 거주하던 한인들이 한국의 어느 지역출신인지 확인할 수 있다. 여기서 보는 바와 같이 가라후토의 행정중심지에 거주하는 한인의 수는 일본 본토에서처럼 한국 남부 출신이 97.3%(1,314명)에 달했다. 도요하라 시에는 총 한반도 북부의 4개 지역 출신이 겨우 4명에 불과했다. 한국의 중부에 위치한 경기도와 강원도 출신 역시 많지 않아서 2.4%, 즉 33명이었다. 가라후토 한인 출신지가 지닌 이런 특징은 후일 사할린한인 디아스포라사에서 의미 있는 역할을 한다.

표 5. 도요하라(유즈노사할린스크) 한인들의 출생지

출신 도	일본에 거주 중이던 주민 수	
	명	%
함경북도	2	0.15
함경남도	1	0.07
평안북도	0	0
평안남도	1	0.07
황 해 도	2	0.15

충청북도	21	1.55
충청남도	95	7.03
전라북도	61	4.52
전라남도	101	7.49
경상북도	433	32.05
경상남도	603	44.63
경 기 도	25	1.85
강 원 도	6	0.44
총	1,351	100

출처: 이성환. 사할린한인 문제에 관한 서론적 고찰// 국제학논총. 2002. 제7(12)집. 217
-218쪽.

가라후토로 이주하는 과정에 큰 영향을 준 것은 국제 상황과 일본의
대외정책이었다. 1937년의 태평양전쟁[27]이 발발하면서 노동자원의 통
제가 불가피해졌다. 1937년 이후 일본제국의 주민들은 강제동원의 대상
이 되었으며, 그 동원의 속도 역시 급격하게 증가했다. 1939년 850명이
동원되었던 것에 비해 1940년 311,724명, 그리고 1942년에는 623,385명으
로 급증했다. 모든 노동자들은 엄격하게 명부에 등록되었으며('직업등
록'이라는 제도가 있었다), 무단 이주를 방지하기 위하여 대책이 마련되
었다('노동자와 직원들의 직장 변경 금지에 관한' 1940년의 칙령 및 '노
동력 수요와 공급의 조정에 관한' 1941년의 칙령에서 강화되었다). 일일
최대 노동 시간과 최저임금은 그 한계를 실질적으로 폐기한 '중요 산업
시설에서의 노동조직에 관한' 칙령이 발표된 이후 정부 관원에 의해 임
의로 규정되었다. 이것은 피할 수 없는 고통 및 생활수준의 하락과 함께
가용 노동인구의 건강상태 악화와 사망률의 증가로 이어졌다.[28]

---

27) 서구, 일본 그리고 한국 사료에서 태평양전쟁은 아시아태평양 지역에서 펼쳐진 제2차
세계대전의 군사 행동으로 불리고 있다.

28) Молодяков В.Э., Молодякова Э.В., Маркарьян С.Б. История Японии. XX век. М.:
ИВРАН; Крафт+, 2007. С. 194.

1938년에 발표된 '국가동원령'은 동원의 조건과 조치를 규정한 50개의 조항과 부속조항으로 이루어졌다. 이 동원령으로 인해 일본제국의 신민은 전시법에 따라 정해진 지역에서 노역과 복무의 의무를 질 수도 있었다. 일본 천황의 1938년 5월 4일자 '조선, 대만, 가라후토에서의 총동원에 관한 법률의 시행'에 관한 칙령 316호가 1939년 9월부터 식민지 영토에서의 '국가 총동원령'으로 확대되었다.[29] 공식보고서에 따르면 한국에서 일본으로 동원된 사람은 422,262명이었다.[30]

이런 상황으로 인해 한국에서 동원된 노동자들이 가라후토에도 도착하기 시작했다. 그러나 가라후토의 독특한 상황 역시 한인의 이주에 적지 않은 역할을 했다. 일본 당국은 이전처럼 친척이나 아는 사람을 통한 한인들의 자발적 모집을 장려했다. 일본의 이런 정책은 1942년 2월 이른바 '노동의 의무'의 시행에 관한 성명이 발표된 이후에도 지속되었다.[31] 일본 당국이 이런 정책을 유지한 이유는 가라후토의 독특한 상황은 물론, 가라후토에 상주하는 한인의 수가 상대적으로 많았기 때문이었다.

한국에서 가라후토로 강제 동원된 한인의 총 수는 표 6에 나와 있다. 이 표에서 보는 바와 같이 실제로 모집된 한인의 수는 일본 당국이 모집하려던 계획에 미치지 못했다.

표 6. 1939-1945년 가라후토 내 산업시설에서의 작업을 위해 강제 동원된 한인의 수

모집 연도	예정 동원 수	실제 동원 수
1939	0	3,301
1940	8,500	2,605
1941	1,200	1,451

29) Ло Ен Дон. Проблема российских корейцев... С. 46–47.
30) The Japanese Colonial Empire... p. 232.
31) 한혜인. 사할린한인 귀환을 둘러싼 배제와 포섭의 정치: 해방후~1970년대까지의 사할린한인 귀환 움직임을 중심으로// 사학연구. 2011. 제102집. 168쪽.

1942	6,500	5,945
1943	3,300	2,811
1944	0	0
1945	0	0
계	19,500	16,113

출처: 한혜인. 사할린한인 귀환을 둘러싼 배제와 포섭의 정치: 해방후~1970년대까지의 사할린한인 귀환 움직임을 중심으로... 168쪽.

증언자 중의 한 명은 자신이 가라후토로 동원된 상황을 다음과 같이 회고했다.

> 저는 1943년에 모집되어 이곳에 왔습니다. 그들이 선발한 모든 사람을 기록했습니다. 우리 가족 중에서는 나이든 제 형님을 선택하려 했는데, 이미 장가를 드셨죠. 그래서 가족회의를 열어 제가 가는 것으로 결정했습니다. 처음에는 기선을 타고 도착했다가, 나중에 기차로 이동했습니다. 크라스노고르스크(Красногорск)에 있는 탄광에 도착했어요. 쉬는 날 없이 12시간 일하고, 식사는 전표가 있어야 줬죠. 질질 끌면서 먹으면 하루 종일이라도 먹겠지만, 양이 한입거리 밖에 안 됐어요. 임금을 주지 않고 대신 장부에다 표시를 하더군요. 도망칠 생각도 안 했습니다. 만약 잡히면 완전히 철조망 안에 갇힐 수 있었는데, 그곳의 생활 조건은 정말 형편없었거든요...[32]

여기서 주의를 기울여야 할 것은 사할린 탄부들의 임금이 기본적으로 도요하라 시 은행 우편과의 저축예금으로 입금되었다는 사실이다. 입금 기록이 있는 장부들이 전쟁 중에 망실되거나 적군의 전리품이 되었다. 전후 사할린한인들은 일본정부로부터 자신의 적립금을 받을 수 없었다. 따라서 현재까지도 이 문제는 공정하게 해결해야 되어야 할 사안이다.

[32] [П.], муж.(남), 1925 г. р., п. Углезаводск, 20.12.2008.

다른 증언자들은 가라후토에 오게 된 경위 및 그곳에서의 삶에 대해
자기 아버지에게서 들은 바를 아래와 같이 이야기해주었다.

　제 아버지께서는 일본인들 밑에서 어떻게 일하셨는지 말씀해 주셨
습니다. 갱차가 나무를 싣고 가고 100명으로 이루어진 한인 무리들은
두, 세 개의 들보를 들고 탄광까지 8백 미터를 뛰어야 했답니다. 그리
고는 다시 돌아오고 그렇게 여러 번 했다는 겁니다. 그 다음에 그 버
팀목이 다할 때까지 일을 했는데, 그 버팀목을 설치하고 석탄을 캤답
니다. 버팀목이 있는 만큼 앞으로 전진을 하고 그만큼 석탄을 캐는
거죠. 탄부들은 들보를 들고 뛰었는데, 누가 더 많이 옮기는지 실제로
경쟁을 했답니다. 일부 탄부들은 들보를 2미터가 아닌 4미터나 5미터
간격으로 설치하는 위험을 무릅썼다고 합니다. 결국 붕괴사고가 일
어나서 사람이 죽었는데, 그런 일이 계속 반복되었다고 합니다. 일본
인들은 그런 행동을 금지시켰답니다... 임금을 주기는 했는데, 절반은
직접 주고 나머지 절반은 장부에 기재했답니다. 애초부터 아버지는
강제 모집되셨고, 강제로 사할린에서 일하시다 2년이 지나서야 집으
로 돌아오셨습니다. 아버지는 돈을 다 써버린 뒤 결혼 때문에 돈이
다시 필요해졌죠. 그래서 직접 돈을 벌어보시겠다고 다시 사할린으
로 가셨는데 전쟁이 일어나면서 결국 돌아오실 수 없었습니다.[33]

　일부 사람들은 2-3년 기간의 노동계약에 따라 사할린으로 향했답
니다. 우리 아버지께서도 그렇게 이곳으로 오신 거죠... 아버지는 일
을 잘 하셨는데, 탄광 사장이 아버지의 그런 모습을 보신 후, 1년 더
있으라고 설득했답니다. 아버지께서 말씀하시기를 몇 명의 사람들이
일 잘하는 사람들을 그렇게 설득했다고 합니다. 그런데 고향의 부모
님이 아버지를 기다리고 계셨죠, 정혼한 사이도 있었고요. 그런데 아
버지께서는 고향으로 돌아가시질 않으셨고, 결국 부모님이 아들을 따
라 이곳으로 오셨다고 합니다. 그런데 이미 1945년이 되었고 그렇게
이곳에 남아서 살게 되었습니다.[34]

33) [Д.], муж.(남), 1952 г. р., г. Южно-Сахалинск, 12.04.2009.

한인의 가라후토 이주는 대체로 이렇게 그림 그려진다. 문서 자료는 물론, 노임을 위해서 혹은 노동 동원의 범주 내에서 남사할린으로 온 사람들의 인터뷰나 회고록 같은 구술 자료 역시 중요하다.

1944년 말 가라후토의 전체 인구는 382,713명(이중 남자 195,794명, 여자 186,919명)이었다. 그 외에도 홋카이도에서 어업이나 삼림업에 종사하는 계절노동자들이 매년 18,000~20,000명 정도 가라후토를 방문했다.[35] 본인은 위 시기 홋카이도현에 속한 쿠릴열도에 거주 중인 한인의 수에 관한 정보는 찾을 수 없었다.

표 7. 1931-1944년 가라후토 청의 한인 수

연도	가구 수	한인 수		
		남자	여자	총계
1931	1,230	3,919	1,961	5,880
1932	1,166	3,215	1,572	4,787
1933	1,201	3,354	1,689	5,043
1934	1,233	3,825	2,053	5,878
1935	1,403	4,521	2,532	7,053
1936	1,446	4,231	2,373	6,604
1937	1,416	4,153	2,439	6,592
1938	1,526	4,803	2,822	7,625
1939	2,149	5,915	3,081	8,996
1940	2,391	11,661	4,395	16,056
1941	2,883	13,603	6,165	19,768
1942	-	-	-	-
1943(3월)	-	15,544	5,689	21,223
1943	3,827	18,213	7,552	25,765
1944	-	-	-	26,825

출처: 長澤秀. 戰時下南樺太の被强制連行朝鮮人炭礦夫について... 24쪽.

<hr>

34) [A.], муж.(남), 1951 г. р., п. Углезаводск, 01.02.2009.

35) РГАСПИ. Ф. 17. Оп. 122. Д. 92. Л. 2.

표 7은 가라후토 내 한인 수의 변화를 보여준다. 위 표에서 보는 바와 같이 가라후토 내 한인 수는 일정하게 증가했으며, 1944년에는 거의 2만 7천 명에 달했다.

제2차 세계대전 종전 직전 일본 국내 사정으로 인해 1944년 8월 11일 일본정부는 '가라후토와 구시로(釧路)[36] 탄광근로자, 자재 등의 급속한 전환 배치에 관한' 결정을 채택했다. 이후 가라후토의 서해안에 위치한 26개의 탄광 중 14개가 폐쇄되었으며, 폐광된 곳에서 일하던 일본인과 한인 노동자는 일본으로 전환 배치되었는데, 그 중 3천 명이 한인이었다.[37]

전환 배치의 주된 원인은 재정적 곤란과 운송문제였다. 러시아 역사 학계에서 '이중징용(повторная вербовка)'으로 불리는 전환 배치의 조건은 매우 가혹했다. 8월 19일로 잡혀 있던 출발일 3일 전에 노동자들에게 전환 배치를 통보해 주었다. 일본열도 내에 있는 탄광에서의 노동 조건은 가라후토보다 훨씬 더 열악하여, 사망 사고가 여러 차례 발생했다. '이중징용'의 중요한 결과는 가라후토에 남아 있는 가족들과의 이산이었다. 이중징용된 사람 중 일부는 1945년의 종전 설명해 줬죠 가라후토로 되돌아 갈 수 있었으나, 대부분은 군사행동과 정보 부족으로 인해 귀환하지 못했다. 가라후토로 되돌아온 사람들은 일본 탄광에서의 가장 가혹했던 노동으로 인해 이른 나이에 사망했다.[38]

사할린에는 지금까지도 '이중징용'에 처해졌던 이들의 자녀들이 살고 있다. 이 비극적 사건에 대해 증언자들은 아래와 같이 회상하고 있다.

36) 구시로 - 홋카이도 남동 해안에 위치한 항구 도시.
37) РГАСПИ. Ф. 17. Оп. 122. Д. 92. Л. 2.
38) 정혜경. 1944년에 일본 본토로 '전환배치'된 사할린(화태)의 조선인 광부... 72–73쪽.

엄마가 저를 배고 계실 때 ... 그러니까 1944년에 일본인들이 우리 아버지를 징용해갔습니다. 저는 평생 동안 아버지를 보지 못했죠. 일본인들이 아버지께서 일하시던 탄광을 폐쇄한 다음에 징용해 가버렸죠. 종전 이후 아무것도 할 수 없었고 아버지께서도 돌아오실 수 없었기 때문에 한국으로 가셨답니다. 어머니께서 1991년 한국으로 가셨을 때 아버지의 가족을 찾았는데, 아버지께선 한국에서 80년대까지 살다 돌아가셨답니다.[39]

1944년에 '이중징용'으로 일본인들이 아버지를 데리고 갔죠. 내가 1990년대에 아버지를 기억하는 한 할아버지를 만나기 전까지 내 평생 동안 저는 아버지에 대해 아는 게 하나도 없었습니다. 그 할아버지 말씀이 일본인들이 아버지를 일본으로 데려갔다는 겁니다. 아버지를 애타게 찾고 싶었기에 아버지께서 일하셨던 일본 탄광을 들렀다가 우리의 출신인 한국으로 갔습니다. 그런데 전 아버지께 무슨 일이 있었는지 알아내지 못했어요...[40]

1944년 일본인들은 아버지를 '이중징용'으로 잡아갔습니다. 그 당시 많은 이들이 작은 배나 군함용 단정을 타고 해협을 건너 탈출하고 있었어요. 그런데 우리 아버지께서도 역시 45년 이후 우리들 그러니까 우리 가족을 찾기 위해서 일본을 탈출하셨죠. 당시는 해상 국경이 폐쇄된 상태였기 때문에 불법으로 입국하신 겁니다. 아버지가 단정을 타고 오셨을 때, 일본인 어부들이 무척 많았습니다. 그들 중 몇 명은 단정을 타고 갈 항로와 길을 잘 알고 있었죠. 그들은 천 엔이라는 막대한 돈과 쌀 한 포대를 받고 사람을 데려다 주었답니다. 그런데 도착한 사람도 있지만 폭풍우를 만나서 도착하지도 못하고 사고로 죽은 사람도 있었답니다. 거의 1년 동안 소연방은 해안경비에 거의 신경을 쓰지 않고 있었어요. 제가 지금 기억하는 바로는, 우리 아버지께서 45년 11월 6일 돌아오셨습니다. 돈도 없고 몰골도 형편이 없

39) [Р.], жен.(여), 1945 г. р., г. Южно-Сахалинск, 28.12.2008.
40) [С.], муж.(남), 1944 г. р., г. Южно-Сахалинск, 11.11.2009.

었죠. 아버지께서는 일본에서 징용된 이들을 해직시켰는데, 결국 모두가 해직될 거라고 말씀하셨습니다. 징용이 군대처럼 해산되었답니다. 그게 9월 28일쯤이었죠. 아버지께선 돈도 없었고... 한 푼도 가지고 오지 않으셨어요. 손목시계 하나만 갖고 계셨습니다. 아버지가 말씀하시기를 돈을 누군가에게 빌려줬는데, 그 사람이 노름에서 돈을 탕진했데요. 그래서 돈을 갚을 수 없어 그 대신 미국제 손목시계를 주었다는 군요. 당시 아버지는 몰골이 형편없었어요. 아버지는 오래 살지 못하셨는데, 평생을 탄광의 갱도에서 일하셨답니다. 사할린의 탄광은 탄광이 아니었답니다. 거기서는 첫째, 온도가 달라서, 그 안에서는 더웠기 때문에 반소매를 입고 일해야 했죠. 그런데 여기서는 반대로 겨울에 스웨터를 입어야 했답니다... 제가 잘 기억하죠. 아버지께서 돌아오신 게 다행이었습니다.. 만약 안 오셨다면 아마도 저에겐 정말 안 좋았을 겁니다. 전 그때 겨우 15살밖에 안 되었는데, 여하튼 아버지께서는 살아계셨고 집안일을 하셨어요. 그래서 제가 일하러 다녔죠. 전 대학에 가고 싶었지만, 돈이 없었어요. 그래서 저녁에 통신학교에 다녔습니다. 당시로선 잘했던 거죠. 그런 점에서 전 그 시기를 가치 있게 평가하는데, 제가 그 때를 살아냈기 때문입니다.[41]

표 8. 1944년 8월 일본으로 이중징용 된 한인의 수

노동자들이 징용된 가라후토의 탄광/탄광을 소유했던 회사	노동자 수 - 일본 소재 탄광/탄광을 소유했던 회사	이주 지역
1	2	3
카미토로/가네후치코교 (현재의 샥쵸르스크[Шахтерск] 시 지역)	180-카호/가호코교	규슈
시라토리자바/가라후토코교 (마카로프스키 지역)	315-히라야마/메이지코교	규슈
모로츠/모로츠탄교(레소고르스키 지역)	50-우에다/우에다 나가이치	조반 시
미츠후쿠/사타케 키이치로	20-우에다/우에다 나가이치	조반 시
나요시/난 가라후토 코교 (레소고르스크 시)	215-모쿠비/후루가와코교	규슈
도요하타/도요하타 탄코	70-세키모토/세킴보토탄코	조반 시

41) [Т.], муж.(남), 1930 г. р., г. Южно-Сахалинск, 03.08.2009.

도요하타/도요하타 탄코	70-야마이치/야마이치탄코	조반 시
코난/도아코교	130-오다/호쬬탄코	조반 시
키타 오자와/난 라라후토 세키탄테츠도	410-타카토리/미츠비시코교	규슈
니시사쿠탄/미츠이 코잔(보시냐코보 촌)	370-야마노/미츠이코잔	규슈
암베츠/니테츠코교(네벨스크 시 지역)	130-푸타세/니테츠코교	규슈
토로/난 가라후토 세키탄테츠도 (샤툐르스크 시)	520-사키토/미츠비시코교	규슈
이히라/가라후토코교	130-오토리/오토리탄코	규슈
오히라/가라후토코교	390-다타마츠/니폰코교	규슈
계	3,000	

출처: 한혜인. 사할린한인 귀환을 둘러싼 배제와 포섭의 정치: 해방후~1970년대까지의
사할린한인 귀환 움직임을 중심으로... 168쪽.
* 주: 탄광이 있었던 마을과 도시의 현대식 명칭을 모두 제시할 수 없었다. 그 이유는
모든 탄광이 보본된 게 아니라 소련 당국에 의해 이용되었기 때문이다.

표 8을 통해 한인 노동자들이 징용된 가라후토 내의 탄광, 징용된 수
그리고 '이중징용'에 처해진 사람들이 노동했던 탄광 등을 추적할 수
있다. 그 탄광들은 조반 시[42]와 일본 열도의 가장 남쪽 섬인 규슈에 있
다. 표 8에서 보는 바와 같이 '이중징용'에 처해진 한인은 3,000명이었
으나, 공식적 귀환이 실행되지 않았기 때문에 사할린의 가족 품으로 돌
아온 이들은 극히 소수였다. 일본에 남은 이들은 이 책의 뒤편에서 확
인되는 것처럼 일본에서의 사할린한인 귀환 운동을 주도했다.

일본의 주요 동맹국 히틀러의 독일이 1945년 5월에 패망한 후 일본
은 비관적 상황에 처했다. 소연방의 8월 8일자 선전포고, 8월 6일과 9일
히로시마와 나가사키에서의 원폭 투하로 일본정부는 더 이상 전쟁을
지속할 수 없었다. 이런 상황 속에서 8월 15일 라디오를 통해 포츠담
선언의 조건을 받아들인다는 히로히토(裕仁) 일왕의 칙령이 전달되었다.
1945년 9월 2일 일본정부의 대표들은 미국의 항공모함 '미주리(Missouri)'
호 선상에서 '무조건 항복에 관한 문서'에 조인함으로써 제2차 세계대

---

42) 히타치와 이바라키 현 그리고 도미오카마치와 후쿠시마 현 사이에 위치한 도시.

전이 종결되었다.

소연방과의 전쟁이(개전 다음 날인 1945년 8월 10일부터 주민 소개
가 시작되었다 - 역주) 시작되자 가라후토의 일본 관청은 가라후토 남쪽
지역, 그 중에서도 주로 오토마리(코르사코프) 시, 루타카(아니바), 혼토
(네벨스크) 등지로부터 일반 주민(여자와 아이들)들을 부분 소개했다.
소비에트 당국의 정보에 따르면 소개된 주민의 수가 4만 명에 달했
다.[43] 일본 외무성 외교사료관의 자료에 따르면 가라후토 청이 76,292명
을 소개하여 와카나이(稚內), 오타루(小樽), 루모이(留萌), 이와나이(岩
內), 하코다테(函館)(이상은 모두 홋카이도에 위치한 도시들이다) 등지
로 이송했는데, 이동 중에 1,708명이 사망했다. 326명은 스스로 홋카이
도로 철수했다(이동 중 1명 사망). 달리 말하면 76,618명이 성공적으로
소개되었으며, 1,709명이 이동 중에 사망했다.[44] 소개된 사람들 중에는
분명히 한인들이 있었을 것이나, 정확한 수를 계산할 수는 없다.

반 히틀러 동맹의 연합국들 간에 합의된 조건에 따라 소연방에게 사
할린 남부와 쿠릴열도를 양도한다는 결정이 내려졌다. 1945년 8월에
시작된 남사할린 진공작전과 쿠릴 상륙작전으로 소련은 8월 말부터 9월
초 사이에 위 두 지역을 완전히 장악할 수 있었다. 1947년 1월 2일 쿠릴
열도와 사할린 남부는 사할린 북부와 합해져서 러시아 소비에트 연방
사회주의공화국을 구성하는 사할린 주가 되었다.

적군(赤軍)이 사할린 남부로 진격해 들어갈 당시 그곳의 인구는 약
37만 명 정도였다. 오토마리와 도요하라에는 약 3만 명이 넘는 피난민

---

43) РГАСПИ. Ф. 17. Оп. 122. Д. 92. Л. 2.
44) Дипломатический архив Министерства иностранных дел Японии. Код К7-1-2-2-5-1.
Фонд «Обзор репатриации из СССР (включая территории, оккупированные
Коммунистической партией Китая, Карафуто и Курильские острова)». Д. D00004423
(Количество эвакуированных с Карафуто (12–24 августа 1945 г.) // Материалы
предоставлены Накаяма Тайсё, научным сотрудником Хоккайдского университета.

이 있었으며, 그 중 일부는 산으로 도망쳤다. 피난민은 총 6만4천 명이었다. 사할린 남부에 있던 한인들은 23,498명이었는데, 그들 중 남성이 15,356명, 여성이 8,142명이었다.[45]

사할린한인 디아스포라의 역사에서 중요한 의미를 지니고 있었던 시기가 이렇게 종결되었다. 일본 식민제국에 속한 가라후토 청으로 이주한 한인은 주로 한국 남부 출신이었다. 이주는 주로 두 개의 형태로 이루어졌다. 즉 가라후토의 산업체에서 일하기 위해 직접 입도한 한인(한국에 비해 가라후토의 임금이 좀 더 많았다)과 전시동원법에 따라 강제 이주된 한인이다. 제2차 세계대전의 전후처리 과정 중 남사할린과 쿠릴열도가 소연방에 양도된 이후 노동 이주자와 강제동원 된 노동자들이 사할린한인 디아스포라의 핵심적 구성원이 되었다.

2.3. 1945년 이후 한인 디아스포라의 구성 변화

소비에트 관할권 설립 초기 당시 가라후토의 무질서는 심각할 정도였으며 부분적으로는 파괴의 수준이었다. 소련군은 국경에서 전투를 치른 후 사할린 남부와 쿠릴열도 전도를 점령했다.

군사행동에 놀란 여러 도시와 농촌의 주민들은 숲속이나, 마오카나 오토마리같은 항구도시로 피신하여 일본 본토로 탈출하려 했다. 가라후토에서 대략 10만 2천 명 이상의 사람들이 가장 상태가 좋은 기계동력 선박을 모두 골라 고가의 재산을 싣고 일본으로 탈출했다. 수 백 개의 마을이 방치되었다. 7만 명의 피난민들이 도요하라, 오토마리, 마오카 등의 도시로 몰려들자, 소비에트 군사령부는 두 달에 걸쳐 주민들을 원래 거주지로 되돌려 보내야 했다. 수 만 명의 사람들은 숲속으로 피신했다.[46]

---

45) РГАСПИ. Ф. 17. Оп. 122. Д. 92. Л. 2.

피난민, 퇴각하던 일본군 심지어 진격 중이던 소련군 또한 가축을 죽이고 교통, 통신, 기업 등을 파괴했다. 당시의 문서들에서 확인되는 것처럼 소비에트 군대는 소련이 옛 영토를 회복했고, 자신들이 바로 그 영토로 진격해 들어왔다는 사실을 충분하고도 명확하게 인식하지 못했다. 바로 그로 인해 기업, 연구시설, 사찰 등이 무의미하게 파괴되었으며, 적군의 개별 분대, 각 지휘관이나 병사들은 단체와 주민의 장비, 재료 그리고 재산을 파괴하고 약탈했다.[47]

그림 5. 도요하라로 진입하는 소비에트군. 1945년

출처: ГИАСО. Ф. Фотодокументы.
Оп. 1. Ед. хр. 568.

그림 6. 일본 주민들이 자신의 재산을 지고 도시로 되돌아가는 모습. 1945년

출처: ГИАСО. Ф. Фотодокументы.
Оп. 1. Ед. хр. 364-1.

46) ГИАСО. Ф. П-4. Оп. 1. Д. 329. Л. 42-44.
47) ГИАСО. Ф. П-4. Оп. 1. Д. 329. Л. 42-44.

그림 7. 소련 장교들이 소개를 거부한 기토이(Китои) 촌의 한인 가족 중 일부를
     산채로 화형에 처하라고 명령을 내린 시스카의 경무국장을 심문하고 있다.

출처: ГИАСО. Ф. Фотодокументы. Оп. 1. Ед. хр. 10(위 사진의 명칭은 원본에 제시
     되어 있다.

소연방 인민위원회(СНК СССР) 부의장 겸 국가방위위원회(Государ-
ственный Комитет Обороны) 위원인 미코얀(А.И. Микоян)과 극동군관구
(ДВВО) 사령관 푸르카예프(М.А. Пуркаев)가 도착할 때까지 한 달 이상
남사할린은 무정부상태였다. 각 도시에서는 대량의 일본 술이 발견되면
서 군부대 내에서는 주사와 폭음, 전횡이 만연했다. 화폐유통이나 무역은
존재하지 않았다. 소비에트 군대와 일본 주민 모두 막대한 규모의 식량,
자재, 상품을 약탈했다. 대부분의 경공업과 중공업 공장들, 상점 그리고
각종 시설들이 아예 운영되지 않거나, 되더라도 매우 불규칙했다.[48]
    군사 행동이 있었을 당시 일본 민족주의자들에 의하여 한인이 가혹
하게 살해되었던 것도 이런 무정부 상태와 관련이 있다. 1945년 8월
18일 카미니스카(레오니도보)에서 18명의 한인들이, 8월 20-21일에는
미즈호(포자르스코예)에서 27명의 한인들이 각각 살해되었는데, 그 중
에는 세 명의 여자와 6명의 어린이도 포함되어 있었다. 이 범죄 행위에
대한 1947년 전범재판소의 판결에 따라 7명이 사형 당했으며, 나머지는

48) Там же.

92 사할린의 한인 디아스포라

자유를 박탈당하고 10년의 노동교정형에 처해졌다.[49]

1945년 9월 22일에 조직된 유즈노사할린스크 주 민사관할청은 크류코프(Д.Н. Крюков)의 지도하에 업무개시 후 첫 3개월 동안 행정 기구, 화폐 유통 도입, 무역, 남사할린과 쿠릴열도에서의 민간인 생활환경 정상화에 필요한 공공후생 등과 관련하여 극동군관구 군사위원회가 하달한 일련의 명령에 맞추어 채비를 갖춘 후 그것을 이행했다. 민사관할청은 경제협회, 기업연합 등을 조직했으며, 그와 동시에 인민경제 모든 분야에서의 산업에 대한 노동, 작물 수확과 종자 보존 그리고 재료 및 장비의 보호와 적절한 사용 등을 보장해주었다.[50]

1946년 2월 2일 소련최고상임위원회 정령에 따라 하바로프스크 변강 내에 남사할린 관구가 설립되었다. 그러나 북사할린과 남사할린으로 구분된 두 관구를 설치한 것은 임시방편이었다. 1947년 1월 2일 남사할린 관구가 없어지고 해당 관할 지역이 모두 사할린 주에 편입되면서, 사할린 주는 하바로프스크 변강에서 분리되어 러시아 소비에트 연방 사회주의 공화국 산하의 독립된 주(область)가 되었다. 유즈노사할린스크(구 도요하라)가 주도로 지정되었다.

남사할린 관구(쿠릴열도 포함)의 주민은 1946년 7월 1일 기준으로 305,800명이었다. 민족 구성은 일본인 277,649명, 한인 27,098명, 아이누 족 406명, 오로크(орок, 울타[ульта]) 족 288명, 에벤키(퉁구스족, 鄂温克族 - 역주) 족 81명, 니브흐(吉列迷 - 역)주 족 24명, 나나이 족 11명, 중국인 103명, 폴란드인 27명, 예전에 정착한 러시아인 97명, 기타 16명 등이었다.[51]

---

49) 다음을 보시오. Гринь В. Разлука длиною в жизнь...; Гапоненко К. Трагедия деревни Мидзухо...
50) ГИАСО. Ф. П-4. Оп. 1. Д. 329. Л. 42–44.
51) ГИАСО. Ф. 171. Оп. 3. Д. 5. Л. 9–10.

1946-1949년 소비에트 당국은 미군사령부의 동의를 얻어 포츠담선언의 조건 채택에 의거하여 구 가라후토 시민 및 일본인 전쟁포로들을 본국으로 송환했다.[52] 한인들은 수차례에 걸쳐 한국으로 돌아가겠다는 요청에도 불구하고 사할린에 남겨졌으며, 소비에트 체제라는 새로운 조건 속에서 자아를 실현할 수밖에 없었다.

일본 주민의 송환 당시 사할린한인들이 소비에트 당국의 의지와는 별개로 출국한 경우를 기억할 필요가 있다. 증언자들이 그런 상황에 대하여 종종 다음과 같이 회상하고 있다.

실질적으로 전쟁이 끝났어요. 그러니까 8월 15일 일본 천황에 의해 그렇게 선언된 거죠. 그런데 사할린에서는 24-25일까지 지속되었답니다. 당시 많은 이들이 조그만 배나 동력이 달린 단정을 타고 해협을 건너 가라후토를 탈출했죠. 일본인 어부들은 바닷길을 잘 알고 있었는데, 돈을 많이 받고 사람들을 태워다 줬답니다.[53]

아버지께서 이렇게 말씀하셨어요. 잘 사는 한인들은 전쟁이 끝난 직후인 1945-1946년에 지속적으로 일본으로 향하던 기선의 승선표를 사서는 그 배를 타고 떠나버렸죠. 그런데 우리처럼 돈이 없었던 한인들에게는 이렇게 얘기했어요. "조선에서 당신들을 데리러 올 겁니다. 기다리세요. 만약 당신한테 돈이 있으면, 돈을 내시고 일본 도쿄로 가셨다가, 거기서 조선으로 가세요. 그런데 만약 공짜로 가고 싶으시다면 기다리세요. 조선에서 기선 10척이 올 겁니다…" "언제 오죠?" "글쎄요, 3년 내에는 오겠죠. 기다리고 싶으면 기다리세요. 많은 이들

52) 이에 대한 자세한 내용은 다음을 보시오. Подпечников В.Л. О репатриации японского населения с территории Южного Сахалина и Курильских островов // Вестник Сахалинского музея. Южно-Сахалинск. 2003. № 10. С. 257–260; Подпечников В.Л. Репатриация // Краеведческий бюллетень, 1993. № 1. С. 102–118; Ким И.П. Репатриация японцев с Южного Сахалина в послевоенные годы // Вестник Российского государственного университета им. И. Канта. 2009. Вып. 12. С. 26–30.

53) [Т.], муж.(남), 1930 г. р., г. Южно-Сахалинск, 03.08.2009.

이 돈을 벌어서 일본을 거쳐 출국해 버렸답니다... 대체로 잘사는 한인들은 여기에서도 역시 부자였어요. 먹고사는데 문제없었던 그들은 모두 일본으로 탈출했답니다.[54]

가라후토를 탈출한 한인들은 전후 첫 시기에 두 가지 탈출 방법을 썼던 것으로 보인다.

첫 번째는 라페루즈(Лаперуз) 해협(사할린과 홋카이도 사이에 형성된 해협 - 역주)은 당시 실질적으로 소비에트 군에 의해 통제되지 않고 있었다. 일본인은 이런 상황을 이용하여 돛단배와 동력이 있는 단정으로 국경을 통과했다. 소·일 양국의 새로운 국경을 사람들이 자유롭게 왕래했던 사실은 문서보관소 사료에 의해서도 확인된다. 예를 들어 크류코프는 소연방 러시아공화국 인민위원 소비에트 의장인 코시긴에게 행한 1946년 2월 12일자 보고서에서 다음과 같이 통보했다. "주의 민사 관할청으로 홋카이도에 있는 부인과 자녀 그리고 다른 가족 구성원을 사할린으로 데리고 올 수 있도록 허락해 달라는 일본 주민의 진정서가 접수되고 있습니다... 우리가 거절했음에도 불구하고 남사할린으로 민간인을 밀항시키는 사례가 빈번히 발생하고 있습니다. 예를 들어 10월에만 국경수비대에 의해 홋카이도에서 밀항해 온 일본인 253명이 억류되었으며, 대부분의 사람들이 국경수비대를 탈출하여 마을로 들어갔습니다. 탈주자들의 청원에 따라 과거 봄철에 이곳에서 일했던 모든 어부들이 쿠릴열도와 남사할린으로 갈 준비를 하고 있습니다. 홋카이도로 탈출하려는 사실도 존재하는데, 주로 상인, 공무원, 투기꾼 등입니다. 또한 계절노동으로서 혹은 2-3년의 계약 기간 동안 사할린을 방문했던 한인과 중국인들이 자국의 가족에게 돌아갈 수 있도록, 그리고 고향에 계신 친척들과 서신을 교환할 수 있도록 허락해 달라는 내용으로

54) [Д.], муж.(남), 1952 г. р., г. Южно-Сахалинск, 12.04.2009.

제출한 단체 청원서도 들어오고 있는바, 그들 중 일부는 반드시 돌아가야만 한답니다."[55] 이 보고서는 소일 국경에 대한 소련군의 통제가 잘 안 되고 있었음을 분명하게 확인해주고 있다. 이 보고서를 통해 모국에 가족을 남겨둔 수많은 사할린한인이 고향으로 돌아가길 원했다는 정보를 확인할 수 있다.

일본 사료관의 정보에 따르면 1945년 8월 25일부터 1945년 9월 사이에 홋카이도를 향해 스스로 가라후토를 탈주한 사람은 (일본인 포함) 총 24,513명, 쿠릴열도를 탈주한 사람은 7,189명이다.[56]

그림 8. 산업지역에서의 작업을 위해 사할린으로 파견된 북한 노동자의 계약서. 1947년

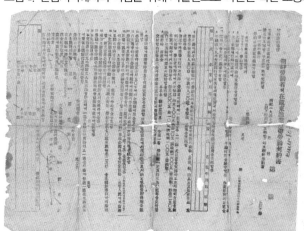

출처: 한국문화센터. 문서는 하이(О.Н. Хай)가 제공했다.
* 주: 뒷면에 러시아어로 다음과 같이 적혀 있다. "협약에 따라 60루블의 선금이 지불되었다."

---

55) ГИАСО. Ф. 171. Оп. 3. Д. 7. Л. 5.
56) Дипломатический архив Министерства иностранных дел Японии. Код К̆7-1-2-2-5-1. Фонд «Обзор репатриации из СССР (включая территории, оккупированные Коммунистической партией Китая, Карафуто и Курильские острова)». Д. D00004425 (Количество бежавших с Карафуто) // Материалы представлены Накаяма Тайсё, научным сотрудником Хоккайдского университета.

사할린을 벗어난 두 번째 방법은 보다 일반적인 것이었다. 즉 1946-1949년에 있었던 일본인 송환 당시 많은 한인들이 자신을 일본인이라고 속여 일본인들과 함께 송환된 것이다. 이것은 잘 알려진 이혜성의 운명에 의해서는 물론, 증언자들의 회고에 의해서도 확인된다.

> 1991년 우리가 한국에 갔을 때, 우리들은 한 한국 사람을 만났습니다. 그 사람이 우리 어머니를 기억하셨어요. 사할린에서 같은 마을에 살았답니다. 그 사람이 얘기해 주길, 자기를 일본인이라고 속여서 홋카이도로 갈 수 있었답니다. 그 사람 말에 따르면 그렇게 속이는 게 쉬웠는데 문서도 확인하지 않았고, 소련 장교들은 항구에서 한국어로만 호명했는데, 그런 모습은 그 장교가 일본어를 모른다는 모습을 보여주었고, 그래서 일본어로 답하자 그 남자를 통과시켜주었답니다.[57]

일본으로 탈출할 수 있었던 한인들에 대해 증언해준 사람들로부터 얻은 정보는 미국 국립문서 기록관리청의 자료에서도 확인된다. 1949년 5월 7일 무장 해제를 시키던 미군정청은 연합군 사령부에 제출한 보고서에서 가라후토로부터의 송환자 중 165명의 한인이 포함되어 있었는데 그 중 45명은 일본에 거주하기를 원하며, 나머지 사람들은 한국으로 귀국하길 원한다고 보고했다. 또한 미군정은 자신들이 한인을 구분할 수 없었기 때문에 실제로 드러난 것보다 훨씬 더 많은 한인들이 송환 일본인 사이에 끼어있을 것으로 인식하고 있었다. 실제로 미군정은 일본 이름에 일본어를 구사하면 일본인이라고 보았다.[58]

1945-1949년 사이에 비공식적으로 사할린을 탈출한 한인 수에 관한 통계는 존재하지 않는 바, 거기에는 이해할만한 원인이 있다. 그러나

---

57) [Б.], жен., 1942 г. р., г. Южно-Сахалинск, 22.12.2009.

58) Memo for Record, 7 May 1949 // Чан Сокхын. Материалы о репатриации сахалинских корейцев... С. 262.

위와 같은 방식은 그 자체가 불법이었기 때문에 두 번째 유형의 탈출은 대규모가 아닌, 극히 소수에 불과했을 것으로 보인다.[59]

더구나 당시 사할린을 향한 한인들의 이주가 계속해서 그것도 대규모로 이루어지고 있었다. 소비에트 당국은 일본 주민들이 송환되면서 사할린 어업분야에서의 노동력이 심각할 정도로 부족해지자, 1948년까지 소연방의 통치를 받았던 북한에서 노동력을 수입한다는 결정을 채택했다. 북한 노동자들의 입국과 출국에 관한 자료는 표 9에 제시되어 있다.

표 9. 1946-1949년에 사할린의 어로에 종사하기 위해 사할린에 입도한 북한 노동자의 수

연도	입국			출국		
	계	노동자	가족 수	계	노동자	가족 수
1946	7,523	7,523	-	6,595	6,595	-
1947	6,474	5,083	1,391	-	-	-
1948	11,888	8,105	3,783	5,406	4,113	1,293
1949	180	180	-	2,394	1,678	716
계	26,065	20,891	5,174	14,395	12,386	2,009

출처: ГИАСО. Ф. 523. Оп. 3. Д. 3. Л. 27.
* 주: 1949년 180명의 한인 노동자들이 아무르어업수석관리부 산하 오호츠크 국립어로트러스트로부터 수입되었다.

표 9에 제시된 것처럼 당시 북한에서 사할린과 쿠릴열도로 총 26,065명이 입국했으나, 출국한 사람은 14,395명으로 1949년 이후 11,670명이 사할린에 남았다. 1950-1953년의 6·25전쟁으로 인하여 북한 노동자들의 귀환이 일시 중단되었으나, 1954년에 다시 귀환하기 시작했다. 1954-1958년의 기간 동안 북한으로 9,279명(성인 5,915명, 어린이 3,364명)이 귀환했

59) ГИАСО. Ф. 53. Оп. 7. Д. 181. Л. 19–20.

다. 이를 연도별로 보면 1954년에 5,940명, 1956년에 2,492명, 1957년에 764명, 1958년에 83명이었다. 1958년 기준으로 북한에서 노동자로 모집되어온 사람 중에서 소연방 시민권을 받아 사할린에 남은 사람은 658명[60]이었다. 1959년에 1,497명[61]이 북한으로 귀환했다.

1960년 북한은 더 이상 자국민을 조직적으로 수출하지 않았다. 개인적 차원에서 17가구가 사할린으로 향했는데, 그 구성을 보면 가족 구성원 52명에 16세 이하의 미성년 31명이었다.[62] 1962년 1월 1일 기준으로 사할린 주에 거주 중인 북한 출신의 본국 귀환 대상은 총 3,831명이었다. 이중 노동자가 1,227명이고, 그들의 가족은 2,604명이었다. 이 당시 과거 일본 신민이었다가 사할린에서 북한 국적을 받은 한인들은 사할린 주에 총 11,475명이었다.[63] 1962년 초 사할린 주집행위원회는 일련의 결의를 채택하여(1962년 2월 5일자, 3월 20일자, 3월 30일자, 4월 10일자 그리고 4월 24일자), 출국준비를 마친 북한 노동자 전원을 즉각 북한으로 출국시키기로 결정했다.[64]

그러나 발굴된 문서에는 위에 귀환 대상으로 언급된 3,831명의 북한 사람 중 실제 북한으로 귀환한 사람이 몇 명인지 명백하게 명시되어 있지 않다. 위 대상에 속하는 사람이 북한으로 귀환했음을 간접적으로 밝혀주는 유일한 사실은 1966년 9월 29일자 증명서로, 사할린에 남은 북한 사람이 11,623명임을 밝혀주고 있는 바,[65] 이 수치는 1962년 당시 북한 시민권을 받은 상태에서 사할린에 거주하는 주민의 수와 실제로

---

60) ГИАСО. Ф. 523. Оп. 3. Д. 1. Л. 10.
61) ГИАСО. Ф. 523. Оп. 3. Д. 2. Л. 48.
62) ГИАСО. Ф. 523. Оп. 3. Д. 3. Л. 75.
63) ГИАСО. Ф. 53. Оп. 7. Д. 237. Л. 5.
64) ГИАСО. Ф. 523. Оп. 3. Д. 3. Л. 77.
65) ГИАСО. Ф. 53. Оп. 7. Д. 268. Л. 134.

일치한다. 이처럼 북한 인민의 수는 4년에 걸쳐 거의 4천 명 정도 줄어들었는데, 이는 위에 언급한 소련 당국의 계획에 따라 북한으로 돌아가야만 하는 한인들의 수와 일치한다.

북한에서 모집된 노동자 외에도 1940년대 말 사할린에 나타나, 사할린한인 공동체의 삶에 상당한 영향을 준 다른 한인 집단이 하나 더 있다. 1945년 이후 사할린의 소비에트 행정부는 다수의 그러나 러시아어를 구사하지 못하는 한인 주민과 협력해야할 필요성을 절감했다. 이런 상황 속에서 1937년의 강제이주로 중앙아시아 지역에서 살고 있는 고려인들과 협력하기로 결정했다. 중앙아시아의 고려인들은 통역관과 한인학교의 선생님, 사할린한인이 다수 근무하는 대규모 산업체의 관리실 산하 고문 등으로 일하기 위해 사할린으로 향했다. 중앙아시아 고려인들의 사할린 이주는 당 조직 라인을 통해 준비되었다.

예를 들어 1947년 12월 25일 사할린 주에는 소연방 공산당 중앙위원회에서 출장 온 33명의 한인 공산주의자들이 살고 있었으며, 근 시일내에 30명을 추가로 출장 보낼 계획이었다.[66] 1948년 우즈베키스탄 공산당 중앙위원회의 방문 일정에 따라 40명이, 그리고 카자흐스탄 공산당 중앙위원회의 방문 일정에 따라 28명의 고려인이 사할린 주에 도착했다.[67] 이들은 통역관, 국가안전부 지역과의 형사나 전권, 인민 재판관, 콤비나트 대표의 보좌관, 정치부 기업의 대표나 책임자의 보좌관, 학술원에서의 업무(농업학자), 한인학교의 선생이나 교장, 전소연방 레닌공산청년동맹 주위원회의 선전일꾼, 장학사 등의 직책에 파견되었다.[68] 쿠진의 견해에 따르면, 1946-1952년에 걸쳐 우즈베키스탄과 카자흐스

66) ГИАСО. Ф. П-4. Оп. 1. Д. 332. Л. 213–214.
67) ГИАСО. Ф. П-4. Оп. 1. Д. 416. Л. 26.
68) Там же. Л. 27–29.

탄으로부터 고려인 약 2천 명이 한인을 상대로 정치교육을 실행하기 위해 사할린에 입도했다.[69] 그들 중 일부는 후일 대륙으로 되돌아갔으며, 나머지 일부는 사할린 주에 정착하여 살았다. 1989년의 전소연방 인구조사에 따르면 3만 5천 명의 사할린한인 디아스포라 중에서 6,896명이 사할린 주 밖에서 출생했다. 당연히 소연방 국경 밖에서 출생한 사람들이 다수(5,141명)를 형성하고 있으나, 우즈베크 소비에트사회주의 공화국에서 태어난 사람이 310명, 카자흐 소비에트사회주의공화국에서 출생한 사람이 277명, 연해주와 하라보프스크 주에서 출생한 사람이 각각 324명과 165명이었다.[70]

이렇게 사할린에 들어온 고려인 선생, 통역관, 경찰과 국가안전부 보좌관, 당 일꾼들은 사할린에서 정치적 업무를 담당해야 했는데, 그것은 '가르치는 자'와 '가르침을 받는 자'들 간의 충돌을 야기할 수밖에 없었다(그에 더하여 사할린한인의 대다수는 자신이 태어난 곳으로 되돌아가려 했으며, 옳든 그르든 당국이 자신들의 귀환을 방해하고 있다고 이해하고 있었다). 소비에트 행정부도 한인이 일하는 소비에트 기업의 대표들이 한인 공산주의자와 한인학교 선생들에게 의지하고 있지만 그들 "대부분이 중앙아시아의 공화국에서 사할린으로 온 이들이어서, 사할린 현지 한인의 관습, 언어 그리고 다른 특징을 충분히 알고 있지 못하다"[71]는 사실을 인지하고 있었다.

1940년 발트 3국(리투아니아, 라트비아, 에스토니아)을 병합한 소비에트 당국은 그곳에서도 위와 유사한 정책을 실행하고 있었다. 소연방공산당 중앙위원회는 그 지역의 소비에트화 정책을 실행하면서, 소

---

69) Кузин А.Т. Сахалинские корейцы: история и современность... С. 273.
70) ГИАСО. Ф. 3. Оп. 2. Д. 226. Л. 2–6 об.
71) ГИАСО. Ф. П-4. Оп. 63. Д. 2. Л. 42.

련에서 오래 거주한 리투아니아인, 라트비아인, 에스토니아인들을 당과 경제 분야의 정규직으로 채용했다. 그러나 그들은 인종적 출신의 원칙에 따라 '국가 기간요원'으로 여겨졌으며, 실제로도 그들은 상당한 기간을 역사적 모국의 경계 밖에서 지냈기 때문에 '모국어'를 제대로 구사하지 못하는 경우가 종종 있었다. 현지 주민들은 그들을 '절대 자신들의 동포가 아닌, 이방인'으로 받아들였다. 그에 더해 그들의 낮은 권위, 지위를 이용한 직권남용, 그리고 당국 담당자들이 저지르는 뇌물 수수 등으로 인해 소비에트 당국이 부과해준 원래의 과업에 부응하지 못한 것은 물론, 공산당과 소비에트 체제의 권위를 심각하게 훼손시켰다.[72] 사할린 주의 상황은 이런 극한까지 가지는 않았지만, 당국이 파견 보낸 이방인이었던 고려인과 현지 한인들 사이에는 마찰이 존재했다.

사할린한인 디아스포라의 생활에 영향을 미친 특성을 언급할 필요가 있다. 접경지역으로서의 사할린의 독특한 지위를 언급하려는 것이다. 접경지의 안전 보장을 위해 소연방 각료위원회는 1946년 7월 29일자 "카렐로-핀란드, 에스토니아, 라트비아, 리투아니아, 벨로루스, 우크라이나 공화국과 몰다비아 공화국, 무르만스크 주, 레닌그라드 주, 남사할린 주 등 접경지역과 연안접경지대로의 출입금지에 관한" 법령 No. 1435-631cc를 승인했다.[73]

이 규정은 한인들의 쿠릴열도 거주에 영향을 주었다. 1949년 사할린 관구 국경수비대장 구빈(Губин) 대령은 소연방공산당 사할린 주위원회 서기에게, 쿠릴열도에는 "수산업 기업으로 수출된 986명의 한인들이

72) Зубкова Е.Ю. Прибалтика и Кремль. 1940–1953. М.: Российская политическая энциклопедия (РОССПЭН); Фонд Первого Президента России Б.Н. Ельцина, 2008. С. 145–153.
73) Ким И.П. Политическое, социально-экономическое и демографическое развитие территорий... С. 107.

거주 중인데 이들은 다양한 종류의 불만과 이주하려는 마음을 드러내고 있으며, 미일이 첩보활동 하기에 좋은 조건이 되고 있습니다."라는 사실을 보고했다. 국경안전이라는 이익에 기초하여 구빈 대령은 반드시 모든 한인들을 쿠릴에서 사할린으로 이주시켜야 한다고 판단했다.[74]

사할린 주위원회는 위 보고에 대한 답변으로서 (남쿠릴지역에서 1949년 12월 1일까지 그리고 쿠릴지역에서 1950년 5월 1일까지)모든 한인을 사할린의 어업분야로 이직시키고, 향후 어업이나 다른 경제조직에서의 한인 채용을 금지시킨다는 결정을 내렸다. 이주 대상자는 총 831명이었다.[75]

그럼에도 불구하고 북쿠릴지역에는 한인이 남아 있었다. 1952년 (파라무시르[Парамушир] 섬의) 세베로쿠릴스크(Северо-Курильск) 시의 한인학교를 위한 인민교육감이 임명되었다.[76] 1956-1958년의 기간 동안 북쿠릴지역에 거주하는 한인 19명 그리고 남쿠릴지역의 한인 23명이 소련시민권을 취득했다.[77] 1959년 10월 15일 북쿠릴지역에는 북한 국적의 한인 11명이 살고 있었다. 문서보관소 자료에 따르면, 쿠릴열도 내의 한인은 각 시기에 200명을 넘지 않았다.[78] 이런 수치는 쿠릴열도의 전반적으로 낮은 인구밀도를 반영한 것으로 보인다.

1952년 2월 13일 소연방 각료회의는 사할린 주를 규제 경계지역으로 취급하는 규정을 발표했다. 이에 사할린 관청은 모든 한인 노동자를 다른 비규제 지역으로 이주시켜야했다. 그러나 사할린 주위원회는 "엄청난 준비작업과 상당한 물질적 지출 없이" 거의 4만 명(북한 출신 11,700명

---

74) ГИАСО. Ф. П-4. Оп. 1. Д. 556. Л. 60.
75) Там же. Л. 61.
76) ГАРФ. Ф. Р-5446. Оп. 86а. Д. 10325. Л. 4.
77) ГИАСО. Ф. 53. Оп. 7. Д. 181. Л. 23.
78) ГИАСО. Ф. П-4. Оп. 1. Д. 556. Л. 60-61.

과 과거 일본 신민이었던 한인 27,335명)에 달하는 한인을 이주시키는 것은 불가능하다는 결정을 내린 후,[79] 정부에 한인을 예외로 해 달라고 요청했다. 소연방 각료회의는 사할린 관청의 요청에 동의하여, 1952년 6월 28일 사할린 주를 외국인의 거주가 금지된 규제 지역에서 제외시켰다.[80] 다행하게도 사할린 당국의 이성적 판단은 1937년의 비극이 재연되는 것을 막았다.

사할린한인 디아스포라는 이런 과정을 거쳐 형성되었다. 이 디아스포라의 핵심은 모집된 혹은 한반도의 남쪽으로부터 일본 당국에 의해 강제 동원된 한인들이었다. 후일 이 디아스포라에 두 개의 한인 집단, 즉 노동 계약에 따라 북한에서 사할린으로 건너온 노동자, 그리고 조직적으로 모집된 중앙아시아 출신의 고려인이 포함되었다. 이 두 집단은 소수라는 이유로 주요 집단 속으로 녹아들었거나, 아니면 사할린을 떠났다. '구 일본 신민'으로 불리는 한인은 소비에트 사회에 적응해야하는 문제에 직면했으나, 남사할린한인의 전후 본국 귀환이라는 해결되지 않은 문제가 적응이라는 현안에 큰 영향을 주었다.

---

79) ГАРФ. Ф. 5446сч. Оп 86а. Д. 7624. Л. 5.
80) Там же. Л. 7.

제3장
사할린한인의 귀환 문제(1945-1950년)

3.1. 1946-1949년 사할린과 쿠릴열도의 일본주민 송환

제2차 세계대전의 종전 이후 연합국, 즉 반 히틀러 동맹국은 자신의 통제를 받는 지역으로부터의 주민 송환 문제에 직면했다. 소연방은 사할린과 칼리닌그라드 주로 불리는 영토를 획득한 후 일본과 독일 주민을 각각 해당 국가로 송환시켰다.[1]

이 책에서 송환이란 개념은 전쟁포로 또는 전쟁으로 인하여 자기 나라를 벗어나게 된 민간인을 국제협약에 따라 국가적 차원에서 모국으로 귀국시킨 것을 말한다.[2] 따라서 본 저자는 1950-1960년대 있었던 북한 출신 사람이 자기 모국으로 출국한 것은 송환으로 여기지 않았다. 그런 출국은 청원자의 개인 희망에 따라 개별적이자 사적으로 이루어졌기 때문이다.

일본이 1945년 9월 2일 승전국 열강의 면전에서 무조건항복문서에 조인한 후, 정부와 천황은 1952년 샌프란시스코강화조약이 체결될 때

---

1) 다음을 보시오. Ким И.П. Политическое, социально-экономическое и демографическое развитие территорий…

2) Российский энциклопедический словарь / гл. ред. А.М. Прохоров и др. В 2 кн. Кн. 2. М.: Большая Российская энциклопедия, 2001. 2015с.

까지 연합군 최고사령관에게 종속되었다. 1951년까지 연합군 최고사령관은 맥아더(Douglas McArthur) 장군이었으며, 1951-1952년까지는 메튜 리지웨이(Matthew B. Ridgway) 장군이었다. 연합군 최고사령부(SCAP)는 일본과 한반도의 남반부 등 동아시아 내 미국 점령지와 관련된 모든 중요한 결정을 내리는 기관이었다.[3]

획득된 지역으로부터 주민들을 송환하는 문제에 관한 기존의 국제협약을 이행하기 위해 미국과 소연방은 여러 차례 모임을 가졌다(1945년에 13회, 1946년에 1회, 그러나 1947년에는 모임이 없었다).[4] 이 협상에서 일본과 한국 주민들의 이익에 관한 문제를 직접적으로 다루었음에도 불구하고 남북한과 일본 대표는 초대되지 않았다. 한국과 일본이 미국과 소련의 통제 하에 있었던 만큼, 이 두 열강은 송환을 포함하는 모든 국제 문제에 대한 결정을 내렸다. 일본정부는 송환에 들어가는 모든 비용을 직접 부담했으나, 결정 채택에는 참석하지 못했다.[5] 송환(여기에는 사할린과 쿠릴열도로부터의 한인 귀환도 포함된다) 문제에 대한 일본 당국의 입장이 이랬기 때문에, 승전국 열강은 그런 입장을 표명하고 최종 결정에 영향을 미칠 수도 있는 기회를 전혀 부여하지 않았다.

1946년 12월 19일 소련이 통제하는 영토로부터의 송환 문제로 체결된 미소협약에 의거하여 일본 전쟁포로와 민간인(민간인은 자발적으로)이 일본으로의 송환 대상에 포함되었다. 일본 영토로부터 소연방의 통제를 받는 영토로의 귀환에 1만 명의 한인이 포함되었는데, 이들은 한반도 북부 출신이었다.[6]

---

3) 다음을 보시오. РГАСПИ. Ф. 575. Оп. 1. Д. 29. л. 71.
4) ГАРФ. Ф. Р-9526. Оп. 1. Д. 509. Л. 123.
5) Там же. Л. 52–53.
6) 일본 군인과 민간인을 소연방의 영토에서 일본 영토로 송환하는 문제에 관한 협약

일본 주민의 송환이 성공적으로 이루어진 것에 반해, 계획되어 있던 한인 1만 명의 귀환은 선박이 출항하는 순간 현장에 나온 사람이 230명에 불과하다는 이유로 실행되지 않았다.[7] 소령군 사령부는 연합군 사령부에 몇 가지 사실을 문의한 후 "외무부의 교시에 따라 귀환이 무기한 연기되었다"는 결정을 채택했다.[8]

남사할린과 쿠릴열도로부터 일본 주민의 송환 진행과정이 러시아 연구서에 충분히 자세하게 묘사되어 있지만, 본 연구의 범위 내에서도 이 송환의 상황을 일부 분석할 필요가 있다.

크류코프 지도하의 민사 관할청은 일본 주민들을 마오카에 있는 No. 379 수용소에 집결시켰으며, 그곳에서 미국이 제공한 선박(일본선박에 일본 승조원이었다)을 이용하여 송환자들을 홋카이도로 이송했다. 소연방 각료회의의 규정에 따라 민사 관할청은 4월부터 11월까지 매달 3만 명의 일본인들을 마오카 시로 이송해야만 했다(12월부터 3월까지는 항해 조건이 적당하지 못해 송환이 이루어지지 않았다).[9] 송환은 1946년부터 시작되었으며, 사할린 잔류를 원하는 개인청원을 제출한 이를 제외한 모든 일본인이 1949년 6월이나 7월까지 사할린 주로부터 송환되었다. 총 272,335명의 민간인과 8,303명의 일본 전쟁포로가 송환되었다.[10]

일본인 송환이 대체로 성공적으로 그것도 단 기간 내에 이루어졌음에도 불구하고, 송환 당시 많은 문제가 발생했다. 극동군관구의 1947년 6월 19일자 "남사할린 영토로부터 일본 시민의 송환 문제 및 마오카의

의 전문은 다음을 보시오. Японские военнопленные в СССР: 1945–1956. Сборник документов / сост. В.А. Гаврилов, Е.Л. Катасонова. М.: МФД, 2013. С. 401–404.
7) ГАРФ. Ф. Р-9526. Оп. 1. Д. 509. Л. 36.
8) Там же. Л. 110.
9) Ким И.П. Политическое, социально-экономическое и демографическое развитие территорий... С. 48.
10) Ким И.П. Репатриация японцев с Южного Сахалина... С. 26–30.

№379 수용소로의 인원 집결에서의 장애와 관련하여 사할린 주 집행위원회가 해결한 문제에 대하여"[11]라는 단신은 다음과 같이 통보하고 있다. 군사령부는 매달 일본인 3만 명을 №379 수용소에 반드시 집결시켜야만 한다는 사실을 1946-1947년 동안 크류코프(간혹 당 사할린 집행위원회 비서인 멜니크/Мельник)에게 지속적으로 상기시켜주었다. 그러나 사할린 주 집행위원회는 송환 계획의 실패에 대한 책임을 집행위원회와 크류코프 개인 양자에게 지우겠다는 군관구 사령부의 위협에도 불구하고 그 명령을 이행하지 않았다.[12] 특히 민간 당국은 우글레고르스키(Углегорский)와 레소고르스키(Лесогорский)로부터 사람들을 먼저 이주시킬 것을 제안한 후 철도 근처에 살았던 일본인들의 송환을 단호하게 거부했으며, 그로 인해 송환 과정이 함대와 기상 조건에 따라 실행되었다.[13]

크류코프는 1947년 3월 27일 개인 대담에서 자신은 "일본인의 송환에 관해 정부로부터 어떤 명령도 받은 바 없으며, 일본인을 수용소로 보내지 않을 것"[14]이라고 언급했다. 1947년 4월 크류코프는 정부로부터의 명령이 없었다는 것으로 자신의 지시에 동기를 부여하면서 일본인을 №379 수용소에 집결시키지 못하도록 했다. 이로 인해 극동군관구 사령관 알렉산드로프(Александров) 육군 중장은 부총리에게 소연방 각료회의의 규정을 정확하게 이행하기 위한 지시를 즉각 하달해 달라고 부탁해야만 했다.[15] 그 외에도 크류코프는 송환 대상자를 수용소에 집결시키도록 자신에게 명령을 하달하는 정부결정문의 사본이 없다고

11) ГАРФ. Ф. Р-9526. Оп. 1. Д. 509. Л. 167–169.
12) ГАРФ. Ф. Р-9526. Оп. 1. Д. 510. Л. 54.
13) ГАРФ. Ф. Р-9526. Оп. 1. Д. 509. Л. 50, 111–112.
14) ГАРФ. Ф. Р-9526. Оп. 1. Д. 510. Л. 24.
15) ГАРФ. Ф. Р-9526. Оп. 1. Д. 509. Л. 26.

말했다.[16]

크류코프는 일본 주민을 해당 생산 분야에서 분리시키면 국가의 산업 및 농업 계획을 실행할 수 없다는 이유로 자신의 행동을 설명했다. 그는 계획된 과업이 실패하지 않도록 매달 송환될 인원을 3만 명에서 1만 명으로 줄이자고 제안했다. 군 사령부는 만약 그렇게 할 경우 전쟁 포로의 송환 인원을 2만 명에서 4만 명으로 늘려야하는데, "전쟁포로는 인민 경제의 일터에서 2-3명의 일하지 않는 가족을 데리고 있는 한 명의 민간인에 비해 더 유용한 조직된 노동력"이라는 이유를 들어 크류코프의 문제 해결 방식을 받아들일 수 없다고 답했다.[17]

달리 표현하면 남사할린과 쿠릴열도의 민간 당국과 크류코프는 노동력 부족을 심각하게 우려했기 때문에, 일본 주민의 송환에 가능한 한 반대했던 것이다. 표 10은 송환 초기에 일본 주민이 각 산업 분야에 어떻게 배분되어 있었는지 보여준다.

표 10. 1946년 산업 분야별 일본 주민의 수

산업	총	전체 주민 내 비율			
		노동 인구	부양가족	어린이	농민
어업	65,361	26,805	12,279	21,422	4,855
제지	28,123	11,373	7,154	9,596	-
삼림	19,694	11,871	3,248	4,562	13
탄광	65,851	24,859	14,694	26,214	84
철도	12,484	6,879	2,308	3,297	-
사할린 무역	90,140	27,381	19,460	30,760	12,539
계	281,653	109,168	59,143	95,851	17,491

출처: ГАРФ. Ф. Р-9526. Оп. 1. Д. 509. Л. 230(표는 원본에 있는 형태이다).

16) ГАРФ. Ф. Р-9526. Оп. 1. Д. 510. Л. 55.
17) ГАРФ. Ф. Р-9526. Оп. 1. Д. 509. Л. 168-169.

1947년 6월 10일 시점으로 사할린에서 송환된 일본 주민은 77,076명이었으며, 계획대로라면 그 해에 179,892명, 그리고 1948년에는 16,213명의 일본인을 송환했어야 했다.[18] 그러나 그 당시 러시아인 이주 가족은 총 4,010명에 불과했다(어업분야 종사자 3,001명과 농업분야 종사자 1,009명).[19] 계획에 따르면 소연방 각료회의 산하 이주국은 1947년 후반기부터 1948년 초까지 농민과 어민 2,500 가족[20], 1949년에는 추가로 1,700가족을 이주시킬 계획을 갖고 있었지만, 그래도 노동력은 확연히 부족했다. 사할린을 벗어나는 사람의 수와 그들을 대신해서 이주해 오는 소비에트 주민 수 사이의 엄청난 차이는 남사할린과 쿠릴열도의 민간 당국과 크류코프의 경고를 이해할 수 있게 해주었다.

사할린에서의 심각한 노동력 부족을 해결하기 위해 1948년 소연방 각료회의는 극히 비상식적인 대책을 마련했다. 3월에 '쿨루(Кулу),' '노보시비르스크(Новосибирск),' 그리고 '카피탄 스미르노프(Капитан Смирнов)' 등 세 척의 기선이 어업 분야에 종사할 13,500명의 북한 노동자(이 중 7,000명은 부양가족)를 긴급하게 사할린으로 이송하기 위해 등록도 하지 않고 서둘러 북한으로 출항했다.[21]

결국 크류코프는 송환이 산업 및 농업 경제 계획에 상당한 손실이라는 사실로 국가 지도부를 설득한 것으로, 처음에는 각료회의 부의장 베리야(Л.П. Берия)와 대외무역 장관 미코얀(А.И. Микоян)이 생산에 종사 중인 일본인을 해직시키지 못하도록 조치를 취하여 크류코프를 지지했으며,[22] 나중에는 소연방 각료회의 의장 코시긴도 그를 지지했다.[23]

18) ГАРФ. Ф. Р-9526. Оп. 1. Д. 509. Л. 168–169.

19) Ким И.П. Политическое, социально-экономическое и демографическое развитие территорий... С. 69.

20) Там же. С. 76.

21) ГАРФ. Ф. 5446сч. Оп. 50а. Д. 5783. Л. 2, 4, 8.

하지만 일본 주민의 송환은 앞에서 언급된 바와 같이 1949년 중반에 완료되었다. 그러나 위와 같은 상황 그 자체는 당시 사할린 주의 산업 분야에서 얼마나 노동력이 부족했었는지를 잘 보여주고 있다.

그림 9. 일본인 어부. 남사할린. 1945-1946년

출처: ГИАСО. Ф. Фотодокументы.
Оп. 1. Ед. хр. 22.

3.2. 한인 귀환 문제에 대한 소련 지도부의 정책

소련이 되찾은 영토에는 일본 주민 외에 한인 주민도 있었으며, 이들의 귀환 문제 역시 하나의 의제가 되었다. 그러나 사할린한인 문제는 앞에서 언급한 송환에 관한 미소협약에 포함되지 않았기 때문에 별개의 해결이 필요했다.

귀환 불이행 문제는 러시아와 해외에서 이루어진 사할린한인 디아스포라사 연구에서 중요한 문제 중의 하나였다. 그러나 이 문제에 대해서는 하나의 관점이 주를 이루고 있는 바, 실현되지 못한 귀환의 책임은 일본 측에 있다는 것이다.

22) ГАРФ. Ф. Р-9526. Оп. 1. Д. 510. Л. 24.
23) ГАРФ. Ф. Р-9526. Оп. 1. Д. 509. Л. 233.

복지고우는 자신의 연구에서 "일본이 한인을 배신자처럼 버려두고 갔으며… 일본은 한인 역시 일본의 시민이었음에도 일본인만 사할린에서 데리고 갔다."는 사실을 증명했다.[24]

쿠진의 견해에 따르면 "국제법 관점에서 실행되지 못한 귀환에 대한 일본정부의 책임은 전적으로 명확하며,"[25] 소련은 "국가안전과 물질적 지출이라는 심각한 문제를 스스로에게 만든 후, 수많은 한인의 운명에 대한 역사적 책임을 감당했어야만 했다."[26] 쿠진은 계속해서 "미국, 일본 그리고 대한민국은 소련의 호의 하에 국제법 규정에 따라 가라후토 한인의 귀환을 실행할 수 있는 모든 가능성을 보유했다."고 기술했다.[27]

사할린의 한인 역사학자 박승의 역시 "일본에 의해 운명의 굴레로 버려진 인민"이라는 견해를 지지하고 있다.[28]

1947년 6월 19일 외무장관 몰로토프(B.M. Молотов)에게 발송된 암호전문에는 남사할린에 23,298명의 한인이 있는 것으로 간주되는데 "누구도 이들의 귀환에 관한 명령을 하달하지 않았다."는 사실이 지적되어 있다.[29] 그럼에도 불구하고 한인이 실로 명확하게 귀환 의사를 이 밝혔기 때문에 그 문제를 해결해야 할 필요가 있었다.

예를 들어 몰로토프에게 발송된 1947년 10월 7일자 조회서에는 "한인이 한국으로 돌아가게 해달라고 수차례에 걸쳐 지역 소비에트 기관과 소비에트 군사령부에 요청했습니다. 동년 4월 23일 남사할린한인 김전용(Ким Ден Ен. 한국어와 러시아어의 차이로 인해 정확한 한국식

24) Коу. Корейцы на Сахалине… С. 102.
25) Кузин А.Т. Проблемы послевоенной репатриации… С. 76–83.
26) Кузин А.Т. Исторические судьбы сахалинских корейцев. Кн. 2… С. 72.
27) Кузин А.Т. Исторические судьбы сахалинских корейцев. Кн. 2… С. 72.
28) Пак Сын Ы. Репатриация сахалинских корейцев на родину: история и проблемы…
29) ГАРФ. Ф. Р-9526. Оп. 1. Д. 509. Л. 170.

이름이 무엇인지 알 수 없다 - 역주)이 스탈린에게 유사한 요청을 했습니다. 김전용이 스탈린에게 발송한 서한과 관련하여 말리크(Малик)는 금년에 한인이 한국으로 귀환하는 문제와 관련하여 해당 부서에 문의했습니다."[30)

1946년 사할린 당국은 "한인은 다른 이들보다 더 형편없이 처신하고 있습니다. 그들은 태업하고 있으며, 두 차례의 군중집회를 통해 한국으로의 귀환을 요구하고 있습니다."라는 내용을 모스크바에 보고했다.[31)

극동 군관구의 과장 라스포핀(Распопин) 대령은 1947년 한 해에만 수차례에 걸쳐 남사할린을 떠나고 싶어 하는 한인의 성향을 보고하면서, 일본인의 송환을 목격한 한인은 자신의 귀환이 늦춰지는 것을 특히 고통스럽게 받아들인다고 강조했다.[32)

이 문제는 국제적 반향을 일으켰다. 1947년 9월 27일 타스(ТАСС) 통신은 상하이에서 다음과 같이 보고했다. "현지 언론은 Associated Press 사가 서울에서 통보한 다음과 같은 내용의 기사를 게재했습니다. 즉 위조 서류로 러시아 사람을 속여 사할린에서 탈주한 21세의 한인은 러시아인이 한국에는 아직 정부가 없다는 이유를 들어 4만 명에 달하는 사할린한인들의 귀환을 거부하고 있다고 언급했습니다. 사할린에 거주 중인 한인의 95%는 모국으로 돌아가고 싶어 합니다. 그러나 소비에트 육군을 상대로 한 한인의 귀환 요청은 무관심하게 방치되어 있습니다."[33)

한인 주민의 귀환 요청에 관한 문서보관소의 자료는 귀환자들의 회고에 의해서도 증명된다.

30) РГАСПИ. Ф. 82. Оп. 2. Д. 1264. Л. 1–2.
31) ГИАСО. Ф. 171. Оп. 3. Д. 7. Л. 122.
32) ГАРФ. Ф.Р-9526. Оп. 4. Д. 54. Л. 416; РГАСПИ. Ф. 17. Оп. 122. Д. 92. Л. 2.
33) РГАСПИ. Ф. 82. Оп. 2. Д. 1264. Л. 4.

일본이 자기나라 사람을 일본으로 데려가기 시작하면서 한인도 데리고 가겠다는 약속을 했어요. 저는 어머니께서 제게 하신 말씀을 기억하고 있답니다. 한인은 유즈노사할린스크에서 코르사코프로 왔다 갔다 했답니다. 철도를 따라 가면 10시간이 걸렸는데, 간혹 길에서 벗어나 계속해서 갔다고 해요. 코르사코프에 기선이 기항한다는 소문이 돌면 한인이 모여서 그곳으로 갔어요. 정확히는 모르겠지만 며칠인가 코르사코프에서 기다리다가 다시 돌아오고 그랬답니다. 그래서 군중이 코르사코프에 모였어요. 한 부류는 도착하고, 다른 사람들은 돌아가고 그렇게 사람들이 오고간 거죠.[34]

그래요, 당시 그러니까 46년, 47년 심지어 48년에도 코르사코프에는 수천 명의 한인이 모여서 가능하면 빨리 사할린을 벗어나려고 기선을 기다렸습니다. 그러나 기선은 오지 않았죠. 제 기억으로는 2년을 기다렸습니다. 전 한인이 어떻게 살았고, 어떻게 끼니를 때웠는지 특히나 겨울에는 어떻게 버텼는지 모릅니다. 그러다가 한 가족씩 점차 되돌아가기 시작했죠.[35]

이런 상황으로 인해 1947년 12월 3일 골리코프(Ф.И. Голиков) 육군 대장은 다음과 같은 내용으로 보고했다. "정확한 자료에 따르면 남사할린에는 23,298명의 한인들이 거주하고 있으며, 이들은 일본인의 송환 조치가 취해지는 것을 보고 자신도 모국으로 보내달라는 문제를 강력하게 제기하고 있습니다. 저는 1948년 후반기에 위에 언급된 한인 모두를 북한으로 귀환시키는 게 가능하다고 생각하며, 이 문제로 남사할린주 집행위원회 대표 및 25군 참모부와 함대의 동의를 얻었습니다."[36]

34) [Д.], жен.(여), 1954 г. р., г. Южно-Сахалинск, 10.04.2009.
35) [С.], муж., 1931 г. р., г. Южно-Сахалинск, 12.11.2009. ГАРФ. Ф. Р-9526. Оп. 5. Д. 53. Л. 13.
36) ГАРФ. Ф. Р-9526. Оп. 5. Д. 53. Л. 13.

그해 12월 27일 극동주재 군사령부는 재차 남사할린의 한인 귀환에 관한 정부의 지시를 문의했다. 이 문의에는 다음과 같은 정보가 담겨 있다. "1948년에 귀환시키는 전반적 준비와 관련하여 몰로토프는 한인 귀환 가능성에 관한 문제에 직면했으며, 정부의 결정 안(1947년 12월 8일 №05118)이 제출되었습니다. 우리는 사전에 이 안에 동의했습니다. 금년 10월 29일 크류코프의 의견을 문의한 바, 그는 1948년 후반에 한인을 귀환시키는 것이 합목적적이라는 내용의 답변을 통보해 주었습니다(금년 11월 6일 №78/cy). 우리의 1947년 11월 14일자 №33op 문의에 대해 하절기에 한인의 귀환과 이주가 가능하다는 (연해주 군관구 부사령관)니콜라예프(Николаев) 동지의 답변을 받았습니다. 함대는 우리의 문의 사항에 대해 1948년 후반에나 한인들의 이송이 보장될 수 있을 것이라고 통보해 주었습니다. 골리코프 육군대장은 정부 결정 안을 제출하면서, 몰로토프에게 발송한 서한에서 1948년 후반에 한인 귀환이 가능하다는 자신의 의견을 명시했습니다. 이런 결정은 옳은 것인바, 23,000명의 한인을 노동력으로 묶어두는 것이 우리에게 영향을 주지 않기 때문에 북한으로 되돌려 보내는 것이 전적으로 합목적적입니다."[37]

이 보고서에는 소연방 각료회의의 결정 안이 첨부되어 있었다(그림 10을 보시오).[38] 이 문서는 당시 소련 당국이 원칙적으로 귀환을 단순히 지지한 것이 아니라, 구체적으로 귀환을 준비하고 있었다는 사실을 보여준다. 그러나 이 귀환 안은 최종 서명을 받지 못했다. 군 사령부의 문의 및 계획안과 동시에 남사할린의 민사 관할청이 정부와 주고받은 왕복문서는 위의 계획된 송환이 이루어지지 않은 원인을 설명해준다.

---

37) ГАРФ. Ф. Р-9526. Оп. 4. Д. 54. Л. 416.
38) ГАРФ. Ф. Р-9526. Оп. 5. Д. 53. Л. 15.

그림 10. 남사할린과 쿠릴열도에서 북한으로 한인 주민의 귀환에 관한 소연방
각료회의의 결정 안. 1947년

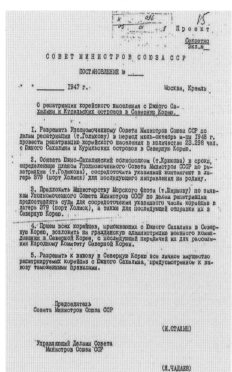

출처: ГАРФ. Ф. Р-9526. Оп. 5.
Д. 53. Л. 15.

11월 17/18일 러시아공화국 각료회의 부의장 그리첸코(Гриценко)는
소연방 시민 귀환 업무에 관한 소연방 각료회의 전권 골리코프(Ф.И.
Голиков)에게 사할린 주 집행위원회의 보고서를 통보해주었다. 이 보
고서는 남사할린에 112,480명의 일본인과 계획에 따라 1948년에 귀환
시킬 23,298명의 한인들이 남아 있다는 사실을 통보해주는 것이었다.
그러나 "1947년 8월 28일자 소연방 각료회의의 결정 №3014에 의거하여
남사할린의 기업을 위해 규정된 노동력의 수입이 1948년 내내 이루어
질 것이며, 1948년 전반기에 예정된 일본인의 송환과 한인의 귀환으로

공장 운영이 중단될 수도 있는바, 주 집행위원회는 한인 귀환을 1948년 말까지 연기해 달라고 요청했다. 러시아공화국 각료회의는 사할린 주 집행위원회의 요청에 동의하는 것이 합목적적이라고 판단했다."[39]

1948년 1월 4일 외무부 차관 말리크는 차다예프(Я.У. Чадаев)에게 다음과 같은 내용을 전달해 주었다. "크류코프는 한국 출신이라고 주장하는 한인 집단으로부터 한국으로 귀환시켜 줄 것을 요청하는 몇 통의 청원서를 접수했다는 사실을 남사할린으로부터 통보해주었습니다. 이 청원에 기초하여 남사할린에 살고 있는 23,000명의 모든 한인이 한국으로 귀환하기를 바라고 있다는 결론을 내려선 안 됩니다. 크류코프 동지도 그런 자료는 가지고 있지 않으며, 최소한 일본인의 송환이 완결될 때까지 외견상으로는 남사할린에서 한인을 강제 이주시킬 필요성 또한 아직까지 존재하지 않습니다. 그에 더해 남사할린에서 일본인을 송환시킴에 따라 남사할린의 산업과 어업은 심각한 노동력 부족을 절감하고 있습니다. 한인들의 귀환은 그런 문제를 더욱 첨예하게 만들 것입니다.

위와 같은 내용에 근거하여 소연방 외무부는 1948년에 남사할린에서 대규모 한인 귀환을 수행할 필요가 없다고 판단했습니다.

개별 한인들의 출국에 관한 청원에 대해 말씀드리면, 일반적 차원에서 이 청원들을 검토하여 청원을 제출한 사람들에 따라 개별적으로 문제를 해결할 필요가 있습니다."[40]

이 보고서를 통해서 크류코프가 한인 주민의 귀환을 어떻게든 막으려고 했으며, 자신의 입장을 정당화시키려고 다양하면서도 일부는 확연하게 사실과 동떨어진 근거를 인용했다는 사실을 알 수 있다. 군 사령부가 수차례에 걸쳐 보고했던 한인의 귀환 분위기가 어떤 명확한 이

---

39) Там же. Л. 14.
40) ГАРФ. Ф. Р-9526. Оп. 5. Д. 5. Л. 16.

유도 없이 순식간에 사라질 수도 있다는 의문이 제기되었다. 크류코프가 이렇게 행동한 원인은 일본인을 송환할 경우 사할린이 겪게 될 노동력 부족 때문이었다.

결과적으로 크류코프와 그를 지지하던 현지의 통치자들은 자신의 뜻을 달성했다. 즉 러시아 공화국 각료회의와 소연방 국방부는 남사할린의 기업체에게 노동력을 보장해야 하는 긴박한 상황이 형성되고 있는 만큼 1948년까지 사할린에서의 한인 귀환이 합목적적이지 않다고 통보했다. 말리크는 자신의 보고서에서 러시아 공화국 각료회의와 소연방 국방부장관의 의견에 동의하여 남사할린으로부터의 한인 귀환을 늦추자고 몰로토프에게 요청했다. 몰로토프는 이 보고서에 다음과 같은 결정 사항을 기재해 넣었다. 즉 "반대하지 않음(그에 더해 경제기관에 언급하여 한인이 물질적으로 사할린에 체류하는데 관심을 갖게 만들도록 할 필요가 있다)."[41]

이런 결정에 상응하는 지시가 러시아 공화국 각료회의와 사할린 주집행위원회에 하달되었다. 그 외에도 사할린 주재 기업에서 일하는 한인을 붙잡아 두기 위한 가능한 대책들과 관련하여 차다예프가 제출한 질문에 대해, 법적 측면에서 사할린에 거주하는 한인 노동자를 소비에트 노동자와 동일하게 대우해야 한다고 통보했다. 또한 소연방 각료회의는 한인 노동자에게 러시아 노동자와 동등한 임금, 식료품과 공산품 제공, 심지어 러시아 노동자에게 지급하는 빵을 대신하여 노동자 1인당 500그램, 그 가족에게 1인당 300그램이라는 규정에 따라 쌀을 지급하라는 결정 No3014를 내렸다.[42]

위에 언급된 사할린한인 주민의 북한 귀환 계획은 미소협약에서 사

41) РГАСПИ. Ф. 82. Оп. 2. Д. 1264. Л. 1–2.
42) РГАСПИ. Ф. 82. Оп. 2. Д. 1264. Л. 1–2.

할린한인이 언급되지 않은 이상한 이유를 설명해준다. 미국도 그리고 미국의 신탁통치를 받고 있었던 나라(일본과 한국)도 귀환에 참석하지 않았다. 당시 소비에트 정권은 자신의 국내 문제에 따라 행동하고 있었으며, 바로 그 정권의 의도적 결정때문에 애초의 계획이 실행되지 않은 것으로 보인다. 당시의 역사적 단계에서는 북한 지도부도 사할린한인 귀환 문제에 대한 소연방의 결정에 반대할 수 없었을 것이다.

위에 언급된 바와 같이 사할린한인 중 대부분이 한국 남부 지역 출신이라는 것과는 별개로, 위 귀환 계획은 비록 실행되지는 않았지만 전적으로 용인될 수 있는 한인 귀환 문제의 해결책이 될 수도 있었다. 연구자들의 의견에 따르면, 1950-1953년 6·25전쟁 개전 직전까지 두 한국 간의 국경선은 감시가 심하지 않아서 원하는 사람들은 상대적으로 손쉽게 국경을 넘나들 수 있었기 때문이다.[43]

하지만 1948년에 소비에트 정권은 귀환을 원칙적으로 거부한 게 아니라 잠시 연기하기로 결정했다는 사실에 주의를 기울여야한다. 이런 결정이 채택되는데 있어 주된 이유는 일본 주민의 송환 이후 사할린에서 나타나기 시작한 극심한 노동력 부족이었다. 일본 주민의 송환이 1949년에 완수되었던 만큼, 모국을 향한 한인의 귀환은 최소한 1950년까지 연기될 수도 있었다.

3.3. 사할린과 쿠릴열도의 한인 귀환 문제에 대한 미군정 정책

앞에서 언급된 귀환 계획은 우리에게 가장 중요한 것이기는 했으나

---

43) Ланьков А.Н. КНДР вчера и сегодня: Неформальная история Северной Кореи. М.: Восток – Запад, 2005. С. 49–50.

유일한 것은 아니었다. 미국 국립문서 기록관리청에는 사할린한인과 직접적 관계가 있는 SCAP(연합군 최고사령부) 문서가 소장되어 있다. 이 문서들이 한국 연구자들에 의하여 발굴되어 공개되었다.[44]

일본에서는 사할린한인의 귀환 문제가 가라후토에서 1944년의 '이중 징용'에 처해진 결과로 규슈(야마이치/山一/ 탄광과 세키모토/關本/ 탄 광)에 남아 있었던 한인들이 파업을 했던 1945년에 이미 제기되었다. 이 한인은 사할린에 남아 있는 자신의 가족이 본국으로 귀환될 때까 지[45] 작업은 물론, 한국으로의 귀국을 거부했다.[46]

1945년 12월 14일 SCAP는 상황을 파악하기 위하여 사할린에 남아 있는 한인 가족의 명부와 사할린 주소록을 작성하라는 명령을 제9군단 사령부에 하달했다. 그와 동시에 사령부는 소연방의 지배를 받는 영토 로부터는 그 어떤 귀환도 이루어지지 않을 것임을 통보했다. 1946년 2월 20일 SCAP는 사할린한인의 명부와 주소록을 워싱턴 주재 미 육군 참모 총장에게 발송하면서 외교적 경로로 이 문제를 해결해 달라고 요청했 다. 이 명단에는 규슈에서 파업을 일으킨 한인 18명 및 사할린에 남아 있는 그 가족의 이름과 주소가 포함되어 있었다.[47]

1946년 3월 21일 워싱턴으로부터 온 답변은 일본 주재 러시아 공사관, 특히 대일본 연합국위원회의 소연방 대표였던 키슬렌코(А.П. Кисленко)

44) 장석흥. 사할린 지역 한인 귀환 // 한국근현대사연구. 2007. 제43집. 210–275쪽.
45) 長澤秀. 戦時下朝鮮人中国人連合軍俘虜強制連行資料集:石炭統制会極秘文書 復刻版. 東京: 綠蔭書房, 1992. 4冊. 24-247쪽.
46) 당시 일본에 있는 한인 주민들은 SCAP의 통제 하에 한국으로 대규모 송환되기 시작 하여, 약 50만 명의 한인들이 모국으로 귀국했다. 이에 대한 자세한 내용은 다음을 보시오. Lee Ch., De Vos G. Koreans in Japan. Ethnic Conflict and Accommodation. Berkeley, Los Angeles, London: University of California Press, 1981.
47) Letter from General Headquarters, Supreme Commander for the Allied Powers to Chief of Staff, United States Army, subject: «Repatriation of Koreans» // Чан Сокхын. Материалы о репатриации сахалинских корейцев… С. 217–224.

중장에게 이 문제를 문의해보라는 것이었다. 키슬렌코에게 발송하기 위해 작성된 서한 초안의 내용은 소련의 통제를 받고 있는 지역으로부터의 일본인 송환을 한국으로 귀국하기를 원하는 모든 이들을 귀환시키는 것으로서 완수해 달라는 것이었다.[48] 귀환자들의 이송은 사할린과 쿠릴열도의 일본 주민을 이송할 때와 같은 경로인 마오카를 통하는 것으로 예상했다.[49]

그림 11. SCAP를 위해 작성된 일본과 사할린 내 한인의 이름, 연령 및 주소가 기재되어 있는 일본 내 한인과 사할린에 남겨진 그 가족들의 명단.(첫 번째 쪽). 1946년

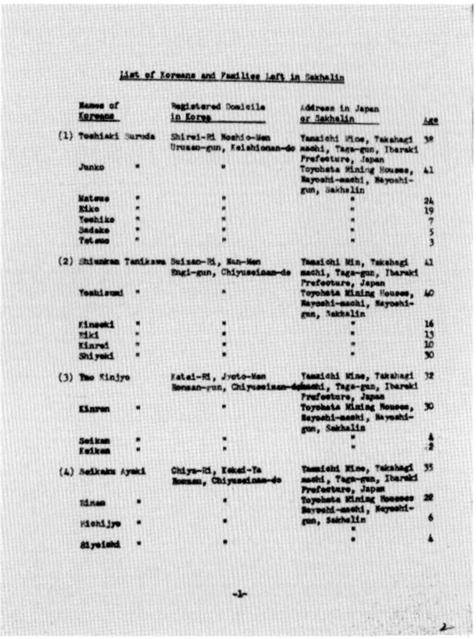

List of Koreans and Families Left in Sakhalin

Names of Koreans	Registered Domicile in Korea	Address in Japan or Sakhalin	Age
(1) Toshiaki Suruda	Shirei-Ri Noshio-Men Urusan-gun, Keishionan-do	Yamaichi Mine, Takahagi machi, Taga-gun, Ibaraki Prefecture, Japan	38
Junko "	"	Toyohata Mining Houses, Nayoshi-machi, Nayoshi-gun, Sakhalin	41
Matsue "	"	"	24
Eiko "	"	"	19
Yoshiko "	"	"	7
Sadako "	"	"	5
Tetsuo "	"	"	3
(2) Shiunkan Tanikawa	Suizan-Ri, Nan-Men Engi-gun, Chiyuseinan-do	Yamaichi Min, Takahagi machi, Taga-gun, Ibaraki Prefecture, Japan	41
Yoshizumi "	"	Toyohata Mining Houses, Nayoshi-machi, Nayoshi-gun, Sakhalin	40
Kinseki "	"	"	16
Miki "	"	"	13
Kinrei "	"	"	10
Shiyeki "	"	"	30
(3) Tao Kinjyo	Katei-Ri, Jyoto-Men Ronsan-gun, Chiyuseinan-do	Yamaichi Mine, Takahagi machi, Taga-gun, Ibaraki Prefecture, Japan	32
Kinren "	"	Toyohata Mining Houses, Nayoshi-machi, Nayoshi-gun, Sakhalin	30
Seikan "	"	"	4
Keikan "	"	"	2
(4) Seikaku Ayaki	Chiya-Ri, Kakei-Ya Ronsan, Chiyuseinan-do	Yamaichi Mine, Takahagi machi, Taga-gun, Ibaraki Prefecture, Japan	35
Rinan "	"	Toyohata Mining Houses Nayoshi-machi, Nayoshi-gun, Sakhalin	28
Michijyo "	"	"	6
Siyeichi "	"	"	4

-1-

출처: 장석흥, 사할린 지역 한인 귀환 // 한국근현대사연구. 2007. 제43집. 211쪽.

48) Memorandum for General Chamberlin, subject: «Repatriation of Koreans» // Чан Сокхын. Материалы о репатриации сахалинских корейцев... С. 229.

49) Draft of proposed communication from C/S to Gen.Kislenko, Acting Soviet Member, Allied Council for Japan // Там же. С. 231.

1947년 10월 26일 서울에서 설립된 "사할린한인의 조속한 귀환 실행회"의 이봉상은 맥아더 장군에게 사할린한인 귀환에 협력해 달라는 장문의 호소문을 전달했다. 이봉상은 사할린과 쿠릴열도에 있는 약 4만 명의 한인은 일본 군국주의의 희생자일 뿐 연합군 세력의 적이 아니기 때문에 가능한 한 빠른 시일 내에 한국으로 귀환되어야만 한다고 주장했다.[50]

1947년 11월 1일 한국에 주둔 중인 미육군 제24군단장 존 하지(John Reed Hodge) 장군은 SCAP 참모실장 폴 밀러 소장에게 "최근 소비에트 사할린에서 돌아온 몇몇 이들이 처절한 학대의 역사를 얘기하며 무엇인가 조치해 달라고 도처에서 우리에게 요청하고 있는바" SCAP가 사할린한인에 관한 정보를 지니고 있다면 어떤 것이든 제공해 달라고 요청했다.[51]

1947년 12월 9일 SCAP는 이 서한에 대해 다음과 같은 내용의 답변을 발송했다.

"사할린한인의 귀환에 관하여 참모실장에게 발송한 1947년 11월 1일자 귀하의 서한에 대한 답변으로, 연합군 최고사령관은 대일본 연합국 위원회의 소비에트 대표에게 38도선 이남의 한국 지역 출신으로 사할린에서 귀환하기를 원하는 모든 한인을 수송해 주도록 반드시 제안해야 한다고 판단하셨습니다. 기선은 소비에트 대표가 언급할 한인 인원 수를 이송하기 위해 마오카 항에 입항할 것입니다. 우리는 현재 사할린에 있는 정확한 한인의 수를 알 수 없으나, 이봉상의 의견에 따르면 약 4만 명이라고 합니다. 우리가 위에 언급된 작업을 실행할 때까지 이

---

50) Association Rapid Realization of Repatriation of Koreans from Saghalien, 129 ChoDong, Choong-Koo, Seoul, Korea to Gen. Douglas MacArthur // Там же. С. 236–237.

51) Letter from John R. Hodge, Lieutenant General, U.S. Army Commanding to Maj. General Paul J. Mueller, Chief of Staff // Там же. С. 238.

사안에 대한 귀하의 의견이 매우 요망됩니다."[52]

주한 미군 사령부가 SCAP에 발송한 1948년 2월 24일자 답신은 다음과 같았다. "종전 이후 귀국한 귀환자들의 수가 2백 8십만 명이 넘는 것으로 보이며, 귀환자들과 탈주자들에게 식량, 의복 그리고 주거지를 보장하는 지금의 업무에 하중이 최대치로 증가했습니다. 이처럼 한국 경제에 대한 과부하는 동절기에 더 큰 규모로 다가올 것입니다. 따라서 현 시점에서 SCAP가 사할린과 쿠릴열도로부터 추가로 수 천 명의 귀환자들을 받아들이는 의무를 지는 것은, 설령 그들이 38도선 이남의 출신자라해도 바람직하지 않아 보입니다. 그러나 대일본 연합국 위원회의 소련 대표에게 사할린과 쿠릴열도에 남아 있는 한인의 수에 관한 정보와 그들이 일본 군국주의자에 의하여 그곳으로 이주되었다는 사실을 반드시 설명해주어야 합니다. 만약 이런 설명이 귀환에 대한 그 어떤 의무도 없이 이루어질 수 있다면, 한인의 수에 관한 정보는 한국에서의 상황 판단에 매우 유익할 것입니다."[53]

1948년 3월 10일 위의 이봉상은 SCAP로 청원서를 재차 발송했다. 그는 이 청원서에서 '믿을만한 소식통'을 인용하여 사할린에는 3만 명의 한인이 강제로 억류되어 있으며, 이들은 모국으로 귀환하려고 가능한 모든 방법을 다하고 있지만, 그들의 노력은 결실을 얻지 못한 상태이고 소비에트 관리들과의 협의도 답보 상태라고 주장했다. 이상봉은 귀환을 추진하거나 소연방 정부에 청원서를 제출할 수 있는 민족 정부가 한국에 없다는 사실을 안타까워하면서, 바로 그렇기 때문에 SCAP가

---

52) General Headquarters Supreme Commander for the Allied Powers to Com-manding General, XXIV Corps, APO 235, subject: «Repatriation from Sakhalin» // Чан Сокхын. Материалы о репатриации сахалинских корейцев... С. 241.

53) Letter from Headquarters, United States Army Military Government in Korea to Commanding General, United States Army Forces in Korea // Там же. С. 243.

그 기능을 대신해야 한다고 했다. 또한 이상봉은 자신이 모든 믿을 만한 소식통에 따라 사할린으로부터 매월 15만 명의 일본인이 송한계획에 의거하여 일본으로 이송되고 있다는 사실을 익히 알고 있다고 주장했다. 그는 이런 송환 계획에 한인을 포함시켜야 한다고 강력하게 요청했다.54)

SCAP에서는 재차 키슬렌코 중장에게 발송할 서한을 작성했으나(전체 기간 동안 이런 식의 서한이 여러 통 작성되었다),55) 역시 발송되지 않았다. 이 사실을 확인할 수 있는 주된 근거는 러시아 각 문서보관소 내에 SCAP의 그런 활동을 언급하는 문서가 존재하지 않는 것은 물론, 그때나 그 이후에나 미군 지휘부는 소문이나 신문기사에 만족했을 뿐, 사할린과 쿠릴열도에 있는 한인의 정확한 수를 몰랐다는 사실 때문이기도 하다. SCAP가 이렇게 우유부단했던 이유는 1948년 3월 11일 위원회에서 행해진 연설의 결론 부분에서 찾을 수 있을 것 같다. 이 결론은 "SCAP가 취하게 될 모든 행위는 귀환을 회피하기 힘들게 되는 그 순간 귀환 계획을 거절하면 소연방은 SCAP를 비판하게 될 것"이라는 사실에 기초하고 있었다.56)

이후 SCAP에서는 사할린과 쿠릴열도의 한인 귀환에 관한 토론이 이어졌다. 군 고위 간부들은 한인을 반드시 귀환시키기로 결의했으나, 한인의 수가 이봉상의 청원서에 제시된 것보다 적어서 겨우 1만 5천 명

---

54) Association of Rapid Realization of Koreans Repatriation from Saghalien to Gen. Douglas MacArthur, the Supreme Commander of Allied Forces in Pacific, Tokyo Japan // Там же. С. 245.
55) Draft, Proposed communication from G/S to Gen. Kislenko, Acting Soviet Member, Allied Council for Japan // Чан Сокхын. Материалы о репатриации сахалинских корейцев... С. 231–232; Diplomatic Section to Major General A.P. Kislenko, Acting Soviet Member, Allied Council for Japan, Tokyo // Там же. С. 248.
56) General Headquarters, Far East Command, Check Sheet // Там же. С. 246.

정도라고 생각했다. 송환은 일본인의 송환 범주 내에서 이루어지며, 마오카 항을 출항하여 사세보에 입항한 후, 그곳에서 처리와 조사를 받은 뒤 부산까지 별 어려움 없이 이행될 예정이었다. 소연방이 일본으로 출국한 이들을 대신하여 산업과 농업 분야에서 일할 다수의 노동자를 북한에서 수입하고 있다는, 일본인 송환자들에게서 흘러나온 소문(우리는 이 소문이 사실이었음을 알고 있다)이 거론되었다. 그와 동시에 사할린과 쿠릴에서 온 수 천 명의 귀환자들은 한국 경제에 추가적인 원치 않는 부담이 될 것이라는, 주한 미 제24군단 지휘부의 의견이 재차 인용되었다. 그리고 그 뒤를 이어서 포츠담 선언과 나중에 조인된 일본의 항복 문서에 의해서도 소연방에게는 일본인 이외에는 그 누구도 자신의 영토에서 송환시켜야 할 의무가 없었다는 사실이 상기되었다. 당연히 SCAP에게도 그런 의무가 없었다. 그러나 그 사이 중국과 만주에서 '미국의 인도적 정책'은 가라후토의 한인이 자기 모국을 두고 떠났던 것과 같은 방식으로 모국을 떠났던 한인의 귀환을 구상하고 있었다. 미군 지휘부는 어찌되었든 소비에트 대표와 접촉하는 것이 바람직하지만, 동시에 그로 인해 미국이 상당히 심각한 의무를 질 수도 있다는 이유에서 소련군 지휘부에 공개적으로 제안하는 것은 합목적적이지 못하다고 인식했다.[57)]

　1949년 4월 4일 도쿄주재 대한민국(대한민국 정부는 1948년 8월 15일에 수립되었다. 따라서 한국에는 공식 정부가 있었다) 외교 공관은 사할린한인의 귀환에 협력해 달라는 요청서를 SCAP 외교 공관에 제출하는 한편, 사할린한인의 수 및 현존 미소협약의 송환 조건에 관한 정보라면 어떤 것이든 제공해 달라고 부탁했다. 한국 외교부의 이런 요청

57) Korean Repatriation from Sakhalin, Diplomatic Section, 22 November 1947 // Чан Сокхын. Материалы о репатриации сахалинских корейцев… С. 252–253.

은 사할린과 쿠릴열도의 한인 귀환 문제를 해결하라는 한국 국내 여론에 따른 것이었다.[58]

한국 외교부의 이런 요청이 있자 SCAP의 미국 외교부처에서는 한국과 과연 어떤 정보를 공유할 수 있을 것인가라는 질문이 제기되었다. 동봉된 단신에서는 전후 사할린에 남겨진 사람이 이미 '10만-15만'으로 언급되었다.[59] 결과적으로 한국 외교부는 사할린한인에 관해 보유한 정보가 전혀 없다는 SCAP 측의 답변을 받았다.[60]

1949년 6월 14일자 한국 외교부의 두 번째 질문에 대한 SCAP의 답변이 사실상 전혀 무익했던 토론과 교신들에 마침표를 찍는 것이었다.[61] 즉 이 답변서에는 (일본이 포츠담 선언의 조건을 채택하는 것에 기초한)1946년 12월 19일자 미소협약에 따라 소련의 통제를 받는 영토로부터의 송환 대상은 오직 일본군 전쟁포로이며, 일본으로만 돌아가게 되어 있다는 사실이 명확하게 기재되어 있었다. 따라서 SCAP는 이 문제를 직접 소련 정부에 문의해 볼 것을 한국 정부에게 제안하면서 한국이 소련 정부와 외교관계를 맺고 있지 않은 만큼, 한국과 소련 두 나라 모두와 공식 외교관계를 지니고 있는 국가의 중재를 받으라고 권고했다.[62] 사실 외교 용어에서 이런 표현은 SCAP가 사할린과 쿠릴열도로부

58) Korean Diplomatic Mission in Japan. Tokyo to the Diplomatic Section, General Headquarters, Supreme Commander for the Allied Powers, Tokyo, April 4th, 1949 // Там же. С. 259.

59) General Headquarters Far East Command, Check Sheet, Subject: Request for Information on Koreans in Sakhalin and the Kuriles, 22 Apr. 49 // Там же. С. 261.

60) 9 May 1949, Request for Information on Koreans in Sakhalin and the Kuriles // Там же. С. 263

61) Korean Diplomatic Mission in Japan. Tokyo to the Diplomatic Section, General Headquarters, Supreme Commander for the Allied Powers, Tokyo, June 14, 1949 // Там же. С. 269.

62) Diplomatic Section DS/CKH/TWA/bk, Tokyo to the Korean Diplomatic Mis-sion, Tokyo, July 15, 1949 // Чан Сокхын. Материалы о репатриации сахалинских корейцев... С. 273.

터의 한인 귀환 문제를 다루지 않겠다는 단호한 거절을 뜻했다.

두 열강, 즉 새로이 획득한 영토의 산업 시설에 한인 노동자를 묶어 두고 싶었던 소련, 그리고 수 천 명에 달하는 사할린과 쿠릴열도 한인을 받아들여 배치하는 불필요한 업무를 피하려 했던 미군 참모부의 이해관계가 이처럼 매우 희한한 형태로 일치했다. 지구의 지정학적 고려가 자신의 의지와는 상관없이 타국 땅에 남겨진 사람의 운명을 결정지었으며, 모국으로 돌아가겠다는 권리마저 박탈했다.

전후 첫 시기 한인 귀환의 조건과 역사적 전개, 그리고 한인을 모국으로 돌아갈 수 없게 만들어버린 상황은 위와 같았다. 본인은 1945-1950년 동안의 귀환은 그것에 관심을 가지고 있었던 이들을 만족시키는 형태로 실행될 수 있었다고 본다. 1950년 한국전쟁[63]이 발발하면서 사할린 한인의 귀환이 물류 상으로(인도주의 상으로도 역시) 불가능해졌다. 한국전쟁의 휴전 이후 전 세계에서 사회주의진영과 자본주의진영이 대립하면서, 과거 반 히틀러 동맹을 맺었던 연합국 간의 모든 접촉이 상호 의심과 대결 그리고 선전으로 물들어 버렸다. 세계가 냉전 시기에 두 진영으로 분할되었으며, 그 사이에 내려진 '철의 장막'은 모국으로 향하려던 사할린한인이 극복할 수 없는 장벽이었다.

---

63) 한국전쟁은 1950년 6월 25일 북조선과 한국 사이에서 북한군대가 침공을 가함으로써 발생한 무력 충돌로서 1953년 7월 27일 휴전협정의 체결로 군사행동이 중단되었다. 많은 이들은 이 전쟁을 한반도에서 발생한 내전이 아니라, 자본주의진영과 사회주의진영 간의 간접적인 무력 충돌로 이해하고 있다. 대한민국 측에서는 UN의 깃발 아래 교전에 임했으며(대부분 미국 군대로 구성되었다), 북조선 측에서는 중화인민공화국, 소연방(둘 다 비공식적 참전이다. 즉 중국은 '중국 인민 의용군'을 참전시켰고, 소련은 막대한 재정적, 군사적 도움에 군사고문과 전투기 조종사를 지원해 주었다)이 참전했다.

제4장
사할린한인들과 소비에트 사회(1945-1991년)

4.1. 사할린한인 디아스포라의 정치, 경제적 성장

1945-1991년은 사할린한인 디아스포라가 소비에트의 규범, 법률 그리고 문화에 적응하는 시간이었다. 결과적으로 한인은 소비에트 사회에 성공적으로 통합되었으나, 그 과정은 다음과 같은 세 가지 요인 때문에 반세기에 걸쳐 이루어졌다.

사할린한인의 적응에 영향을 준 첫째 요인은 사할린한인이 긴 시간 동안 역사적 모국으로의 귀환을 기대하고 있었다는 점이다. 세계열강의 정책이 귀환 및 한국과의 모든 접촉에 걸림돌이 되고 있었음에도, 사할린한인 디아스포라는 귀환을 위한 사회운동을 전개했다. 소련 당국의 가혹한 억압에도 불구하고 이 운동은 수그러들지 않았다. 그리고 그것은 1977년 일부 한인 가족이 북한으로 보내지는 비극적 사건으로 이어졌다.

두 번째 요인은 소비에트의 소수민족정책이었다. 이 정책은 민족문화를 지원하는 것이었다. 따라서 소련 당국은 전후 첫 시기에 한인학교와 도서관을 설립하고, 한국어로 된 신문, 라디오, 공연장 등을 개관했으며, 한국 문학을 출간했다.[1] 실제로 이런 정책은 폐쇄적인 한인 공동체의 형성으로 귀결되었으며, 그 구성원들이 한국어와 한국 문화를 유지함에 따라 러시아의 말과 문화를 습득하기 힘들게 만들었다. 사할린에서는 러시아어를 알아야만 소비에트 고등교육기관에서 최고 교육을 받을 수 있었으며, 폭넓은 경제 활동도 가능했다. 1963년 이후에야 청년 한인 세대가 농사나 미숙련 노동자가 아닌, 전문적, 학술적 혹은 정치적 경력을 쌓을 수 있는 가능성이 생겼다. 소련 당국이 한인학교를 폐쇄하고, (전부는 아니지만) 많은 한인 문화 단체를 축소시킨 다음에야 소비에트 사회로의 한인 통합이 빨라졌다.

사할린한인들의 적응에 영향을 준 세 번째 요인은 1948년에 형성된 두 개의 한국이었다. 한국과 북한 간의 충돌 및 두 국가와 소련 간의 관계 역시 소연방의 사할린한인 정책에도 영향을 주었다. 그 외에도 사할린한인들 스스로 소비에트 당국의 허락을 받아 공개적으로 북한과 적극적인 상호관계 맺고 있었으나, 한국하고도 비밀리에 일본을 통해 교신을 했다. 여기서 언급할 필요가 있는 것은 사할린한인들의 머릿속에는 한국이라는 역사적 모국이 드러나지 않게 존재하고 있었으며, 그것이 그들의 행동과 결정에 영향을 주지 않을 수 없었다.

그림 12. 5월제 당시 한인 젊은이들의 대열. 홈스크 시. 1959년

출처: ГИАСО. Ф. 1252. Оп. 2. Ед. хр. 43.

---

1) 사할린에 존재했던 사회 조직에 대한 보다 자세한 내용은 4.2.를 보시오.

마지막 세 번째 요인은 보다 더 자세하게 탐구해야 한다. 러시아 사학계에서는 두 개의 한국과 소연방 관계를 4단계로 나눈다.

대한민국이 이념적 적대 진영에 속해 있다는 사실이 한·소 관계에 중요한 영향을 주었다. 1945-1970년의 제1단계에서는 1950-1953년의 한국전쟁과 연관된 가장 부정적인 관계를 뺄 경우, 양국 간에는 관계가 전혀 존재하지 않았다. 1971-1983년의 제2단계에서는 비공식적인, 그러나 매우 제한된 접촉과 스포츠 교류가 있었다. 제3단계는 1983년 9월 1일의 대한항공 '보잉-747'기 격추 사건부터 시작하여 1986년까지 지속되었다.[2] 이 단계는 소련과 한국 간의 모든 접촉이 다시 중단되는 것으로 특징지어진다. 마지막 제4단계는 양국 관계가 서서히 온기를 찾기 시작한 1987년부터 시작하여 결과적으로 1990년 공식적인 외교관계의 수립 및 경제적 그리고 정치적 관계의 시작으로 이어졌다. 이런 시기구분에서 보이는 바와 같이 1987-1991년의 기간을 제외하고는 소련과 한국 간에는 실질적으로 외교적 대화가 단절된 상태였다.

소련과 북한의 관계는 훨씬 더 적극적이었지만 난관을 피할 수는 없었다. 제1단계인 1945-1956년 사이 소연방은 북한의 복구를 도와주고 일부 경우에는 새로운 경제기구와 정치기구를 설립하면서 한반도 북부를 완전히 지배했다. 1957-1970년의 제2단계에서 북한 지도부는 소연방 공산당 제20차 당 대회의 결정과 스탈린 격하를 힘들게 받아들인 후 소연방과 거리를 두었다. 1971-1988년의 제3단계에서 북한 지도부는 대외정책에서 주체사상(자신의 힘에 의지하는 것)을 구현했으며, 소비에트 지도부는 이것을 비판적으로 바라보면서 북·소관계가 한층 더

---

2) 뉴욕-서울 노선을 운항 중이던 대한항공 '보잉-747'기는 경로를 이탈하여 1983년 9월 1일 사할린 주둔 소련 공군에 의해 격추되었다. 이 사고로 246명의 승객과 승무원 23명이 사망했다. 소련 정부는 이로 인해 세계 각국 정부들의 강력한 비판을 받았다. РГАНИ. Ф. 89. Оп. 35. Д.40. 37 л.

냉각되었다. 1989-1991년의 제4단계에서 소연방과 대한민국의 공식접촉으로 인해 북한은 친 중국의 대외정책 노선을 채택했다.3)

그럼에도 불구하고 북한과 소련 간의 외교 및 정치적 관계는 북한 지도부가 상당히 장기간에 걸쳐 사할린한인 디아스포라에 영향을 미칠 수 있게 해 주었다. 1950년 연해주의 나호트카(Находка)에 북한 총영사관이 개설되었다. 북한 외교관들은 적극적인 선동 작업을 통해 북한 국적을 취득하여 북한으로 영구 이주하도록 재촉하며, 사할린한인을 상대로 북한 생활의 장점을 선전했다.

그들은 목표를 달성하기 위해 적극적인 이념적 논법을 이용했다. 특히 근시일 내에 한국이 통일될 것이라는 소문을 적극 유포하는 동시에 특별한 제약없이 북한 시민권이 있는 여권을 발급해주고, 청년에게는 무상의 최고 교육을 약속했다. 사할린한인 중 일부는 이런 선전을 믿어 가족과 함께 사할린을 떠났다. 증언자 중 한명은 이에 대해 다음과 같이 회상했다.

우글레고르스크에 제 시아버님의 형제분이 살고 계셨는데, 자식이 11명이었어요. 그들은 무조건 북한으로 간다는 결정을 내리고는 북한 여권을 받았답니다. 그래요 60년대에 북한은 사할린한인 모두를 이주시키고 싶어 했죠. 하지만 많은 이들은 당연히 그곳에 가질 않았죠. 우리 어머니도 그때 이렇게 말씀하셨답니다. "그리고 내 고향이 한국인데 북한으로 가라고?" 텔노프스크(Тельновск)에 대륙에서 온 선생님 한 분이 살고 계셨죠. 그 분은 소비에트 시민이었어요. 그 분이 선동하기 시작했는데 당연히 자신에 대한 것이었죠. 시아버지께서 제 남편한테 물으셨어요. "그래 넌 한국에 가고 싶니?" 제 남편이 답하길 "제가 거기 놓고 온 게 있나요. 전 학교에서 공부했고 친구들

---

3) Забровская Л.В. Россия и Республика Корея: от конфронтации к сотрудничеству… С. 10.

도 모두 여기 있어요..." 그 뒤 남편은 군에 입대했죠. 과연 제 시아버지께서 자녀를 두고 거길 가셨겠어요? 결국 소련 국적을 받아들이셨죠. 우글레고르스크에서 시아버지 형제께서 남편과 시아버님 사이에 그런 갈등이 있었다는 것을 아셨을 때 그 분께서는 소리를 치시면서 책상을 두드리고는 ... "넌 왜 나하고 상의하지 않았니. 난 어찌되었든 너보다 손위잖아!"라고 말씀하셨어요. 그 분께선 1961년 가족들을 데리고 떠나셨죠. 심지어 자신의 아들, 즉 제 남편의 사촌은 북한에 가고 싶어 하지 않았어요. 엄마 집에 가서 돈을 훔친 뒤 다른 사람의 소련 여권을 가지고는 본토로 도망 가버렸죠. 그곳에서 반 년 정도 시간을 보내면 아버지가 가고 안 계실 거라고 생각했던 거죠... 하지만 그가 돌아올 때까지 아버지는 기다리고 계셨어요. 성격이 그렇게 강했답니다. 그 분은 아들을 데리고 가족과 함께 떠나셨어요... 가면서 배에다 짐을 가득 실었는데, 이곳에선 집단농장에서 일하며 잘 살았답니다. 그런데 북한에 간 후 부인은 사망하시고, 살아남기 위해서 물건들을 모두 처분했다 그러더라고요. 결국 그들 모두 죽었고 겨우 세 명만 남았답니다. 삶이 아주 빈한하고 인민들은 정말 두려움 속에 살고 있다 그러더라고요...[4]

자브로프스카야(Л.В. Забровская)는 당시 북한의 대 사할린한인정책을 다음과 같이 묘사했다. 즉 "북조선 수립 이후 북한 영사들은 사할린한인 공동체를 자주 찾는 방문객이 되어, 북한 국적을 받아 북한으로 가자고 회원들을 선동했다. 이에 1958-1959년 6,346명의 사람들이 북한 국적을 받았으며, 그 중 5,096명이 북한으로 향했다."[5] 여기서 자브로프스카야는 이 자료의 출처를 밝히지 않고 있다. 구 가라후토 주민은 북한 노동자들과 함께 북한으로 출국했기 때문에 정확한 출국자 수는 알 수 없다.

4) [Р.], жен.(여), 1945 г. р., г. Южно-Сахалинск, 28.12.2008.
5) Забровская Л.В. Российские корейцы и их связи с родиной предков... С. 43.

위와 같은 북한의 노력에도 불구하고 북한에 대한 사할린한인 디아
스포라의 흥미는 금방 시들기 시작했다. 북한 외교관들이 참석하라고
다그쳤던 모임이나 회합 등을 통해 이루어진 적극적인 선동과 선전, 영
사관 직원들이 사용했던 방법 등은 환멸을 샀다. 그들은 모임이나 회
합, 사적인 공간에서의 비밀 접촉 등을 통해 무국적 한인의 수에 대한
정보 등 북한 당국이 관심 있어 하는 사항을 수집하여 본국으로 전달
했으며, 북조선에서의 사회주의 성과를 집요하게 선전하면서 뚜렷한
목적도 없는 모금을 정기적으로 실행했다. 그들은 한인들에게 대규모
사회정치행사에 참석하지 말라고 권고하면서, 풍요해진 사할린한인이
'부르주아화'되면서 애국심을 상실했다고 한인을 비난했다.[6]

각종 모임과 회합에서는 소비에트 산업체에 도입된 최신 제품에 관
한 정보를 북한에 제공하라고 강하게 설득시켰다. 이런 요구로 인해
한인들은 그런 행동들을 좋아할 리 없었던 소비에트 '관계 당국'으로부
터 공격을 받게 되었다. 북한은 사할린의 모든 한인 주민들이 이주할
수 있도록 특별한인구역을 설립하자고 제안했는데, 바로 그 제안이 위
기를 야기했다. 북한은 이 '한인 강제거주구역'을 이용하여 사할린한인
을 북한으로 신속하게 귀환시키려했다. 이 계획은 제2차 세계대전 당
시 파시스트 정부에 의해서 설립된 유대인 강제격리구역을 연상시키
는 의심스러운 것이었다. 소비에트 행정부는 이 계획에 동의하지 않았
으나, 사할린한인은 공포에 떨어야 했다.[7]

6) Кузин А.Т. Послевоенная вербовка северокорейских рабочих на промышленные
предприятия Сахалинской области... С. 155.
7) Кузин А.Т. Послевоенная вербовка северокорейских рабочих на промышленные
предприятия Сахалинской области... С. 155.

이에 더해 여러 경로를 통해 확인된 북한으로 간 사할린한인에 관한 소식은 그들의 북한 생활이 매우 불행했음을 확인시켜준다. 증언자 중 한 명은 아래와 같이 기억하고 있다.

아버지 친구 분이 계셨는데 북한으로 가셨죠. 두 분은 북한으로 출발하기 전에 자주 말다툼을 하셨답니다. 아버지께서는 자기가 들으신 북한의 열악한 사정을 말씀해 주시면서 친구 분께 가지 말라고 경고하셨어요. 그 이후 그 친구 분이 아버지께 편지를 보냈는데, "서신 검열 때문에 직접 말할 수는 없지만, 자네가 나한테 말한 모든 것들이 사실이었고 심지어는 더 형편없었다네..."[8]

북한으로 간 사람은 많지 않고 그저 일부였는데, 전 그곳에서 2년을 살다 돌아왔습니다. 만약 돌아왔다면 그건 운이 좋았다는 겁니다. 북한 사람들이 일부를 잡아두고 못 가게 했거든요. 일부 사람들은 포시에트(Посьет), 자루비노(Зарубино) 지역에서 소비에트로 월경했는데, 유량이 많은 커다란 강이 국경이라고 했습니다.[9] 사람들이 소련으로 돌아가려고 겨울에 도강하자 북한 쪽에서 총격을 가했답니다. 러시아 쪽에서도 사격을 가했다는 말을 저에게 해준 것 같아요. 그래도 일부는 돌아올 수 있었다고 합니다.[10]

위에 서술된 사건들로 인해 1960년대 말부터 1970년대 초까지 사할린한인 디아스포라 내에서는 북한에 대한 태도가 변했으며, 북한국적의 취득 문제에 보다 진지하고 조심스럽게 접근하기 시작했다.

북한 정책에 환멸을 느꼈지만 현실적으로 대한민국에 관한 정보가 전혀 없었던 수많은 사할린한인들은 소비에트 사회에서의 삶에 적응

---

8) [И], муж.(남), 1985 г. р. г., Южно-Сахалинск, 10.08.2010.
9) 소련과 북한의 국경인 두만강.
10) [Т.], муж.(남), 1933 г. р., г. Южно-Сахалинск, 19.03.2009.

해야만 한다는 사실을 깨닫기 시작했다. 젊은 세대의 사할린 사회로의 통합, 소비에트의 국가정책, 모국으로의 귀환 가능성에 대한 오랜 기다림이 실망으로 변해버린 역사적 상황 등이 그런 깨달음에 일조했다,

　　한인들은 대체로 인부나 보조 노동자 같은 비숙련 노동에 종사했습니다. 예를 들어 우리 아버지께서는 벌목공으로 일하셨어요. 학벌이 없으셨던 아버지가 다른 일을 할 수 있었겠습니까? 월급은 적고, 자식들은 많고, 먹여 살려야했고, 그래서 개인주택을 사서 채소밭을 가꾸기 시작하셨습니다.11)

　　이렇게 보는 바와 같이, 전후 첫 시기에는 사할린에서의 삶에 적응하는 게 사할린한인들에게는 쉽지 않은 일이었다. 한인은 소비에트 교육을 받지 못했고(고등 교육은 전혀 받지 못했다) 러시아어도 잘 모른 채 자신에게 낯선 소비에트의 사회 규범에 힘들게 적응해가며 소비에트 산업체에서 저 숙련 노동이나, 사할린이라는 거친 기후 조건 속에서 농업에 종사하는 운명에 처해졌다.

　　1970년대에 사할린한인의 경제적 상황이 전반적으로 나아지기 시작했다. 개인이 키운 작물의 매매가 비공식적으로 허락되었고, 근면함 덕분에 많은 한인들이 러시아 주민에 비해 보다 더 높은 생활수준에 도달할 수 있었다.12) 사할린한인은 물질적 풍요와 (한인학교의 폐교에 따른)교육 수준 향상으로 소비에트 사회로 서서히 통합될 수 있었다.

11) [А.], муж.(남), 1951 г. р., п. Углезаводск, 01.02.2009.
12) ГИАСО. Ф. П-4. Оп. 159. Д. 86. Л. 4.

그림 13. 유즈노사할린스크 시 소재 중학교 №3의 역사 선생님

출처: '노바야 코레이스카야 가제타(Новая корейская газета, 새고려신문)'의 사진 문서군.
사진. 폴루힌(Ю.А. Полухин).

사할린 주 국립역사문서보관소에는 1988년 소연방 과학아카데미가
사할린한인을 상대로 진행한 사회조사 결과가 소장되어 있다.[13] 인터
뷰를 진행한 시점은 소련의 자유화, 그리고 글라스노스트와 페레스트
로이카의 시기였다. 당시는 국가검열에 대한 두려움이 이미 상당히 약
해졌던 시기였기 때문에, 연구 상 주어진 질문과 그에 대한 답변에서
도출한 결과가 상대적 객관성을 갖춘 것으로 사료된다.

사할린한인이 무엇이든 한국에 관한 것이면 응당한 관심을 지니고
있고, 한국문화적 요소와 한국어가 점차 사라지는 것을 걱정하고 있음
에도 불구하고, 인종적 한인을 사할린의 원주민으로 볼 수 있다는 사실
이 이 연구에서 규정되었다. 대부분의 한인 응답자는 사할린과 소연방
을 자신의 모국이라고 불렀다. 엔지니어와 기술 인력의 50%, 학생의
90%가 러시아어를 모국어라고 했다. 한인 응답자의 압도적 다수가 다

13) 다음을 보시오. ГИАСО. Ф. П-4. Оп. 159. Д. 86. л. 38.

른 민족 출신의 친구를 두고 있었으며, 한인 중 76%가 누군가와 우정을 쌓을 때 상대방의 출신 민족에 의미를 두지 않는다고 답했다. 동일 민족 간의 결혼에 대한 한인의 전통적 선호경향 붕괴되는 과정이 보이는 바, 청년의 85%는 결혼에서 민족이 아무런 역할을 하지 못한다고 답했다. 전반적으로 사회학적 연구 결과는 당시의 한인이 사할린에서의 생활 조건에 완전하게 적응했음을 증명해준다.

표 11. 1959-1989년 인구조사 자료로 본 사할린 주의 민족 구성

민족구성	1959		1970		1979		1989	
	명	%	명	%	명	%	명	%
러시아인	504,665	77.71	495,180	80.43	540,570	81.68	579,887	81.65
우크라이나인	48,073	7.40	38,611	6.27	40,600	6.13	46,216	6.51
한인	42,337	6.52	35,396	5.75	34,978	5.29	35,191	4.95
다른 민족	54,330	8.37	46,465	7.55	45,630	6.90	48,948	6.89
총 주민 수	649,405	100.0	615,652	100.0	661,778	100.0	710,242	100.0

출처: Сахалинская область на рубеже XXI века ...

그림 14-17. 소비에트 기업에서 일하는 사할린한인들. 1960-1970년대

출처: 새고려신문 지의 사진문서군. 사진 폴루힌.

1989년 무렵 사할린 주의 한인 수가 상대적으로 일정한 모습을 보여준다. 위 표 11에서 나오는 바와 같이 소비에트 시기 사할린한인 디아스포라의 수는 사할린 주 전체 주민의 약 5-6%를 정도를 차지했다. 이런 비율은 지금도 유지되고 있다.

소련에서의 페레스트로이카 이후 1985년에 한국을 포함한 자본주의 국가들과의 국제관계에서 '화해의' 시대가 시작되었다. 사할린한인은 대한민국에 있는 친척을 찾아서 만날 수 있게 되었다. 1990년 소연방과 대한민국 간의 국교수립으로 공식 접촉이 확대되면서 역사적 모국을 직접 방문하는 것도 가능해졌다. 1991년 소연방의 해체로 두 개의 적대적 진영으로 나뉘어있던 세계가 사라지면서, 사할린한인은 자신의 국적과 민족정체성이라는 문제를 다시 고민하게 되었다.

4.2. 소비에트 시기 사할린 디아스포라의 사회 기구

사회 기구-대체로 학교 교육 체계와 대중매체-는 디아스포라의 사회 적응에서 중요한 역할을 한다. 사람은 학교, 교육기관, 라디오, 신문, 도서 등을 통해 자기가 거주하고 있는 나라에 관한 표상을 갖게 되며, 이런 과정을 통해 그 나라의 관습, 행동 규범, 법률 등에 대해 충성스러운 태도를 갖게 된다. 이주자 중 압도적 다수는 자신을 받아준 사회의 지배적 언어를 습득하면서 그 사회에 적응하기 시작한다. 예를 들어 영어 학교는 농장에서 일하려고 하와이로 이주한 많은 일본인의 아이들이 농장을 떠나 미국 사회 내에서 다른 지위를 찾을 수 있는 가능성을 제공해 주었다. 반대로 일본어 학교를 다닌 적지 않은 수의 아이들의 취업 가능성은 매우 제한적이었다.[14]

일상적 의식 수준에서의 언어는 민족문화의 가장 중요한 구성요소이며, 주변 민족들이 지니고 있는 한 민족에 대한 표상은 그 민족의 언어에 의해 정의된다. 이민족에 둘러싸인 곳에 살면서 그 환경이 제공한 언어를 받아들인 인종적으로 고립된 집단이 장기간에 걸쳐 자신의 민족적 자의식을 유지하는 경우는 일부에 불과하다(예를 들면, 북 카프카즈의 그루지야에 있는 아르메니아인, 일본에 있는 한인, 폴란드에 있는 타타르인, 터키에 있는 체르케스인 등).[15]

1905-1945년 가라후토 청의 통치 시기에는 한인을 위한 사회 기구가 실질적으로 존재하지 않았다. 한인의 이주는 노동 징용과 동원의 성격을 지니고 있었던 만큼 일시적 거주를 예정한 것이어서 장기간 체류를 위한 사회 기구의 설립을 예상하지 않았다. 사회 기구의 설립에 걸림돌이 된 것은 1937년부터 조선총독부가 채택한 한인의 일본화 정책이었다. 중일전쟁[16] 발발 이후 국가기관 내에서의 한국어 사용 금지령이 제정되었으며, 1938년부터는 학교에서의 사용도 금지되었다. 1940년 창씨개명 캠페인이 시작되었고, 두 개의 중요한 한국어신문인 '조선일보'와 '동아일보'가 폐간되었다.[17] 이런 조건 하에서는 그게 어떤 것이든 한인 주민을 위한 사회 기구는 가라후토에 존재하기 어려웠으며, 일본 당국의 직접적인 허락이 있어야만 가능했다.

일본 당국의 정책은 가혹했다. 가라후토에는 한인학교가 단 한 곳도 없었다. 한인 어린이들은 일본 학교에 진학해야 했으며, 일본 어린이들

14) Tamura Eileen. Americanization, acculturation, and ethnic identity: the Nisei generation in Hawaii. Urbana: University of Illinois Press, 1994. pp. 201–202.

15) Арутюнов С.А. Роль и место языка в этнокультурном развитии общества // Этнические процессы в современном мире / отв. ред. Ю.В. Бромлей. М.: Наука, 1987. С. 44.

16) 중일전쟁(1937년 7월 7일 - 1945년 9월 9일). 제2차 세계대전의 일부로 여겨지는 군사적 충돌. 중일전쟁은 일본정부가 선택하여 수십 년 간에 걸쳐 추진했던 중국 내 군사적, 정치적 지배 정책 방침의 결과였다.

17) Курбанов С.О. История Кореи: с древности до начала XXI в. СПб.: изд-во СПб.ун-та, 2009. С. 263–264.

과 함께 수업을 받았다. 학교에서의 수업은 일본어로만 진행되었으며,
한인 선생은 없었다(단 한 명의 예외는 에스토루 시에 위치한 공업고
등기술 전문학교의 수학과 선생님이었다). 가라후토 청장의 명령에 따
라 도요하라 시의 사범학교는 한인들의 입학을 허락하지 않았다. 가라
후토 청의 각 도시와 지역 산하 학무과에 근무하는 사람 중에는 한인
출신이 단 한 명도 없었다.[18] 가라후토에는 한인들의 대중매체 역시
존재하지 않았다.

문서로 증명되는, 가라후토에서 유일하게 민족적 색채를 띤 사회 기
구는 정치연합 '교와카이'였다.[19] 이 모임의 회원은 많지 않았으며, 주
로 한인과 중국인 주민들을 포함하는 단체였다. 이 조직의 활동은 일본
당국에 의해 통제되고 정향 지어졌으며, 일본의 통치 이익을 위해 봉사
했다. '교와카이'는 '대동아공영권' 수립 이념을 적극적으로 선전했으며,
사회질서 유지에 부응했는데, 특히 질서유지 기능은 일본 헌병 및 경찰
과의 긴밀한 접촉 속에서 이행되었다. 가라후토 청장이 '교와카이'의 업
무를 관할했다. 이 조직은 일본이 항복하는 순간까지 존재했다.[20]

남사할린과 쿠릴열도에 소비에트 정권이 수립된 이후 새로운 정치
및 국가 체제는 구 가라후토에 살았던 한인의 생활에 자신의 조건을
강요하기 시작했다.

이를 알려면, 소비에트 민족정책을 자세하게 살펴보아야한다. 1917년
10월 혁명 이후 새로운 소비에트 국가에서 소수민족과의 상호관계는
가장 중요한 사안 중 하나였다. '민족자결권'[21]은 집권한 볼셰비키 정

18) Ли Бен Дю. Южный Сахалин и Курильские острова в годы японского господства:
    дис. ... канд. ист. наук. М., 1976. С. 123-124.
19) 協和會.
20) ГИАСО. Ф. 171. Оп. 3. Д. 4. Л. 8.
21) Сталин И.В. Марксизм и национальный вопрос // Сочинения. Режим доступа:

당이 내건 두 개의 슬로건 중 하나였다. 이 슬로건은 내전에서 볼셰비키가 승리할 수 있도록 도와주었음은 물론, 불가피한 과정으로 여겨졌던 탈식민지화의 상황 속에서 구 러시아제국의 영토 보전에 많은 도움을 주었다. 민족 정책은 민족 간의 가능한 충돌을 조정해주는 것은 물론, 새로운 중앙집권국가의 건설을 보장해야만했다.

이런 목적에서 소비에트 당국은 수십 개의 대규모 민족 공화국을 수립했을 뿐만 아니라, (주, 관구, 지역, 마을위원회 등) 수천 개의 민족영토 조직을 설립하여 소비에트의 모든 곳에 존재하도록 만들었다. 새로이 설립된 각 민족영토 조직의 정부, 학교 그리고 산업체의 지도자 지위에 필요했던 새로운 민족 엘리트들이 양성되었다. 이런 각 민족영토 조직 내에서는 민족 언어가 당국의 공식 언어로 지정되었다. 많은 경우 이것은 과거에 존재하지 않았던 문자체계가 생기는 조건이 되었다. 소비에트 정부는 각 민족 언어로 이루어진 문화의 발전에 부응하면서 서적, 잡지, 신문 등의 대량 출판 및 영화, 오페라, 박물관, 민족음악 협주단 등을 지원했다.[22]

스탈린은 민족문화의 최대 발전은 민족문화가 스스로를 완전히 제거하고, 바로 그럼으로써 국제사회주의 문화의 기초를 형성하기 위해서 반드시 필요하다는 식으로 이런 민족문화정책을 설명했다.[23] 그러나 1930년대 말 이 정책에 일정한 변화가 일면서 다수의 소규모 민족영토 조직이 폐지되었다.

http://www.petrograd.biz/stalin/2-19.php (дата обращения 30.07.2012).

22) Мартин Т. Империя положительной деятельности: Советский Союз как высшая форма империализма // Государство наций: Империя и национальное строительство в эпоху Ленина и Сталина. М.: Российская политическая энциклопедия (РОССПЭН); Фонд «Президентский центр Б.Н. Ельцина», 2011. С. 88.

23) Там же. С. 92.

유즈노사할린스크 주 민간행정부의 첫 번째 조치는 획득된 지역의 경제 및 행정 활동의 질서수립에 맞추어져 있었다. 정치체제가 교체되었으며 경제 시설이 복구되었고 소비에트 시민의 사할린 이주가 시작되었다. 사할린과 쿠릴열도 내에 있는 소비에트 행정부의 활동에서 중요한 부분은 전쟁 전까지 여러 섬들에 살았던, 주로 일본인과 한인으로 구성된 주민과의 상호작용이었다.

소비에트 민족정책의 도정에서 소비에트 정권 면전에 제기된 과제 중 하나는 일본과 한인 주민을 이데올로기적으로 그리고 정치적으로 계몽시키고, 어린이 및 무교육자들을 교육시키는 것이었다. 이런 과제를 실현하는데 맞춰진 민정의 첫 번째 조치가 민족학교의 개교였다. 일본인의 송환 완료 후 일본학교는 폐교되었으며, 한인학교 역시 1963-1964년까지 운영되었다.

1945-1946년 7학년제의 한인초등학교가 다음과 같은 도시에 설립되었다. 혼토(네벨스크)에 1개교(학생 수 151명),[24] 도요하라(유즈노사할린스크)에 1개교(학년 초의 학생 수가 183명, 학년 말에 196명), 오치아이(돌린스크)에 2개 학교(학년 초의 학생 수가 390명, 학년 말에 280명), 시루토루(마카로프)에 2개 학교(학년 초의 학생 수가 465명, 학년 말에 376명. 다음 학년으로 348명이 진학하고, 28명이 유급되었다),[25] 시쿠카(포로나이스크)에 4개 학교(학년 초의 학생 수가 56명, 학년 말에 104명).[26] 레소고르스크 지역에는 한인학교 4개가 운영되었으며, 학년 초의 학생 수가 296명, 학년 말에는 288명이었다.[27] 이 학교들은 초기단계에 일본 체제에 따라 운영되었다.

24) ГИАСО. Ф. 143. Оп. 1. Д. 3. Л. 48–48об.
25) Там же. Л. 50–50об., 51–51об., 54–54об.
26) Там же. Л. 60–60об.
27) Там же. Л. 57–57об.

1948-1949년 한인초등학교는 62개였으며, 7년제 학교는 12개였다.[28] 이후 한인학교가 계속 확장, 발전해서 1950년에는 최대 87개(50개의 초등학교와 37개의 7년제 학교)가 운영되었으며, 학생 수는 7천 명이었다.[29]

그림 18. 한인학교의 추가 설립에 관한 유즈노사할린스크 주 민간행정부의 1946년 8월 28일자 명령 №360

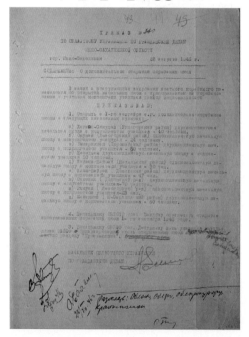

출처: ГИАСО. Ф. 171. Оп. 1. Д. 31. Л. 41.

28) ГАРФ. Ф. А-2306. Оп. 71. Д. 1568.
29) ГИАСО. Ф. П-4. Оп. 1. Д. 639. Л. 41.

그림 19. 오도카라(코르사코프)의 한인학교. 1946년

출처: 김창옥의 개인 소장품.

코스타노프와 포들루브나야는 자신의 연구에서 한인학교의 수 그리
고 수학 중인 학생 수와 관련하여 다음과 같은 자료(표 12를 보시오)
를 인용했다.

표 12. 사할린 주 한인학교 네트워크의 발전

연도	1945	1956	1947	1949	1950	1955	1958	1963
초등학교	27	28	28	55	57	32	17	10
단기 중학교	-	8	11	13	15	22	13	11
중학교	-	-	-	-	-	-	11	11
총 학교 수	27	36	39	68	72	54	41	32
총 학생 수	2,300	3,000	3,137	4,692	5,308	5,950	7,214	7,239

출처: Костанов А.И., Подлубная И.Ф. Корейские школы на Сахалине... 8쪽.

1947년 1월부터 한인학교의 교육 체계가 일본식에서 소비에트식으
로 변경되기 시작했다. 러시아어 교육이 1-3학년에게는 주당 12시간,
7-8학년 학생들에게는 매일 2-3시간씩 진행되었다. 여전히 학교가 부족
해서, 110명의 어린이들이 교육의 기회를 박탈당했다. 수업은 여러 차
례 교대로 진행되었다. 학업 성취도가 80%에 달하지 못해, 모든 7-8학

년 학생은 유급을 해야 했고, 6명 중 1명은 학업을 포기한 채 학교를 나오지 않았다.30)

초기에는 과거 일본학교에서 교육을 받아 숙련도가 낮고 소비에트 교육 시스템에 익숙하지 않았던 사람들이 한인학교의 선생으로 임명되었다. 이런 선생들을 상당수 교체하기 위해, 그리고 한인학교 네트워크를 확대하기 위해 소연방 공산당 주당위원회는 우즈베키스탄과 카자흐스탄에서 소비에트 고려인을 초빙했다.31) 한인학교는 필수 교과서와 교사용 참고서의 부족 및 예전에 일본학교로 쓰이던 낡은 건물에 배치되는 등 많은 문제를 안고 있었다.32)

1958년 교육부가 사할린 주 한인학교에서의 러시아어 수업 진행 상황을 점검했다. 검사 결과 교과서와 교사용 참고서가 심각하게 부족하고, 교육 프로그램 역시 충분히 개발되지 못한 것으로 밝혀졌다.33)

교과서와 숙련된 교사 그리고 적당한 건물의 부족이라는 시급한 문제 이외에도 사할린 행정부는 교육사업의 사상과 정치적 통제에 관한 문제를 걱정하고 있었다. 학교는 어린이들에게 지식을 제공하는 것은 물론, 가치 있는 소비에트 형 인간으로 변형시키고, 그 당시 소연방에서 공식 승인된 가치와 신념을 가르쳐야만 하는 것으로 여겨졌다. 당 기관이 교육의 이념적 구성 요소에 특별한 관심을 보였다. 1952년 소연방 공산당 중앙위원회 서기 말렌코프(Г.М. Маленков) 앞으로 한인학교 감독관의 추가 임명에 관한 사할린 주당위원회의 진정서가 발송됐다. 이런 조치의 필요성은 학교에 "필수불가결한 교육학 및 정치적 훈

30) Кузин А.Т. Просвещение сахалинского корейского населения: историче-ский опыт и современность // Вестник Красноярского государственного университета им. В.П. Астафьева. 2011. № 2. С. 253.

31) ГИАСО. Ф. П-4. Оп. 1. Д. 639. Л. 41.

32) Костанов А.И., Подлубная И.Ф. Корейские школы на Сахалине… С. 9–10.

33) ГИАСО. Ф. 143. Оп. 1. Д. 218. Л. 1–3.

련을 받지 못한 교사들의 수가 막대하다"는 것으로 설명된다.[34]

많은 어려움에도 불구하고 한인학교는 사할린한인들의 계몽 및 사할린한인 디아스포라의 소비에트 사회 적응에서 중요한 역할을 했다. 1962년 주 인민교육과는 러시아 공화국 교육부에 사할린 주 한인학교에서의 교육을 러시아어로 실행하자는 제안서를 제출했다. 교육부는 이 문제를 현지에서 해결하라고 권고했다. 사할린 주당위원회의 1963년 5월 13일자 결정 №169에 의하여 한인중학교가 일반적인 8년제 학교로 재조직되었다. 한인 8년제 학교와 초등학교 모두 러시아어로 교육을 진행했다. 두 개의 한인청년노동자 야간학교 역시 러시아학교에 통합되었다.[35]

1963년 한인학교의 폐교 원인은 충분히 준비되지 못한 교사 요원, 교과서와 교사용 참고서 및 한국어 교재의 부족, 한인학교를 졸업한 한인 청년들의 소비에트 고등 교육기관 진학 불가, 러시아어 미숙으로 고급이나 중급의 특수 교육 이수불가 등이었다.[36]

이와 관련하여 한 증언자는 다음과 같이 회상했다.

> 저는 교사였는데, 1963년에 학교가 폐교되는 것에 100% 찬성했습니다... 학교를 마친 학생들이 대학에 진학할 수 없었기 때문입니다. 러시아어를 제대로 구사하지 못해서 심지어 그들에게 관용을 베풀었는데도 학생들이 시험에서 작문을 한 게 아니라 모두가 말하듯이 썼어요. 결국 진학한 이는 5%에 불과했죠. 한인학교가 폐교된 뒤 70년대에 들어서자 얼마나 많이 진학했는데요! 만약 한인학교가 남아 있었다면 그런 결과가 나올 수 없었을 겁니다.[37]

34) ГАРФ. Ф. Р-5446. Оп. 86а. Д. 10325. Л. 9.
35) Костанов А.И., Подлубная И.Ф. Корейские школы на Сахалине... С. 18.
36) Кузин А.Т. Исторические судьбы сахалинских корейцев. Кн. 2... С. 183–184.
37) [Т.], муж.(남), 1930 г. р., г. Южно-Сахалинск, 03.08.2009.

한인 한교를 졸업한 젊은 친구들은 좋은 직장을 구하거나 대학에 진
학할 수 없었습니다. 그래서 이후 많은 이들이 북한으로 간 겁니다...[38]

이런 상황은 디아스포라에게 매우 전형적인 것이었다. 러시아에서
의 내전 종전 이후 러시아 이주자들이 대규모로 남아 있었던 세르비아,
크로아티아와 슬로베니아 왕국[39] 그리고 1920-1921년 체코슬로바키아
에서도 이와 유사한 과정이 진행되었었다. 이런 국가의 정부는 난민사
회를 정비하기 위해 다양한 종류의 지원을 제공하는데 적지 않은 예산
을 배분했다. 사관학교, 김나지움, (러시아 남쪽에서 철수하여 새로운
곳에서 계속 운영했던)여자학교 이외에도 러시아학교가 설립되었다.
여기서 정부 위원회는 이 학교에 실질적으로 완전한 자치권을 부여했
다. 이 교육 기관 내부에서의 생활은 혁명 이전의 러시아 교육 기관에
맞는 원칙과 특징에 따라 이루어졌다. 각 학교들은 민족적 특성, 러시
아 관습과 전통의 특징 등을 유지하고 있었다. 그럼에도 불구하고 1930
년대 초에 가면 이주자 자녀 중 현지 학교로 진학하는 이들이 더 많아
졌다. 이것은 러시아 이주민들의 상황 변화, 국가 보조의 축소 그리고
가장 중요한 것으로서 자녀들이 외국 환경에서 보다 더 잘 적응하기를
바라는 부모의 바람 등과 관련되어 있었다.[40] 즉 사할린에서의 1960년
대 상황과 유사한 것이었다.

소비에트 행정부는 성인 한인 내에서의 문맹 퇴치를 위해서도 적지
않은 노력을 기울였다. 1958년 사할린 주 주민의 문맹을 검사한 결과

---

38) [А.], муж.(남), 1951 г. р., п. Углезаводск, 01.02.2009.

39) 1918년부터 1929년까지의 유고슬라비아 명칭.

40) Степанов Н.Ю. Русские школы в Югославии и Чехословакии. К вопросу об
адаптации российской диаспоры // Национальные диаспоры в России и за рубежом
в XIX–XX вв. Сборник статей / сост. Г.Я. Тарле. М.: ИРИ РАН, 2001. С. 149–159.

총 6,016명이 문맹이었으며, 그 중 한인이 1,469명을 차지했다. 한인 문맹 중 여자가 약 70%였다. 또한 5,147명이 문맹에 가까운 것으로 밝혀졌으며, 그 중 한인이 573명이었다.[41]

그림 20. 한인 도서관 개관에 관한 사할린 주당위원회의 1952년 5월 20일자 결의 №423

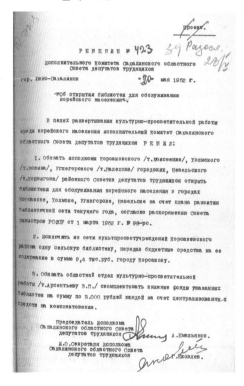

출처: ГИАСО. Ф. 53. Оп. 25. Д. 478. Л. 39.

41) ГИАСО. Ф. П-4. Оп. 63. Д. 2. Л. 21–22.

그림 21. 한인 순회공연장의 연극 '내일은 우리 것이 되리라' 중의 한 장면. 1950년대

문맹을 교육하기 위해 교사, 당과 콤소몰 활동분자 중 960명 이상의 사람들이 동원되었다. 한인을 교육하기 위해 특수 교재가 한국어로 제작되었다.[42] 문맹 및 문맹에 가까운 사람들 중 6,538명이 교육을 이수했다. 문서보관소 자료에 따르면 홈스크, 리브노프스키(Рыбновский), 토마린스키(Томаринкий), 레소고르스키 그리고 시로코파드스키(Широкопадский) 지역에 있는 거의 모든 문맹자가 교육을 이수했다. 대규모의 설득 작업이 진행되었음에도 불구하고 330명은 건강, 약한 시력이나 청력 그리고 다른 물리적 문제점을 이유로 들며 교육 이수를 거부했다.[43]

한인들의 여가 활동 역시 소비에트 행정부의 민족정책을 구성하는 중요 요소 중 하나였다. 1947년 주 필하모니 내에 한인 콘서트가극 협주단과 연극 팀이 창단되었다. 1948년 5월 사할린 주 주위원회의 문화분과는 위의 두 조직을 바탕으로 한인 순회공연장을 창설한다는 결의를 채택했다. 1949년 11월 유즈노사할린스크 시의 하바로프스카야(Xa-

---

42) ГИАСО. Ф. П-4. Оп. 63. Д. 2. Л. 21–22.
43) Там же. Л. 232.

баровская) 거리와 크류코프(Крюков) 거리가 만나는 교차로에 위치한 과거 일본 영화관 건물이 한인 순회공연장으로 이용되었다.[44] 검열 기관의 엄격한 검열을 받고 있었던 극장의 공연목록에 한국 고전문학 작품과 소비에트 작가의 각본이 포함되었다.[45]

그 시기에 사할린의 한인용 민족극장이 개관, 운영되었다는 사실은 그 자체만으로도 주목할 만한 것이었다. 사할린한인 디아스포라보다 수적으로 몇 배나 더 많았던 우즈베키스탄 공화국 내에도 그 당시에는 존재하지 않았다.[46] 당시 소비에트의 지도자들은 우즈베키스탄과 카자흐스탄 한인이 민족 문화의 최대치를 넘어서 초 민족 사회인 '소비에트 인민'에 성공적으로 합류된 것으로 판단했다.

그림 22-24. 1950, 1966, 1991년에 사할린에서 간행된 한인 신문의 명칭

44) Цупенкова И.А. Забытый театр... С. 208–209.
45) ГИАСО. Ф. 131. Оп. 1. Д. 4. Л. 94.
46) ГИАСО. Ф. 53. Оп. 25. Д. 1666. Л. 16.

1958년 사할린 주위원회의 현지 문화관리부는 "공연장이 매월 연극 목록을 갱신할 수 있는 상황이 아니며, 상당한 휴관 시간이 필요하다"는 것을 인정해야만 했다.[47] 사할린 주에 한인의 이주 지역과 클럽이 늘어나는 것이 아니라, 오히려 반대로 (주로 북한 출신의 노동계약으로 사할린에 입도한)한인이 출국함에 따라 줄어들었다. 한인극단이 출연했던 장소가 16개였으나 상연 기간은 1년에 1달이 조금 넘을 뿐이었다.[48] 공연장에서는 주로 상연된 것은 한인의 작품이 아닌 러시아 예술 작품이었고, 막대한 재정적 적자를 고려하여, 공연장 운영진은 "재정 계획을 이행하고 새로운 상연목록을 준비하며, 창작 작품의 교환 및 한인에 봉사하기 위해" 우즈베크 공화국 내 한인극단의 순회공연을 주 의원 소비에트의 집행위원회에 요청했다.[49]

사할린 주 집행위원회는 이런 조건을 고려하여 1959년 7월 1일부터 (한인극단을 - 역주)한인가무단으로 재조직한다는 결정을 내렸다. 8월 1일부터 한인 공연장 건물에 한인문화의 집이 개관되어, 그곳에서 예술인 동아리가 활동했다. 그에 더해 한인콘서트가극협주단의 존재기간도 단기간에 불과했다. 즉 그 협주단과 협주단의 선조 격이었던 한인 공연장 모두 불필요하고 수익성이 나쁘다는 이유로 폐쇄되었다.[50]

대중매체에 관한 문제 역시 소비에트 당국의 관심을 받지 않을 수 없었다. 1949년 6월 1일부터 하바로프스크 시에서는 '조선노동자'라는 신문이 주 3회 7,000부를 발행되기 시작했다.[51] 1950년 신문 편집부가

47) ГИАСО. Ф. 53. Оп. 25. Д. 1666. Л. 14–15.

48) Там же. Л. 14–15.

49) Там же. Л. 16.

50) Цупенкова И.А. Забытый театр... С. 212.

51) Постановление бюро Хабаровского крайкома ВКП(б) о газете «Корейский рабочий» // Кузин А.Т. Сахалинские корейцы: история и современность...С. 307.

유즈노사할린스크로 이전되었다.[52] 신문의 발행 부수가 10,000부까지 늘었다가, 나중에 주 5회로 증편되면서 12,000부까지 늘어났다.[53] 1961년 부터 이 신문의 명칭이 '레닌의 길로'로 변경되었으며, 1991년에 '새고려신문'으로 다시 개명되었다. 소비에트 시기의 모든 신문들이 그랬던 것처럼, 이 신문 역시 엄격한 검열을 받았으며, 소비에트 체제의 이념과 정치를 선전하는데 종사했다.

그림 25. '레닌의 길로' 지의 직원. 1967년

출처: '새고려신문' 지의 사진 문서군.

사할린의 한인 신문은 여러 가지 힘든 상황에도 불구하고 한인학교나 한인 공연장보다 더 오래 살아남았다. 소연방의 해체와 그 뒤를 이어 따라온 사회생활 모든 영역에서의 민주화라는 시대적 조건 속에서 이 신문은 새로운 환경에 적응하며 살아남을 수 있었다. 1995년부터 러시아어 기사가 게재되었다. '새고려신문'은 한국어와 한인 문화의 보존, 발전, 그리고 부흥을 위한 주된 수단으로 현재까지도 남아 있으며, 한

52) ГИАСО. Ф. 53. Оп. 25. Д. 1666. Л. 7.
53) ГАРФ. Ф. Р-5446. Оп. 86a. Д. 10325. Л. 2.

인 디아스포라와 관련된 중요한 문제와 사건들을 조명해주고 있다.

1956년 사할린에서 한인 라디오가 방송을 송출하기 시작했다. 일주일에 여섯 번 매 회 30분씩 한국어로 소련 국내 상황에 관한 타스(ТАСС) 통신의 소식, 지역 사건, 체제 선전용 방송, 북한과 소련의 음악 같은 정보를 제공해주었다. 1963년 라디오 편집부원들이 유즈노사할린스크시 콤소몰스카야(Комсомольская) 거리에 특별히 신축된 라디오 방송사 건물로 이전하여 현재까지 그곳에 남아 있다.[54]

1952년 소연방 공산당 사할린 주당위원회는 사할린한인 문제를 위해 추가 대책을 수립했다. 1951년 10월 1일부터 농업협동조합과 집단어업장에서 한인을 채용하기 시작했으며, 많은 산업체에서 한인노동자회의가 개최되었다. 정치동아리, 문맹퇴치동아리 등의 설립 작업이 적극적으로 진행되었으며, 한인을 상대로 정보기관의 활동이 강화되었다. 사할린 주의 당, 소비에트, 노동조합, 콤소몰 기관과 농업 조직 등에, '소연방 공산당약사'와 레닌과 스탈린 전기, 기술교육 및 한인 노동자 숙련도 제고를 위한 조직, 지역 노동조합 상임위원회 업무에 최고의 한인 생산자를 참여시키고 그들을 장려하기 위한 조치, 개인 텃밭의 형태로 토지 일부를 근로자 한인에게 배분하는 것 등 최근까지 해결되지 않은 문제에 대한 명령이 하달되었다.[55]

한인 문제를 개선하기 위해 사할린 주위원회는 노동조합, 민간단체나 스포츠 단체의 요원으로 한인 노동자의 채용, 체력검정기준(ГТО)과 소년체력검정기준(БГТО) 합격증 교부 허락, 한인학교 내에 피오네르 조직 창건, 한인들의 소연방 국채 가입 허락 등과 관련하여 소연방 공산당 중앙위원회에 재가를 요청했다. 그러나 당국은 보다 가혹한 통제

54) Кузин А.Т. Исторические судьбы сахалинских корейцев. Кн. 2... С. 197.
55) ГАРФ. Ф. Р-5446. Оп. 86а. Д. 10325. Л. 6-7.

방법도 병용했다. 즉 그 당시 사할린 주 산하 국가안전부 관리부는 소연방 국가안전부에게 요원들을 지원해주고 비상위원회(ЧК. KGB 전신 - 역주)의 한인 위원 6명과 각 시 및 지역에 위치한 국가안전부 지부의 지부장을 담당할 유능한 비상위원회 위원 4-5명을 각각 사할린으로 파견해 달라고 요청했다.[56]

1952년 포로나이스크 시 보스토치나야(Восточная) 거리 37번지에 위치한 41089부대 소속의 낡은 일본식 막사 건물[57] 안에 러시아와 한인의 두 개 분과를 지닌 사범학교가 설립되었다. 한인 분과는 총 2개 반 63명(이 중 여자 23명)의 학생을 받았다.[58]

1955년 포로나이스크 사범학교는 우골나야(Угольная) 거리 54번지로 이전했으며,[59] 그곳에서 1학년 30명, 2학년 37명, 3학년 47명, 4학년 31명 (총 145명, 이 중 여학생 62명)이 교육을 받았다.[60]

1956년 소연방 각료회의 명령 №173-рс에 의거하여 소련 시민권을 보유하지 못한 한인 청년들이 고등교육기관 및 중등 전문교육기관에 진학할 수 있는 권리를 획득했다.[61] 1958년 한인 분과가 유즈노사할린스크 시에 위치한 유즈노사할린스크 사범학교로 이전되었다.[62]

56) Там же. Л. 1–5.
57) ГИАСО. Ф. 143. Оп. 1. Д. 198. Л. 15.
58) ГИАСО. Ф. 143. Оп. 1. Д. 72. Л. 182, 201.
59) ГИАСО. Ф. 143. Оп. 1. Д. 111. Л. 68.
60) Там же. Л. 65.
61) Кузин А.Т. Исторические судьбы сахалинских корейцев. Кн. 2... С. 178.
62) 사할린 주위원회의 주 사범학교 설립에 관한 결의 №94에 의거한 것이다. // Кузин А.Т. Сахалинские корейцы: история и современность... С. 195.

그림 26. 집단농장 '태평양의 별'에서 이정림이 농장원들과 함께 1956년 6월
　　　　총회의 결과를 논의하고 있다. 1956년

출처: '새고려신문' 사진문서군.

　　그러나 이런 조치들에도 불구하고 1956년 사할린 당국은 다음과 같
은 내용의 보고서를 소련공산당중앙위원회에 제출했다. 즉 "실행된 조
치와 관련하여 지난 기간 동안 한인의 정치와 문화 수준이 확연하게
높아졌습니다. 전반적으로 사할린 주 내에 거주하는 한인의 정치적 분
위기는 건전합니다. 그러나 대다수 한인의 정치, 문화적 수준은 아직까
지 뒤쳐져 있으며, 그들에게서는 뒤떨어진 생각과 구습의 잔재가 발견
됩니다. 대다수의 한인 여성은 사회적으로 유용한 노동에 종사하지 않
고 있습니다. 다수의 여성이 가족 내에서 불평등한 관계에 처해 있으
며, 집에서 은둔생활을 하고 있습니다. 미성년 한인 여자아이를 몸값을
받고 결혼시키는 경우도 있습니다. 이는 상당 부분 젊은 한인 여성이
남성보다 심각하게 부족해서 발생하는 경우인데, 상황이 이러면 남자
는 가족을 구성하기 힘들게 됩니다."[63]

　　1958년 소연방공산당 사할린 주당위원회의 보고서에는 다음과 같은
우려가 섞여 있었다. "사할린한인 사회에는 아직까지 과거의 잔재가 강

63) РГАНИ. Ф. 5. Оп. 32. Д. 52. Л. 19.

하게 남아있습니다. 일부 한인들 그리고 특히 여성의 부족한 자각능력을 이용하여 무당이나 주술사 같은 이상한 사람들이 무지함을 조장하고 한인 노무자를 강탈하면서 몰래 활동하고 있습니다. 부모가 자기 딸을 돈 받고 결혼시키는 경우도 있습니다. 모르핀 중독, 아편 흡식, 무모한 도박 게임 등이 한인 사이에서 지나칠 정도로 확산되어있으며... 한인 노동자에 대한 당 기관의 교육 사업은 아직까지도 심각하게 부족합니다. 이런 현상들은 극동에서 라디오를 통해 한국어와 일본어로 반소비에트 선전이 강화되고, 다수의 한인이 그 적대적 방송을 지속적으로 청취하는 것으로 밝혀진 최근 들어 특히 눈에 띕니다."[64]

소비에트 당국의 입장에서 썩 달갑지 않은 이런 과거의 잔재를 근절하기 위해 사할린 주 행정부는 한인들이 많이 살고 있는 지역에 총 7개의 한인도서관을 개관하여 한국어로 된 문학작품을 더 많이 판매했으며, 정치와 과학지식 보급 단체는 강의 선전을 실행하는 섹션을 조직했다. 소연방 각료회의 결의에 의거하여 다자녀 어머니와 아빠 없는 가정(미혼모, 이혼녀 등 모두 포함 - 역주)의 어머니 1,400명의 한인 여성들에게 국가 수당이 지급되었다.[65] 한인 소년소녀들을 콤소몰 조직에 보다 적극적으로 참가시키고, 그들을 상대로 한 정치적 작업을 강화하며, 청년들을 통해서 장년 한인들 내에 존재하는 부정적 현상과 투쟁한다는 결정이 내려졌다. 이로써 한인들의 생산 및 정치 활동이 제고되고 소비에트 시민권을 받으려는 업무가 확연히 활성화될 것으로 예상되었다.[66]

소비에트 정부가 한인의 교육 수준, 생활과 작업 조건의 개선을 위해

64) ГИАСО. Ф. П-4. Оп. 63. Д. 2. Л. 41-43.
65) ГИАСО. Ф. П-4. Оп. 63. Д. 2. Л. 41-43.
66) РГАНИ. Ф. 5. Оп. 32. Д. 78. Л. 2-4.

사할린에서 실행한 이 막대한 업무를 당연한 것으로 평가해야 한다. 이 시점에서 우리는 다음의 사실, 즉 당시는 모든 사회 기구들은 국가 기관의 직접적인 허락을 받아야만 존재할 수 있었으며, 소수민족을 상대로 국가가 수행 중인 정책 방향 내에서 행동해야만 했다는 사실을 상기할 필요가 있다. 자체적으로 발생한 조직이 공식적인 이념과 기존 체제에 정면으로 도전하지 않았음에도 자유 의지와 자기 조직화는 환영받지 못했거나 직접적으로 억압되었다.

예를 들어 박현주는 자신의 저서 '사할린으로부터의 현지 보고'에서 1950년 한인 활동분자에 의해 마카로프, 고르노자보드스크, 유즈노사할린스크, 네벨스크 등지에 설립된 지하공산당에 관해 언급했다. 이 조직은 반 소비에트 활동이 아닌, 오직 한인들의 귀국에 도움을 주기 위해 설립되었다. '한국 공산당'은 자신의 계획, 목적, 과제 그리고 원칙을 지니고 있었다(보다 자세한 내용은 4.4를 참조하시오). 그러나 이미 1950년 8월부터 경찰 기관에 의해 당 활동분자들이 체포되기 시작했다. 이들은 수용소 10년형에 처해졌으며, 당은 해체되었다.[67]

주도권을 장악하고 당국의 통제를 받지 않는 사회 기구를 설립하려는 한인들의 노력은 소비에트 행정부 내에서 적지 않은 혼란을 야기했다. 예를 들어 1952년 사할린 주위원회는 모스크바에 다음과 같이 보고했다. 즉 "사할린 주 내의 기업 및 기관에 2만 1천 명이 넘은 한인들이 근무 중이며, … 그들 중에는 적극적인 사회생활을 원하는 이들이 있지만 소비에트의 다양한 사회 조직에 진출할 수 있는 권리가 없으며 심지어 노동조합의 상조기금에 조차 가입할 수 없습니다. 이런 상황들이 많은 한인들로 하여금 자신들의 특수한 조직, 집단, 모임, '상조 지원 친목회' 등과 같은 것을 만들도록 자극하고 있습니다. 한인 노동자들을

67) ПакХен Чжу. Репортаж с Сахалина… С. 43–44.

사회정치생활로 유인하고, 더욱 적극적인 생산 활동에 참가시켜 특수한 민족 조직을 설립하지 않도록 한인들을 노동조합의 회원으로 받아들일 것을 허락해 주시기 바랍니다."[68]

1958년 유즈노사할린스크에 한인 청년들이 주도한 집단(1976년에 역사학 박사학위 논문심사를 통과한 이병주가 청원에 서명을 한 사람 중 한 명이었음)이 여가 선용을 위한 한인 동아리의 조직 문제를 주 행정부에 문의했다.[69] 그러나 "기업, 기관에서 그리고 심지어 동등한 권리에 기초하여 러시아인들과 함께 일하고 있는 한인들은 노동자 동아리, 극장 그리고 주 연극공연장을 이용할 수 있다"는 이유에서 이 청원은 기각되었다.[70]

소련 말기에 페레스트로이카가 시작되어서야 정치적 통제가 약화되었다. 1989년 6월 '사할린 주 지역 한인이산가족협회'가 최초로 공식 등록되었으며,[71] 냉전으로 헤어진 친척 찾기와 만남을 협회의 우선적 목적으로 제시했다. 협회 대표부가 사할린 주의 아니브, 코르사코프, 돌린스크, 포로나이스크, 우글레고르스크 및 다른 지역들에서 조직되어, 일본과 한국에 있는 유사한 조직들과 접촉하기 시작했다.[72]

---

68) ГАРФ. Ф. Р-5446. Оп. 86а. Д. 10325. Л. 4–5.

69) ГИАСО. Ф. 53. Оп. 25. Д. 1666. Л. 10.

70) Там же. Л. 8.

71) 실제로는 1989년에 공식적으로 등록된 사할린한인들의 최초의 합법적 사회조직은 일 년 전인 1988년부터 활동하기 시작했다. 처음에는 사할린한인 지역사회조직이라는 명칭을 지니고 있었으나, 그 이후 사할린 주 지역 한인 이산가족협회(POOO PCCK)로 개명되었다.

72) 그 이후 다양한 형태의 한인 조직들이 늘어나기 시작했다. 2010년 1월 1일 기준으로 사할린 주에만 26개의 서로 다른 한인사회조직이 활동 중이었는데, 이 조직의 기초는 1997년부터 활동하고 있는 사할린한인 지역사회조직(POOCK)이었다. // Кузин А.Т. Исторические судьбы сахалинских корейцев. Кн. 3... С. 95.

제4장 사할린한인들과 소비에트 사회(1945–1991년) 159

그림 27. 사할린 주 한인문화센터의 정관 승인에 관한 사할린 주 집행위원회의
1989년 12월 19일자 결정 №318

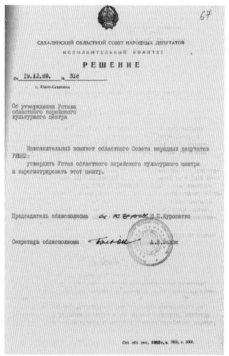

출처: ГИАСО. Ф. 53. Оп. 1. Д.
2921. Л. 67.

그림 28. 유즈노사할린스크 - 서울 - 유즈노사할린스크 노선을 운항한 전세기. 1990년

출처: '새고려신문' 사의 사진문서군.

또한 1989년 사할린 주 지역 한인이산가족협회는 일본과 한국에 있는 친척들과 사할린한인들의 상봉에 관한 협약서를 체결했다. 1990년 2월 8일 이 조직은 이미 서울에서 출발하여 유즈노사할린스크를 방문하는 전세기의 운항에 합의했다. 대한항공 소속의 보잉-727기 편으로 120명의 사할린한인 1세대들이 친척과 상봉하기 위해 출국했다. 사할린 주 지역 한인이산가족협회의 협력 하에 5년에 걸친 적극적인 활동으로 4,914명의 사할린한인 노인들이 역사적 모국을 방문했다.[73]

1990년 3월 회의가 개최되어 '사할린한인협회'라는 새로운 사회조직이 탄생했다. 이 협회는 한인 주민들과의 업무 문제로 이전부터 활동하고 있었던 시와 지역 소비에트를 통일하는 방식으로 설립되었다. 김미운이 회장을 담당했던 이 협회의 주요 활동목적은 민족적 자의식의 형성과 발전을 통해 폭넓은 사할린한인 계층을 민주화 과정에 참가시키는 것이었다.[74]

그림 29. 사할린한인 문제에 대한 발기인단 모임. 유즈노사할린스크 시. 1989년

출처: '새고려신문' 사의 사진문서군.

73) Бок Зи Коу. Корейцы на Сахалине... С. 117–121.
74) Кузин А.Т. Исторические судьбы сахалинских корейцев. Кн. 3... С. 93–94.

소비에트 당국이 전후 첫 시기에 한인 주민들 내에서 많은 일을 했음을 확인할 수 있다. 그 결과 민족 학교, 신문, 라디오, 회합 등과 같은 다양한 사회 조직들이 한인 디아스포라에 막대한 영향을 주기 시작했다. 그러나 물론 이 모두는 소비에트 당국의 엄격한 통제 하에 설립되어 운영되었다. 소연방의 마지막 시기에 사회 운동에 대한 통제가 눈에 띄게 약해졌으며, 자신의 권리를 위해 투쟁하고 자신의 문화를 보존하겠다는 사할린한인들의 소망은 사회 조직의 설립, 역사적 모국과의 긴밀한 관계 형성, 사할린에서 한인 문화 부흥 등의 방식으로 반영되어 나타났다.

4.3. 사할린한인의 시민권 문제

한인 디아스포라가 존재했던 과거의 거의 모든 시간 동안 사할린한인들이 직면한 가장 중요한 문제 중 하나는 시민권 문제였다. 본인은 시민권이라는 것을 (국가에 의해서 보장되는)권리와 (국가에 대해서 한 개인이 지니게 되는)의무 체계에 반영되어 있는, 개인과 국가 간의 관계로 이해하고 있다.

사할린한인 디아스포라가 형성되고 발전되었던 전체 기간 동안 4개 국가가 존재했으며, 이 4개 국가는 시민권과 직접적인 관계를 지니고 있는 모든 측면들을 포함하여, 다양한 수준에서 사할린한인들의 일상생활에 관여했다. 이 4개의 국가는 1910-1945년 사이에 지금의 한인 디아스포라가 축적되기 시작했던 일본제국, 1945년 제2차 세계대전의 결과로 남사할린과 쿠릴열도를 양도받은 소연방(그리고 그 권리의무의 승계자 러시아 연방), 그리고 1948년 한반도에서 형성된 대한민국과 조선민주주의인민공화국의 두 국가이다.

사할린한인들의 국적에 관한 문제를 해결한 첫 번째 국가는 일본제국이었다. 메이지 헌법은 국적에 관한 문제를 미해결 상태로 남겨놓았다. 헌법 제정 직후 일본 영토에서 출생한 모든 사람들이 그 혈통과는 상관없이 일본 신민으로 여겨졌다. 그러나 1894-1895년의 청일전쟁과 대만 합병 이후 태평양 지역에서 대규모 중국인의 이주 위협이 발생하자 법이 개정되었다.[75] 1910년 조선 병합이 공식적으로 발표된 후 한인들은 법률적으로 일본 신민이 되었다. 그러나 일본 사법부는 국적에 관한 구 법률이 식민지 주민들에게는 적용되지 않는다고 공표했다. 앞에서 언급했던 호적체제는 '혈통주의'라는 유럽식 개념과 유사한 원칙에 기초하고 있었다.[76]

이 체제에 따라 일본제국의 모든 신민들은 내지인과 외지인으로 구분되었다. 내지인과 외지인 간의 차이점을 이해하는 열쇠는 두 개의 중요한 구성 요소를 이해하는 것에 있다. 즉 국가 기관을 선택하고 그 기관에 선발 될 수 있는 권리와 군복무의 의무이다.

1927년의 군복무에 관한 법률은 군복무의 의무가 호적체제에 의해서 결정되었다는 사실을 확인해주었다. 이 경우 한국의 호적체제에 포함된 일본제국의 모든 신민들에게는 일본 신민들에게 적용되었던 법률과는 다른, 조선총독부의 법률이 적용되었다. 군복무는 국가와 일본 천황에 대한 높은 수준의 신뢰도를 요구하는 것이었기 때문에, 1940년대 초까지 한인들은 일본군의 징집대상이 아니었다.[77]

75) Morris-Suzuki Tessa. Reinventing Japan: time, space, nation. New York: M.E. Sharpe, 1998. p. 189.
76) 혈통주의(Jus sanguinis)는 부모로부터 물려받은 사람들만의 국적취득권을 강화하는 법률 용어이다.
77) Kashiwazaki Ch. The politics of legal status // Koreans in Japan: Critical voices from the margin / edited by Sonia Ryang. London and New York: Rouledge, 2000. p. 18.

현대사회에서 국가권력기관을 선택하고 그것에 선택 될 수 있는 권리는 민주주의(또는 최소한 민주주의적 요소의 맹아를 지니고 있는) 국가에서 시민의 중요한 권리 중 하나이다. 일본제국은 당연히 민주주의 국가가 아니었으며, 많은 경우 그 당시 다른 식민지 열강의 모델을 답습하고 있었다.

그럼에도 불구하고 일본제국에서는 일본인과 식민지 신민들의 평등을 달성하기 위한 일부 조치들이 취해졌다. 식민지는 일본제국의 정치활동에 참가할 권리를 보유하지 못했다. 그러나 1925년부터 본토에 상주하는 식민지 신민들은 투표권을 부여 받았다. 예를 들어 (가능한 한인 총 유권자의 45%인)16,170명의 한인이 1932년의 선거에서 투표권을 행사했다. 1929-1943년 사이에 일본에서 치러진 국회와 지방의회 선거에 200명의 한인 후보자들이 등록했으며, 그 중 32명이 선출되었다. 그 중 한 명의 후보자는 일본 하원의원으로 선출되었다.[78] 또한 수 백 명의 한인들이 일본정부의 요원으로 발탁될 수 있는 가능성을 획득했다. 그들 중 많은 이들이 군사학교에 입학하여 황군으로 복역했다.[79]

이런 상황은 20세기 전반부 식민제국주의에게는 충분히 전형적인 것이었다. 일본제국주의는 그 구조에 있어서 일본이나 심지어 동아시아의 그것이 아니라 많은 점에서 당시 유럽식 제국주의를 모방하고 있었다. 메이지 시기의 지도자들은 세계정치를 진지하게 연구한 후 서구의 기준에 따라 자신의 팽창정책을 수립했다. 예를 들어 총독부의 관원들은 도로 부설, 병원 건설, 식수, 철도 연장, 재배 면적 그리고 무역 발전 등에 대해 서구 식민지의 행정부가 발간했던 보고서와 유사한 연례 보고서를 꼼꼼하게 발표했다. 그리고 일본 이주민들은 유럽의 이주

---

78) Ibid. p. 18.
79) Lee Ch., De Vos G. Koreans in Japan... p. 137.

민들처럼 새로운 거주지에 있는 이웃들과 자신의 차이점을 세심하게
유지했다.[80]

그림 30. 사할린한인의 거주권. 1988년

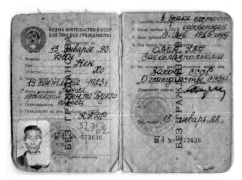

예를 들어, 19세기와 20세기 초반의 대영제국 내의 인도인들은 1858년
부터 영국 시민으로 여겨졌지만, 영국 의회 선거권은 없었다. 그러나
당시 본토에 살던 인도인들은 지역 선거구에서 입후보할 수 있었으며,
1892년 선거에서는 영국 의회에 인도인 의원이 선출되었다.[81]

제2차 세계대전 이후 일본은 자신의 모든 식민지를 잃었으며, 호적
체제는 새로운 민주주의 일본의 시민들을 위한 시민권 문제를 조정하
는데 이용되었다.[82] 1951년 일본은 샌프란시스코 강화조약에 조인했
으며, 본 조약에 의거하여 일본열도 이외의 지역에 위치한 모든 영토를
포기했다. 1952년 발행된 일본정부의 지시문은 모든 외지인들이 지닌

80) Duus P. The Abacus and the Sword: the Japanese Penetration of Korea, 1895–1910.
    Berkeley-Los Angeles- London, University of California Press. p. 424.
81) Ko Swan Sik. Nationality and international law in Asian perspective. Dordrecht-Boston:
    M. Nijhoff, 1990. p. 69.
82) Chapman D. Zainichi Korean identity and ethnicity. London, New York: Routledge, 2008.
    p. 75.

일본 시민권의 박탈을 법적으로 확인했으며, 이는 일본 내에 거주하던 모든 이들과도 관계되었다. 그러나 제2차 세계대전의 결과로 일본 영토에서 제외된 가라후토(남사할린)와 치시마(쿠릴열도)의 주민들은 시민권을 상실하지 않았다. 하지만 호적법에 따라 등록 절차를 밟아야만 했다.[83] 이런 조치로 인해 등록 절차를 밟는 게 물리적으로 불가능했던 사할린한인들은 일본 시민권을 유지할 수 있는 일말의 가능성마저 박탈당했다. 더구나 제2차 세계대전 이후 일본에서 살고 있던 한인들마저 일본 시민권을 받지 못했다. 사할린 주의 한인들이 일본으로 출국할 수 있었다 할지라도 그들 역시 같은 상황에 처했을 것으로 여겨진다.

일본정부의 사법권으로부터 벗어났으나 대한민국 영토로 돌아가지 못한 사할린한인들은 그 어떤 형태로도 이 두 나라와 시민적, 법률적 관계를 형성할 수 없었다. 이들은 (자기가 영구 거주할 영토인)소연방이나 (아래서 언급될 정치적 이유로 인해 사할린한인들에게 자신의 시민권을 제공할 수 있는 국가였던)북한의 시민권을 받을 수 있었으나, 모든 외국 시민들처럼 그에 따르는 공통의 절차에 밟아야만 했다.

이처럼 사할린한인들과 그의 자녀들은 무국적자에 자동적인 시민권을 보유하지 못한 주민으로 남게 되었다. 세계인권선언문 15조에 위배되는 상황이 형성되었다.[84]

---

83) 平和条約の発効に伴う朝鮮人, 台湾人等に関する国籍及び戸籍事務の処理 [Циркуляр о ведении дел в отношении гражданства и регистрации корейцев и тайванцев после вступления в силу мирного договора] // Режим доступа: http://c-faculty.chuo-u.ac.jp/~okuda/shiryoshu/showa27_tsutatu.html (검색일: 04.09.2011).

84) 세계인권선언문 15조에는 다음과 같이 되어 있다. "1)모든 사람은 국적을 가질 권리를 가진다. 2)어느 누구도 자의적으로 자신의 국적을 박탈당하거나 그의 국적을 바꿀 권리를 부인당하지 아니한다." 국제연합기구 공식 사이트. 주소: http://www.un.org/ru/documents/decl_conv/declarati ons/declhr.shtml (검색일: 01.08.2011).

1978년에 소연방 시민권에 관한 새로운 법률이 발효되고 나서야 이런 상황이 해결되었다. 이 법률에 따라 무국적자의 자녀 중 1979년 7월 1일자 법률이 발효되고 난 이후 출생하여 다른 국가의 시민권을 요청하지 않은 이들은 자동적으로 소연방의 시민으로 여겨졌다.[85] 1978년의 법률 규정은 소연방, 그리고 소련 해체 이후에는 러시아연방의 시민권 획득을 조정하는 이후의 법률들에서도 약간의 개정을 거쳐 유지되었다.[86] 하지만 1979년 이전에 출생한 한인들은 시민권의 자동 획득 권리를 받지 못했다는 점에서 이 법률이 사할린한인들의 시민권과 관련된 모든 문제를 해결한 것은 아니었다. 그럼에도 불구하고 이 법률은 자신의 의지와는 상관없이 다른 국가의 영토에 남게 되었고, 시민권이라는 중요한 정치적 권리를 박탈당했던 사할린한인들의 중요한 불평등을 개선한 것이었다.

앞에서 이미 언급된 바와 같이 1945-1990년의 기간 동안 오직 두 개의 국가만이 사할린한인 디아스포라의 생활에 직접적으로 관여했는데, 이것은 정치적 원인에 기인한다. 냉전 시기(1945-1991)의 세계는 두 개의 대립 진영으로 나뉘어 있었다. 그 당시 한국과 일본은 미국의 영향력 하에 있었기 때문에 소련과의 접촉이 어려웠다. 한국은 1990년까지

---

85) Закон СССР от 01.12.1978 № 8497-IX о гражданстве СССР. Статья 13 // Ведомости ВС СССР. № 49. С. 816.

86) 다음을 보시오. Закон СССР от 23.05.1990 № 1518-1 «О гражданстве СССР». Статья 16 // Ведомости СНД и ВС СССР. 1990. № 23. С. 435; Закон РФ от 28.11.1991 № 1948-1 «О гражданстве Российской Федерации». Статья 17 // Ведомости СНД и ВС РФ. 1992. № 6. С. 243; Закон РФ от 17.06.1993 № 5206-1 о внесении изменений и дополнений в Закон РСФСР «О гражданстве РСФСР». Статья 17 // Ведомости СНД и ВС РФ. 1993. № 29. С. 1112; Федеральный закон от 31.05.2002 № 62-ФЗ «О гражданстве Российской Федерации». Статья 12 // Ведомости СНД и ВС РФ. 1992. № 6. С. 243; Постановление ГД ФС РФ от 17.10.2003 № 4485-III ГД о Федеральном законе о внесении изменений и дополнений в Федеральный закон «О гражданстве Российской Федерации». Статья 12 // Ведомости ФС РФ. 2003. № 30. С. 1584.

소련과 외교관계를 수립하지 않았으며, 소련과 일본의 관계 역시 1956년의 모스크바협약에도 불구하고 긴장 상태였다.

근본적으로 1952년까지 소련의 사할린한인 정책은 획득된 영토에서의 질서회복을 위해 주민등록을 실행하는 것이었다.[87] 1952년 5월 6일 간소화된 절차에 따라 한인에게 소연방 시민권을 부여하는 소연방 각료회의 결의가 발표되었다.[88] 그러나 1953년 7월 1일부로 1945년 이전에 사할린으로 입도한 20,975명의 한인들 중에서 단지 490명만이 시민권을 받아들였다.[89]

이런 상황을 개선하기 위하여 소련 시민권 취득 절차에 관한 정보를 한인들에게 알려주는 작업이 진행되었다.[90] 이 작업으로 1952년부터 1956년 사이에 2,643명의 한인이 소련 시민권을 취득했는데, 이 중 과거 가라후토의 주민이 2,198명이었으며, 북한 사람이 348명이었다(표 13을 보시오).

표 13. 사할린 주 거주 중에 소련국적을 취득한 사람의 수

연도	1952	1953	1954	1955	1956
남사할린 주민	72	1,204	529	227	166
북한 주민	-	5	190	74	79
과거 망명자였던 러시아인	40	57	-	-	-

출처: ГИАСО. Ф. 53. Оп. 7. Д. 181. Л. 4.

1, 2세대 한인들 스스로도 전후 첫 시기를 서로 다르게 회상하고 있다.

---

87) ГИАСО. Ф. П-20. Оп. 1. Д. 1. Л. 13; ГИАСО. Ф. П-20. Оп. 1. Д. 32. 69 л.
88) ГИАСО. Ф. 53. Оп. 7. Д. 181. Л. 20.
89) ГИАСО. Ф. 242. Оп. 1. Д. 60. Л. 63.
90) ГИАСО. Ф. П-4. Оп. 63. Д. 1. Л. 29.

우리 아버지께선 한국으로 되돌아가지 않을 거고, 그곳으로 가고 싶지 않다고 그 자리에서 말씀하셨어요. 따라서 1952년에 시민권을 주기 시작했을 때 우리들은 바로 취득했죠. 처음에 아버지가 받으시고, 그 다음에 우리하고 아이들이 받고...91)

50-60년대에 시민권을 주기 시작했어요. 어떤 것이든 시민권을 취득하라고 다니면서 얘기했죠. 정말 한국으로 가고 싶어 했던 사람은 아무런 시민권을 취득하지 않기도 했고 혹은 북한 시민권을 받기도 했죠. 그러니까 북한을 통해서 한국으로 갈 생각을 했던 거예요. 처음에는 받기가 매우 쉬워서 원하는 사람은 바로 받았죠.92)

그러나 사할린 주 한인의 상당수가 소련 시민권 취득을 거절했다. 일부의 경우 소비에트 관료시스템의 잘못이었던바, 러시아어를 잘 구사하지 못하는 사람들에게는 설문지 작성조차 종종 문제가 되었기 때문이었다. 그에 더하여 소비에트 체제는 자신의 규칙을 강요했으나, 많은 사할린한인들은 (이데올로기 상 소련의 주요 적국인 미국의 영향력 하에 있었던)일본과 한국에 친척을 두고 있었다. 자신의 생애에서 잠재적으로 명예를 훼손하는 이런 사실을 숨겨야만했던 한인들은 가족 구성원에 대한 면밀한 심문으로 이어질 수도 있는 행동을 취하는 걸 종종 두려워했다.

저도 소련 국적을 원했죠... 사할린과 외국을 자유롭게 여행할 수 있다는 건 좋았고, 당에 가입하여 경력을 쌓을 수도 있었습니다. 그 때 저는 선생이었는데, 사람들이 저를 당에 추천하려 했어요... 그러나 제 형님이 일본에 계신데, 갑작스럽게 검열할 경우 전 그 사실을

91) [Ч.], муж.(남), 1930 г. р., п. Быков, 26.09.2010.
92) [А.], муж.(남), 1951 г. р., п. Углезаводск, 01.02.2010.

숨길 수 없습니다. 실제 그런 문제가 있었어요. 우리한테 당 하급조
직의 지도자가 있었는데, 그는 자기 할아버지가 성직자라는 사실을
숨겼죠. 우리 탄광에서는 그를 선출했습니다. 그런데 한 달 후 관계
자들이 그 사실을 알게 되면서 당에서 그를 제적시키고는 본토로…
그래서 저는 세 번째 대담에서 제안을 거절했습니다. 경력 상 큰 손
해를 봤죠.[93]

하지만 대부분의 경우에 있어서 시민권을 취득하지 않으려했던 주
된 원인은 소련 시민권의 취득이 후일 한국으로의 귀환에 장애가 될
것이라는 두려움이었다.

우리도 시민권을 취득하지 않았는데, 아버지가 조만간에 한국으로
가실 거라고 말씀하셨죠. 연세 드신 분들이 러시아인과 결혼하지 말
라고 하셨어요… 모든 사람들은 귀환을 기다리고 있었고, 그래서 귀
환에 걸림돌이 될 수 있는 일은 하려들지 않았습니다.[94]

실질적으로 모든 사할린한인들에게 시민권 취득은 첫 단계에서 귀
환과 긴밀하게 연관되어 있었다. 소련 시민권의 취득은 사할린에 남아
살면서 소비에트 사회의 삶에 적응하는 동시에 모국으로의 귀환을 거
부하겠다는 의지를 의미하는 것이었다. 따라서 초기에는 소련 시민권
을 취득하려는 사람들이 많지 않았다.
앞에서 언급한 바와 같이 1950년대 초 연해주 나호트카(Находка)주
재 북한 총영사관이 사할린한인들을 상대로 북한 시민권을 취득하라
는 적극적 선전 활동을 시작했다.
1956년까지 사할린의 한인 중 658명이 북한 시민권을 취득했다.[95]

---

93) [Т.], муж.(남), 1930 г. р., г. Южно-Сахалинск, 03.08.2009.
94) [С.], муж.(남), 1943 г. р., г. Пусан, 17.06.2010.

그러나 1957년 12월 6일 평양에서 '소비에트 사회주의 공화국 연방 정부와 조선 인민민주주의 공화국 정부 간의 복수국적자 문제에 관한 협약'이 체결된 후부터 사할린한인들의 북한 국적 취득이 급격히 증가했다.[96]

1962년까지 과거의 일본 신민(일제 치하에서 사할린으로 이주된 한인 - 역주)이었던 11,475명이 북한 시민권을 받았으며,[97] 노동 계약에 따라 사할린에 입도한 북한 주민 3,851명이 사할린에 남게 되었다. 계속해서 무국적자로 거주하던 사람이 20,718명이어서, 사할린 디아스포라의 총 수는 4만 명이 넘었다.[98]

북한 국적을 위해 소비에트 시민권을 포기한 실례도 있었다. 1961년 51명의 한인은 북한 국적의 취득을 바라며, 영구 거주를 목적으로 북한으로 출국하고 싶다는 이유를 들어 소연방 시민권 거부에 관한 청원을 제기했다. 그러나 북한 시민이 된 후 실제 북한으로 출국한 사람은 2명에 불과하며, 또 다른 3명은 단지 북한 시민권만 취득했을 뿐 소연방에서 살았다.[99] 나머지 사람들은 무국적인 상태로 사할린에 남았다. 이런 상황은 사할린한인 디아스포라 중에 자기가 거주할 나라와 시민권을 오랫동안 결심하지 못한 이들이 있었음을 말해준다.

사할린한인들은 두 가지의 중요한 이유에서 북한 국적을 취득했다. 첫 번째 부류는 북한 국적을 취득한 후 언제고 역사적 모국으로 돌아

95) ГИАСО. Ф. 53. Оп. 7. Д. 181. Л. 20.
96) Конвенция между Правительством Союза Советских Социалистических Республик и Правительством Корейской Народно-Демократической Республики об урегулировании вопроса о гражданстве лиц с двойным гражданством (Пхеньян, 16 декабря 1957 г.) // Ведомости ВС СССР. 1958. № 4. С. 84.
97) ГИАСО. Ф. П-4. Оп. 63. Д. 1. Л. 5.
98) Там же. Л. 14.
99) ГИАСО. Ф. П-4. Оп. 80. Д. 46. Л. 119–121.

가길 바라는 것이었다. 이는 한국이 곧 통일될 거라는 소문이 계속 돌면서 귀환 가능성에 대한 희망을 갖고 있었기 때문이었다. 증언자 중한 명은 이에 대해 다음과 같이 진술했다.

> 우리는 "북한 국적을 취득하면 그곳으로 출국할 수 있을 거"라고 생각했습니다. 당시 많은 이들이 한국의 통일에 관해 얘기를 했는데, 심지어 저도 정부 수준에서 모종의 계획이 있을 거라고 생각했습니다. 만약 한국이 통일되면 어머니가 애타게 아버지를 기다리셨던 아버지의 집으로 갈 수 있구나, 누이들은 … 우린 북한을 통해서 한국으로 갈 수 있을 거라고 생각했던 겁니다.100)

사할린한인 디아스포라의 나머지 부류는 한인학교를 졸업한 후 삶의 길을 선택함에 있어서 일정한 난관에 봉착한 젊은이들이었다. 그 난관은 근본적으로 한국어로 교육을 받았기 때문인데, 그로 인한 러시아어 구사능력 부족이 소비에트 고등교육 기관 입학시험 합격에 걸림돌로 작용했다. 이런 상황에서 북한 영사관 근무자들의 매혹적인 선동에 많은 한인 청년들이 북한에서 배우고 일하겠다고 출국했다. 한인 중 한명이었던 한인학교 선생임은 이에 대해 다음과 같이 회상했다.

> 학생들이 학교를 졸업했는데 대학에 진학할 수 없었습니다.… 그래서 많은 학생들이 북한으로 출국했는데, 거기에 가면 시험을 보지 않고도 김일성대학에 입학시켜주겠다는 약속을 했답니다.101)

소련 당국은 북한에서 소련으로 되돌아 올 수 있도록 허락해 달라는

100) [Д.], муж.(남), 1952 г. р., г. Южно-Сахалинск, 12.04.2009.
101) [Т.], муж.(남), 1930 г. р., г. Южно-Сахалинск, 03.08.2009.

사할린한인들의 공식 청원을 접수했다.[102] 여러 가지 이유로 인해 소련으로의 귀국 시도는 많지 않았으며, 그에 더해 소련 시민이었던 한인의 청원 중 단 세 건만이 진지하게 검토되었다.

1960년대 말부터 1970년대 초 사이 북한에 대한 관계 변화로 사할린한인들이 북한 시민권을 포기하기 시작했다.

북한 시민권(과 그에 따른 모국으로의 귀국 소망)의 포기는 소비에트 사회로의 통합 필요성을 인식했다는 의미였다.

이후 많은 사람들이 모국으로 돌아갈 수 있는 가망이 거의 없다고 생각하기 시작했죠. 아이들은 배우고 일할 필요가 있죠.... 그래서 소련 시민권을 취득하기 시작했죠.[103]

우리는 북한 국적을 지니고 있었는데 이것을 공식적으로 포기하고 싶었지만, 당연히 우리에게 그걸 허락해주지 않았습니다. 그러자 여권과에서 우리에게 가르치길 북한 여권을 우편으로 북한 영사관에 발송하고 그 영수증을 갖고 오라 그랬습니다... 그리고 소련 시민권 서류를 받았죠.[104]

실제로는 소련 시민권을 모두에게 그리고 그 즉시 주었던 건 아닌데, 이것은 대북관계와 관련되어 있었기 때문입니다. 관계가 좋았을 때는 시민권을 안 주다가, 관계가 조금 악화되자 바로 주기 시작했죠. 많은 것들이 정치에 따른 거였습니다.[105]

102) См.: ГИАСО. Ф. 53. Оп. 25. Д. 2630. 46 л.
103) [Д.], муж.(남), 1952 г. р., г. Южно-Сахалинск, 12.04.2009.
104) [Ч.], жен.(여), 1937 г. р., г. Ансан, 10.06.2010.
105) [Т.], муж.(남), 1933 г. р., г. Южно-Сахалинск, 19.03.2009.

그림 31. 1963년 3월 21일자 엄태호 가족의 북한 국적 취득에 관한 소련 각료회의
산하 노동자의 조직적 선발과 이주 관련 수석관리국의 확인서 № 6-74

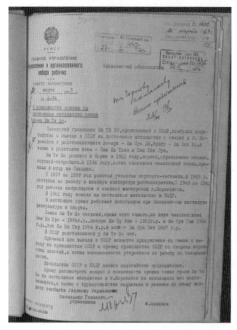

출처: ГИАСО. Ф. 53. Оп. 25.
Д. 2630. Л. 12.

사할린 주 영토에서의 특별국경체제에 따른 제한 역시 소연방 시민
권 취득에 일조했다. 국경에 관한 1960년 8월 15일자 소연방 최고소비
에트 상임위원회의 명령이 채택되면서[106] 사할린 주의 영토에 특별국
경체제가 수립되었다. 이 명령에 의거하여 사할린 주의 모든 영토는
접경폐쇄지역으로 지정되어 그곳에 상주하는 주민이 아닌 자들의 입
도, 거주와 이주는 내무부 기관들에 의해서 발행된 통행증이 있어야만
허락되었다. 사할린 안에 있는 무국적자나 외국인들은 각자가 지닌 서

---

106) Указ Президиума Верховного Совета СССР об утверждении Положения об охране
государственной границы Союза ССР и материалы к нему // ГАРФ. Ф. Р7523. Оп.
78. Д. 944. 52 л.

류상에 지정된 거주지에서만 살아야했으며, 다른 지역으로 이동하려면 경찰기관으로부터 허가서를 받아야만 했다.

대부분의 한인들은 무국적자나 외국인에 해당되었기 때문에, 사할린 주의 특별국경체제로 인해 사할린한인들의 거주이전의 자유가 심각하게 제한을 받았다. 증언자들 중의 한 명은 이런 체제가 한인들에게 안겨 준 제약과 곤경을 다음과 같이 기억하고 있다.

이웃 마을에 가려면 반드시 경찰의 허가를 받아야 했습니다. 신청서를 제출하면, 경찰이 며칠을 심사한 다음에야 허가서를 줬는데, 거의 항상 줬지만 간혹 안 주기도 했습니다. 만약 결혼이나 생일을 맞아 부모님한테 가야할 때는 시간에 맞춰 신청서를 제출할 수 있다는 건 알죠. 그런데 만약에 누군가 죽으면요? 안 갈 수도 없는 일인데, 허가서를 받는다고 그곳에서 매장을 늦추고 기다리지는 않죠. 그래서 받는 걸 포기하고, 겁나지만 본인이 위험을 감당하며 다녀오곤 했습니다. 잡히지 않을 수도 있었지만, 당연히 경찰에 잡힐 수도 있었죠. 만약 잡히면 바로 공장으로 보고가 들어갔는데, 이건 상여금은 물론, 연말 특별 급여도 박탈된다는 것을 의미했습니다. 만약 주택 배급을 받으려고 기다리고 있는 경우라면 바로 그 즉시 제일 끝 순서가 되어버렸죠. 그래서 그 당시에 한인들은 거의 집을 배급받지 못했고, 그래서 개인 주택을 구입하는 걸 선호했어요. 러시아 사람들은 정원에서 농사짓고 싶어 하지 않았기 때문에 개인주택을 싸게 구입할 수 있었답니다. 우리 공장장이 좋은 사람이었죠. 경찰이 그런 정보를 통보해 주면, 눈을 감아주고 이해해 주는 사람이었죠. 하지만 정말 힘든 건 그런 게 아니었어요. 오히려 그건 아무것도 아니었습니다. 대학에 진학하는 걸 원할 때, 그게 진정한 불운이었죠. 학교를 졸업해야만, 진학시험을 보기 위해 유즈노사할린스크나 대륙여행 허가신청서를 제출할 수 있었습니다. 경찰이 그 서류를 검토하고 결정을 내릴 때까지 기다리다보면 시간이 흘러 이미 진학 시험이 끝나 버리죠... 그 다음해에 다시 서류를 제출해야 했고 허가서에는 유효기간이 있었습니다. 일부는 공부를 포기한 채 집에 남았고, 다른 일부는 불법적으로 누구든 다른 사람의 소비에트 여권을 입수해서 해협을 건너갔습니다. 그런데 그곳에서는 우리가 한인인지 아닌지 검사하지 않았기 때문에 자유가 있었습니다. 하지만 정말 그렇게까지 한 사람은 소수였죠.[107]

우리가 확인한 바와 같이, 사할린한인들은 이런 제약들로 인해 사할린 주는 물론 소연방의 모든 지역에서 자유롭게 거주하기 힘들었다. 이런 상황이 사할린한인들로 하여금 해당 문제의 해결 방법을 모색하도록 만들었고, 결국 한인들은 소련 국적을 받아들인다는 결론에 도달했다.

1970년 기준으로 3만 5천의 사할린한인 디아스포라 중에 소련 시민이 19,400명이어서, 무국적자가 7,700명으로 줄어들었다. 1989년 무국적자는 겨우 2,700명에 불과했던 반면 소연방 시민은 32,200명에 달했다(당시 사할린 디아스포라의 전체 인구수는 지난 20년 동안 실질적으로 변하지 않은 상태였다). 이처럼 1989년에 사할린한인 디아스포라 중 약 92%가 소련 국민이 되었다. 북한 시민의 수는 1970년 8천 3백 명에서 (1962년 당시에는 총 15,326명[108]) 1989년에는 겨우 300명으로 줄어들었다.[109]

이런 변화는 1978년의 '소연방 시민권에 관한 법률' 때문에 일어난 것만은 아니었다. 앞에서 이미 언급한 바와 같이 이 법률이 소연방 영토에서 출생한 사할린한인들이 겪었던 주요 불평등을 바로잡았다. 즉 사할린한인은 세계인권 선언에 따라 시민권 취득권을 획득했다는 것이다. 하지만 이런 대규모의 소련 국적 취득은 사할린한인이 소비에트 사회로 통합되는 과정이 끝났다는 사실을 의미한다.

---

107) [А.], муж.(남), 1951 г. р., п. Углезаводск, 01.02.2009.

108) ГИАСО. Ф. П-4. Оп. 63. Д. 1. Л. 5.

109) Кузин А.Т. Исторические судьбы сахалинских корейцев. Кн. 2... С. 164.

4.4. 사할린한인의 본국 귀환 운동과 소련, 일본, 북한 그리고 대한민국의 정책(1950-1990년)

1953년 7월 27일 6·25전쟁의 휴전협정 체결 이후 극도로 긴장된 국제정치 상황이 전개되었다. 전 지구적 차원에서의 세계적 충돌이라는 조건 속에서 사할린한인들은 (예를 들어 교통 문제 같은)현실 생활에서는 물론, 이념적·정치적 장애라는 어려움과 직면했다. 소련의 직접적인 이데올로기적 적국인 미국의 영향력 하에 있었던 한국은 1990년까지 소련과 외교관계를 수립하지 않았다. 따라서 제3국의 참가 없이는 귀환 문제의 해결이 불가능했다.

1956년에 소일 간에 체결된 모스크바협정이 거중조정 국가로서 도움을 줄 수 있는 가능성을 제공했다. 이 협정의 체결로 소일 양국은 외교관계를 복원했으며, 소련에 남아있던 일본 국민(대부분 일본군 포로)들의 송환이 이루어졌다.

사할린 주에는 한인들과 결혼하여 1946년부터 1949년 사이에 모국인 일본으로 귀국하지 않은 일본인들이 남아있었다. 모스크바협정 체결 이후 이들은 자기 부인 및 자녀들을 데리고 모국으로 출국할 수 있게 되었다. 1957년 사할린으로부터 일본으로 송환된 사람은 521명인데, 이 중 일본인이 131명(남자 30명, 여자 101명), 한인이 102명(남자 95명과 여자 7명) 그리고 결혼으로 출생한 아기가 293명이었다.[110] 1958년 두 번으로 나누어 1,075명이 송환되었는데, 일본인 331명(남자 102명, 여자 229명), 한인 213명(남자 195명, 여자 18명), 러시아 여자 1명, 미성년 265명 등이었다.[111]

---

110) ГИАСО. Ф. 53. Оп. 7. Д. 181. Л. 9.
111) Там же. Л. 10.

포드페츠니코프(В.Л. Подпечников)의 계산에 따르면 1957년부터 1959년 사이에 2,300명이 일본으로 출국했는데, 일본인 604명, 그들과 함께 출국한 한인 출신의 가족 구성원 456명, 그리고 16세 미만의 어린이 1,240명 등이었다.[112] 언급해야 할 사실은, 보다 늦은 시기에도 일본인과 한인으로 이루어진 가족들이 개인적 요청에 따라 일본으로 출국했다는 점이다. 즉 1964년에 19명, 1965년에 362명, 1966년에 1명이 각각 출국했는데, 이 중 일본인이 60명, 한인 109명 그리고 16세 미만의 어린이가 213명이었다.[113]

일본에서 사할린한인들의 귀환 운동을 시작했던 박노학 역시 1958년에 송환된 사람들 중의 한 명이었다. 이 운동이 사할린한인 디아스포라의 역사에서 커다란 역할을 수행했던 만큼, 박노학의 인생을 보다 자세하게 언급해야 할 것이다.

박노학은 1912년 한국의 충청북도에서 태어났다. 1948년 그는 가라후토로 징용되어 탄부로 일했다. 박노학은 일본인 부인과 함께 일본으로 출국한 이후, 1959년 2월 6일에 '사할린 억류 한인 귀환회'를 조직했다. 50명의 한인들이 이 조직의 회원으로 가입했다. 후일 이 모임은 '재일 사할린한인회'로 개명되었다.[114]

소련과 한국 간에는 우편연락에 관한 협약이 체결되지 않아 우편물 수발신이 어려웠음에도 불구하고 박노학은 1965년에 사할린과의 서신 교환을 실행할 수 있었다.[115] 그 사이 사할린 주에는 "일본의 허락만

---

112) Подпечников В.Л. О репатриации японского населения с территории... С. 259.
113) Там же.
114) Бок Зи Коу. Корейцы на Сахалине... С. 169.
115) 이에 대한 정보는 없으나, 사할린 일본인들의 무덤을 찾아보기 위해 매년 사할린에 입도했던 사절단을 포함해서, 규칙적으로 사할린을 방문했던 일본 사절단을 통해 이 편지들이 전달되었을 것으로 추측한다.

받으면, 한인들은 국적 없이도 일본으로 출국할 수 있다"는 소문이 크게 나돌았다.[116] 이런 소문이 떠돈 이후 박노학은 사할린에서 발송한 편지를 수신하기 시작했다. 이 중 한 통의 편지에 코르사코프에서 일본으로 출국하기를 원하는 한인 239명의 명단이 들어 있었다. 1966년 1월 한국의 '동아일보'가 이 편지를 공개하면서 사할린한인들의 귀환 문제에 대한 한국 사회의 관심이 높아졌다. 그 당시의 대한민국 정부는 이 문제를 조사해 달라고 일본정부에 요청했다.

사할린에 남아 있는 친척을 찾아달라는 편지들이 한국에서도 발송되었다. 한인인도주의협회 회원들은 이 부탁을 들어주기 위해 모국으로의 귀환을 원하는 사할린한인들의 명단작성 작업에 착수했다. 이를 위해 회원들은 박노학에게 전달된 사할린한인들의 편지를 분석했다. 1967년 7월에 진행된 작업의 결과 약 7천 명의 이름이 들어간 명단이 작성되었다. 이 명단에는 한국에서 살기를 원하는 1,410명과 그들의 가족 구성원 5,348명, 그리고 일본에서 살기를 원하는 334명과 그들의 가족 구성원 1,576명 등의 성명이 기재되어 있다. 이 작업은 법정에서의 귀환 문제 해결을 위한 문서적 기초가 되었다.[117]

1975년 박노학과 그의 동료들은 일본정부에 고소장을 제출하려고 문서를 준비했다. 이때부터 1989년까지 일본에서는 사할린한인의 귀환 문제를 심의하기 위해 법원 심리가 규칙적으로 실행되었다.

1975년 7월 17일 '사할린한인 소송 보호회'가 결성되었다. 이 단체는 이후 '사할린동포 법률구조회'로 개명되었다. 이 단체에 가시오키 시로시를 비롯한 23명의 일본인 변호사가 가입했다. 이 단체 행정실장에 다카기 겐이치(高木健一. 변호사. 1985년, 1988년 그리고 1989년에 사할린

---

116) [А.], муж.(남), 1951 г. р., п. Углезаводск, 01.02.2009.
117) 오누마 야스아키. 사할린에 버려진 사람들. 서울: 정계연구소, 1993. 72-73쪽.

을 방문한 다카기는 사할린한인 문제에 관한 일련의 서적과 논문의 저자이다)가 임명되었다. 이 단체의 목적은 사할린한인의 조속한 귀환이었다. 1983년 4월 17일 '아시아 내 일본의 전후책임 심사회'가 결성되었다. 이 단체가 내세운 주요 과제 역시 사할린한인들을 역사적 모국으로 되돌려 보내는 것이었다. 가시와키 시로시를 비롯해 과거 '사할린동포 법률구조회'의 회원들이 일부 이 사회조직의 회원으로 가입했다. 그 외에도 하원의원 하라 분베이(原文兵衛)를 수장으로 하는 일본의회 사절단이 사할린한인 문제를 다루었다. '사할린 잔류 한국인, 조선인 문제에 대한 의원 연합'이 설립되었다.[118]

일본에서 결성된 상기 조직과 다른 조직들은 일본정부의 협력 하에 사할린한인들의 귀환 완수를 자신의 주된 과제로 제시했다.

일본에서 시작된 사할린한인 귀환 운동은 한국으로까지 점진적으로 확산되었으며, 한국에서는 지방 당국이 이 운동을 지원해주었다. 한국의 국가기록원에는 귀환 운동과 직접적으로 관련된 문서들이 소장되어 있다. 서신, 문의, 응답, 보고서, 신문 기사 등은 한국에서 있었던 사할린한인 귀환 운동에 대한 실로 완전한 그림을 제공해준다. 국가기록원에는 1990년대 이전에 사할린에서 한국으로 돌아오는데 성공한 사람들에 관한 문서와 자료가 보관되어 있다.[119]

사할린한인의 귀환을 위한 사회 운동이 한국과 일본에서 큰 관심을 받았지만, 상황에 실질적인 영향을 준 것은 그런 관심이 아니라 각국 정부의 공식적 입장이었다.

1988년 일본의 일간지 '홋카이도 심분(北海道新聞)'은 한국과 일본의

---

118) Бок Зи Коу. Корейцы на Сахалине… С. 169–170.
119) 국가기록원. Ф. BA0881063. Д. 1260349-99999999-000019 «Проблема репатриации корейцев Сахалина, 1969–1973». 169 л.

공식 입장을 다음과 같이 묘사했다.

"일본. 사할린한인이 일본 국적을 상실한 만큼, 법률적으로 일본정부는 그들에 대한 책임이 없다. 따라서 오랜 시간 동안 일본정부는 이문제에 '무관심'했다. 그러나 일부 의회 의원들의 노력으로 최근 들어일본정부는 이 문제를 인간의 권리와 연결된 사안으로 보아 사할린과한국에 있는 친척들이 일본에서 만나도록 재정적 도움을 주기 시작했다. 예를 들어 1988년에는 이런 목적에 391만 엔이 배정되었다.

한국. 사할린한인 문제의 해결책임을 일본정부가 지고 있기 때문에일본정부가 소연방을 상대로 문제를 해결하도록 할 것이다."[120]

본 저자는 양국 정부가 냉정한 입장을 취하는 데 큰 역할을 한 것은 1965년 6월 22일에 체결된 '대한민국과 일본국 간의 기본관계에 관한조약(大韓民國과 日本國間의 基本關係에 關한 條約, 또는 韓日基本條約)'이었다고 본다. 일본은 이 조약에 따라 식민통치시기에 발생한 손해에 대한 배상금으로 한국에 3억 달러를 지불했으며(또한 5억 달러를유리한 조건의 차관으로 제공했다), 이에 대한민국은 전체 한국 국민의이름으로 일본에 대한 모든 청구권을 포기했다.[121] 일본은 이 조약에의거하여 강제적으로 동원된 한인들에 대한 법률적 책임이 청산되었다고 여겼다. 반면 한국정부가 이 문제에 대해 보인 3자적 태도는 일본으로부터 받은 배상금이 국민에 대한 배상금이 아닌, 전액 국가 경제발전에 지출되었기 때문인 것으로 설명된다.[122]

본 저자는 일본과 한국 당국이 충분히 자제된 공식적 입장을 보였음

---

120) Бок Зи Коу. Корейцы на Сахалине... С. 113.

121) Курбанов С.О. История Кореи: с древности до начала XXI в. ... С. 315-316.

122) 실제로 배상이 이루어졌으나, 충분한 양이 아니었으며, 심지어 일본으로부터 받은 그 규모도 아니었다. 이로 인해 한국 정부는 자국 내에서 지금까지 비판을 받고 있다. // Курбанов С.О. История Кореи: с древности до начала XXI в. ... С. 316.

에도 불구하고, 사할린한인 귀환 운동은 상당히 큰 성공을 거두었다고 본다. 예를 들어 1970-1980년대에 6명의 사할린한인들이 대한민국으로의 출국허가를 받았다(표 14 참조).

표 14. 1989년 5월 20일까지 한국으로 이주한 사할린한인의 수

연도	인원수	출국자 성명	비고
1971	1	송시규	사망
1975	1	채정식	-
1983	3	한윤수 문강일 공재곤	- 일본 거주 대구 거주
1989	1	이덕림	경기도 거주

출처: Бок Зи Коу. Корейцы на Сахалине... С. 169–170.

비록 이주한 사람의 수가 하찮을 정도로 소수라 해도, 당시 상황과 사할린한인들의 귀환 문제에 동반되었던 역사적 정세를 고려한다면, 이 정도 수치도 믿을 수 없을 정도다.

그러나 일본과 한국에서 적극적으로 전개되었던 사회운동도, 두 나라 정부의 입장도 이 문제의 해결에 일정한 영향을 주지 못했다. 이 문제에서 약간이나마 더 능동적 역할을 한 것은 북한이었다. 그러나 앞에서 언급했던 자신의 사할린한인 귀환 계획('한인 강제거주지역' 계획)이 실패한 후 북한의 지도부는 북한으로의 이주선동계획을 실질적으로 폐기했다. 1956년 이후 소련과 북한 간의 관계가 확연히 냉각된 것도 그런 정책에 영향을 주었다. 현재 사할린한인 디아스포라는 경제적 측면에서 북한의 관심을 받고 있다. 즉 사할린한인들은 한국과 일본에 있는 부유한 친척들로부터 물질적 지원을 받고 있으며, 한인들 중 많은 이들이 스스로 활발하고 성공적인 사업을 하면서 자원이 풍부한 사할린에 살고 있다.[123] 사할린한인들에 대한 북한정부의 현 정책은

민족문화에 대한 썩 적극적이지 못한 지원과 북한에 호의적 사회조직인 '조선의 평화통일을 위하여'를 도와주는 정도이다.

사할린한인 귀환 문제의 해결에 직접적인 영향을 줄 수 있는 능력과 수단을 보유하고 있는 단 하나의 국가는 소연방이었다(1991년 이후에는 러시아연방). 소련의 입장은 이 문제에 대한 확고한 해결(소련정부는 사할린한인 귀환 계획을 완전히 포기한 것으로 보였다)뿐만 아니라, 이 문제를 자신의 내정으로 생각하여 다른 국가들에게 자신의 입장을 바꿀 수 있는 가능성을 제공하지 않았다. 역사적 모국으로의 출국문제를 제기하려는 사할린한인 디아스포라의 모든 시도를 가혹하게 탄압했다.

1950년대 사할린에는 불법적인 '한인 공산당'이 존재한다는 소문이 나돌았다. 증언자 중의 한 명은 이에 대해서 다음과 같이 회고했다.

> 그러니까 지역 공산당을 창당했습니다. 그들은 정치적으로 아무것도 원하는 것이 없었습니다. 그들은 단지 한인들을 한국으로 귀국시켜 주기를 바랐을 뿐입니다. 그러나 소련 당국은 달리 생각했던 것 같았어요. 그들 모두를 10년 동안 금고형에 처했습니다. 사실 그 사람들이 소연방에 반대하는 건 아니었습니다. 그들은 귀환 운동을 시작하고 싶었던 건데...[124]

오랜 시간 동안 사할린에서는 정당을 설립한 활동분자들을 소문이나 짐작 정도의 수준에서 알고 있었는데, 쿠진, 복지고우, 박승의처럼 유명한 사할린한인공동체사 연구자들은 이 사건에 대해 전혀 언급하지 않고 있다. 공산당에 관한 이야기는 박현주의 책에서 인용되고 있으나,

123) Забровская Л.В. Российские корейцы и их связи с родиной предков... С. 44.
124) [Т.], муж.(남), 1933 г. р., г. Южно-Сахалинск, 19.03.2009.

그마저도 회고록이라서 공산당의 존재에 대해 오랜 시간 동안 의구심을 갖고 있었다. 이 사건을 밝히기 위해서는 장기간 비밀문서로 분류되어있던 사할린 주 국립역사문서보관소의 사료를 살펴보아야 한다.

박현주는 자신의 회고록에 다음과 같이 기술했다. 즉 "새로운 한인 세대들은 ... 조심성을 잃고 자신의 힘과 능력을 과대평가하여 자기 스스로를 위험에 처하게 만들었다. 1950년(실제로는 1951년이다 - 저자 주) 마카로프, 고르노자보드스크, 유즈노사할린스크 그리고 네벨스크 등지에서 지하 한인공산당이 고르노자보드스크, 마카로프에 있는 한인학교 선생님들, 유즈노사할린스크 출신의 신보균[125] 그리고 네벨스크의 신 모씨 등에 의하여 결성되었다. 이 조직은 지하조직이었음에도 반 소비에트 활동을 전개하지 않았으며 오직 한인들의 모국 귀환을 도와주기 위해 결성되었다. 사할린한인공상당은 자신의 계획, 목표, 과제 그리고 원칙을 지니고 있었다. 한인공산당에 관한 소식이 다른 도시로 퍼져나가면서, 당의 규모가 서서히 확대되었다. 이 조직은 단기간 존재했다. 1950년 8월 유즈노사할린스크 역에서 신보균이 국가안전부(МГБ, Министерство Государственной Безопасности) 산하 주 관리국 요원에 의해 체포되었다. 9월부터 10월까지 네벨스크에서 김 모씨, 고르노자보드스크와 마카로프에서 한인학교 학생들과 선생님들이 체포되었다. 그들의 행적을 추적하면서 심문하기 위해 나를 안전과로 호출했다. 그곳에서 나보다 먼저 억류되어 있던 신정우를 목격했다... 1950년 58조에 따른 판결로 김송매, 신보균 그리고 권 모씨는 10년간 포로나이스크의 수용소에 수감되었다. 이들은 6년이 뒤인 1956년에 석방되었다."[126]

---

125) 박현주의 회고록에 성명이 일부 오기되어 인용되어 있음에도 불구하고(이건 사할린에서 일반적인 사안이었던바, 한국 단어를 러시아어 알파벳으로 표기하여 전달하는 것이 불가능했기 때문이었다), 충분히 알아볼 수 있다. 그런 이유에서 본 저자는 기 출판물에 기재된 사건 관련자들의 이름을 원문 그대로 게재하기로 했다.

회고록에 저자의 실수가 보이지만, 이 사건이 발생하고 50년이 흐른 후에 회고록을 작성한 것인 만큼 그리 놀라울 것은 없다. 또한 사할린 주 국립문서보관소에는 박현주의 기억을 확인시켜주는 문서들이 소장되어있다. 그 문서들은 신정우, 신보균, 권명상[127] 그리고 김영관(그가 카나시사 야시콘이다)[128] 등 1951년에 사할린에서 한인공산당을 설립한 네 명의 한인들에 관한 것이다.

1951년 8월 30일 국가안전부 산하 사할린 주 관리국에 의해 신정우가 체포되었는데, 형사들은 그의 행동이 러시아 소비에트 연방 사회주의 공화국 형사법 1부 58-10조[129]에 저촉되는 범죄의 징후를 지니고 있다고 의심했다. 1951년 11월 1일 신정우의 증언에 따라 권명상, 신보균 그리고 김용관[130] 등이 불법단체인 '한인공산당'에 참가한 사람으로 체포되었다.

심리 자료에 따르면 신정우는 1927년에 출생하여 사할린 주 마카로프 시에 거주했다. 신정우는 무국적자로 일정한 직업이 없고, 소비에트 교육을 받지도 못한 사람이었다. 1951년 7월 신정우는 비합법적인 '민족주의 반 소비에트 조직'을 설립하여 '한국공산당'이라고 명명했다. 신

<hr />

126) Пак Хен Чжу. Репортаж с Сахалина... С. 43-44.

127) 박현주는 신장우, 신보균 그리고 권 모씨로 표기하고 있다.

128) 박현주는 이름을 혼동했으며, 김송매로 생각하고 있는 것으로 보인다.

129) 이 조항들은 소련에서 '정치적 조항'이라고 불렸다. 즉 "소비에트 당국의 전복, 훼손 혹은 약화를 호소하는 또는 개별적인 반혁명적 범죄의 실행을 호소하는 내용을 담고 있는 선전이나 선동, 그와 동등하게 확산이나 준비 혹은 위와 같은 내용의 서적 소유 등은 다음의 사실을 수반한다 – 6개월 이상의 자유박탈. 전시 또는 전시 체제가 선포된 각 지역에서 대중소요 시 대중의 종교적, 민족적 편견을 이용하는 모든 행위는 사회보호를 위한 최고 정책을 수반한다 – 총살형, 재산몰수 또는 연방 공화국의 시민권 박탈, 즉 그로써 소연방 시민권의 박탈과 함께 노동자의 적으로 공표하고 소연방으로부터 영구 추방형에 처한다. 그러나 상황의 진정 시 3년 이상의 자유 박탈, 전체 혹은 일부 재산의 몰수로 감형될 수 있다. // Уголовный Кодекс РСФСР. М., 1950. 256с. С. 42, 37-38.

130) ГИАСО. Ф. 1174. Оп. 2. Д. 2172. Л. 2-2а.

정우는 자신들이 설립한 정당에 지인들이 가입하도록 적극적으로 유인했으며, 젤라틴 판에 기입하여 복사하고[131] 관심 있는 모든 사람들에게 '한국공산당선언', '한국공산당규약' 그리고 당 중앙기관지 '뭉치자'의 제1호 등 한국어로 된 문서를 적극적으로 배포했다. 신정우는 정당의 주요 목표가 일본정부와 한국 및 그 지역 주둔 중인 미국 군사대표들의 도움을 받아 한국으로의 귀국 투쟁이라고 했으며, 이 문제의 해결에 국제연합을 끌어들일 계획이었다.[132]

신정우 본인이 언급한 바와 같이 그는 전라남도에서 태어났으며, 1934년 부모와 함께 충청남도 천안으로 이사하여 1935년 그곳에서 초등학교에 입학했다(양 도 모두 현재 한국에 속한다). 5학년을 마친 1940년 신문배달원으로 일하다가, 1년 뒤 서울로 이사했다. 1년이 더 흐른 1942년 다시 천안으로 돌아온 그는 삼촌의 소규모 과자공장에서 근무했다. 1943년 일본에서 일자리를 찾은 신정우는 오마치(大町) 시의 알루미늄 선광공장에서 일했다. 1944년 도쿄로 도주한 그는 그곳에서 막노동을 하다가 1945년 5월 남사할린의 카미시스카(레오니도보)로 향했다. 1945년 6월 일본 경찰은 일본제국주의의 전복과 조선의 독립을 호소했다는 이유로 신정우를 체포했다. 그는 소비에트 육군이 사할린에 입도하면서 감옥에서 풀려났다.

신정우는 1946년 1월부터 6월까지 소련 군인들을 위한 러시아어 통역으로 일했다(신정우 본인의 고백에 따르면, 그는 반 년 동안 러시아 병사들과 대화를 나누면서 러시아어를 습득했다고 한다). 1946년 10월부터 1947년 2월까지 레오니도보의 한인학교에서 선생님으로 근무했으며, 1947-1948년에는 네벨스크 지역의 고르노자보드스크 시에 위치한 한인학교의 교무주임 그리고 그 이후에는 돌린스크 지역 브즈모리

---

131) 품질은 낮으나 저렴하고 신속하게 발간물을 생산하기 위해 사용된 복사기.
132) ГИАСО. Ф. 1174. Оп. 2. Д. 2172. Л. 4-5.

예 촌에 위치한 한인학교의 교무주임을 각각 역임했다. 1949년 유즈노 사할린스크사범대학 역사학부에 진학했으나 경제적 곤란으로 같은 해 11월 자퇴했다. 고르노자보드스크로 되돌아온 그는 그곳에서 한인학교 교사로 일을 하다가, 나중에 재고조사국의 기술감시원으로 근무했다. 1951년 1월 마카로프로 이사하여 2월부터 5월까지 인민교육지역과 서기로 근무했으나, 소련국적이 없다는 이유로 해고되었다.[133]

1951년 6월 신정우는 마카로프에 거주하면서 다른 젊은 사람들과 함께(그는 당에 입당한 25명의 이름을 거론했는데, 대부분 13세에서 17세 사이의 한인학교 학생들이었다) 마르크스와 엥겔스의 '공산당선언' 그리고 '소연방공산당약사' 등을 공부하기 시작했다. 이 무렵 그는 한국 공산당 창당이라는 아이디어를 떠올렸으며, 6월 말에 '선언', (1902-1903년 레닌의 것과 비슷한)'규약'을 집필하고, '청원서'와 당 중앙기관지 '뭉치자'의 제1호 발행을 준비했다.

7월 2일 마카로프에서 '한국공산당' 제1차 대회가 개최되었다. 이 대회에서 비밀투표를 통해 중앙위원회, 중앙기관(신문편집부) 그리고 당 소비에트가 선출되었다. 신정우의 진술에 따르면 신정우 본인이 중앙위원회와 중앙기관 구성원의 모든 후보자들을 개인적으로 천거했고 나머지 당원들은 후보자들을 확인해 주었다고 한다. 신정우 본인은 이 기관에 들어가지 않았으며, 뒤에서 당을 지도할 계획이었기 때문에 자기편 사람들을 후보로 추천했다고 한다.[134] 신정우는 자신이 세운 정당이 반 소비에트 활동이나 소비에트 국가를 폄하했다는 사실을 단호하게 부정했다. 신정우는 귀환 외에도 한인들 내에서 마르크스주의와 레닌주의의 개념 전파 및 한국으로 귀국할 경우 사회주의 체제의 국가를 위한 투쟁 역시 정당의 목적이었다고 주장했다. 마지막 목적은 소

133) ГИАСО. Ф. 1174. Оп. 2. Д. 2172. Л. 22–26.
134) Там же. Л. 27–39.

련에 대한 '공경의 태도'이자 모국으로의 귀국에 반드시 필요했던 소련의 지지를 장래에 확보하려는 시도였던 것으로 짐작할 수 있다.

앞에서 이미 언급한 바와 같이 신정우의 증언으로 1951년 11월 1일 신보균(1931년 생), 김용관(1926년 생) 그리고 권명상(1926년 생)이 체포되었다. 나머지 당원들은 증인으로 불려갔다가 곧 풀려났다(나이가 어렸기 때문일 수도 있다).

신보균은 마카로프 지역의 자오제르니(Заозерный) 촌에서 출생하여 (체포될 당시 20세) 유즈노사할린스크에서 살았다. 일본학교 6학년과 일본 중학교 2년을 마친 후 한인학교에서 선생님으로 근무하려 했으나, 소련 국적이 없다는 이유로 해고되었다. 자오제르니에서 전기수리 기사로, 마카로프 제지공장에서 짐꾼으로 일했으며, 그 이후 돌린스크의 임업회사에서 처음에는 부기원으로 근무하다 나중에 회계원이 되었다. 1950년 5월 자오제르니 촌에 있는 일터로 자리를 옮겼으나, 학업을 계속하고 싶었던 그는 야간학교에 입학하기 위해 유즈노사할린스크로 이사했다.135)

신보균이 신정우를 만난 곳은 1951년 8월 5일 열차 안이었다. 그들은 대화를 나누던 중, 신정우가 신보균에게 입당신청서를 작성하라고 제안했다. 그 이후 두 사람은 유즈노사할린스크에 있는 신보균의 집에서 한 번 더 만났다. 이후 그곳을 떠난 신정우는 신보균에게 우편으로 '선언'을 보내주며 잘 읽어보라고 제안했다. 신보균은 적극적으로 당무에 개입하지는 않았으며, 당의 활동 목적이 한국으로의 귀국과 공산주의 사회의 건설을 위한 투쟁이라는 사실 정도만 알고 있었다. 신보균은 '불법적 모임'에 참석, 당원증 수령, 그리고 20루블의 당비 납부 등의 선에서 자신의 당내 활동을 자제했다.136) 1951년 11월 13일 반 소비에트

135) ГИАСО. Ф. 1174. Оп. 2. Д. 2172. Л. 136–137.
136) Там же. Л. 128–147.

활동에 관한 자신의 죄를 완전히 인정했다.[137]

김영관(가나시사 야시콘이라는 일본식 이름도 명시했다)은 경상북도에서 출생했으며, 네벨스크 시에서 살았다. 일본 학교 6학년을 졸업했다. 1943년 12월 일본 당국에 의해 남사할린으로 동원되어 고르노자보드스크의 탄광에서 일했다. 소련군이 도래한 이후 고르노자보드스크에서 전기수리기사로 일했으나, 나중에는 네벨스크에서 일했다. 직업을 몇 차례 바꿨으나 체포될 당시에는 무직 상태였다.[138]

그가 신정우를 만난 것은 1947년 9-10월 당시였다. 자신의 죄를 오랫동안 부정했던 그는 신정우가 자신에게 발송한 편지를 제시하자 당에서 활동한 사실을 인정했다. 포로나이스크에서 집으로 돌아가던 1951년 7월 24-25일 그는 신정우를 만나기 위해 마카로프 시에 들렀다. 신정우는 대화 도중 사할린에 '한국공산당'을 창당할 계획이며 이미 실행 중에 있다고 언급했다. 주동자인 신정우는 '소비에트적 정당성이라는 조건 속에서 한국으로의 귀국 투쟁을 전개하기 위해 사할린한인의 통일 문제'가 이 조직의 기본 과제라고 했다.[139]

권명상은 함경남도에서 출생하여 유즈노사할린스크에서 살았다. 1939년 부모와 함께 사할린에 입도했으며, 그때부터 계속해서 유즈노사할린스크에서만 살았다. 일본 학교와 상업전문학교를 졸업하고 상품선별자로 일했다. 1945년 5월 20일 일본 당국에 체포되어 8월 20일까지 투옥되어 있었다. 경찰을 위해 일한다는 조건으로 풀려났으나 실제로 한 일이 전혀 없었다. 소련군이 진주한 후 한인학교 선생님, 제지공장의 창고관리자, '사할린우골(Сахалинуголь, 사할린 석탄이라는 뜻 - 역주)' 연합의 창고지기, 인민재판 통역사, 광산의 주임으로 일했다.[140]

---

137) Там же. Л. 151.
138) ГИАСО. Ф. 1174. Оп. 2. Д. 2172. Л. 170–173.
139) Там же. Л. 184.

권명상이 신정우를 만난 것은 1950년이었다. 신정우는 사범대학 진학시험을 보기 위해 유즈노사할린스크를 방문하여 권명상에게 하룻밤 신세지자고 부탁했다. 이후 권명상은 신정우를 몇 차례 더 만났는데, 1951년까지 신정우는 권명상에게 '국제연합을 통한 한국으로의 귀국 투쟁을 위해' 입당하라는 제안을 하지 않았다.[141] 조사 중 권명상은 자신을 반 소비에트 활동 및 유즈노사할린스크에서의 불법조직 결성의 죄인으로 인정했다.

네 명의 죄인에 대한 법정은 1951년 12월 18일 유즈노사할린스크에서 개정되어, 교화노동수용소에서의 징역 10년형이 선고되었다.[142] 피선고인들이 소비에트 러시아공화국 대법원에 상고를 신청했으나 기각되었다.

그림 32. 1951년 신정우가 작성한 조선공산당 선언의 첫 번째 쪽

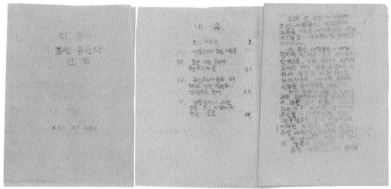

출처: ГИАСО. Ф. 1174. Оп. 2. Д. 2172. Л. 340.

140) Там же. Л. 206–208.
141) Там же. Л. 213.
142) ГИАСО. Ф. 1174. Оп. 2. Д. 2172. Л. 448.

피선고인들의 상황은 1954년 7월 31일 스탈린 사망 이후 변했다. 사할린 주 형사문제 개정위원회는 신정우, 신봉균, 김영관 그리고 권명수의 행동에서 범죄적 요소가 결여되어 있는바 사할린 주 재판부의 선고에 대한 이의를 소연방 검찰총장에게 제기하기로 결정했다. 1955년 1월 13일 소연방 러시아공화국 대법원단은 선고를 폐기하고 모든 피선고인들을 감시로부터 즉시 석방시키라고 판결했다. 1955년 2월 7일 네 명모두 석방되었다.[143] 이들은 수용된 전체 기간은 신정우가 3년 4월 13일, 다른 사람들이 3년 2개월 12일이었다. 2003년 4월 신정우, 신봉균, 김영관, 권명상은 1991년 10월 18일자 '정치적 탄압 희생자들의 복권에 관한' 러시아공화국 법률에 의거하여 모두 복권되었다.[144]

그림 33. 1951년 신정우가 작성한 조선공산당 규약의 첫 번째 쪽

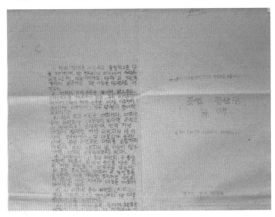

143) Там же. Л. 479, 485–489.
144) ГИАСО. Ф. 1174. Оп. 2. Д. 2172. Л. 497–504.

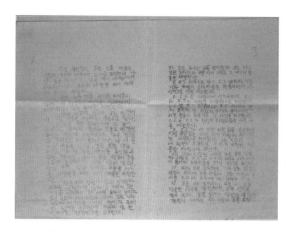

출처: ГИАСО. Ф. 1174. Оп. 2. Д. 2172. Л. 356.

이 네 명의 향후 운명이 어떻게 되었는지 알려진 바가 거의 없다. 권명상은 1956년 10월 27일 북한으로 출국했다.[145] 자료에 따르면 박현주, 신정우 역시 북한으로 출국하여 그곳에서 대사관 통역으로 근무했으며, 대학에 진학했다. 김영관은 북한으로 출국하여 원산에서 전기기사로 일했으며 북한 경제발전에 끼친 지대한 공적을 기려 훈장을 받았다.[146] 신보균은 그대로 남아 유즈노사할린스크에서 (1993년까지)살았다.[147]

신정우를 수사하는 과정에서 일련의 서류들이 압수되어 한국어에서 러시아어로 번역되었다. 그런 문서들 중에 '선언', '규약' 그리고 당 중앙기관지 '뭉치자' 등이 있다.

145) Там же. Л. 495.

146) Пак Хен Чжу. Репортаж с Сахалина... С. 45.

147) 1993년 신봉균은 외무부에 서한을 발송하여 자신의 사안에 관한 문서를 제공해 달라고 부탁했다. 박현주는 유즈노사할린스크에 살았으며, 일본어를 가르쳤다. // ГИАСО. Ф. 1174. Оп. 2. Д. 2172. Л. 496.

'선언'은 '한인', '사할린한인', '한인 사회 내에서의 공산주의자', '한인 공산주의자 과제 및 소비에트 정권과 연관된 문제', '사할린에 거주 중인 모든 한인들에 대한 호소' 등의 5개 부분으로 이루어져 있다. 한국사, 사할린에서의 한인 등장 배경과 한국에서의 공산주의운동 전개과정 등을 간략하게 소개한 후 신정우는 선언에서 자기 당의 목적과 과제를 교시했다. "공산주의자들은 사할린으로부터 모국으로의 한인 귀국 사업을 영도해야 한다. 신정우는 이것이 소비에트 당국을 상대로 한 저항이 아니"라는 점을 명확히 한 후, 다음과 같이 기술했다. "사할린에서의 최우선 목적은 한인들의 조속한 모국 귀환이다. 이 목적을 달성하기 위해 한인 공산주의자들은 통일운동을 전개하고 있다. 소비에트 정부는 한인들을 모국으로 돌려보내야 한다. 어찌되었든 한인들은 사할린에서 영원히 살지 않을 것이다. 사할린한인들은 종파와 정치적 이견을 떠나 모국으로 돌아가겠다는 결심으로 가득 차있다." 선언은 다음과 같은 발언으로 끝을 맺고 있다. "사할린한인의 모국 귀국은 저절로 찾아오지 않는다. 그것은 투쟁의 방법으로만 획득될 수 있다."[148]

'한인공산당 규약'은 명확하고 조직적이며 사려 깊게 작성되었다. 저자는 입당 및 당적 제명 규칙, 당의 이데올로기, 목적, 과제, 투쟁 방법, 당 구조(중앙위원회, 중앙언론기구, 지역 위원회), 선거 절차와 조직 등 모든 필요한 규정을 규약 안에 포함시켰다. 신정우는 작업을 하면서 세계적인 공산주의 운동가들의 저술을 이용한 것이 확실해 보인다. 신정우가 체포될 당시 레닌과 스탈린의 저작, '소연방공산당 약사', '외교사', '외교사전', 소비에트 신문들의 스크랩, 심지어 사할린 주 도서관의 출입증 등이 몰수되었다.[149] 그러나 그가 일본 초등학교만 졸업한 뒤

148) ГИАСО. Ф. 1174. Оп. 2. Д. 2172. Л. 341–355.
149) Там же. Л. 357–360.

러시아어와 다른 과목을 독학했다는 것을 고려할 경우, 비록 고전의 '도움'을 받았다 할지라도 신정우의 저술들은 큰 존경심을 불러일으킨다.

그림 34. 1951년 7월 제1호 조선 공산당 중앙기관지 '뭉치자'

출처: ГИАСО. Ф. 1174. Оп. 2.
Д. 2172. Л. 293.

당 중앙기관지 '뭉치자'의 제1호이자 유일한 판본이 1951년 젤라틴판에 작성되어 발행되었다는 사실은 역사적으로도 흥미롭다. 이 1호에는 기관지 출간의 필요성과 목적에 관한 편집자의 기사, 김용남의 "청년이여, 우리는 모국으로의 귀국 운동에 참가할 것이다!", 김차만의 "모국으로의 귀국은 단결된 투쟁으로만 실행될 것이다", 김영희의 '한인 여성의 과제' 그리고 신정우의 "경험이 가르친다" 등과 같은 기사들이 게재되어 있다.

한국으로의 귀환 투쟁 필요성에 관한 생각이 좌익의 맥락에서 전체 신문 내용을 관통하고 있다. 신문에서 보이는 몇 개의 인용구는 모국으로의 귀국이라는 이념이 한인공동체 활동분자들을 얼마나 장악했었는지, 그 표상을 아래와 같이 독자들에게 제공해준다.

"사할린에 거주하는 한인 중에서 모국으로의 귀국을 생각하지 않는 사람이 과연 단 한 명이라도 있을까? … 만약 모국으로의 귀국 문제를 머릿속에서 지워버린다면, 한인들에게 아무 것도 남는 게 없다. 모국으로의 귀국 문제는 서서히 목 속으로 넘어가 피와 뼈로 변하고 있다. 모든 몸뚱이가 모국으로의 귀국이라는 불길이 되고 있다."[150]

"우리는 사할린의 여러 곳에서 각기 다른 사람들의 명의로, 심지어 조직적인 형태로서 조선민주주의인민공화국정부와 소연방 최고 기관들에게 모국으로의 귀국과 관련하여 편지를 발송했다. 그러나 아직까지 아무런 답변이 없다. 따라서 우리에겐 단 하나의 방법만이 남아있다. 그것은 사할린에 거주하는 모든 한인들이 뭉쳐서 자신의 정치적 대표들을 선출하고, 만약 필요할 경우, 모스크바의 소연방 최고 기관에, 평양의 조선민주주의인민공화국정부에, 서울의 대한민국정부에, 도쿄의 일본정부에 그리고 뉴욕의 국제연합에 그 대표들을 직접 파견하는 것이다. 이런 광범위한 투쟁 아니고선 모국으로 돌아갈 수 있는 가능성이 거의 없다."[151]

선언서, 규약 그리고 당 중앙기관지 1호를 작성한 사람들은 (일본 학교를 겨우 몇 년 다닌 것에 불과함에도)필요한 지식을 갖추고 높은 전문가적 수준에서 정치적 서류들을 작성할 수 있었던 이들로서 세계에 관한 지식, 특히 한국에서 발생한 사건과 한국전쟁에 관한 정보를 갖춘

---

150) ГИАСО. Ф. 1174. Оп. 2. Д. 2172. Л. 363.
151) Там же. Л. 365.

상태에서 일정한 목적과 과제를 제시한 것으로 보인다. 모든 활동요원들은 한인 공동체의 청년들로서, 신정우 24세, 신보균 20세, 김영관과 권명상 25세였다. 젊은 나이임에도 불구하고 그들은 다른 한인들을 자기편으로 끌어들일 수 있었다. 이 공산당은 단기간 존재했기 때문에 사할린한인 대중을 상대로 자신의 영향력을 광범위하게 확산시킬 수는 없었다. 그럼에도 불구하고 이 당의 역사가 한인 공동체 내에서 의심의 여지없는 용기이자, 사할린한인들의 권리를 주장하는 결의에 찬 시민 행동으로 기억되고 있다.

1951년의 사건 이후 귀환 운동이 일정 기간 동안 중단되었다(또는 최소한 광범위한 사회적 반향을 불러일으키지 못했다). 그러나 귀환 운동이 끝난 것은 아니었기에 1970년대 재차 소비에트정권의 주의 깊은 관심을 받게 되었다. 1975년 2월 코르사코프의 주민 도만상이 가족과 함께 한국으로의 출국을 허락해 달라는 청원서를 소연방 상원의 상임위원회에 제출했다. 그의 청원은 소연방과 '해당 국가' 간의 외교적관계가 결여되어 있다는 이유로 거절되었다. 이에 도만상은 부인의 친척이 살고 있는 일본으로 출국하겠다는 의사를 표명했다. 그는 부인의 친척들로부터 초청장을 받아 1975년 12월에 필요한 서류를 작성한 뒤 마침내 출국 권리를 획득했다. 1976년 도만상의 가족은 코르사코프의 중앙광장에서 자신들의 출국을 허락하지 않으려는 소비에트 기관들에게 공개적으로 항의했다.[152]

1977년 1월 도만상의 가족 모두는 호송 하에 북한으로 강제 출국되었다. 가족 중 두 명이 소연방 시민이어서 필요한 절차에 따라 소련 국적이 박탈될 때까지 그들은 소연방에 잔류했으나, 두 달 뒤 역시 강제 출국되었다.[153]

---

152) Кузин А.Т. Исторические судьбы сахалинских корейцев... Кн. 2. С. 147–148.

도만상 가족의 강제 출국으로 사안이 마무리되지 않았다. 같은 해 일본과 한국으로의 귀환 허락을 받아 낸 총 31명으로 이루어진 한인 네 가족이 소연방 외무부의 지시에 따라 북한으로 강제 출국되었다. 북한국적 보유자임에도 북한으로의 출국을 거부하고 있었던 유즈노사할린스크의 유길수와 한태령 두 가족도 강제 출국되었다.154)

연구자들은 종종 사건의 발생 배경을 밝히지 못할 수 있다. 무엇이 40명으로 하여금 뚜렷한 이유도 없이 소련의 권위주의적 체제를 상대로 한국으로의 출국을 요구하도록 만들었는가?

이 사건의 목격자나 참가자들은 서로 달리 평가하고 있다. 사람에 따라 그들의 행동을 절대 받아들일 수 없다며 그 사건을 비이성적 행동, 모종의 집단적 광기로 기억하고 있다.

실로 그들은 제정신이 아니어서, 정신병원에 입원시켰는데... 소련은 한국과 외교관계가 없기 때문에 출국 비자를 발급할 수 없다고 그들에게 정확하게 설명해 줬죠... 그래도 그들은 아니었어요. 쟁의를 일으키기로 한 거죠. 소련 입장에서는 그것 또한 권위를 손상시키는 것입니다. 스탈린 치하에서는 그냥 교도소에 가둬버렸고 그래서 그들 모두를 그곳으로 보내버린 거랍니다.155)

다른 사람들은 상호 소통 부족으로 인해 발생한 오해라고 얘기하고 있다.

당시에는 누구든 청원서를 작성하면 석방해 줄 수 있다고 말했습니다... 많은 이들이 청원서를 제출하기 시작한 것으로 보입니다만,

153) Там же.
154) Кузин А.Т. Исторические судьбы сахалинских корейцев... Кн. 2. С. 147–148.
155) [Т.], муж.(남), 1933 г. р., г. Южно-Сахалинск, 19.03.2009.

아무도 풀어주지 않았습니다. 이것도 나라의 권위였죠. 그러나 그 일 이후 인민들의 침묵은 길지 않았습니다. 사람들은 이미 원하기 시작 했습니다... 그래서 더 적극적이면서 타인의 청원서 작성에 도움을 준 사람들을 골라내어 북송시켜버렸습니다. 그들이 집에 왔고 난 언제나처럼 집에 있었죠. 그런데 경찰이 와서는 그들, 그러니까 남편 (내 매부)과 그의 부인 그리고 100일밖에 안 된 그의 딸에게 옷을 입으라 하고는 데리고 갔어요. 그리고 우리는 더 이상 그들을 보지 못했습니다.156)

소비에트 당국이 다수의 한인이 떠날 수 있게 허가한 것이라는 사실에 대해 다른 증언자들은 아래와 같이 말하고 있다.

70년대 언제쯤인데 정확하게는 기억하지 못하겠어요. 당시 소문에 따르면, 레오노프157)가 모스크바에 들렀을 때, 그곳 관계자들이 만약 허락해주면 한국으로 갈 한인들이 많은지 그에게 물어봤다고 합니다. 이에 그는 많지 않고 나이 들고 외로운 사람들만 가고 싶어 한다고 답했답니다. 그러자 그들은 레오노프가 출국청원서를 접수할 수 있도록 허락해 주었답니다. 그런데 인민들이 청원서를 제출하러 가자 관원들이 서류를 뺏어 전부 찢어버렸답니다. 됐어! 아무도 못 가.158)

소연방정부가 잠시라도 그런 의도를 지니고 있었는지에 대해서는 알려진 바 없다. 1966년에 있었던 일본정부의 질의가 소연방 지도자들이 미귀환을 상기하게 된 원인이었던 것은 아닐까? 석방된 사람들이 출국했다는 드문 경우에 관한 정보가 상황을 가열시켰음에 의심의 여

---

156) [Э], муж.(남), 1955 г. р., г. Южно-Сахалинск, 17.07.2010.
157) 레오노프(П.А. Леонов). 1960-1978년까지 소연방 공상단 사할린 주위원회 제1서기 역임.
158) [А.], муж.(남), 1951 г. р., п. Углезаводск, 01.02.2009.

지가 없다. 그러나 정치적, 심리적 원인과는 별개로 결과는 인간적 비극이었으며, 강제 출국된 가족에 관해서는 단편적이면서 그리 믿을만하지 못한 정보 말고는 지금까지 전혀 알려진 바 없다.

노보시비르스크(Новосибирск)에 도영식[159]이라는 아는 사람이 있었습니다. 그가 사라져 버렸어요... 그게 77년이었는데 그가 출국했습니다. 그의 가족은 사할린 출신인데, 사람들이 말하기를 그들의 아버님은 70년대에 가장 활발한 한인이었고, 한국으로 가고 싶어 하셨답니다... KGB요원이 그를 찾아와서는 그와 그 가족 모두를 메모해 두었죠. 그 아버님에게 아들이 하나 있었는데 48년생이니 저보다 4살 많았죠. 바로 이 사람이 노보시비르스크에 살았고, 그의 아버님은 여기(사할린)에서 70년대 내내 청원서를 썼어요. 그리고 일본을 거쳐 한국으로 가라고 그들에게 말했답니다. 상트페테르부르크에 있는 누나는 결혼을 해서 출국하지 않고 남은 유일한 사람이고... 나머지 다른 사람들, 그러니까 케메로보(Кемерово)에 살고 있는 둘째형, 하바로프스크에 살고 있는 누이 하나 더, 그리고 노보시비르스크의 제 친구는 사할린에 입도하여 이곳에서 일본으로 출국하려 했답니다. 예! 그들이 여기로 왔고 집도 팔고, 나가기만 기다리고 있었죠. KGB는 "서류가 없다 그러거나, 아니면 다른 뭐가 어떻다"는 등 ... 한마디로 반년을 기다렸는데 아무도 아무 것도 없었고, 다시 반년 뒤에는 그들 모두 사라져버렸습니다. 사할린에서 완전히 사라져서 누구도 그 사람들을 찾을 수 없었습니다. 그 이후 그 친구 역시 내 부인과 함께 시브리브마쉬(Сибрыбмаш/시베리아어업기계)라는 공장에서 일했는데, 우린 그 친구와 같은 기숙사에서 살았죠. 그 친구가 "만약에 내가 한국으로 가면 그곳에서 너한테 편지를 쓸게"라고 저한테 모든 것을 말해주었어요. 그런데 시간이 좀 흐른 뒤 그가 일하던 곳으로부터 편지가 왔어요. 도영식은 힘든 육체노동을 하고 있으며, 건강이 무척 안 좋아서 죽을까 걱정된다고 적혀 있더군요. 만약 공동작업단체가

159) 외국으로 강제 추방된 사람의 명단에는 도만상의 아들 도윤식으로 기재되어 있다.

그의 보석보증인이 된다면 그를 석방시켜준다고 했는데, 그 단체가 거절했답니다. 이게 다입니다. 포기해버렸고, 그가 어디에 있는지 현재 아무도 모릅니다. 아마도 우라늄 광산에서 그들이 죽게 됐을지도 모르죠...[160]

이게 당시 발생한 그런 식의 유일한 사건은 아니었다. 1970년대 말 소연방으로부터의 추방은 정치적으로 바람직하지 못한 요소를 제거하는 일반적인 방법이 되었다. 예를 들어 1979년 4월 29일 소련 국적을 박탈당한 이단자(긴즈부르크[А.И. Гинзбург]와 다른 이들)들을 미국으로 추방하는 대신 교환조건으로 소비에트 스파이들을 데리고 왔다. 동시에 소연방 공산당 중앙위원회 간부회의 결정에 따라 소련 국적을 박탈한 다음 유대인 '민족주의자'들을 소연방 국경 밖으로 출국시켰다.[161]

공정의 차원에서 반드시 지적해야 할 것은 소연방정부의 정책만이 모국방문과 친척상봉을 원하는 사할린한인들의 소망에 걸림돌이 된 것은 아니었다. 냉전시기의 모든 상황이 이 문제의 공정한 해결에 반하고 있었다. 예를 들어 1976년 네 명의 연로한 한인(황인갑, 강명수, 백학도, 안태식)이 출국허가서를 소연방정부로부터 받았다. 모든 재산을 매각한 그들은 일본 총영사관에서 입국비자를 받으려고 나호트카(Находка)로 이동했다(모든 서류가 준비되었으며, 박노학이 영사관에 제출했다). 그러나 일본 외무성은 일본주재 대한민국 총영상관이 사할린한인들의 한국 입국을 허락하지 않았기 때문에 7월 5일(소련비자 기간 만료일)까지 일본 비자를 발급할 수 없다고 통보했다. 시간이 흘렀으며 "나호트카의 4인"은 사할린으로 돌아올 수밖에 없었다.[162]

160) [Д.], муж.(남), 1952 г. р., г. Южно-Сахалинск, 12.04.2009.
161) РГАНИ. Ф. 89. Оп. 25. Д. 39. Л. 1.
162) Онума Ясыакхи. Люди, брошенные на Сахалине. С. 101–102.

이처럼 사할린한인 귀환과 관련된 국가들의 최고 수준에서의 정책은 사람들의 바람이나 의도와는 반대되는 방향으로 작용했다. 1980년대 이후 국제사회의 '데탕트' 덕분에 (극히 한정된)일부 사할린한인들이 친척상봉을 위한 출국허가청원서를 제출할 수 있었다. 1986년 이후 출국신청서를 제출한 이들 중 많은 이들이 허가를 받았다(표 15 참조).

표 15. 1981-1987년 친척 상봉을 위해 일본으로의 출국청원서를 제출한 한인의 수

연도	청원건수	그 중		허락건수	그 중		거부	그 중	
		소련시민	외국인		소련시민	외국인		소련시민	외국인
1981	17	11	6	9	6	3	8	5	3
1982	8	8	-	8	8	-	-	-	-
1983	15	13	2	9	8	1	6	5	1
1984	17	13	4	8	7	1	9	6	3
1985	14	11	3	7	6	1	7	5	2
1986	48	38	10	27	22	5	21	16	5
1987	58	34	24	58	34	24	0	0	0
총	177	128	49	26	91	35	51	37	14

출처: 사할린주 집행위원회 내무부 자료 // Кузин А.Т. Исторические судбы сахалинских корейцев... кн. 3. С. 119.

　　사할린한인들이 볼모로 잡혀 있었던 '철의 장막'과 노골적 대립의 시기가 끝으로 향하고 있었다. 대립은 45년간 지속되면서 실현되지 못한 귀환의 문제가 발생했으며, 그 문제 해결을 지연시킨 기간이 연장되면서 그 문제는 실질적으로 해결될 수 없는 것이 되었고, 사할린한인 디아스포라의 통합과 적응 과정에도 영향을 주었다. 소비에트 러시아 체제에서 출생하여 교육을 받은 2세대와 3세대는 새로운 사회로 통합되었으며, 한국사회에서의 삶의 현실을 직접 정면으로 접한 뒤 자신의 모국을 다시 바꾸려 원하지 않았다.

* * *

　남사할린과 쿠릴열도가 소연방의 통치권으로 들어간 이후 그곳에 거주하던 한인 주민들은 소비에트사회에서의 삶에 적응하는 힘든 길을 걸어야만 했다. 객관적인 역사적 상황도 한인들이 소비에트사회에 적응하고 러시아 문화의 전통과, 규범 그리고 법률을 받아들이도록 조장하고 자극했다. 그러나 귀환의 미해결 및 북한과 소비에트정부의 정책에 의하여 야기된 가장 복잡한 문제, 소련시민권과 교육의 부재로 인해 누적된 제약, 자신만의 민족적 의미와 독특함을 유지하려던 바람 등이 통합과 적응의 과정에 부정적으로 작용했다.

제5장
소비에트 해체 이후의 사할린한인

5.1. 소비에트 해제 이후의 디아스포라. 정치, 경제, 사회적 발전 요인

1990년대는 러시아의 역사에서 새로운 단계가 시작된 시간이었다. 소연방이 세계지도에서 사라지고 정치체제와 경제체제가 변하면서 러시아의 모든 사회생활 역시 그 영향을 받지 않을 수 없었다. 러시아는 경제발전을 위해 새로운 길을 선택했으며, 새로운 사회관계를 형성하기 시작했다. 민주주의적 사회개혁으로 야기된 러시아 내 각 민족들의 민족문화 부활 과정은 사할린한인 디아스포라 내에서의 문화 과정 활성화에 자극을 주었다.

권위주의 독재국가의 소멸과 관련된 민주화 과정에도 불구하고 1991년 이후의 러시아 사회는 모든 정치, 경제 그리고 행정체제의 페레스트로이카에 의해 야기된 복잡한 사회위기를 경험했다. 이 위기는 모든 사회계층에 충격을 주었으며, 많은 산업분야의 파괴, 산업생산 지수의 치명적 하락, 실업률 증가와 생활수준 저하, 국제사회에서 국가위신의 실추, 체계적인 인구통계학적 위기 등으로 이어졌다. 이것 및 다른 요인들이 독재로부터 민주주의로의 러시아 사회의 이행과정에 수

반되었다. 2000년 이후 상황이 개선되기 시작했으며, 러시아정부와 사회는 국내 상황을 안정시키고 국제적 지위 격상, 세계 자본주의 모델에 기초한 민주주의 사회의 구축 등을 이루기 위해 막대한 노력을 기울였다.

1990년대 초 러시아의 사회경제 및 정치적 위기 상황은 사할린 주에게도 영향을 주었다. 삼림, 목재가공, 제지산업 등 실질적으로 모든 중요한 제품들의 생산이 급격하게 하락했다.[1] 비식료품 및 경공업 분야에서 중요한 제품의 출하도 줄어들었다.[2] 수 천 명의 사람들이 실업자가 되거나 직업 또는 직장을 바꿔야 했다. 경제체제의 페레스트로이카라는 조건 하의 실질적 제로 상태에서 새로운 생산과 활동 분야가 발생하기 시작했지만, 예전 같은 규모는 아니었다. 외국에서 도입된 신기술과 외국인 투자가 사할린 주 경제에 심대한 영향을 주었다.

사할린을 벗어나는 이주가 증가하면서, 일반적인 인구통계학적 위기와 함께 사할린에 상주하는 인구수가 눈에 띄게 감소하기 시작했다. 1992년 1월 1일자 사할린 주 인구가 721,500명이었으나,[3] 2002년에는 겨우 546,700명이었으며,[4] 2010년에는 인구수가 498,000명으로 줄어들었다.[5] 달리 표현하면, 18년 동안 사할린 인구가 거의 1.5배 정도 줄어들었다.

이런 과정들 역시 한인 디아스포라에 영향을 주었다. 한인 디아스포

1) ГАРФ. Ф. 10026. Оп. 4. Д. 879. Л. 103.

2) Там же. Л. 105.

3) Там же. Л. 99.

4) Всероссийская перепись населения 2002 г. Т. 4. Национальный состав и владение языками, гражданство // Официальный сайт. Режим доступа: http://www.perepis2002. ru (검색일: 10.01.2015).

5) Всероссийская перепись населения 2010 г. Т. 4. Национальный состав населения по субъектам Российской Федерации // Всероссийская перепись населения 2010 г. Режим доступа: http://www.perepis-2010.ru (검색일: 10.01.2015).

라의 수가 눈에 띄게 줄어들었다. 1992년에는 사할린한인이 36,075명이 었으나,[6] 2002년 29,592명(남자 14,489명, 여자 15,103명)[7]이었다가, 2010년 에는 겨우 24,993명에 불과했다.[8] 더구나 한인의 절대 수가 확연하게 줄었음에도 불구하고, 위 기간 동안 사할린 인구 대비 한인 비율은 5-5.4%로 거의 변하지 않았다.

사할린한인은 러시아의 다른 지역으로 활발하게 이주했다. 천과 김 의 주장에 따르면 현재 사할린한인과 그 자손은 연해주(약 5천 명), 하 바로프스크 주(약 6천 명) 그리고 로스토프 주(약 2천 명)에 거주하고 있다(그러나 애석하게도 관련 자료의 출처를 밝히지 않았다).[9] 사할린 에서 이주한 한인 중 일부는 러시아의 다른 지역, 특히 모스크바와 상 트페테르부르크에서도 거주하고 있다.

이전의 경제체제가 붕괴된 1991년 이후 사할린의 주민들은 러시아 다른 지역의 주민들과 마찬가지로 새로운 조건 속에서 자아를 발견해 야 했다. 사할린한인 또한 예외는 아니었다. 20년이 넘는 시간 동안 사 할린한인 디아스포라는 성공적으로 자본주의 경제에 통합될 수 있었 으며, 무역, 건설, 교통 그리고 숙박관광 서비스 분야에서 지도적 지위 를 차지하기 시작했다. 전통적으로 농업에 종사하는 이들 역시 적극적 이다. 한인 기업들은 수산업에서도 큰 역할을 하고 있다.[10] 한인들은 주의회 의원, 여러 시의 시장이나 군수 등으로 선출되는 등 지역 정치 활동에도 적극적으로 참가하고 있다. 화가, 의사, 기초교육기관 선생님

---

6) ГАРФ. Ф. 10026. Оп. 4. Д. 879. Л. 100.

7) Всероссийская перепись населения 2002 г. Т. 4... (검색일: 10.01.2015).

8) Всероссийская перепись населения 2010 г. Т. 4... (검색일: 10.01.2015).

9) Тен Ю.М., Ким Е.У. Корейцы России – современное положение и про-блемы // Сотрудничество. Материалы 6 международной научной конференции / под общ. ред. Е.У. Кима. Вып. 3. М., 2001. С. 41.

10) Кузин А.Т. Исторические судьбы сахалинских корейцев... Кн. 3. С. 56.

과 고등교육기관 교수, 사회조직 참가자와 활동가 등 지식인 계층도 매우 폭넓다.

2002년과 2010년의 전 러시아 인구조사 자료에 따른 사할린 주 한인의 경제적 지위에 관한 상세한 정보는 표 16에 나타나 있다.

표 16을 통해 한인 내에서의 도시화가 비율이 매우 높다는 것이 확인된다. 한인 중에서 농촌거주자는 2002년에 총 3.3%, 그리고 2010년에 8.7%였던 것에 비해 사할린 주 전체의 농촌거주자 비율은 2002년에 13.3%, 그리고 2010년에 20.3%였다.

사할린한인 중 도시거주자는 노동인구(노동 활동, 개인적인 부업 경영, 다른 수입원에서 수입을 벌어들이는 사람들)의 통계에 잘 기재되어 있다. 노동, 개인적인 부업에 종사하거나 다른 곳에서 수입을 얻고 있는 한인이 2002년 48.45% 그리고 2010년 56.60%인 것에 비해 사할린 주 전체의 비율은 2002년 51.65% 그리고 2010년 54.40%이다.

표 16. 사할린한인의 2002년과 2010년 생활비 수입원

색인	2002		2010	
	도시 거주	농촌 거주	도시 거주	농촌 거주
1	2	3	4	5
수	28,630	962	22,828	2,165
생활비 수입원을 제시한 총 수	33,865	1,263	27,256	2,762
그 중에서:				
노동을 통한 수입	12,030	404	12,420	1,114
개인적인 부업 경영	889	109	498	130
장학금	404	11	149	13
연금	5,619	231	6,354	901
장애 연금	651	53	535	74
보조금	2,247	100	696	74
실업 보조금	209	29	53	15
다른 종류의 국가보장	219	29	246	11
저축	105	3	153	19
재산의 임대나 대여 수입	17	-	32	-

다른 개인의 부양비	10,522	258	6,119	411
다른 생계 수입원	953	36	1	-
생계비 수입원 비 제시자	44	-	-	-
전체 주민 중 제시한 사람은:				
	23,494	682	18,617	1,604
두 개의 수입원	1,906	259	4,002	525
세 개의 수입원	285	21	202	36
네 개의 수입원 및 그 이상	1	-	7	-
총 수	29,592		24,993	

출처: 2002년 전 러시아 인구조사. 4권...(검색일: 2015.01.10.); 2010년 전 러시아 인구
조사. 4권(검색일: 2015.01.10.).

사할린에서 일정한 수준의 물질적 부에 도달한 한인, 즉 자신의 저축
또는 주택임대료로 생활하는 한인의 비율이 (사소하지만)상대적으로 더
높다. 그런 한인이 2002년에 0.68%였으나, 2010년에는 0.81%였다. 사할
린 주민 중 그런 사람의 평균 비율이 각각 2002년 0.37%, 2010년 0.65%
였다. 생계비 수입원이 하나인 한인의 비율이 2002년에 82.06% 그리고
2010년에 81.55%로, 전 사할린의 평균치인 2002년의 77.28%와 2010년의
75.55%보다 높다. 사할린에서 부수입을 필요로 하는 주민의 평균치가
2002년 21.99% 그리고 2010년 20.45%였던 것에 비해, 한인의 경우에는
2002년 17.79% 그리고 2010년에는 18.45%였다.

표 17. 사할린 주 15세 및 그 이상 한인의 교육수준

색인	2002		2010	
	명	%	명	%
전문가(고등교육이수 후, 고급, 준 고급, 중급, 초급)	13,916	55.59	14,006	64.17
일반(중급, 기초, 초급)	10,666	42.61	7,621	34.91
기초교육을 받지 못한 자	397	1.59	201	0.92
문맹	283	1.13	117	0.54
교육수준 비 제시자	53	0.21	-	-
총	25,032	100	21,828	100

출처: 2002년 전 러시아 인구조사. 4권...(검색일: 2015.01.10.); 2010년 전 러시아 인구
조사. 4권(검색일: 2015.01.10.).

표 17에 의거하여 사할린한인의 교육수준을 평가할 수 있다. 위의 두 차례 전 러시아 인구조사가 이루어진 8년 동안 사할린한인 디아스포라의 교육 수준은 전문적 교육의 경우 2002년 55.59%에서 2010년 64.17%로 높아졌다. (2002년의 42.61%에서 2010년의 34.91%로)전체 교육 지수의 '하락'을 고려하면 많은 사할린한인은 고등학교 졸업 후 고등교육기관 진학을 염두에 두고 있는 것으로 보인다. 한인에 관한 자료를 사할린 주민의 지수와 비교하면 2002년 한인의 지수가 주 전체 지수보다(사할린 주민의 60.32%가 고등교육기관에서 수학) 확연히 뒤떨어졌다면, 2010년 에는 전문교육 이수자의 지수가 61.27%로 주 전체 지수를 넘어섰다.

그림 35. 한국어 수업. 1991년

출처: 새고려신문 사진 문서군.

그림 36. 환갑잔치. 유즈노사할린스크. 1983년

그림 37. 한가로운 시간을 보내는 사할린한인. 유즈노사할린스크. 1991년

출처: 새고려신문 사진 문서군.

사할린한인의 교육 수준에 관한 자료를 독립국가연합(CIS)에 있는 다른 고려인의 지수와 비교해보면 흥미롭다. 사할린한인과 다른 지역 고려인의 교육수준을 비교하면 다음과 같은 그림이 나타난다. 모스크바 시, 로스토프 주, 연해주 그리고 하바로프스크 주의 15세 이상 전체 고려인 중에서 전문고등교육 이수자 59.8%, 의무교육 51.2%, 초기교육 미 이수자 1.2%, 문맹 0.5% 등이다.[11]

애석하고도 우즈베키스탄 한인의 교육수준은 제시할 수 없는바, 우즈베키스탄의 독립 이후 단 한 차례도 인구조사가 이루어지지 않았던 것에서 그 이유를 찾을 수 있다. 카자흐스탄의 1999년 인구조사를 보면 15세 이상 고려인 77,864명 중 고등교육 이수자가 53.7%, 의무교육 이수자가 45.5%임을 알 수 있다.[12] 이처럼 카자흐스탄 고려인 중 고등교육 이수자의 비율이 전 러시아연방이나 사할린 주의 한인보다 낮다.

---

11) 2002년 전 러시아 인구조사. T. 4... (검색일: 10.01.2015).
12) 1999년 카자흐스탄 공화국 인구조사 결과. Статистический сборник. T. 4, ч. 2. Население Республики Казахстан по национальностям и уровню образования / под ред А. Смаилова. Алматы: Агентство Республики Казахстан по статистике, 2000. C. 78.

사할린한인의 문화발전 문제 역시 조명되어야 할 것이다. 앞에서 이미 언급한 바와 같이 소연방의 마지막 시기에 문화생활에 대한 통제가 어느 정도 약해지면서 사할린 디아스포라에서도 사회조직이 생겨나기 시작했다.[13] 이 조직들은 사할린한인의 모국 귀환 달성이라는 주요 목적 이외에도 한국어와 한국문화의 부활, 한인 디아스포라의 국제관계 수립과 확대, 역사적 공정성의 복원과 같은 분야에서 주도적 역할을 수행하기 시작했다. 최근 사할린한인 민족문화의 부활이 진행되고 있다는 사실을 인정해야 한다. 사할린 주 교육기관에서의 한국어교육 부활이 중요한 증표이다.

유즈노사할린스크의 의무교육학교 №9가 '한인학교'의 지위를 얻었다. 1992년부터 이 학교는 동방문화와 언어의 심화교육을 실행하는 곳으로 인정되어 한국어, 일본어 또는 중국어 과목이 2학년 과정부터 편성되어 있으며, 1997년부터는 대부분의 학생이 동방언어 수업을 의무적으로 이수하도록 규정하고 있다.[14] 학교에서의 한국어 교육은 광범위한 방법론 및 실용적 원칙에 근거하고 있다.

1991년 사할린 주에서는 12개 학교에서 한국어를 가르쳤다(1-4학년은 425명, 5-9학년은 100명이 한국어를 배웠다). 사할린 주 공공교육 관리국은 1991년에 다양한 교육재정지원 이용, 한국어를 포함한 모국어 수업을 위한 부가조건수립 등이 제시된 교육체제의 안정화와 발전계획 프로젝트를 마련했다.[15]

---

13) 최근 다양한 형태의 한인 조직이 늘어났다. 2010년 1월 1일자 기준으로 사할린 주 내에는 26개의 다양한 한인 사회조직이 활동하고 있다. // Кузин А.Т. Исторические судьбы сахалинских корейцев. Кн. 3... С. 95.

14) 시립 교육기관 동방언어 및 문화 심화 교육 중등 일반교육학교 № 9 // 공식사이트: http://www.school9.sakh.com/ (검색일: 2012년 8월 5일).

15) Бугай Н.Ф., Сим Хон Ёнг. Общественные объединения корейцев России: конститутивность, эволюция, признание. М.: Новый хронограф, 2004. С. 218.

한국어 및 한국과 관련된 다른 과목들이 사할린 주의 고등교육기관에서도 개설되기 시작했다. 1988년 유즈노사할린스크 사범대학교 역사학부에 한국학과가 신설되었다. 1991년 한국학과와 일본학과에 기초하여 동방학부가 설립되었다.[16] 사할린국립대학교(이 대학교는 1998년 사범대학교를 기반으로 설립되었다)의 동방학부가 경제와 동방학부로 개명되었다. 이 학부는 한민족(다른 민족도 가능) 중 원하는 모든 이들에게 역사적 모국에 관한 전문가 수준의 지식을 제공하는 동시에 한국어 교사와 한국문학 전문가를 양성하고 있다.

지속적으로 활동 중인 한인신문 이외에도 사할린한인을 위해 2004년 국립텔레비전라디오 방송사 '사할린'에 'KTV 우리말 방송'이라는 한국어 텔레비전방송단체가 결성되었다. 방송은 한국어와 러시아어로 진행되며 한국의 역사와 문화에 관한 영화를 방송해 준다.

1993년 대한민국 정부는 유즈노사할린스크에 교육센터를 설립했다. 이 센터는 한국어, 문화 그리고 역사 등의 연구개발을 지원하고 있으며, 대한민국에서의 유학을 원하는 이들에게 상담서비스를 제공하고, 사할린에 거주 중이거나 수학 중인 한국 국민들을 도와주고 있다. 문화센터는 2006년부터 한인문화센터 건물 내에 위치하고 있다. 한인문화센터와 대한민국교육센터는 사할린한인과 역사적 모국을 연결시켜 주는 중요한 가교이며, 민족문화 및 민족언어의 보존과 한국사 수학을 가능하게 해주고 있다.[17]

---

16) Бок Зи Коу. Корейцы на Сахалине... С. 161–162.
17) 사할린주재 대한민국 교육 및 문화센터 // 공식사이트: http://www.sakhalinedu.com/rus/main/main.php (검색일: 2012년 8월 5일).

표 18. 사할린의 한인 수와 사용 언어. 1959-2010년

연도	1959	1970	1989	2002	2010
총 수	42,337	35,396	35,191	29,592	24,993
러시아어 포함					
러시아어	2,546	7,398	22,230	29,382	22,834
한국어	39,729	27,978	12,908	210	2,079
제2외국어 구사자					
러시아어	-	21,042	-	-	-
한국어	-	-	-	-	6,169

출처: ГИАСО. Ф. 3. Оп. 2. Д. 19. Л. 48; ГИАСО. Ф. 3. Оп. 2. Д. 98. Л.14; ГИАСО.
Ф. 3. Оп. 2. Д. 98. Л. 14об.; 1989년 전 러시아 인구조사. 러시아 지역별 주민
의 민족 구성(러시아 국가통계청 작업 문서보관소. 표9c. 민족과 모국어별 주민
구분) // Демоскоп Weekly...(검색일: 2012월 8월 5일); 2002년 전 러시아 인구조
사. 4권...(검색일: 2015년 1월 10일); 2010년 전 러시아 인구조사. 4권...(검색일:
2015년 1월 10일).

한국의 개신교 목사들은 사할린 남부에서 활동하며 10개 이상의 교
회를 건립하는 등 적지 않은 역할을 하고 있다. 그들은 한인과 러시아
인을 상대로 선교를 하고 있으며, 교육 사업에도 종사하고 있다. 1993년
유즈노사할린스크에서는 한국 목사들의 주도와 재정지원 하에 사립선
교대학인 '삼육'이 설립되었다. 이곳에서는 종교과목 이외에도 한국어,
일본어 그리고 영어 등의 외국어 강좌도 개설되어 있다. '삼육'대학은
한국 목사들의 보조자가 될 수 있는 외국어 통·번역가를 양성하고 있
다.[18] 이 대학은 몇 년 동안 존재하다가 폐쇄되었다.

소비에트와 소비에트 이후 시기의 한인 디아스포라 내에서 러시아
어와 한국어 지식의 역학을 추적하는 것도 흥미롭다(표 18을 보시오).
1945년까지 대부분의 한인들이 문맹이었음을 고려하여(이것은 한국 남
부 농업지역 출신의 노동이주라는 이주조건과 관련이 있다), 소련정부

---

18) Забровская Л.В. Российские корейцы и их связи с родиной предков (1990–2003 гг.)
// Проблемы Дальнего Востока. № 5. С. 46.

는 문맹퇴치와 한인계몽을 과제로 제시하여 성공적으로 실행했다.

전후 첫 시기에 한인은 자신의 모국어인 한국어로 교육을 받았다. 그 결과 1959년 42,337명의 한인 중에서 한국어를 모국어로 생각하는 사람이 39,729명(또는 93.8%)이었던 것에 반해 러시아어는 2,546명 또는 6%에 불과했다.[19]

1960년대 초 민족정책이 바뀌면서 점진적 변화가 나타났다. 이에 1970년이 되면 사할린한인 중에 한국어를 사용하는 사람의 수가 79%로 줄어들었으며(당시 러시아어를 외국어라고 생각했던 사람은 59.4%였다), 러시아어 사용자는 20.9%로 늘어났다. 1989년 러시아어를 사용하는 한인의 수가 63.2%였으며, 한국어 사용자는 36.7%였다. 후기 소비에트 시기와 (대부분 한국어를 사용하던 사람들이었던)한인 1세대가 역사적 모국으로 귀환하면서 사할린의 한인 디아스포라는 완전히 러시아어 시기로 들어서게 된다. 2002년의 인구조사에 따르면 러시아어를 모국어로 하는 이가 29,382명(99.29%)이었고,[20] 2010년에는 24,993명 중 24,936명(99.77%)이었다.[21] 2010년 한국어를 제2모국어로 지적한 한인이 2,079명(8.32%)이었고, 한국어를 구사하는 한인은 6,169명(24.68%)이었다.

한국어를 거의 완전하게 상실했음에도 불구하고 한인 디아스포라 내에는 예전처럼 한국 문화에 대한 관심이 매우 높고, 민족 문화를 지지하는 사회 조직들이 계속해서 존재하며 발전하고 있다. 민족 관습이 지켜지고 있으며 역사적 모국인 한국과의 관계는 돈독하고 광범위하다. 또한 사할린한인은 지역경제, 정치, 통치 분야에 성공적으로 통합

19) ГИАСО. Ф. 3. Оп. 2. Д. 19. Л. 48.
20) Всероссийская перепись населения 2002 г. Т. 4... (дата обращения: 10.01.2015).
21) Там же.

되었다. 러시아 사회에 대한 사할린한인의 적응 과정은 실질적으로 완수되었으나, 역사적 모국과의 관계가 많은 면에서 민족의식의 필수적 징표인 한민족 문화를 지지하고 유지할 수 있게 해준다.

그림 38. 사할린 시장에서 본 한인. 2000년

출처: 새고려신문 사진 문서군.
사진 이예식.

그림 39. 국제 심포지움 "사할린한인: 어제, 오늘 그리고 내일"에서 만난 대한민국 국회의원과 사할린 사회조직 대표들. 2010년

출처: 개인 문서군. 나(Pa O.Б.).

그림 40. '우리말 방송' 단원. 유즈노사할린스크 시. 2012년

출처: 국립 텔레비전 라디오 방송사 '사할린' 산하 한국어 방송 '우리말 방송'단 사진
문서군.

그림 41-42. '코스모스' 운동장에서의 한인 축제. 씨름과 달리기 시합. 유즈노사할
린스크. 2010년

첨부: 매년 유즈노사할린스크에서는 '8·15 한인축제'가 열린다. 도시에 거주하는 사람들은
축하연설 경청, 콘서트 관람, 다양한 놀이에 참가하기 위해 한 자리에 모인다.

5.2. 사할린한인의 귀환을 위한 러시아, 일본 그리고 한국 내에서의 움직임

지도에서 소연방이라는 국가가 사라지면서 사할린한인 귀환 문제의 새로운 해결 가능성이 열렸다. 냉전 종식 이후 사회주의 국가 진영을 자신의 이데올로기적 적, 즉 자본주의 발전 모델을 택한 나라들로부터 분리하고 있었던 '철의 장막'이 걷혔다. 러시아 사회 모든 영역에서의 민주화, 국가 간 접촉 금지의 해제, 개인의 해외여행 가능성, 또한 외교 관계의 수립 등으로 러시아와 한국이 사할린한인 문제를 포함하는 의미 있는 대화를 국가 수준에서 착수할 수 있게 되었다. 사할린한인의 역사와 직접적으로 연관된 일본이 사할린 디아스포라의 운명에서 보다 더 적극적인 역할을 수행하기 시작했다.

그림 43. 우체국은행의 저축통장. 도요하라 시. 1944년

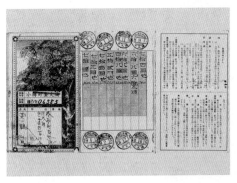

출처: ГИАСО. Ф. 1038. Оп. 1. Д. 104. Л. 29-29об.

일본정부의 물질적 지원 하에 한국과 사할린에 사는 친척들의 만남이 이루어지기 시작했으며, 한인 1세대의 모국 귀환 및 유즈노사할린스크 시 한인문화센터 건립 등에 자금이 배정되었다.

1991년 일본정부의 활동 중 하나는 일본 우편통신부 저축부서의 도요하라 지점에 1945년까지 보관되어 있었던 사할린한인들의 저축통장이 어떻게 되었는지에 대해 러시아 외무부에 문의하는 것이었다. 이미 언급한 바와 같이 한인들이 가라후토의 탄광에서 근무할 때, 그들에게 지급될 임금이 저축통장에 입금되었다. 1991년 사할린 행정부는 1957년 사할린에서 일본 고문서들이 발견되었다는 정보를 제공하는 선에서 마무리 짓고, 그 통장의 운명에 관해서는 아무런 언급도 하지 않았다.[22]

1998년 일본정부는 유사한 내용으로 재차 러시아 외무부에 질의했다. 사할린 주 행정부는 조사를 통해, 일본과 강화조약(현재까지 체결되지 않았다)이 체결될 때까지 가라후토 청 문서자료를 반드시 보관하라는 러시아공화국 외무부 문서보관소장의 명령에도 불구하고,[23] 사할린 주 내무국 특별위원회가 1958년 구 일본저축은행 서류를 파기하기로 결정했다는 사실을 밝혀냈다. 그런 결정이 내려진 이유는 습한 지하 공간에 장기간 보관하면서 곰팡이로 인해 복원할 수 없을 정도로 문서들의 상태가 형편없었던 것에 있다.[24] 애석하게도 사할린한인의 저축금 반환 문제는 지금까지도 미해결 상태이다.

러시아 국제관계의 자유화로 이제까지는 그런 가능성을 지니지 못했던 대한민국이 사할린 주 한인 디아스포라의 삶에 영향을 주기 시작했다. 한국은 이념적으로 소연방에 적대적이었던 자본주의 진영에 속해 있었고, 장기간에 걸쳐 소련과는 제한된 관계만 유지하고 있었음에도 불구하고 사할린한인들의 생각과 머릿속에 역사적 모국으로서 잠재해 있었다. 1990년에 한·소 양국 간에 공식 외교관계가 수립되었지

22) ГИАСО. Ф. 1038. Оп. 1. Д. 104. Л. 14.
23) Там же. Л. 15.
24) Там же. Л. 18.

만, 소연방에서 페레스트로이카의 시작과 1988년 서울올림픽 개최(당시 사할린한인 세 명이 올림픽 사절단의 일원으로 한국을 방문했다[25]), 그리고 1989년 후일 대한민국 대통령이 되는 김영삼의 모스크바 방문 등에서 보듯이 양국의 관계 완화는 조금 더 일찍 시작되었다. 이 방문 중에 러시아정부는 사할린한인들이 모국인 한국으로 귀국할 수 있도록 허락할 것임을 공식적으로 발표했다.[26]

앞에서 이미 언급한 것처럼 사할린에선 한인의 미귀환 책임을 일본 정부에게 청구하려는 목적으로 조직된 다양한 비정부기구들이 활동하기 시작했다. 이 기구들이 일본과 한국에 있는 유사한 조직들과 협력하기 시작하면서 사할린한인 귀환 운동은 일정 정도 성공에 도달할 수 있었다. 이들은 일본 영사관 앞에서 회합하였고, 일본, 한국 그리고 러시아 정부에 요구와 부탁을 했으며, 정치인, 학자, 예술인들이 참석하는 세미나, 미팅, 콘퍼런스 등을 조직했다.

이런 활동의 첫 성공 중 하나는 한국과 사할린에 있는 친척 찾기와 이산가족 상봉이었다. 여기서 큰 역할을 한 것은 1990년 1월 대한민국 KBS와 사할린국립 텔레비전라디오 방송사가 지원하여 이루어진 유즈노사할린스크-서울-대구를 연결한 TV가교였다.[27] 동년 2월 '보잉-747' 기가 서울과 유즈노사할린스크를 연결하는 비행노선에 최초로 취항하면서 120명의 사할린한인 노인들이 역사적 모국을 방문할 수 있었다.[28]

25) Бок Зи Коу. Корейцы на Сахалине… С. 112–113.
26) Relations with the Soviet Union / A Country Study: South Korea. June 1990 // Library of Congress Country Studies: South Korea. Режим доступа: http://loc.gov (검색일: 2012년 7월 17일).
27) Кузин А.Т. История корейского населения российского Сахалина… С. 293.
28) Бок Зи Коу. Корейцы на Сахалине… С. 117–121.

그림 44. TV가교 유즈노사할린스크-서울-대구. 1990년

출처: 사할린 텔레비전 라디오 방송사 산하 '우리말 방송'단 사진 문서군.

다양한 정부기관에 청구와 요청사안이 담긴 서신을 발송하고 만남을 조직하는[29] 등 비정부기구의 활동은 1945-1950년에 이루어지지 못한 남사할린과 쿠릴열도 출신 한인들의 귀환 문제 해결을 지향하고 있었다.

그림 45. 아시아나 항공의 서울-유즈노사할린스크 노선. 1990년

출처: 한국문화센터 문서보관소.
사진 이예식.

---

29) 예를 들어, 저항 행동 중 하나가 2001년 3월 1일 유즈노사할린스크 일본 영사관 앞에서 행해졌다.

모국으로의 귀환 문제에 대하여 사할린한인들이 어떤 태도를 지니고 있는지 기본 의견을 작성하기 위해 이루어진 사회학적 설문조사와 자료 수집이 여러 수준에서 성공을 거두었다. 1992년 사할린을 방문한 일본과 한국 의회 대표단에게 대한민국으로의 영구 귀국을 원하는 사할린한인 13,484명의 명단이 전달되었다. 1993년 한국 대표들은 사할린에서 사회학적 설문조사를 실행하려 했으나, 사할린 행정부와 러시아 외무부가 반대를 제기했다. 결국 설문조사는 1997년 봄 사할린 주 통계국과 한국 대표자들에 의해 진행되었지만, 그 결과는 일반에 공개되지 않았다. 대한민국 정부는 역사적 모국으로 출국할 준비가 되어 있는 사할린한인이 몇 명인지에 주된 관심을 보였다. 당시 약 5천 명 정도의 한인이 출국 의사를 보였다고 한다.[30]

그림 46. 일본정부 청사 앞에서 이루어진 사할린한인 만남. 1990년대

출처: '노바야 카레이스카야 가제타(새고려신문)' 지의 사진 문서군. 사진 이예식.

역사적 모국으로 아무런 장애 없이 다녀올 수 있게 된 이후 일부 사할린한인들은 자신의 바람에 따라 한국으로 영구 귀국했다. 그런 사람들은 많지 않았는데, 그렇게 출국하려면 (출국하는 그 사람 또는 출국

30) Забровская Л.В. Российские корейцы и их связи с родиной предков... С. 46.

하는 사람을 한국에서 부양할 준비가 되어 있는 가족 구성원들의)재정
적 상황이 일정 수준에 도달해야 했으며, 사증 및 국적, 거주지 확보와
여러 가지 생활상의 문제 해결과 관련된 여러 사안들을 스스로 해결해
야했기 때문이었다. 1992-1997년 동안 개인이 직접 절차를 밟아 역사적
모국으로 출국한 사람은 17명뿐이었다.[31)

개인적으로 이주한 사람 중 한 명은 다음과 같이 회고했다.

> 노인 한 분이 계셨어요. 그 분은 국경이 열렸던 90년대에 한국으로
> 직접 가셨죠. 가족은 생활이 넉넉했는데 그 분만 갈 수 있었죠. 한국
> 법정에서 무슨 일이 있었는지는 모르겠지만, 제가 보기엔, 그 분 국적
> 문제를 해결했던 것 같아요. 그 분이 법정에서 일어나셔서는 재판관
> 에게 "난 그곳에서 당신이 태어나기 전까지 살았고, 난 이곳에서 태어
> 났소이다. 난 이 나라에서 살 권리가 당신보다 더 많아!"라고 소리치
> 듯 말씀하셨답니다. 그 분이 그렇게 기이한 행동을 하셨던 분이에요.
> 그 분은 자신이 한국에서 살 수 있다는 것을 증명하려 하셨고... 그것
> 을 입증해 내시자 그 분에게 국적을 주셨다고...[32)

그러나 이런 식의 이주는 사적인 성격을 지니고 있었기 때문에 국가
와 비정부기구의 지원 없이는 대규모 성격을 띨 수 없었다. 사할린한인
들에 대한 일본의 도덕적 책임 인정, 한국 정부의 도움 등이 있었기에
귀환 운동에 대한 재정지원이 가능했다. 1992년 러시아, 한국 그리고 일
본정부 사이에 이산가족 상봉과 재결합에 관한 국가 간 협약이 체결되
었다. 이 협약에 따라 일본정부는 사할린한인 1세대의 귀환을 위해 재
정을 보장해야 했으며, 한국 당국은 주택 건설 부지를 제공해야 했다.[33)

---

31) 이 인원은 물론 이후에 나오는 사할린한인 귀환자의 수는 다음의 사할린한인 이산
    가족 협회의 문서보관소에서 인용한 것이다.
32) [А.], муж.[남], 1938 г. р., г. Ансан, 10.06.2010.

역사적 모국을 향한 사할린한인의 이주 조건은 다음과 같다.

- 한국 당국은 이주자용 주택을 건설하기 위한 대지를 제공한다.
- 일본은 본 계획의 재정을 지원하고 1945년 8월 15일 이전 남사할린 으로 이주되었던 한인들에게 배상금을 지불한다.
- 한국에 있는 주택은 이주자 전용으로, 해당 이주자의 생존 기간 동안만 제공되며, 상속권은 인정되지 않는다.
- 자녀, 손자, 손녀 그리고 친척은 귀환자에 포함되지 않는다.[34]

한국으로 귀환한 사할린한인이 정확이 몇 명인지 아직까지도 확실하게 알려지지 않았다. 국제기구인 '적십자' 한국지부가 통계를 산출하고 있으나, 아직 귀환이 진행 중이라는 이유로 담당자가 해당 자료의 열람을 허락하지 않았다.[35] 러시아 측에서는 '사할린한인 이산가족협회'가 명부 작성 및 사할린한인의 출국 자료를 수집하는 업무를 담당하고 있다. 본인은 사할린한인 귀환 관련 자료를 수집할 수 있도록 도와준 이 기구 및 협회의 박순옥 회장에게 감사드린다.

본 저자는 이 자료로 8개의 표를 작성했다. 아쉽게도 인용된 자료의 절대적 정확성은 보장할 수 없다. 사할린한인 이산가족 협의회(COOO PCCK, 직역하면 '사할린한인 이산가족의 사할린 주 사회조직'이다. 여기선 통상 명칭을 사용한다 - 역주) 회원들이 해낸 작업양이 막대하여 성사된 귀환 관련 자료들을 필요한 형태로 체계화시키는 것이 쉽지 않았으며, 인용된 수치의 신뢰도에는 문서군의 단편성과 분산성이 반영되어 있다. 그럼에도 불구하고 본 저자는 문서를 검토한 후, 인용된 자료 내에 공백이 있다 해도 그것이 의미를 갖는 것이 아니라고 보는데 이는 한국으로 이주한 한인이 전체 사할린한인의 1%도 안 될 것으로

33) Забровская Л.В. Российские корейцы и их связи с родиной предков... С. 46.
34) Кузин А.Т. Исторические судьбы сахалинских корейцев. Кн. 3... С. 125–126.
35) 본 저자가 담당자에게 문의한 것은 본인이 한국에 체류하던 2011년이었다.

확신하기 때문이다.

표 19에서는 1992년부터 1997년 사이에 사할린을 떠난 한인의 수가 게재되어 있다. 표에서 보는 것처럼 유즈노사할린스크, 홈스크, 돌린스크, 네벨스크, 우글레고르스크, 포로나이스크, 아니바, 코르사코프 지역에서 259명이 한국으로 이주하여 양로원 '사랑의 집'과 '대창양로원'에 분산 배치되었다. '대창양로원(大昌養老院)'은 일본에 거주하는 한인여성 오기문(吳基文)이 사재를 출연하여 건설한 양로원으로, 양로원의 유지관리는 '적십자'가 맡고 있다.[36]

표 20에는 1998년의 자료가 인용되어 있다. 애석하게도 이 해에 대한 정보는 먼저 출국하여 서울, 인천, 부천 등의 주소지로 이주한 두 개 집단 외에 다른 단체의 이주지 관련 정보가 없다는 이유에서 완전하지 못하다.

표 19. 1992-1997년 귀환 계획에 따라 한국으로 출국한 사할린한인의 수

출국 일자	출국자 수	출신 지역	도착지
1992.09.29	83	유즈노사할린스크, 홈스크 지역, 돌린스크 지역, 네벨스크 지역, 스미르니흐, 마카로프, 우글레고르스크 지역, 포로나이스크 지역, 아니바 지역, 코르사코프 지역	사랑의 집
1993.03.20	42	유즈노사할린스크, 마카로프, 코르사코프, 네벨스크, 아니바, 우글레고르스크, 스미르니흐, 돌리스크 지역, 크라스노고르스크, 홈스크	사랑의 집
1994.04.26	45	유즈노사할린스크, 마카로프, 네벨스크, 고르노자보드스크, 돌린스크, 포로나이스크, 크라스노고르스크, 코르사코프	대창양로원
1996.02.14	48	유즈노사할린스크, 마카로프, 스미르니흐, 시네고르스크, 비코프, 돌린스크, 홈스크 지역	사랑의 집
1997.02.26	23	유즈노사할린스크, 시네고르스크, 티모프스코예, 고르노자보드스크, 코르사코프, 마카로프	대창양로원
1997.12.18	18	유즈노사할린스크, 코르사코프	서울
계	259		

36) 최길성, 사할린: 유형과 기민의 땅. 서울: 민속원, 2003. 110쪽.

표 20. 1998년의 귀환 계획에 따라 한국으로 출국한 사할린한인의 수

출국 일자	출국자 수	출국지
1998.02.25	32	서울
1998.03.11	24	인천, 부산
1998.04.15	30	-
1998.04.29	22	-
1998.06.03	30	-
1998.09.09	8	-
계	146	

1992-1998년 사이 이주 한인을 양로원에 분산 배치한 것은 많은 면에서 어중간한 졸속 조치였다. 양로원에서의 주거환경이 편안하다고 자유로운 것은 아니며, 독거노인들만 입소할 수 있었기 때문에 일부 경우에는 역사적 모국으로 돌아가려는 한인이 배우자와의 이혼을 택하기도 했다. 일부 사할린한인은 거주조건에 실망하고 가족과의 이별도 참을 수 없어서 사할린으로 되돌아가기도 했다.37) 이런 식의 이주는 비극으로 이어졌다.

우리 이웃이 있었습니다. 할아버지신데, 정말 한국에 가서 살고 싶어 하셨죠. 이혼하신 분인데, 한국에서 그 분을 양로원, 그러니까 혼자되신 분들만 있는 곳에 입주시켰어요. 그런데 그 분이 거기서 나가셨습니다. 그 분한테 그곳은 형편없었던 것 같은데, 아마 거주 조건도 안 좋고, 가족도 여기 있기 때문이었겠죠. 1년 후 가족을 보시려고 단기체류로 이곳에 오셨습니다... 2달 정도 머무른 후 다시 돌아가셔야 했죠. 그런데 출국하기 전에 목을 메달아 자살하셨어요... 그 분의 귀국은 그렇게 끝을 맺었죠.38)

37) 예를 들어 다음을 보시오. Войнилович М.М. Вернулся Хван на родину // Советский Сахалин. 1994. 18 июня.
38) [А.], муж.(남), 1970 г. р., г. Южно-Сахалинск, 23.08.2010.

1999년 일본정부가 32억 엔을 실험적인 국제계획에 배정했다. 이 계획에 따라 100명을 수용할 수 있는 '인천복지회'라는 숙소가 인천시에 개소되었으며, 안산시에 8층짜리 건물로 이루어진 주택단지가 건설되어 2000년에 사할린 1세대 중 근 1천 명이 그곳으로 이주했다.[39] 주택단지는 자기가 태어난 곳을 뜻하는 '고향마을'로 불리게 되었다. 표 21에는 1999, 2001년 그리고 2003년의 자료가, 표 22에는 2000년의 자료가 인용되어 있다. 2002년 자료가 없는데, 아마도 귀환이 이루어지지 않았거나, 통계치가 2001년에 포함되었기 때문일 수 있다. 검증되지 않은 자료에 따르면 2002년에 한국으로 출국한 사할린한인은 10명이다.[40]

표 21. 1999, 2001, 2003년 귀환 계획에 따라 한국으로 출국한 사할린한인의 수

출국 일자	출국자 수	출국자의 출신 지역	도착지
1	2	3	4
1999.02.24	55	유즈노사할린스크, 코르사코프, 홈스크, 돌린스크, 크라스노고르스크, 소콜, 샥툐르스크, 포로나이스크, 우글레고르스크, 마가로프, 체호프	인천복지회
1999.03.03	23	유즈노사할린스크, 샥툐르스크, 홈스크, 크라스노고르스크	인천복지회
1999.05.18	15	유즈노사할린스크, 돌린스크, 홈스크, 사할린스크, 포로나이스크, 크라스노고르스크, 코르사코프, 마가로프, 우글레고르스크	대창양로원
2001.05.26		유즈노사할린스크, 소콜	인천복지회
2001.07.24	5	유즈노사할린스크, 고르노자보드스크, 마카로프, 시네고르스크, 콜호즈노예, 홈스크, 우글레고르스크, 틔모프스코예	대창양로원

39) Кузин А.Т. Исторические судьбы сахалинских корейцев. Кн. 3... С. 125–126.
40) 이 확인되지 않은 자료는 사할린한인 이산가족 협의회가 작성하여, 관심을 보인 연구자들에게 전달한, 1990년부터 2009년까지 대한민국으로 출국한 사할린한인의 수라는 표에 포함되어 있다. 그러나 이 표가 면밀하게 작성된 것이 아니며, 사실에 부응하는 것도 아니라는 것을 사할린한인 이산가족 협의회의 관계자들 스스로 인정하고 있다. 이 명단은 다음의 연구물에서 발표되었다.

2001.05.19	15	유즈노사할린스크	인천복지회
2001	1	-	-
2003.01.25	160	유즈노사할린스크, 네벨스크, 샥툐르스크, 프리보이	대창양로원
2003.10.11	5	네벨스크	인천복지회
계		281	

표 22. 2000년 귀환 계획에 따라 한국으로 출국한 사할린한인의 수

출국 일자	출국자 수	도착지
2000.02.02	120	안산 고향마을
2000.02.09	120	안산 고향마을
2000.0	104	안산 고향마을
2000.0	102	안산 고향마을
2000.0	98	안산 고향마을
2000.0	68	안산 고향마을
2000.0	66	안산 고향마을
2000.0	96	안산 고향마을
2000.0	30	안산 고향마을
2000.0	12	안산 고향마을
2000.0	2	안산 고향마을
계	818	

표 23. 2005년 귀환 계획에 따라 한국으로 출국한 사할린한인의 수

출국 일자	출국자 수	출국자 출신 지역	도착지
2005.11.11	1	코르사코프	대창양로원
2005.11.17	2	오하(Oxa)	대창양로원
2005.08.16	17	유즈노사할린스크, 비코프, 샥툐르스크	안산 고향마을
2005.08.16	13	유즈노사할린스크, 우글레고르스크, 아니바, 코르사코프, 홈스크, 스미르니흐, 알렉산드로프스크사할린스키	안산 고향마을
2005.08.11	4	-	-
계		37	

표 24. 2006년 귀환 계획에 따라 한국으로 출국한 사할린한인의 수

출국 일자	출국자 수	도착지
2006.09.08	6	안산 고향마을
2006.09.24	8	안산 고향마을
2006.09.26	5	안산 고향마을
	4	사할린복지회관
계	23	

표 25. 2007년 귀환 계획에 따라 한국으로 출국한 사할린한인의 수

출국 일자	출국자 수
2007.	19
2007.	9
2007.	60
2007.	60
2007.	60
2007.	60
2007.	60
2007.	60
2007.	52
2007.	8
2007.	64
2007.	64
2007.	22
2007.	12
계	610

표 23은 2004년, 표 24는 2005년, 표 25는 2007년에 출국한 한인의 수를 보여주고 있다. 당시 한인들은 '고향마을', 요양시설인 '안산 요양원', 양로원인 '사할린복지회관'과 '대창양로원'에 입주되었다. 아쉽지만 본 저자는 2004년의 자료를 찾을 수 없었다. 그러나 확인되지 않은 자료에 따르면 당시 한국으로 출국한 사할린한인은 30명이다.

표 26. 2003-2013년, 2015년 귀환 계획에 따라 한국으로 출국한 사할린한인의 수

출국 연도	출국자 수	출국자 출신 지역	도착지
2008	779	모스크바, 하바로프스크, 사할린 주	요양원 입소자, 안산 고향마을
2009	218	-	김해, 양산, 음성, 오산, 파주, 천안, 안산, 인천, 김포
2010	84	-	-
2011	103	-	파주, 남양주
2012	82	-	-
2015	2	-	안산 고향마을
	1	-	인천복지회
	57	-	파주, 문산
	54	-	-
계	1,380		

표 26에서는 2008년부터 2015년까지(2014년 제외)까지의 자료가 제시되어 있다. 2008년에는 배우자 중 한 명이 1세대 출신이고 다른 한 명이 2세대 출신(1945년 8월 15일 이후 출생한 모든 한인)으로 구성된 한인가족 및 그들의 장애자녀들의 귀환이 허락되었다. (위 시기 이전에 사할린을 출국한 사람들을 포함한)사할린한인은 '요양원입소자', '고향마을', '인천복지회' 등과 같은 노인요양시설이나 한국의 여러 도시에 위치한 임대주택에 분산 배치되었다. 1992-2015년 사이에 귀환 계획에 따라 3,554명의 한인이 역사적 모국으로 출국했다.

한인 2세대는 보조금을 받는 동안 정규직장을 가질 수 없었다. 그러나 연로한 세대가 대한민국에서 직업을 구하는 게 힘든 일이어서 귀환자들은 국가가 제공하는 정해진 특혜를 받아 생활하고 있다. 개인재산의 획득이나 자가용 이용 역시 국가보조금 수령을 어렵게 만든다.[41]

---

41) Кузин А.Т. Исторические судьбы сахалинских корейцев. Кн. 3... С. 146.

이유를 모르겠습니다만, 우리 모두를 부유하지 못하다고 기록하고
는 빈자들에게 주는 것처럼 우리들에게 보조금을 지불했습니다. 그
리고는 직업을 갖는 것도 금지시키고, 당연히 자동차나 다른 그런 것
들을 사지도 못하게 했어요... 만약 나이가 많으면 보조금을 더 많이
지불해줍니다.[42]

40평방미터 크기의 주택임대료로 매월 약 10-15만 원 정도가 지출되
며, 공공서비스 요금은 계절에 따라 5-10만 원 정도한다. 주택임대료와
공공서비스 요금을 지불하도록 1인 당 매월 7만5천 원의 특별자금이
배정된다. 연금은 연령에 따라 40-45만 원 정도이다.[43]

그림 47. 역사적 모국에 정착한 사할린한인. 안산 시(대한민국). 2010년

출처: '새고려신문' 사진 문서군.
사진 이여식.

그림 48. 사할린한인들을 위해 건설된 안산 시 소재 아파트 단지. 2010년

출처: '새고려신문' 사진 문서군.
사진 이여식.

42) [С.], муж.(남), 1943 г. р., г. Пусан, 17.06.2010.

43) В Кн. Исторические судьбы сахалинских корейцев. Кузин А.Т. Исторические судьбы
сахалинских корейцев. Кн. 3... С. 147–148.

1945년 8월 15일 이전에 출생한 한인의 안산으로의 대규모 이주가 거의 반세기나 늦춰진 사할린한인의 공식 귀환으로 여겨지고 있다. 이 귀환은 국가 간 협약에 따라 이루어진 것이며, 대규모라는 특성을 지니고 있었다(위 날짜 이전에 출생한 모든 이들이 귀환될 권리를 지니고 있다). 그러나 귀환이 늦게 실행되면서 귀환 계획이 오래된 문제를 해결하는 동시에 다른 한편으로는 새로운 문제를 낳기도 했다. 이 귀환 계획의 긍정적 측면, 즉 많은 사할린한인 노인이 역사적 모국으로의 귀국이라는 자신의 소중한 바람을 실행할 수 있었음은 물론, 삶의 마지막을 심각한 경제적, 사회적 위기를 경험한 사할린에서가 아닌, 따뜻한 곳에서, 그리고 안전하고 발전된 자본주의 국가에서, 안락한 집, 매달 나오는 보조금, 훌륭한 의료서비스를 받으면서 규칙적으로 한국의 친척들을 만날 수 있는 곳에서 보낼 수 있는 가능성을 확보했다는 사실을 강조하지 않으면 안 된다.

여기서 이산가족 현상을 재차 언급하는 것은 귀환자들의 자녀와 손자손녀는 러시아에 남아 있기 때문이다. 사할린 1세대 노인들은 정보의 중요한 원천이자, 낯선 문화적 환경 속에서 관습과 선조들에 대한 의례를 열성적으로 보존하던 사람들이었다. 따라서 1세대의 출국은 사할린한인의 전통문화 유지에도 부정적 영향을 주었다. 증언자 중 한 명은 현 상황에 대해 다음과 같이 언급했다.

현재 많은 이들이 한국식 의례, 명절을 잊은 채, 예전에 했던 것들을 지키지 않고 있어요. 옛날에는 할아버지들이 어떻게 해야 하는지 말씀해 주셨고, 그 스스로도 그렇게 사시는 실례를 보여주었기에, 그게 당연한 것으로 여겨졌죠. 그런데 지금은 할아버지 같은 존재가 안 계시니 그런 걸 하지 않아도 되는 거죠.[44]

5.3. 1세대: 귀환에 대한 태도

천(Ю.М. Тен)과 김(Е.У. Ким)은 귀환자들의 제1차 출국을 다음과 같이 묘사했다. "2000년 2월 연로한 970명의 사할린한인은 그들을 위해 안산에 특별히 건립된 마을에 도착했다. 건설비용은 일본이 지불했다. 우리는 국회의원 사절단 일행으로 안산에 있는 그 마을을 방문하여 주민들을 만났다. 물질적으로는 괜찮게 사는 것 같았으며, 각 가족마다 방 두 칸짜리 아파트가 제공되었다. 그들에게 지불되는 연금은 적지만 다른 보조를 고려하면 살만하며, 그에 더해 공공서비스가 무료다. 아이들은 그곳에 입주할 수 없으며, 그 집을 소유할 수도 없다. 우리 러시아식으로 얘기하면, 노인들에게 평생 제공된 것이지만 유산으로 물려줄 수는 없다. 자녀와 손자손녀가 사할린에 남게 되면서 당연히 이산가족 문제가 동시에 발생했다. 자녀들을 만날 수는 있지만, 같이 살 수는 없다."[45]

안산에 사는 사람을 포함한 증언자들은 역사적 모국에서의 삶을 서로 다르게 기억하고 있다. 일부는 한국에서 그들에게 제공한 조건에 매우 만족하고 있다.

전 한국에서 태어났어요... 이곳이 내 모국입니다. 우린 여기가 마음에 많이 들어요. 집도 주고 의료서비스도 매우 좋고요...[46]

사할린과 한국에서의 삶을 비교하면 확실히 사할린 보다는 한국이 좋다고 한다.

---

44) [Д.], жен., 1979 г. р., г. Южно-Сахалинск, 17.11.2010.
45) Тен Ю.М., Ким Е.У. Корейцы России – современное положение и проблемы... С. 42.
46) [Ч.], жен.(여), 1937 г. р., г. Ансан, 10.06.2010.

러시아 사람들이 과연 우리를 좋아했나요? 우리를 조롱하고 악칭을 붙여주었죠... 그런데 우리는 이곳이 마음에 들어요. 삶이 매우 안정적이고 편해요. 강도나 불량배도 없고 질서가... 당연히 때론 심심하답니다. 예전에는 우리를 어디론가 데려가서 종종 견학도 시켜주고 그랬는데, 최근 들어서는 한국 경제가 힘들어졌기 때문인지 아직 아무도 구경시켜주지 않았어요. 물론 아이들이 보고 싶지만, 어떻게 하겠어요. 그들에겐 그곳에서 자기 생활이 있는 거죠. 간혹 우리를 방문해서 만나기도 하고, 때에 따라 우리가 그곳에 다녀오기도 하죠.[47)]

사할린에서 활동적인 삶을 살았던 남자들의 증언에서는 유감의 어조를 들을 수도 있다.

내가 말하는데, 만약 사할린에 이런 집을 지어줬다면, 전 여기에 오지 않았을 겁니다. 난 여기보다 러시아에서 더 즐겁게 살았어요. 내가 사할린에서 살 때, 그곳에는 강과 바다 그리고 언덕이 있었죠. 매일 버섯이나 고사리를 채취하러 다니고, 낚시도 하고... 그런데 여기는 그런 게 하나도 없어요...[48)]

언어에 큰 문제가 있습니다. 심지어 학교에서 배운 한국어가 완전히 북한식이었어요. 그런데 여기서 보면 한국과 북한 말에 약간 차이가 있어요. 익숙해지는데 힘들었습니다. 러시아어로 말하는 게 한국어로 말하는 것보다 더 쉽기 때문이죠. 내 머릿속에 있는 말은 고어입니다. 부모님들 그 고어로 말씀하셨고... 여기서도 마찬가지인데, 나이든 사람들이나 옛날에 그런 말투를 썼다는 사실을 기억합니다. 그런데 젊은이들은 아닙니다. 완전히 달라요...[49)]

47) Там же.
48) [Н.], муж.(남), 1934 г. р., г. Ансан, 10.06.2010.
49) [С.], муж.(남), 1943 г. р., г. Пусан, 17.06.2010.

제 아버지께서는 출국하실 때 한편으로는 당연히 가고 싶어 하지 않으셨습니다. 자식들이 사할린에 남아 있기 때문이었습니다. 당시 저는 돈을 번다고 한국을 들락거렸습니다. 아버지께서 제게 말씀하시길, 어머니와 아버지께서 이미 신청서를 제출하셨답니다. 그래도 아버지의 삶은 보다 나은 방향으로 바뀌었습니다. 심지어 아버지께서는 돌아가실 때 "잠깐이라도 모국에 살았던 게 좋았다"라고 말씀하셨습니다. 제가 돈을 벌려고 한국을 드나들었기 때문에 아버님께서는 많은 면에서 동의하셨습니다. 그러면서 이렇게 말씀하셨습니다. "너도 한국에 가면, 다 똑같이 아파트를 줄 거고 우리가 굶어 죽지는 않을 거다. 러시아에 남아 있어도 되지만, 할머니가 중풍에 걸리셨고, 2-3년이 더 지나면 난 이제 아무것도 할 수 없게 된다, 그럼 그때는 누가 우리를 돌봐 주겠니? 자식들도 내 가족이니 돈도 벌어야 하고, 형편없이 살고 있는데..." 그러시고는 한국으로 가셨습니다. 첫 해에 아버지께서는 여기저기 친척들을 만나고 다니셨습니다. 아산에서 군산으로 신이 나서 다니셨죠. 전국을 다 돌아다니셨어요. 그런데 1년이 지나자 그것도 싫증이 나셨죠. 시간이 지날수록 기운이 점점 시들해지셨고 결국 1년 반 뒤 암에 걸려서 돌아가셨습니다. 한국에 간 많은 분들이 금방 사망하기 시작했는데, 사람들이 정말 많이 차례로 돌아가셨습니다... 그들은 이미 사할린에서 50-60년을 살은 사람들이었죠. 만약 그 분들이 자기 자녀들과 함께 한국으로 가셨다면, 아마도 10년은 더 사셨을 겁니다. 그런데 혼자서 한국으로 가셨고, 첫 해에는 평생을 그렇게 바랐던, 그리고 모든 것이 거기에 다 있다고 생각했던 한국에서 산다는 행복감에 젖어 계셨죠. 그런데 시간이 지나자 그것 모두가 평범해졌고, 그러면서 자녀들이 주변에 없다는 것, 할 수 있는 일도 없고 결국 한국에 죽으러 왔다는 사실을 이해한 겁니다. 그리고 그것이 전부였죠. 일부 사람들의 풀이 죽으면서 침체 상태에 빠져들었습니다.[50]

50) [Д.], муж.(남), 1952 г. р., г. Южно-Сахалинск, 12.04.2009.

최근 2007년까지 귀환이 '사할린 촌'으로 제한되어 있었으며, 새로운 이주자들은 본인이 사망하면 반납해야 하는 아파트에 입주했다. 그러나 2007년부터 새로운 오점을 경험하게 된다. 즉 2007년부터 2009년 사이에 약 2천 명의 사할린한인이 대한민국으로 영구 귀국했다. 사회운동 지도자 중 한 명은 이 사건의 원인을 다음과 같이 지적했다(인터뷰는 2009년에 이루어졌다).

우리의 현 과제는 모든 희망자를 이주시키는 것입니다. 그러나 만약 2010년 1월 1일까지 우리가 희망자를 모두 출국시키지 못하면, 이주가 끝나버릴 것입니다. 우리는 애초에 3,500명을 계획했으나, 현재약 3,200명 정도가 이미 출국했습니다. 우리 계산에 따르면 1세대 중약 1,000명 정도 남아 있는데, 대체로 부유한 가정들이어서 귀국을 원하지 않고 계십니다. 1월 1일부터 추가로 270명을 출국시킬 것이고, 3월 이후에도 출국시킬 수 있지만 아직 결정된 바 없습니다. 하지만 2000년 일본 자금으로 안산에 900명이 살 수 있는 아파트와 인천에 양로원을 짓고 난 뒤 일본이 이 일에서 물러서면서, 더 이상 자금을 배정하지 않고 있습니다. 우리는 노인 분들[51]과 함께 몇 차례에 걸쳐 일본의 당 지도자들, 외무성 장관, 차관, 일본적십자 대표자들 등을 방문했습니다. 그러나 현재 일본은 사할린한인을 위해 한국에 주택을 짓거나 구입하지 않고 있습니다. 최근 2년 반 동안 우리는 뭐라해도 대한민국은 우리 모국인 만큼, 국회, 외교통상부, 그리고 일본과의 대외통상 부처들에게 호소했습니다. 그러자 2007년부터 일본이 한국에 있는 임대 주택을 구매해주기 시작했습니다. 이에 한국의 임대 주택으로 약 600명을 이주시켰습니다. 작년, 그러니까 2008년에도 그정도의 한인을 이주시켰습니다. 그런데 일본은 1세대들에게만 유즈노사할린스크에서 서울로 가는 항공권과 20만 엔어치의 가구를 구입해주며, 인도적 지원도 겨우 살 수 있을 정도만 해주고, 3년에 한 번

---

51) 사할린한인 노인회라는 조직의 대표자들을 의미한다.

정도 사할린의 친척을 방문할 수 있는 비용을 제공할 뿐입니다.[52]

대부분의 사할린한인 1세대들이 한국으로 이주했음에도 불구하고 사할린에는 아직 600명[53] 정도의 한인이 남아 있다. 그들이 귀환에 대해 느끼는 감정은 복잡하다.

한국에선 집도 주고, 연금도 주고 정말 좋습니다... 그러나 난 갈 수 없어요. 내게 이혼한 딸이 하나 있는데 누가 걔를 봐주겠습니까? 그래서 전 갈 수가 없답니다.[54]

만약 내가 원했다면 오래전에 갔을 겁니다. 하지만 가고 싶지 않아요. 이 나이에 사는 곳이 다른 것에 더해 기후까지 다른 곳에서 살고 싶지 않거든요. 난 일이나 여러 이유로 한국을 8번에서 10번 정도 방문했습니다... 겨울, 여름 등등 계절이 다를 때 한국을 방문했는데... 여름에는 너무 더워서 죽을 지경입니다. 도착하자마자 알레르기 증상이 나타나더군요. 그게 한 이유입니다. 생활비도 나오고, 러시아에서 나오는 연금은 저축하면 되지만, 그래도 한국에선 아주 검소하게 살아야 해요. 삶을 바꿔야 할 의미가 있습니까? 나한텐 손자가 있는데, 매일 학교가 끝나면 점심 먹으러 나한테 와요. 그게 얼마나 행복한데요. 그런데 한국에는 그 행복을 대신해 줄 게 뭐죠? 난 한국에 간 많은 사람들을 알고 있는데, 그들 모두 매년 이곳을 방문하는데, 교통비에 돈을 다 써버립니다. 왜 그렇게 살아야 합니까?[55]

내게는 내가 사는 곳이 모국입니다. 소련, 당연히 러시아가 이미 모국이 된 게 더 맞다고 봅니다. 11살에 여기에 와서 이미 70년을 살

52) [П.], муж.(남), 1936 г. р., г. Южно-Сахалинск, 10.11.2009.
53) Данные СОOО РССК.
54) [С.], муж.(남), 1930 г. р., г. Южно-Сахалинск, 09.11.2009.
55) [С.], муж., 1931 г. р., г. Южно-Сахалинск, 12.11.2009.

앉다고 생각해 보세요... 당연히 한국이 아니라 러시아가 모국이라고
생각하게 될 겁니다. 전 이런 사실을 담담하게 받아들입니다... 전통
은 지키지만, 우린 여기 있는 집에서 살고 있고, 아이들과 손자손녀들
이 있습니다... 그래요. 어떤 곳에서 이미 30-40년을 넘게 살았다면,
그곳에서 사는 겁니다. 노인들이 잠깐 살기 위해 한국으로 가는 것을
한편으로는 이해할 수 있습니다. 그러나 다른 한편으로는 아이들을
버리고 갈 수 있는 것인가라는 생각도 듭니다.[56]

간혹 민족적 요인과 관련 없는 요인이 한국으로의 이주와 이주거부
의 원인으로 작용하고 있다. 한 증언자의 다음과 같은 주장을 예로 들
수 있다.

여기 있기 무료해서 한국으로 가는 겁니다. 내 친구들이 모두 한국
으로 갔기 때문에 얘기를 나눌 사람이 없어요... 그래서 나도 가기로
결심했죠.[57]

밤에 잠을 잤어요. 남편이 러시아어를 잘 했는데, 오전 대여섯 시
쯤 양복장 근처에 서서 "가지마. 가면 당신 상황이 안 좋아질 거야"라
고 말하더군요[증언자의 남편은 1956년에 사망했다]. 저는 그 즉시 한
국 가는 걸 거부했어요. 이제는 더 이상 한국에 가고 싶지 않아요. 전
이곳에서 70년을 살았지만, 한국에서는 20년 살았어요... 한국에 계신
부모님은 모두 돌아가셨지만, 여기에는 아들, 딸, 손자손녀, 증손자
증손녀가 있답니다.[58]

위와 같은 경우도 있지만, 사할린한인이 오랫동안 갈망했던 모국으

56) [Ч.], муж., 1930 г. р., п. Быков, 26.09.2010.
57) [Ч.], жен., 1936 г. р., г. Южно-Сахалинск, 02.12.2008.
58) [X.], жен., 1926 г. р., г. Поронайск, 28.11.2009.

로의 귀국을 거부한 가장 중요한 원인은 대부분 자녀, 손자손녀, 증손자증손녀 등과 같은 가족과의 이별이었다.

> 저는 한국이 내 모국이라고 생각합니다. 왜냐고요? 내가 거기서 태어났고, 어린 시절을 거기서 보냈기 때문이죠... 내가 영원히 여기서 살 거라는 생각은 단 한 번도 하지 않았어요. 언젠가는 갈 거라고 했죠! 그런데 삶은 전혀 다릅니다... 아이들이 태어나고, 공부하고, 일하고 경력을 쌓으며 살아가죠... 내가 그들에게 한국에 대해 뭘 말해줄 수 있을까요? 전 이제 "어디가 내 모국인가?"라는 문제를 절대로 더 이상 제기하지 않아요. 전 내 후손들에게 이 문제에 대해 전혀 가르쳐 줄 게 없다는 것을 알고 있거든요. 그럼 저에겐 뭐가 남을까요? 우리 아이들이 있는 곳, 그곳이 바로 제 모국이라는 겁니다.[59]

사할린한인은 역사적 모국으로의 귀환에 대해 이런 이중적 태도를 경험하고 있다. 한인 1세대의 대부분이 한국으로 출국했음에도 불구하고 일부는 사할린을 떠나지 않고 있다. 반세기 동안 사할린한인들이 느껴왔던 귀향 욕구는 가족과의 결별, 자녀 및 손자손녀와의 이별이라는 문제 앞에서 뒤로 물러섰다. 한국으로 간 사람들의 대부분에게 작용한 주된 출국 이유는 경제적 번영, 보다 나은 의료시설, 사회적 안정 그리고 자녀들에게 부담이 되고 싶지 않다는 바람 등이었다.

---

59) [T.], муж., 1930 г. р., г. Южно-Сахалинск, 03.08.2009.

제6장
21세기의 사할린한인. 적응과정의 완료

6.1. 안산 시: 역사적 모국에서의 2세대와 3세대

서울 근처에 있는 안산 시에 아파트 8동으로 이루어진 '고향 마을'의 건설과 사할린한인 1세대의 이주는 사할린한인 디아스포라 내에서 중대한 사건의 시작이었다. 2세대와 3세대 한인들은 귀환 요청권이 없었음에도, 대한민국에 대해 깊은 관심을 보이기 시작했다. 귀환은 러시아 주민들이 겪었던 심각한 경제적 위기와 시기적으로 일치했다. 다수의 사할린한인들은 발전된 자본주의 국가에서 자신의 능력을 시험해보고자 일자리를 찾아서, 그리고 상황을 파악한 뒤 새로운 곳에서 인생을 시작해 보겠다는 막연한 가능성을 바라보고 대한민국으로 향하기 시작했다.

연구자들이 이런 사실에 주목하지 않았던 것은 공식 자료에 기록이 남지 않았기 때문인 것 같다. 사할린한인들은 90일짜리 관광비자로 한국에 입국했다. 따라서 합법적인 취업이 금지되었으며, 3개월마다 러시아로 되돌아갈 수밖에 없었다. 그럼에도 불구하고 사할린한인들은 1세대 한인들에게 제공된 집에서 무료로 살 수 있었다는 점에서 한국에 있는 (중앙아시아, 베트남, 필리핀 및 그 이외 나라에서 유사한 목적을 갖고 온)다른 입국자들에 비해 특권을 지니고 있었다. 한국 당국은 이런 입국자들에게 관용을 베풀었으며, 베풀고 있는 바, 이는 한국 경제는 노동력이 필요한데, 사할린한인들은 대부분 부지런하면서도 한국인의 경제적 경쟁상대가 아닌 것은 물론, 그들보다 적은 보수에도 더 많은 일을 하기 때문이다. 또한 한인은 문제가 발생하면, 출국시키기도 손쉽다.

안산에서 살고 있는 증언자는 이런 식의 취업 여행에 대해 다음과 같이 증언했다.

> 한국에 처음 왔던 젊은 시절에는 부모님 집에서 공짜로 살 수 있었어요. 당시 거의 모든 집에 한 명 또는 두 명의 자녀들이 살았는데, 일자리를 찾아 온 것이었습니다.[1]

> 일자리를 찾기가 무지 쉬웠는데, 중요한 것은 일은 하되 불평을 하지 말라는 겁니다. 사할린에서보다 더 많이 받았어요. 예, 그래요 여기서 살기가 쉬웠어요.[2]

그러나 얼마간의 시간이 지나면서 2세대와 3세대 사할린한인의 수가 줄어들었다. 한국에서 그들이 할 수 있는 일은 비전문의 저임금 노동뿐이었던 바, 어눌한 한국어, 러시아식 사고방식과 행동양식, 한국에서 인정받을 수 있는 학력의 부재, 기본적인 규칙과 법률에 대한 몰상식 등이 원인으로 작용했다. 결과적으로 육체노동, 즉 짐꾼, 설거지, 청소부처럼 공장이나 건설현장에서의 힘들고 '누추한' 일이 사할린한인의 운명이었다.

한국에 있었던 모든 이들은 한국사회에서의 삶에 대한 그들만의 의

1) [Н.], муж.(남), 1934 г. р., г. Ансан, 10.06.2010.
2) [Ч.], жен.(여), 1936 г. р., г. Ансан, 02.03.2011.

견을 가지고 있다.

　한국에서는 특별한 전망이 없습니다. 한국 사람들은 우리를 열등
한 부류로 대하는데, 심지어 얼마 전 시골에서 올라온 무식하고, 교육
도 받지 못한 한국 사람보다 우리가 못하다고 봐서는 우리를 학대하
고... 우리는 그런 대우에 익숙하지 않았습니다. 더구나 일은 힘든 육
체노동인데, 이제 그런 일은 사할린에도 있고, 우리를 대해주는 것도
더 낫죠. 그리고 러시아에서는 다 아는 사람이지만, 여기는 전부 모
르는 사람들이에요.3)

　이런 상황은 다른 동포, 즉 예를 들어 돈을 벌려고 한국을 찾은 우즈
베키스탄 출신의 고려인들에게서도 발생했다. 한국어 구사 능력 미비,
낮은 노동숙련도, 사고방식의 차이 등이 고려인과 한국인 개인 간의 충
돌 이유가 되면서 양자의 공존이 힘들어졌다.4)

　사할린의 경제 상황이 조금씩 나아진 것 역시 한몫을 했다. (앞에서
언급한 바와 같이)한인들이 러시아의 새로운 자본주의 현실에 성공적
으로 적응할 수 있었던 것은 능숙한 러시아어, 공인된 학력, 개인의 사
업경영권, 러시아 사회의 폭넓은 관용5) 등이 한인들의 성공적 적응 조

---

3) [А.], муж.(남), 1980 г. р., г. Южно-Сахалинск, 18.12.2010.

4) Тен М.Д. Особенности личных взаимоотношений корейцев Узбекистана с корейцами Республики Корея в трудовых коллективах // Актуальные вопросы корееведения: проблемы и перспективы: сборник материалов II международной научно-практической конференции, июнь 2011. Уссурийск, 2011. С. 240–243.

5) 이런 면에서 대해서는 본 저자도 티쉬코프(В.А. Тишков)의 견해에 동의한다. 모든 비용, 제약 그리고 심지어 소수 민족과 관련하여 소비에트 정책의 범위 내에서 저질 렀던 범죄 등에도 불구하고, 이것은 문화(예술, 문학, 학술, 교육)는 물론, 사회경제 적 범위 내에서 민족적 다양성의 인정과 지원의 정책이었다. 소연방과 러시아연방 은 '다민족'과 '민족 우호'를 공식 정책으로 삼는 국가이다. // ишков В.А. Единство в многообразии: публикации из журнала «Этнопанорама» 1999–2011 гг. 2-е изд., перераб. и доп. Оренбург: издательский центр ОГАУ, 2011. С. 114–115.

건이었을 뿐만 아니라, 러시아 사회에서 경력을 쌓아 출세하는데 걸림돌을 없애주었다. 이와는 상황이 다른 한국에서 좌절을 경험한 한인들은 사할린으로 귀국하기 시작했는데, 사할린의 경제 상황이 나아지면서 귀국하는 이들의 수가 더 많아졌다.

사할린한인 2세대와 3세대는 예전에 나이 드신 분들에게서 이상형처럼 꾸며진 얘기만 들었던 역사적 모국과 한국인을 달리 대하기 시작했다. 개인적으로 한국 사회와 충돌을 경험한 많은 이들이 자신의 정체성을 다시 고민하게 되었다.

> 저는 우리가 한국인과 비슷할 거라고 항상 생각했어요. 그러나 그들이 전혀 다르다는 것을 목격했을 때... 그들이 마치 우리보다 뭔가 더 우월하다는 식으로 우리를 대하는데 이해할 수 없었죠. 그때 저는 잠깐 생각했고 제가 완전한 한국 여자가 아니라, 다른 무엇인가를 지닌 사할린한인 여자라는 결정을 내렸죠. 그러니까 저 역시 사할린에서 살아야 한다는 뜻이죠.6)

> 저는 언제나 저 스스로를 사할린 여자라고 인식하고 삽니다. 한국에 가는 거요? 왜요? 사할린을 벗어나고 싶어지면, 아마도 호주, 캐나다, 미국... 같은 그런 다른 나라로 갈 거 같아요. 저에게 한국은 완전히 낯선 그런 나라죠.7)

1세대는 자신의 자녀와 손자 손녀들이 한국으로 이주하는 문제를 달리 생각하게 되었다.

> 제 생각에는, 여기로 이주하지 않을 것 같고, 가능하지도 않아요.

6) [С.], жен.(여), 1977 г. р., г. Южно-Сахалинск, 09.11.2010.
7) [А.], муж.(여), 1980 г. р., г. Южно-Сахалинск, 13.09.2010.

예를 들자면, 전 내 아들들이 여기서 일하는 걸 원하지 않습니다... 내 큰아들이 2년을 일했는데, 한국의 민족주의가 우리를 매우 열등하게 바라보더군요. 그래서 마치 야만인처럼 12시간 일을 시키고 점심시간은 30분뿐이었습니다. 임금은 한국인들보다 적었어요. 한국인들은 더러운 곳에서는 일하고 싶어하지 않아요. 중국에서 온 사람들만이 그런 일을 합니다. 그래서 나는 내 아들이 이곳에 오는 것을 원하지 않아요. 걔들이 여기 안 온지 벌써 8년이나 되었습니다. 맏아들은 지금 사할린에서 석유생산현장감독으로 일하고 있는데, 대우가 괜찮아요. 그런데 여기서는 그렇게 조롱을 받았어요... 이제 한국을 찾는 사람이 많지 않습니다. 어린아이들만 여름에 잠시 방문하죠. 예전에는 한국에 부모님이 계신다고 생각했었고, 저 역시 제 아이들을 위해서 그렇게 생각했습니다. 하지만 이제는 그렇게 생각하지 않습니다. 여기서 일했던 사람들은 알고 있습니다. 그리고 우리 부모들 모두 다 자기 자식들이 여기 한국에서 사는 것을 원하지 않아요.[8]

만약 대규모 귀환이 실행되면, 한두 세대를 완전히 상실하는 것이고, 그들이 자기 손으로 자신을 희생시키는 것이 됩니다. 즉 그들 중 누구는 비숙련 작업장에서 일하게 될 것이고, 누구는 국가의 돈으로 살게 되면서, 어떤 방법으로도 자신의 지위를 높일 수 없게 될 것입니다... 다음 세대, 그러니까 한국에서 태어난 세대들은 또 모르지만요...[9]

한국을 방문한 사할린한인 청년들은 한국 사회를 냉정하게 평가하게 되었고, 한국 사회에 성공적으로 동화될 수 없다는 사실을 인식하여 자기가 살아야 할 곳으로 한결같이 사할린을 선택했다. 사할린한인 내에서 2000년대 초에 매우 큰 규모로 이루어졌던 한국 방문의 물결은

8) [Н.], муж.(남), 1938 г. р., г. Ансан, 10.06.2010.
9) [С.], муж.(남), 1943 г. р., г. Пусан, 17.06.2010.

2010년에 들어서면서 거의 끊어졌다.

예전에는 정말 많은 이들이 한국을 방문했고, 심지어 불법으로 일하며 살았습니다. 그런데 이젠 그런 사람은 없고 손자손녀들만 방학 중에 한국을 방문합니다. 지금까지 한국에 남아 있는 사할린한인은 불법체류 상태에서 비자 때문에 귀국하지 못하고 있는 이들입니다. 만약 사할린에서 같은 돈을 벌 수 있다면 뭐하러 여기에 오겠어요? 한국에는 그들을 위한 것이 전혀 없습니다.[10]

한국 사회의 문어체, 기준, 규칙과 법률에 대한 무지, (접촉이 없었던 60년 동안 축적된)문화적 차이에 대한 이해 부족 등으로 인해 사할린한인들은 한국 사회의 잠재적 일부인 '진정한 한인'이라는 자아를 거부하게 되었다. 러시아 사회에서의 적응이라는 힘든 길을 걸어온 대부분의 사할린한인 디아스포라는 한국 사회에서 명확한 난관과 문제 그리고 그 문제의 낮은 해결 가능성을 깨닫고는 자신이 살아야 할 나라를 바꾸고 싶어 하지 않게 되었다.

6.2. 사할린한인의 정체성

자신을 일정한 사람들로 형성된 집단의 일원으로 보는 민족 정체성에 관한 연구는 쉽지 않다. 한인 디아스포라의 생활에 영양을 준 독특한 상황을 고려한다면 사할린한인의 민족정체성 연구는 특히 더 쉽지 않다. 해결되지 않은 귀환 문제, 장기간 기다린 역사적 모국으로의 귀환, 그리고 그로 인해 사할린에 잠시 머무는 중이라는 감정 등은 자기

10) [А.], муж.(남), 1938 г. р., г. Ансан, 10.06.2010.

정체성의 형성과정에 영향을 주었다(민족 정체성도 그 결과이다). 이 문제에 대한 통일된 의견이 존재하지 않기 때문에 현 단계에서 전반적이고 동일한 양상의 존재를 확인하는 것은 불가능하다.

2세대 한인들은 한인 가족 속에서 자랐고 러시아어가 모국어임에도 불구하고 (일상회화 수준에서)한국어를 매우 잘 구사하며, 한국의 관습과 전통을 꼼꼼하게 지키고 있다. 어린 시절 그들은 대체로 한인들끼리 교류했으며(소연방에서의 생활 초기에 한인들은 준 폐쇄 사회 속에 사는 것을 선호했다), 소연방과 러시아에서 세계관과 행동 방식을 터득했다. 그러나 훗날 이것은 한국의 현대 사회에 진입하려 했던 다수 한인 2세대의 시도를 가로막는 걸림돌이 되었다. 그들에게 민족적 자기 정체성 형성은 부모를 따라 영구 거주지인 한국으로의 출국 가능성과 긴밀하게 연관되어 있다.

한국의 이미지는 모든 것이 아름답고 풍요롭게 '잘 살 수 있는 것'으로 여겨지는(이것은 한인 2세대의 민족적 자기 정체성 형성에 영향을 준 가장 중요한 요인 중 하나다) 남달리 발전된 나라였다. 2세대의 귀환 가능성에 대해 꾸준히 이루어졌던 대화 역시 그들의 마음가짐에 영향을 주었다. 사할린한인 중 일부는 한국을 자신의 모국으로 여기며 그곳에서 사는 꿈을 지니고 있었다.

> 이런 불투명함이 지겹습니다. 한국은 아마도 더 아름답고 더 부유하겠죠. 전 한국인인데 가능하다면 한국에 갔겠죠.[11]

> 그래요, 우린 정말 가고 싶어요. 왜냐하면, 한국은 우리의 모국이라고 생각하거든요. 어릴 때 부모님의 말씀에 따라 우리 모두 한국을

---

11) [A.], муж.(남), 1958 г. р., г. Южно-Сахалинск, 28.08.2010.

모국이라고 생각했어요...[12]

유교 문화권 국가의 특성, 즉 자녀가 부모에게 순종하는 전통이 사할린 2세대 한인들의 자아 인식에 큰 영향을 주었다. 증언자 중 한 명은 이에 대해 다음과 같이 언급했다.

우리 아버지께선 한국으로 가시려고 했었는데, 어쨌든 살고 계셨죠... 우리에게 항상 "여하튼 여기보다는 더 낫다!"고 말씀하셨죠. 우리 역시 그때는 왜 더 좋은지, 왜 더 나쁜지를 이해하지 못했어요... 우리는 여기서 태어났는데, 아버지께서는 항상 한국에 가시려 했습니다. 한국이 아버지의 모국이었죠. 그리고 가능했다면 당연히 아버지와 함께 한국에 갔을 겁니다.[13]

사할린한인 사회 내에 이런 생각이 존재했던 것은 확실하지만, 다른 의견도 있었다.

외국인들이 한국에서 성공한다는 것은 절대 불가능 합니다. 할 수 있는 일은 힘든 육체노동뿐이고, 대학을 다녔다거나 전공 같은 것에는 관심이 없었어요. 만약 일을 못 하면 해고해 버리죠. 그리곤 그게 끝이에요. 만약 일을 안 하면 할 수 있는 거라고는 죽는 것일까요?[14]

처음에는 저 역시 제가 한국인이라고 생각했습니다... 한국에 가서 우리가 얼마나 다른지를 보는 순간, 이미 그런 생각을 하지 않게 되었습니다... 전 아마도 민족으로는 한국인이겠지만, 단 한 번도 진짜 한국인이 되지 못했던 것 같아요. 그러니까 이미 전 한국인이 아닌

---

12) [X.], жен.(여), 1960 г. р., г. Южно-Сахалинск, 17.07.2010.
13) [A.], муж.(여), 1951 г. р., п. Углезаводск, 01.02.2009.
14) [K.], муж.(여), 1958 г. р., г. Южно-Сахалинск, 14.11.2010.

거였죠... 한국에서는 매우 힘들었어요. 단일 민족이라고 하는데, 당연히 한국인들은 그렇게 말하지 않을 겁니다. 제 한국인 사촌과 얘기를 나눈 적이 있습니다. 사촌이 자기 회사가 있다 그러더군요. 그래서 그가 원하면 심지어 외국인도 과장으로 앉힐 수도 있답니다. 그런데 진짜로 그렇게 하면 다른 사람들이 화를 내면서 사촌 말을 안 들을 거라고 말하더군요. 외국인은 한국인보다 열등한 소외된 사람이었어요.15)

한국에서 뭘 해야 할까요? 자기 전공에 따라 일자리를 찾을 수 있는 게 아니에요. 따라서 사할린한인은 한국에서 할 수 있는 일이 없어요. 취학연령에 있는 사람이나 가능하죠. 무엇인가를 추구하지 않고 조용히 사는 거죠.16)

한국어 문어체에 대한 이해 부족, 러시아식 사고방식, 러시아식 행위양식, 러시아 교육에 대한 불인정, 경력을 쌓기 힘든 상황 등 전적으로 객관적 요인들이 역사적 모국에 대한 관계에 큰 영향을 주었다. 이런 상태에서 자신을 한국 사회의 일원으로 간주하는 태도가 문제에 직면하게 되면서 러시아 문화와 러시아 정체성이 중요 사안으로 등장하게 된다.

전 여기서 태어났고 가족, 아이들... 저는 우리가 사는 곳이 모국이라고 생각합니다. 제 말이 옳다고 보시나요? 그래요. 전 한민족 여자예요. 하지만 전 여기서 태어났습니다.17)

위에서 살펴본 바와 같이, 한인 2세대 중 누군가는 자신을 한국인이

---

15) [Д.], муж.(남), 1952 г. р., г. Южно-Сахалинск, 12.04.2009.

16) [К.], жен.(여), 1947 г. р., г. Южно-Сахалинск, 19.12.2009.

17) [Р.], жен.(여), 1945 г. р., г. Южно-Сахалинск, 28.12.2008.

자, 자신의 부모처럼 모국으로부터 멀리 떨어진 곳에 사는 사람으로, 다른 누군가는 민족에 얽매이지 않고 자신을 러시아인으로, 그리고 또 다른 누군가는 사할린에서 태어나서 자랐고 지금도 그곳에 살면서 한국과 러시아의 관습을 지키고, 두 개의 언어를 구사하며, 러시아 법에 따라 생활하는 동시에 한국에 대한 모든 것에 관심을 지닌 평범한 사람으로 자신을 느끼고 있다.

3세대 사할린한인은 1세대 및 2세대와 많은 면에서 차이가 있다. 이 3세대는 사할린 공동체 내에서 대체로 25-35세의 청년들이다. 이들은 한인학교에서 교육받은 경험이 없어서 한국어를 모르며(한국어를 전문적으로 배운 소수 제외), 소비에트와 러시아 시민권을 문제없이 취득하여 러시아인 및 한인과 폭넓게 교제하고 있다.

본 저자는 직접 실행한 설문조사를 통해 3세대들은 자신의 정체성 문제를 크게 고민하지 않고 있다는 사실에 관심을 갖게 되었다.

내가 누구인지를 생각하는 건 정말 드뭅니다. 한국에 있을 때나 한국에서 온 사람들 사이에 끼어 있을 때만 생각하게 됩니다.[18]

아주 간혹요. 예를 들어, 지금처럼 질문에 답할 때만 생각해요.[19]

전 세 가지 경우에 제 정체성에 대해서 생각합니다. 한국어로 말할 때, 노래를 들을 때, 한국 사람들과 교제할 때 그렇게요.[20]

본인의 관점에서 민족적 귀속이라는 주제를 고민하지 않는다는 것

18) [Т.], жен.(여), 1989 г. р., г. Южно-Сахалинск, 14.08.2010.
19) [Л.], муж.(여), 1977 г. р., г. Южно-Сахалинск, 14.08.2010.
20) [С.], жен., 1977 г. р., г. Южно-Сахалинск, 09.11.2010.

은 자신의 정체성 정립 과정에서 내적 갈등이 없기 때문이다. 사할린 한인 3세대는 이미 자신의 민족 정체성을 규정한 것으로 볼 수 있다.

3세대의 모든 구성원들은 자기 선조들의 사할린 입도 과정과는 상관없이 자신을 '현지 한인'으로 구분함으로써 한국(간혹 북한)의 한인과 자신의 차이점을 우선적으로 강조하고 있다.

　　예전에 제가 러시아인과 한국인 중에서 더 어느 쪽에 가까운지를 생각했습니다. 저는 개별적 인격을 지닌 개별적 민족이라는 결론을 내렸습니다. 제가 사할린 사람이라는 게 가장 우선이고, 다른 모든 것은 그 다음입니다. 저 스스로 한국21)이라고 생각하지 않습니다.22)

　　저 스스로 한국인이라고 생각하지 않아요. 당연히 전 러시아어로만 생각하고 말합니다. 제 고향은 사할린입니다. 언어와 생활하는 곳마저 문제가 되는 게 아닙니다. 언어는 배울 수 있고, 삶의 터전도 바꿀 수 있어요. 세계관, 사고방식은 자기가 사는 곳에서도 그대로 남아 있죠. 전 사할린한인과 한국에서 온 한국인 간의 차이점을 목격하는데, 그 둘은 완전히 다릅니다. 저는 그들이 좋지만 관련이 있다고 느끼지는 않아요... 그들은 일본인, 중국인 혹은 미국인처럼 우리와 닮지 않은 그냥 다른 민족이죠. 제가 그들과 비슷하지 않다는 건 제가 한국인 여자가 아니라는 뜻이겠죠!23)

사할린한인 3세대의 민족적 자아인식에서 모국이나 고향집처럼 중요한 장소는 본질적으로 규정되어 있다.

---

21) 사할린 공동체 내에서는 생활 언어로서 한국 출신의 사람들을 가리키는 용어가 만들어졌다. 즉 그들을 '한국기(복수임 – 역주)'라고 부르기 시작했다. 즉 국가 명칭 '한국'을 차용하여 러시아어의 문법에 따라 변경시킨 것이다.

22) [К.], муж.(남), 1990 г. р., г. Южно-Сахалинск, 23.08.2010.

23) [Д.], жен.(여), 1979 г. р., г. Южно-Сахалинск, 17.11.2010.

모국. 그건 집이죠. 자라서 출가했지만 언제나 돌아가고 싶은 그런 집이요. 내 모국은 사할린입니다.[24]

러시아, 사할린, 우글레고르스크, 한인 마을.
모국. 그건 내 마음이 편안한 그런 곳입니다.[25]

모국. 그건 우리가 속한 곳이자, 언제든 돌아갈 수 있는 그런 곳이 죠. 내게 그런 곳은 사할린이에요.[26]

생활환경은 개인의 민족적 정체성 형성에 영향을 준다. 민족적 자아 인식은 일상생활에서 민족 문화가 얼마나 중요했는가, 그리고 다른 문화(대체로 다수민족의 문화)에 성공적으로 통합되었을 때 전통문화가 유지될 가능성은 높은가 등에 달려 있다. 사회적 지위 상승, 생활수준 향상, 교육 혜택 등을 위해 불가피하게 사회에 적응해야 하는 상황은 모국어로서 러시아어의 필요성을 인식하게 만들고, 결국 소비에트사회 와 러시아사회에 적응하고자 사회적 주류의 행동 방식을 받아들이게 만든다.

공동체 역사의 첫 수 십 년 동안 한인 전통문화는 그것을 가지고 온 1세대 사할린한인들과의 직접적인 관계 덕분에 유지되었다. 1세대의 대한민국 귀환은 부분적이나마 역사적 모국과의 관계를 복구해주었으 나 구세대에서 신세대로의 내적인 민족문화정보 전달시스템을 왜곡시 켰다.

민족적 정체성 또한 적응과정의 당연한 결과였다. 2세대는 전혀 다 른 두 개의 집단, 즉 자신을 한국인으로 보아 한국에서 살려는 이들과

24) [Т.], жен.(여), 1989 г. р., г. Южно-Сахалинск, 14.08.2010.
25) [Л.], муж.(남), 1977 г. р., г. Южно-Сахалинск, 14.08.2010.
26) [И.], муж.(남), 1985 г. р., г. Инчхон, 08.11.2010 (г. Южно-Сахалинск).

러시아와 사할린이 자신의 모국이라는 이들로 구분된다. 젊고, 국적에 대한 의문이 없는 3세대는 자신을 '진정한 한국인'으로 인식하고 있지 않으며, 그렇기 때문에 귀환과 관련된 어려움이나 문제를 극복해야만 한다는 생각을 갖고 있지 않다.

위에 기술된 민족 정체성의 변화 과정은 전적으로 자연스러운 것이며, 디아스포라 집단에서 충분히 자주 발생하고 있다. 사할린에 이주한 러시아인 1세대의 현지 정체성을 그 예로 들 수 있다. 즉 1세대들은 자신의 의지로 사할린에 입도한 것이 아니었기 때문에 사할린을 벗어나려했지만, 2세대와 그 이후 세대들은 자신의 인생과 운명을 바로 이 사할린과 함께하고 있다.[27]

6.3. 디아스포라로서의 사할린한인 공동체

연구자 중에서 '공동체', '민족 주민', '소수민족' 같은 용어를 사용하면서 사할린한인을 민족 디아스포라로 규정한 이는 드물다. 사할린한인들에 관한 저서를 최초로 출간한 복지고우와 사할린한인사와 관련하여 가장 광범위한 저서를 집필한 쿠진(A.T. Кузин) 모두 '디아스포라'라는 용어를 사용하지 않고 있다. 본인은 그 원인이 '디아스포라'라는 개념에 대한 다양한 인문학적 평가와 해석에 있다고 본다. 이런 다양함은 학자들마다 채택한 접근법 및 연구 과정에서 설정한 각각의 연구 과제가 달랐기 때문이다.

---

27) Ищенко М.И. Сахалинцы: к истории формирования региональной идентичности // Краеведческий бюллетень, 2000. № 4. С. 3-14; Ищенко М.И. Русские старожилы Сахалина. Вторая половина XIX – начало XX вв. Южно-Сахалинск: Сахалинское книжное издательство, 2007. 360с.

'디아스포라'라는 용어는 그리스어에서 유래한 것으로 '분산', '다른 방향들로의 확산'을 의미하는 바,[28] 어떤 민족 집단 또는 그 집단의 다수가 자기 고유의 영토를 떠나 다른 민족 집단들이 거주 중인 영토에서 사는 것으로 이해된다. 오랜 시간 동안 많은 연구자들이 유럽의 디아스포라와 일부 다른 '오래된' 디아스포라(예를 들면 아르메니아 디아스포라)를 고전적 디아스포라에 포함시켰으며, 19-20세기에 주로 발생했던 새로운 디아스포라에도 '디아스포라'라는 용어를 사용할 수 있는 정의를 내리려 하고 있다.[29]

러시아소백과사전은 '디아스포라'를 "자신이 기원한 지역 밖에서 살고 있는 민족 집단"으로 정의하고 있다.[30] '민족 집단과 스타브로폴의 디아스포라'라는 편람의 저자들은 '디아스포라'를 자연적인 역사적 노정에 의해 조성된, 사회구조로 비 필연적으로 조직된 민족적 집단들로 간주한다.[31]

그러나 상기 두 개의 정의 모두 매우 불명료하여, 일국 내에서 또는 국제적 수준에서 사람들이 대규모로 혼거하는 거의 모든 경우를 묘사하는데 '디아스포라'라는 용어가 사용될 수 없었다. 또한 이런 불명료성으로 인해 전문가들은 보다 정확한 정의를 내리고자 논쟁하고 있다.

쉬니렐만(В.А. Шнирельман)은 민족이 처음 분포되었던 지역을 벗

28) Большая Российская энциклопедия. Т. 8.

29) 예를 들어 다음의 연구서를 보시오. Левин З.И. Менталитет диаспоры (системный и социокультурный анализ). М.: Институт востоковедения РАН; Издательство «Крафт+», 2001. С. 66–70; Милитарев А.Ю. О содержании термина «диаспора» (к разработке дефиниции) // Диаспоры. 1999. № 1. С. 25; Дятлов В.И. Диаспора: попытка определиться в понятиях // Диаспоры. 1999. № 1. С. 9.

30) Краткая российская энциклопедия. М.: Большая Российская энциклопедия, ОНИКС, 21 век. Т. 1. С. 820.

31) Авксентьев А.В., Авксентьев В.А. Этнические группы и диаспоры Ставрополья (краткий справочник). Ставрополь: СГУ, 1997. С. 7.

어나 사방으로 이주한 것이 아닌, 불행한 상황(전쟁, 기아, 강제적인 국외추방 등)의 압력에 의하여 불가피하게 발생한 이주로 디아스포라를 이해하고 있다. 쉬니렐만은 자신이 '디아스포라 증후군이라 불렀던 독특한 현상, 즉 민족적 굴욕, 분노, 절망의 감정에서 디아스포라가 구축된다고 보았다.[32]

일라리오노바(Т.С. Иларионова)는 디아스포라와 민족 집단을 동일시하고, 민족 집단은 자국 경계 밖의 다른 민족 속에서 그곳 시민권을 획득하여 오랜 시간 살고 있는 사람들의 공통체라고 정의했다. 일라리오노바의 정의에 따르면 이런 공통체는 집단적 정체성을 보유하고 있으며, 자신의 수적 그리고 인구통계학적 구성 상 언어, 문화 그리고 행동 패턴을 재생산하기에 충분하다. 또한 이런 공동체는 "민족과 그 민족의 인류서식지 간의 관계란 그저 존재하는 게 아니라, 자신의 민족 공간에 대한, 그리고 다른 민족들 내에서의 확산에 대한 권리를 상실한 상태에서도 선조들 영토로의 귀환이라는 생각을 역사적 기억 속에서 재생산해내는 민족적 행동 패턴을 구성하고 형성하는 근원"이라는 이유에서 자기 민족의 영토와 독특한 관계를 유지하고 있다.[33]

쿠쉬하비예프(А.И. Кушхабиев)는 구성원들이 자신의 민족적 모국의 경계를 벗어나 다른 민족들 내에서 거주하면서도 자신의 민족적 특성을 유지하고 있는 민족적 그리고 종교적 공동체라고 디아스포라를 정의했다.[34]

---

32) Краткая российская энциклопедия. М.: Большая Российская энциклопедия, ОНИКС, 21 век. Т. 1. С. 820.

33) Иларионова Т.С. Этническая группа: генезис и проблемы самоидентификации (теория диаспоры). М.: Нойес лебен, 1994. С. 4.

34) Кушхабиев А.В. Черкесская диаспора в арабских странах. История и современность: автореферат дис ... д-ра ист. наук. М., 1998. С. 19.

폴로스코바(Т.В. Полоскова)는 자신의 저서 '현대 디아스포라'에서 '디아스포라'의 개념을 정의내릴 수 있는 근본적인 징후들을 도출해내고 있다. 이런 징후에는 민족 정체성, 문화적 가치의 공통성, 공통의 역사적 기원에 관한 관념 등이 있다. 또한 자신은 민족의 일부이나 다른 국가에서 살고 있을 뿐이라고 보는 디아스포라의 독특한 자각은 물론, 현재 거주 중인 국가 및 역사적 모국과의 상호관계를 위한 자신만의 전략, 민족 활동의 보호와 발전을 추구하는 기구와 조직의 결성 역시 중요하다. 이 경우, 폴로스코바의 의견에 따르면, 민족 정체성은 디아스포라 형성의 근저에 위치하면서, (민족에게 선천적인)공통의 언어와 종교 혹은 영토의 공통성(민족)과 같은 그러한 체제 형성적 요인들에 깔려 있는 여러 개념 중 하나다.[35]

레빈(З.И. Левин)은 기원이 같다는 관념을 지닌 채, 역사적 모국이나 민족 집단의 거주 지역을 벗어난 곳에서 살고 있는 민족 또는 민족의 일부로 이해하고 있다. 레빈은 현재 삶을 영위 중인 지역의 다른 주민들과 디아스포라 집단의 구성원들을 확연하게 구별해주는 집단 고유의 특성을 유지하려는 바람, 그리고 그와 동시에 그 나라에서 채택된 질서에 따를 수밖에 없다는 (자각의 여부와 상관없는)동의가 디아스포라의 특성이라고 강조했다.[36]

또한 레빈의 견해에 따르면 가장 일반적인 디아스포라의 존재 형태는 디아스포라 조직의 총체인 사회적 유기체로서의 공동체 거주지와 실제회원과 통계상 회원(그들이 공동체의 공통 심리와 연결되어 있는 만큼)으로 이루어진 이주민이다. 디아스포라의 심리적 특성은 전형적

35) Полоскова Т.В. Современные диаспоры. Внутриполитические и между-народные аспекты. М.: Научная книга, 1999. С. 21.
36) Левин З.И. Менталитет диаспоры (системный и социокультурный анализ). М.: Институт востоковедения РАН; Издательство «Крафт+», 2001. С. 5.

인 대립(우리와 그들)으로 정의된다.[37]

브루베이케르(P. Брубейкер)는 디아스포라를 민족이 공간 속에서 분산된 것으로 정의하는 동시에 분리되어 있음에도 불구하고 디아스포라가 감정적으로 또는 정치적으로 계속해서 지향하는 현실적 그리고 상상적 모국에 대한 그 민족의 관계가 중요하다는 점을 특히 강조했다. 이런 용어 해석은 '디아스포라 - 모국 - 받아준 나라'라는 선으로 연결된 세 개 주체 간의 삼자관계가 존재한다는 것을 예정한다.[38]

우스마노바(Л.Р. Усманова)는 모국에 관한 관념과 그 관념에 기초하여 발생한 집단적 관계, 집단 연대성 그리고 자신이 기원한 나라를 상대로 표현된 관계에 의해 뭉쳐진, 문화적으로 구별되는 집단을 디아스포라로 이해하고 있다. 우스마노바는 디아스포라를 세계공동체의 일부로서 국제관계에 영향을 줄 수 있는, 공동체적 정체성에 기초한 집단으로 보았다.[39]

댜틀로프(В.И. Дятлов)는 운명의 공동성('역사적 모국' 출신 혹은 그런 식의 출신에 관한 신화)과 다른 민족의 사회에 있는 소수민족으로서 '분산된 상황에서' 생활양식을 유지하려는 공동의 노력에 기초하고 있는 형식적·비형식적 관계의 특이한 체계를 형성하는 인간 상호작용의 독특한 형태로 디아스포라를 설명할 수 있다고 보았다. 이런 접근법에 기초하면 민족의 발원지가 아닌 곳에 살고 있는, 다수민족으로 새

---

37) Левин З.И. Менталитет диаспоры (Системный и социальный аспекты) // Национальные диаспоры в России и за рубежом в XIX–XX вв. Сборник статей. М.: ИРИ РАН, 2001. С. 45–53.

38) Брубейкер Р. «Диаспоры катаклизма» в Центральной и Восточной Европе и их отношения с родинами (на примере Веймарской Германии и постсоветской России) // Диаспоры. 2000. № 3. С. 6–32.

39) Усманова Л. В поисках национальной идентичности (тюрко-татарская диаспора в Северо-Восточной Азии) // Диаспоры. 2005. № 2. С. 6–39.

로운 모국에 뿌리내린 어떤 민족에 속한 집단의 존재는 아직 디아스포라가 아니라, 디아스포라 발생의 불가피한 조건에 불과하게 된다.[40]

토셴코(Ж.Т. Тощенко)와 차프틔코프(Т.И. Чаптыков)는 사회학적 관점에서 분석하여, 디아스포라란 자신의 역사적 모국의 경계를 넘어(또는 자기 민족의 분포권 밖에서) 이민족에 둘러싸여 생활하며, 그 공동체의 발전과 기능을 위해 사회 기구를 보유하고 있으면서 단일한 기원을 갖는 민족 구성원의 견고한 총체라고 했다. 또한 두 저자는 상대적인 자족적 유기체이면서 디아스포라가 장기간 작동할 수 있게 해주는 자기조직화의 능력이 상당 수준에서 디아스포라를 규정해 주는 징후라고 했다.[41]

아스트바차투로바(М.А. Аствацатурова)는 (사벨리예프[В.Ю. Савельев]와의 공동 저작에서) 최근 네 개의 디아스포라에 특별한 관심을 보이면서, 공동의 사회경제적 필요라는 문맥에서 내적 통합 추구, 민족 이익의 조직 · 수렴 · 달성 능력을 디아스포라의 가장 중요한 징후로 보았다.[42]

'민족지학 평론' 지에 게재된 티쉬코프(В.А. Тишков), 세묘노프(Ю.И. Семенов) 그리고 아루튜노프(С.А. Арутюнов)의 토론 내용은 '디아스포라'라는 용어 정의하는데 있어 매우 흥미로운 사실을 제공해준다.

티쉬코프는 고전적 정의의 단점을 언급하면서도 디아스포라라는 현

40) Дятлов В. Диаспора: экспансия термина в общественную практику современной России // Диаспоры. 2004. № 3. С. 126–138.

41) Тощенко Ж.Т., Чаптыкова Т.И. Диаспора как объект социологического исследования // Социологические исследования. 1996. № 12. Л. 33–42; Тощенко Ж.Т. Постсоветское пространство: суверенизация и интеграция: Этносоциологические очерки. М.: РГГУ, 1997. С. 80.

42) Аствацатурова М.А., Савельев В.Ю. Диаспоры Ставропольского края в современных этнополитических процессах. Ростов-на-Дону – Пятигорск: изд-во Северо-Кавказской академии государственной службы, 2000. С. 53.

상의 존재에 논쟁의 여지가 없다고 했다. 그는 "세계 문화체계에 대한 긍정적인 연관성 위에 구축된 디아스포라는 현대의 초민족적 문맥 속에서 때때로 유토피아와 은유를 상당히 포함하고 있으나, '손실', '추방', '주변인'과 같은 전통적 이데올로기로부터 멀어지면서, 성공적 적응과 유용한 세계주의 같은 건설적이고 긴요한 전략을 더 많이 반영하고 있다"고 언급했다. 티쉬코프는 각 국가가 자국의 강화와 타국의 약화나 붕괴 같은 실용적 목적에서 디아스포라를 이용하고 있음을 강조했다.[43]

세묘노프는 러시아 저술을 통해 '디아스포라'라는 용어가 광범위하게 사용되고 있음에도 불구하고 그 개념이 충분히 세련되지 못했다는 점에서 티쉬코프의 견해에 동의했다. 세묘노프는 민족의 일부가 자기 민족 영토의 경계 밖에서 살고 있는 경우나, 일반적으로 동화과정에 처해 있지만 자신의 정체성을 유지하고 있는 경우에 한해 '민족 디아스포라'라는 용어를 사용하자고 제안했다. 사람들이 다른 문화에 익숙해지는 상황 속에서 그들을 연결시키는 것은 자연히 모국에 대한 기억이라고 했다.[44]

아루튜노프는 디아스포라가 국가에서가 아니라(디아스포라에서 국가의 체제형성 역할을 부정하면서), 민족국가를 영유할 수도 있고 그렇지 않을 수도 있는 민족사회 유기체에서 발생한다는 사실을 강조했다. 그는 국가와 국경의 의미에 대한 과대평가가 민족세계의 '중심'과 '디아스포라'라는 두 부분의 확연한 경계 획정으로 귀결되었다는 점에서 티쉬코프를 비판했다. 즉 아루튜노프는 '비 디아스포라'에서 디아스포라로의 평면 전환도 가능하고, 디아스포라의 경계가 불안정하거나

---

43) Тишков В.А. Исторический феномен диаспоры // Этнографическое обозрение. 2000. № 2. С. 43–63.

44) Семенов Ю.И. Этнос, нация, диаспора // Этнографическое обозрение. 2000. № 2. С. 64–74.

심지어 존재하지 않을 수도 있기 때문에 저런 식의 분계가 항상 옳은 것은 아니라고 보았다. 따라서 디아스포라는 '아직 디아스포라가 아닌 단계'가 '디아스포라 단계'를 거쳐 '이미 디아스포라가 아닌 단계'로의 발전 과정 같은 그런 상태인 것만은 아니라고 했다.[45]

요약하면, 인문학에서 '디아스포라'는 매우 다양하게 설명되고 있다. 그 중 공통적 사실은 디아스포라가 한 민족이 원래 속해있던 정착지를 벗어나 다른 곳에서 정주 중인 민족 집단으로서만 정의되었다는 점이다. 여기서 모든 민족 집단이 디아스포라의 정의에 해당되는 게 아니다. 민족 집단 중에서도 디아스포라처럼 독특한 민족사회 유기체로 구분될 수는 고유의 특징을 보유한 경우에만 위 정의에 해당된다.

위에 서술된 명제들에 기초하여 다음과 같은 문제를 제기할 수 있다. 과연 사할린한인은 디아스포라인가?

사할린한인이라는 연구 집단이 일정 민족에 속하는가에는 아무런 의문의 여지가 없다. 명확하게 표명된 민족정체성(이에 대해서는 밑에 언급되어 있다)에 관해서 뿐만 아니라, 이 민족 집단이 국가에 의해 공식적으로 인정되었음을 여기에서 밝힐 수 있다. 러시아연방 사할린 주 내의 한인은 (어느 민족에 속하는지의 규정이 문서에 공식적으로 기재되었던 시기에도, 그리고 민족이 순수하게 자발적 사안이 된 지금도 역시) 모든 공식 통계보고서에 언급되어 있다. 선명하게 구분되는 한인의 외모가 그것에 일조했다. 즉 다수민족(러시아인)과 소수민족(한인)이 서로 다른 인종인류학적 유형에 속한 것이 두 집단을 명확하게 구분할 수 있게 해준다.

사할린과 쿠릴열도로의 한인 이주는 일련의 고유한 특징에 의해 구

45) Арутюнов С.А. Диаспора – это процесс // Этнографическое обозрение. 2000. №2. С. 74-78.

분된다. 비극적 사실, 즉 1910년 일본에 의한 조선병탄은 사할린을 향한 한인 이주의 출발점이었다. 이주의 첫 단계에서는 대규모 형태가 아니었다. 그러나 후일 태평양전쟁이 발발하자 일본 당국이 발표한 노동 동원에 의해 한인이 대규모로 사할린에 입도되었다. 당시 일본 당국은 사할린으로의 출국을 희망하는지의 여부를 이주자들에게 간혹 물어보거나 아니면 전혀 물어보지 않았다. 노동 징용으로 사할린에 입도한 사람들이 가라후토 한인 주민의 절반이 넘었으며, 강제적 혹은 반강제적 이주라는 비극적 사실은 집단의 역사적 기억 중 일부였다(쉬니렐만[B.A. Шнирельман]의 의견에 따르면 이것이 디아스포라의 가장 중요한 징후 중 하나다).

다수의 디아스포라 연구자들은 디아스포라가 스스로 장기간 작동하려면 언어, 문화 그리고 행위 패턴의 재생산에 반드시 필요한, 충분히 많은 수의 구성원을 보유해야만 한다고 주장했다. 사할린 주의 상주 한인 인구는 (전후 소비에트에서의 최초 인구조사가 실시된 해인)1959년부터 2010년 사이에 4만 2천 명에서 2만 6천 명으로 변했다. 그러나 사할린 주 전체 인구 대비 한인의 비율은 위 기간 동안 꾸준하게 5-6%대를 유지했다.

하지만 어떤 민족 집단의 절대 수를 근거로 인용할 수 있는 경우가 드문 만큼, 상황을 이해하려면 비교해 보는 게 더 낫다. 예를 들어 19세기 라틴아메리카의 러시아 주민은 34,682명으로 그 지역 전체 인구의 4.86%였음에도 디아스포라로 평가를 받았다.[46] 터키에서의 오세트인 디아스포라는 대체적인 추정에 따르면 현재 약 10만 명 정도에(전체 인

---

46) Мосейкина М.Н. Русская диаспора в Латинской Америке в послевоенный период // Национальные диаспоры России и за рубежом в XIX–XX вв.: сб. статей / сост. Г.Я. Тарле. М.: ИРИ РАН, 2001. С. 137–148.

구의 1% 이하) 1세기가 넘게 터키에서 살았음에도 불구하고 디아스포
라 집단의 모든 징후를 예전처럼 유지하고 있다.[47] 20세기 초 러시아
흑해 주의 그리스인 디아스포라는 11,383명으로 해당 주 전체 인구의
9.2%였다.[48] 카자흐스탄의 고려인 디아스포라는 1999년의 인구조사에
따르면 99,665명이었다(전체 인구의 0.7%).[49] 이런 수치들은 사할린 주
한인 디아스포라의 수적 지표와 전적으로 비교될만하다.

언어, 문화, 행위 패턴, 민족문화적 특징 등의 재생산, 문화적 가치의
공통성, 민족적 그리고 문화적 독자성을 유지하려는 의도 등은 (인간
심리의 분야와 관련된 모든 것이 그렇듯이)다면적이고 복잡한 문제이
다. 사할린한인의 러시아 사회 적응 과정의 일부 측면, 예를 들면 모국
어(한국어 – 역주)의 상실 문제(우리가 보기에는 명백하게 그렇다) 같
은 것을 반드시 평가해야 한다. V장에서 이미 언급된 바와 같이 2002년
의 인구조사에 따르면 한인 중 99.29%[50]가 러시아어를 모국어로 인정
하고 있으며, 2010년에는 그 수치가 심지어 99.77%까지 증가했다.[51]

사할린한인들의 생활 속에서 한국어가 실질적으로 이용되지 않는
상황 하에서는 어쩔 수 없다. 한인학교를 폐쇄하고 러시아 교육 체제

47) Гадиева А.Н. Осетинская диаспора в Турции: этносоциологический аспект: дис. …
   канд. соц. наук. М., 2002. С. 19.
48) Руднянов Г.С. Греческая диаспора на Северном Кавказе во второй половине XIX –
   начале XX века: автореферат дис. … канд. ист. наук. Пятигорск, 1998. С. 16.
49) Нацуко Ока. Корейцы в современном Казахстане: стратегия выживания в роли
   этнического меньшинства // Диаспоры. 2001. № 2–3. С. 194–220.
50) Всероссийская перепись населения 2002 г. Т. 4. Национальный состав и владение
   языками, гражданство // Всероссийская перепись населения 2002 г. Режим доступа:
   http://www.perepis2002.ru (검색일: 2015.01.10).
51) Всероссийская перепись населения 2010 г. Т. 4. Национальный состав и владение
   языками, гражданство // Всероссийская перепись населения 2010 г. Режим доступа:
   http://www.gks.ru/free_doc/new_site/perepis2010/croc/perepis_itogi1612.htm (검색일: 2015.
   01.10).

를 받아들인 1960년대 중반에 한국어의 소멸은 시간상의 문제가 되었다. 물론 세계에는 2개 또는 3개 언어를 국어로 사용하는 다중국어 민족 집단이 존재하지만(예를 들어, 파라과이 인, 룩셈부르크 인, 루지츠인 및 기타)[52], 그것은 어디까지나 예외에 속한다. 이중 국어에 대한 사활적 필요성이 존재하지 않는데 언어적 특성을 유지한다는 것은 실질적으로 불가능하다. 예를 들어, 앞에서 언급된 카자흐스탄 고려인의 디아스포라에서 러시아어를 사용하는 한인이 97.7%에 달한다. 실제로, 1999년 인구조사 당시에 25.8%의 고려인들만이 "한국어를 알고 있다"고 기재했다. 그러나 나츠코 오카(Нацуко Ока)의 견해에 따르면 카자흐스탄의 고려인 중 1/4은 자신의 역사적 모국어를 유창하게 구사하는데, 질문을 받은 대부분이 한국어를 잘하지 못한다고 한 것은 상당 수준에서 의심스럽다고 했다.[53]

문화적 독자성이라는 문제에 있어서는 상황이 약간 다르다. 관습과 전통은 민족 정보를 전달하는 역할을 수행하며, 국민의 민족적(ethnic) 개성을 규정한다. 민족 고유의 전통과 관습은 완전한 이민족 환경 속에서도 충분히 장기간 동안 유지될 수 있을 뿐만 아니라, 현실이 보여주는 바와 같이, 변형될 수도 있고 다른 문화 공동체의 관습 및 전통과 공존할 수도 있다. 사할린 공동체의 환경 속에서 한민족의 관습과 전통은 비록 이민족의 영향을 받아 변형되었다할지라도 예전처럼 강력하다. 그것은 '백일', 결혼, 장묘, 회갑, 민족 요리의 전통 요소 보존 등과 같은 민족적 의식(儀式)의 준수이다.[54] (쿠쉬하비예프[А.И. Кушхабиев]

52) Арутюнов С.А. Роль и место языка в этнокультурном развитии общества // Этнические процессы в современном мире / отв. ред. Ю.В. Бромлей. М.: Наука, 1987. С. 44.

53) Нацуко Ока. Корейцы в современном Казахстане... С. 194–220.

54) Пак Сын Ы. Адаптационная эволюция обрядов жизненного цикла у сахалинских корейцев... С. 37–44; Пак Сын Ы. Обряды жизненного цикла сахалинских корейцев...

에 따른)민족문화의 특성은 생활 방식, 경제활동의 형태, 가족관계의 조정, 자녀 교육 등등에서 실질적인 역할을 하고, 그런 방식으로 디아스포라를 형성한다.

일라리오노바(Т.С. Иларионова)가 언급했던 민족 공간이라는 것과의 명확한 관계, 출신 지역과의 상호관계를 위한 자신만의 전략(폴로스코바[Т.В. Полоскова]), 역사적 모국에 대한 감정적 그리고 정치적 정향(브루베이케르[Р. Брубейкер]) 등을 주장한 연구자들은 디아스포라의 세계관에 (현실 또는 상상 속의)역사적 모국에 대한 관념의 집합체로 나타나는 모종의 독특한 상징이 존재한다는 의견에 동의하고 있다. 디아스포라의 인식에서 중요한 역할을 수행하는 것은 출신, 이주, 운명의 공통성이다(댜틀로프[В. Дятлов]). 모국에 대한 기억(세묘노프[Ю.И. Семенов])은 상이한 사람들을 통일시켜주고 세계 및 그 세계 속에서 자신의 위치에 대한 공통의 관점을 형성시켜주는 강력한 감정적 연결고리를 형성한다.

사할린한인들은 민족 집단 중 하나이며, 그들의 현실인식은 역사적 모국에 관한 관념과 모국으로의 귀국 갈망으로부터 강한 영향을 받았다. 이주의 상황 및 실패한 귀국과 관련된 기억은 공동체의 집단기억에서 눈에 띄는 역할을 하고 있다. 한인들이 어떻게 사할린에 입도했는지 혹은 어떻게 사할린으로 이송되었는지 그리고 1945-1946년의 새로운 당국이 일본과의 국경을 어떻게 폐쇄했는지, 전후 첫 시기에 한인들이 자신들을 집으로 데려다 줄 기선을 얼마나 기다리고 있었는지에 대해서 수백편의 논문과 글들이 작성되었다. 이런 사건들은 구전 전통

C. 41–43; Пак Сын Ы. Проблемы сыновней почтительности «хё» у сахалинской корейской диаспоры... С. 63–67; Пак Сын Ы. Сахалинская корейская семья... С. 133–141.

속에서 더 큰 비중을 차지하고 있으며, 노인 세대들의 이야기는 종종 그 사건에 관한 것이다. 갈 수 없는 역사 속의 모국, 집단의 비극적 운명, 헤어진 가족 등에 대한 관념은 물론 공정의 조속한 복구에 대한 희망이 사할린한인의 머릿속에 새겨졌을 뿐만 아니라, 수많은 삶의 행동과 결정에 직접적인 영향을 주었다. 이와 관련하여 적응에 대한 소극적 반항, 국적 선택에서의 갈등, 1960년대 교육과 영구 정주를 목적으로 한 사할린 2세대의 북한으로의 출국, 1977년의 비극적인 사건으로 귀결된 귀환 운동, 그리고 마침내 1990-2000년 사할린한인 1세대의 대규모 한국 귀환 등을 기억할 수 있다.

공동체 생활 속에서 거주 국가의 적극적 역할은 국가와의 관계에서의 고유 전략이 존재함을 의미 한다. 소연방과 같이 권위주의 국가의 조건 하에서는 다른 대안이 존재할 수 없었을 것으로 보이는 바, 소연방 체제는 개별 시민 및 사회적 삶에 대한 국가의 적극적인 간섭을 전제로 했었다. 여기에 부언할 수 있는 사실은 한반도에 적대적인 두 국가의 존재가 정치적인 이유에 의해서도 소비에트 정부로 하여금 한인 공동체의 일상생활에 적극 간섭하도록 만들었다는 점이다. 사할린의 한인들은 적대국(한국)이 통제하는 지역의 출신자들로 이해되었으며, 그와 동시에 형식적으로는 동맹국이지만, 가장 편안한 관계를 유지할 수 있는 국가였던 북한과도 긴밀하게 연결되어 있었다. 사할린한인들의 일상생활에서 국가의 적극적 역할은 티쉬코프(В.А. Тишков)가 언급한 디아스포라의 근본적 징후로서 존재한다.

우리가 목격하고 있는 바와 같이, 사할린한인은 심지어 소비에트 시기에도 독특한 민족 조직을 설립하려 했었다. 달리 말하면, 한인들은 아스트바차투로프(М.А. Аствацатуров)가 디아스포라 징후로서 구분했던, 내적 통합을 향한 애착을 경험했으며, 이 내적 통합으로 소비에트 체제에 의해 종종 억압을 받았던 자신의 독자성과 문화를 지키려했다.

그와 동시에 소비에트 시기에는 (폴로스코바가 상기시켰던 디아스포라의 징후인)민족적 독자성의 유지와 발전에 방향 맞추어진 공식적인 기구와 조직이 존재했었다. 물론 이 기구와 조직들은 국가의 통제 하에서 국가의 지원을 받아 활동했다. 이 중에서 한인 교육 체제, 한인 공연장, 한인 신문 등을 특별히 언급할 필요가 있다.

1991년 이후의 정치적 민주화 속에서 사할린에서는 다수의 한인 사회조직이 등장하기 시작했으며,[55] 그 조직의 관심 범위는 역사적 모국으로의 귀환 지지에서부터 민족 언어와 문화를 가능한 한 최대치로 유지하는 것까지 이어져 있었다. 달리 표현하면 사할린에는 사회 기구들이 존재하고 있으며, 디아스포라 기능의 징후로서 이 기구들이 존재한다는 것에 대해서는 토쉔코(Ж.Т. Тощенко)와 차프틔코바(Т.И. Чаптыкова)가 상기시켜주었다.

사할린한인 1세대의 대한민국 귀환은 민족적 관심에 도달할 수 있는 한인 공동체의 능력뿐만 아니라(아스트바차투로바의 디아스포라 묘사를 참고하시오), 정책 결정에 영향력을 행사하고, 우스마노바가 기술한 것처럼 목적을 달성하기 위해 국제적 상황을 이용할 수 있는 능력 역시 증명한 것이었다. 사할린한인 중에서 노인 세대들의 귀환은 그 자체로 공동체가 지닌 내적 힘의 통합을 요구했던 것은 물론, 러시아, 일본 그리고 대한민국 등 몇 개 나라의 정부가 협상의 테이블에 앉아 귀환 과정을 합의하도록 촉구했다.

사할린한인 공동체 내에서 민족 정체성의 지표(나는 한인이다)와 독

55) Организации корейцев СНГ, г. Южно-Сахалинск, Российская Федерация // Информационный портал корейцев СНГ. Режим доступа: http://www.arirang.ru/regions/russia/sakhalin.htm (검색일: 2012.01.30).

특한 민족 명칭(난 사할린한인이다)이 존재한다는 사실은 엄격하게 명시된 집단에 자기 자신을 포함시키는 명확한 집단 정체성을 반영하는 것이다.

(외국인으로서의 러시아인뿐만 아니라 모든)외국인과는 다른 '나'라는 명확한 구분이 상존하고 있으며, 이런 구분은 심지어 사할린한인 공동체 자체 내에서도 경계가 나타나게 만들었다. 즉 1945년 이후 사할린 한인 공동체에 합류된 다른 한인 집단들은 '외국인'으로 여겨졌다. 사할린한인의 대부분은 1910-1945년의 자발적 혹은 강압적 이주자들의 후손들로서 스스로를 '현지인'이라고 보아, 사할린에 입도한 새로운 고려인(북한사람 포함 - 역주) 이주자들을 '큰땅배기(고려인 - 역주)'와 '북한사람'으로 불렀다.[56]

국제협상을 시도할 당시 모두가 이해할 수 있는 전문 용어가 필요해지면서 생활관습, 정치, 그리고 과학 등 모든 영역에서 사용되던 '사할린한인'이라는 공통 용어가 이용되기 시작했다. 그 무렵 '큰땅배기'와 '북한사람'들 중 일부는 사할린을 벗어났으며, 일부는 소수였기 때문에 주요 집단에 흡수되었다. 이런 조건 속에서 자신을 나타내던 '사할린한인'이라는 명칭은 대한민국에서 사는 한인들과의 관계에서 '자신'을 그들과 동일시하는 새로운 기능을 수행하기 시작했다. 이중적 민족 정체성, 그리고 레빈이 디아스포라의 중요한 특성으로 기술했던 '우리/그들'의 대비라는 독특한 사고방식이 존재한 것이다.

일본제국주의 시절 남사할린으로 이주된 한인들은 아직 디아스포라가 아니었으며, 그들에게는 그것이 많은 경우에서도 일시적인 이민일 뿐이었다. 그러나 역사적 사건은 한인 공동체가 디아스포라로 변하도록 만들었다. 즉 한인 공동체가 민족 집단을 일정한 디아스포라에 포함

---

56) 다음을 보시오. Пак Хен Чжу. Репортаж с Сахалина... С. 42.

시키기에 충분한 근거로서 러시아 학자들이 제시한, 그런 일련의 특징들을 지니게 되었다.

그러나 역사적 발전은 한곳에 머무르지 않는 만큼, 향후 사할린의 한인 민족은 다른 문화적 환경 속으로 녹아들 것이다. 그런 개연성이 존재한다는 것은 한인 디아스포라 속에서 진행되고 있는 통합 과정으로 증명되고 있지만, 아직까지는 발생하지 않은 만큼, 우리는 사할린한인 공동체를 디아스포라라고 명명할 완전한 권리를 지니고 있다.

결 론

결론적으로, 사할린의 현대 한인 디아스포라의 역사를 세 시기로 구분할 수 있다.

제1기는 대한제국이 남사할린처럼 일본식민제국주의의 일부가 되었던 1910년부터 일본의 가라후토(1905-1945년까지 일본의 통치를 받았던 남사할린 지역) 현에서 시작된다. 이 1기는 1945년 제2차 세계대전에서 일본이 패망하고, 사할린과 쿠릴열도가 소연방의 사법권 관할로 양도된 후에 끝을 맺는다.

여기서 상기할 필요가 있는 사실은 이 시기에 북 사할린에 이미 한인 주민이 존재했다는 점이다. 그러나 그 수는 많지 않았으며, 장기간 거주하는 집단도 형성되어 있지 않았다. 1937년 북 사할린의 한인들은 중앙아시아로 이주되었기 때문에 여기에서는 그들의 역사가 연구 대상으로 검토되지 않았다.

한인은 두 가지 방식에 따라 가라후토 청으로 이주했다(이주의 방식이 이 두 가지밖에 없었던 것은 아니었으나, 압도적 다수의 한인이 이 방식으로 이주했다). 첫 번째 방식은 자발적 경제이민이었다. 가라후토 산업체에서의 보다 높은 임금에 이끌린 한인들이 노동 계약 기간이 만료되면 모국으로의 귀국을 전제로 하여 입도한 것으로 간혹 가족과 함께 온 이들도 있었다. 영구 거주를 목적으로 한 이주자들에 의해 종종 이주 행렬이 증가했다. 즉 새로운 장소가 마음에 들은 이주자는 자신의 친척들이나 동향 사람들에게 자기처럼 이주하라고 적극적으로 설득했다.

두 번째 이주 방식은 강제 동원이었다. 한인 주민의 노동 동원은 일본이 제2차 세계대전의 추축국이 된 이후 전략적으로 중요한 산업 분야에서의 심각한 노동력 부족을 경험한 이후 일본 당국에 의해 시작되었다. 노동 동원의 범주 내에서 가라후토로 이주된 한인이 약 1만 6천 명에 달했다.

자발적 이주민이나 동원된 이주민 모두 대부분 탄광에서의 미숙련 노동자였다. 대부분의 이주는 한반도의 남쪽 농업 지역에서 이루어졌다(가라후토 주민의 한인 민족 중 90% 이상이 남쪽 지역 출신들이다). 이 시기에는 (당시 한인들이 한국 북부에서 만주로 이주했던 것처럼) 그와 유사하게 일본 열도로의 한인 이동 역시 목격된다. 1944년 말 무렵 가라후토의 한인은 26,825명에 달했다.

제2기는 1945년부터 1991년까지의 소련 통치 시기 전체에 해당된다. 제2차 세계대전으로 남사할린과 쿠릴열도가 소연방에게 양도되었으며, 한인 주민들은 소련의 사회, 정치, 경제적 체제 속에서 생활하게 되었다. 선택권이 많지 않았던 사할린 주의 한인들은 소비에트 사회에서의 삶에 길고도 힘든 적응 과정을 거치기 시작했다. 초기 한인들의 사회경제적 지위는 매우 낮았다. 그것은 객관적으로 낮은 수준의 노동 숙련도, 소비에트 교육의 결여, 러시아어에 대한 무지 때문이었다. 그러나 시간의 흐름에 따라 한인들은 소비에트 사회에 서서히 통합되면서 물질적 복지가 개선되었으며, 디아스포라의 전반적 교육 수준도 높아졌다.

제3기는 러시아사에서 새로운 단계의 시작이었던 1990년대부터 시작된다. 소연방의 해체, 정치와 경제체제의 변화는 러시아 사회에서 삶의 영역에 막대한 영향을 주었다. 한인들을 포함한 사할린 주민들은 자본주의 체제라는 새로운 조건 속에서 자아를 실현해야하는 불가피한 상황에 직면했다. 성공적인 통합 및 사업과 정치 그리고 통치에서의 지도적인 지위 점유는 한인 공동체의 외형을 변형시켰음은 물론, 그것의 사회적 지위를 격상시키고, 사할린한인들이 사할린 지역의 국제관계에서 눈에 띄는 역할을 수행할 수 있게 만들어 주었다.

사할린한인은 제2차 세계대전의 해결되지 않았던 문제 중 하나, 즉 전후 결과에 따라 관할 국가가 바뀐 영토로부터의 주민 귀환 문제에서 강력한 요인의 영향력을 역사적으로 직접 경험한 유일한 민족 집단이다.

1945년 남사할린과 쿠릴열도가 소연방에 양도되면서, 그 지역 주민들은 소련 사법권의 관할을 받게 되었다. 일본 시민과 전쟁 포로들은 미소협약에 의거하여 대부분 소연방에서 일본으로 송환되었다. 그러나 남사할린의 한인들은 위 협약의 적용 대상이 아니었고, 한인의 귀환과 관련하여 그 어떤 공식적인 합의 역시 체결되지 않았지만, 한인 공동체나 한국 모두 제2차 세계대전 승전국의 응당하고도 공평한 행동에 따라 본국으로의 한인 귀환을 예상하고 있었다.

1945-1950년 당시 두 개의 귀환 계획이 가능했다. (가장 가능성이 높아 보였던)첫 번째 귀환 계획은 소련 당국이 고안한 것이었다. 이 계획은 전 일본제국의 신민이었던 한인들을 소연방의 통제 하에 있었던 북한으로 귀환시킨다는 것이었다. 이 계획은 문서상으로 준비되었으나, 소비에트 정권은 새로이 양도 받은 지역에서 산업 노동력의 부족이라는 문제와 직면하자 사할린과 쿠릴에서의 경제 상황이 안정될 때까지 귀환을 늦추기로 결정했다. 이 결정은 1950-1953년의 6·25전쟁으로 인하여 실행될 수 없었던 비운의 계획이었다. 종전 이후 소련은 사상적,

정치적 이유를 들어 사할린한인의 귀환 계획을 최종적으로 거부했다.

두 번째의 가능한 귀환 계획은 소련과 미국 민사행정부(더글라스 맥아더 장군의 지휘 하에 대 일본 연합국 수석 참모부가 미국 행정부를 대표했다)의 공동행동이었다. 사회 기구와 한국 외교 사절단이 여러 차례에 걸쳐 문의함에 따라 사할린한인의 귀환 문제가 미국 지도부에 제기되었다. 당시 예상되었던 가능한 방법은 소련 군사지도부의 협력 하에 사할린에서 홋카이도로 이송되던 일본 주민의 송환 당시 한인도 귀환시키는 것이었다.

한인을 마오카에서 삿포로로 이송한 후, 사세보를 거쳐 부산으로 이송하는 것이었다. 이런 이송 계획은 미군 지도부가 추가로 힘들이지 않아도 되는 것이었음에 주목해야 한다. 즉 당시 일본 열도로부터 한인들의 귀환이 대규모로 실행되고 있었다. 그러나 상황 상 계획이 실행되지 못했다. 과거 일본제국의 전 영토에 남아 있던 모든 한인들(약 250만 명)을 귀환시키면 한국 경제가 이례적 하중을 받게 된다는 것, 귀환자들의 숙박과 급식이라는 문제가 추가되는 것을 미군 지도부가 원하지 않았다는 것, 그리고 냉전의 시작으로 소련의 비판을 받을 수도 있다는 위험의식 등으로 인해 이 귀환 계획은 권고와 토론의 수준에서 중단되었다.

자국 중심적이고 충분히 이기적인 원인에 따른 두 열강 간 이해관계의 일치는 모국을 향한 사할린한인들의 귀국을 불가능하게 만들었다. 6·25전쟁의 종전 이후 냉전이라는 미소 양국 간의 새로운 전쟁은 세계를 적대적인 두 개의 진영으로 나누었다. 자본주의와 사회주의 국가 간의 '철의 장막'이 가까운 장래에 모국으로 돌아가겠다는 사할린한인들의 소망을 앗아가 버렸다. 이 문제는 다른 어떤 것보다 사할린한인들의 생활에 큰 영향을 주었다.

소비에트 시기 사할린한인사에 영향을 준 상당히 중요한 요인에는 세 가지가 있다.

첫 번째 요인은 사할린한인들을 포함한 소수 민족들을 상대로 소연방에서 실행되었던 민족정책이었다. 이 정책은 '문화적 최대 성과'에 도달할 때까지 한 민족문화를 지원하면, 그 이후 그 문화는 자연스럽게 국민문화로 변형되고, 그 주민은 '소비에트 인민'이라는 명칭 아래 통일된 공동체가 될 것으로 예상하고 있었다.

이런 정책의 범위 내에서 소비에트 행정부는 전후시기에 한인 민족문화를 지지하기 위한 광범위한 계획을 실행했다. 한인학교가 개교되었고, 한인 신문과 이동식 공연장, 유즈노사할린스크 사범학교 산하의 한국분과가 운영되기 시작했으며, 한인 도서관과 문맹퇴치 동아리가 활동하면서 한인들이 소비에트 체제의 정신에 따라 사상적, 정치적으로 계몽되었다. 1963년 이후 소련 행정부는 자신의 임무를 완수한 것으로 판단하여 '가장 불가피한 것'만을 남겨둔 채 한인 민족문화를 지원하던 다수의 계획을 중단했다.

두 번째 요인은 소비에트 행정부에 의해 매우 가혹하게 탄압을 받았던 사할린한인 공동체 내에서의 귀환 운동이었다. 정당 설립을 위한 활동, 그 정당에 관한 위험한 정보의 확산, 일부 한인 가족들이 북한으로 강제 추방되게 만들었던 1977년 한인사회에 있었던 사건들과 떠돌던 소문, 반쯤의 추측, 바람 등은 모국으로 되돌아가고자 소비에트 사회에서의 삶에 적응하길 거부했던 사할린한인들의 소망을 반영한 것이었다.

세 번째 요인은 사할린한인 문제에 대한 국제적 관심이다. 북한의 정치적 영향력 그리고 사할린한인들과 관련하여 한국과 일본에서의 사회운동 등이 비록 소연방의 정책에 본질적인 영향을 주지 못했으나,

그럼에도 불구하고 사할린한인 디아스포라에 반영되었다.

사할린한인 디아스포라의 이주와 생활에 동반되었던 복잡한 상황에도 불구하고 소비에트 사회에서의 삶에 적응하는 과정은 대부분의 디아스포라들이 거쳐 온 자연스러운 과정으로서 인정되어야 한다. 이 과정에서 모국어의 상실과 민족문화의 변형은 당연하다. 소비에트 민족정책이 이런 문화의 변형에 부응한 면이 일부 존재하며, 위 과정이 귀환 문제와 모국으로의 귀국운동에 제동을 가하기도 했다. 그러나 중요한 의미를 지닌 이런 요인들도 사할린한인들이 외국 문화에 완전히 통합되는 것을 막지는 못했으며, 명백하게 인정할 필요가 있는 것으로서 이런 통합은 기정사실이라는 점이다.

첨 부

1945년 11월 10일자 №2 극동군관구 구역, 지역 그리고 회사의 군사령관에게 발송한 명령문. 도요하라 시

내용: 남사할린의 산업 분야와 기업에서 노동 규율을 악의적으로 위반한 이들에 대한 1940년 6월 26일자 법률의 적용에 관한 건.

남사할린에 위치한 일련의 기업에서 전후 악의적인 노동규율 위반, 일본인과 한인 노동자와 직원들의 태업과 무단결근 등의 사례가 발견된 바, 그런 행위들은 해당 기업의 정상적인 작업 과정을 혼란에 빠뜨리고, 생산계획의 실행에도 반영된다.

남사할린에 위치한 기업에서의 노동 규율 제고를 목적으로 다음과 같이 하명한다.

1. 1940년 6월 16일자 소련 최고 상임위원회 정령에 따라 악의적으로 태업을 행한 자들을 재판에 회부한다.

2. 회사와 탄광의 지도자 및 군사령관은 존중할만한 사유 없이 태업을 행하는 자 혹은 스스로 퇴사한 이들에 대해 태업 또는 퇴사한 시점으로부터 그 다음날까지 해당 군 검찰에 자료를 이관한다.

다음과 같은 서류들을 군 검찰에 발송한다.

a) 회사 별 명령서의 사본으로서 존중할만한 사유 없이 태업했거나 스스로 퇴사한 사실을 규정하는 것.

b) 과거의 징계 처분 및 책임을 질 수 있는 거주지에 관한 정보.

3. 회사와 탄광의 지도자 및 군사령관은 모든 노동자와 직원들에게 선고의 내용을 공포하고, 탄광 노동자들에게 노동 규율 위반 시 적용되

는 소비에트 법률을 설명해 줄 것.

4. 구, 지역 사령관은 매일 상기 명령의 실행을 확인하고 회사와 탄광의 지도자와 사령관들이 지도하는데 실질적 도움을 제공할 것.

극동군관구 군사령관   육군대장 푸르카예프(Пуркаев)
극동군관구 군사위원회 회원   육군소장 레오노프(Леонов)
극동군관구 참모장   육군소장 카자코프체프(Казаковцев)
사법부 준장   라부티예프(Лабутьев)
위와 같이 틀림없음:
극동군관구 군사령부 지도부 감독관 대위   세묘노프(Семенов)

ГИАСО. Ф. 171. Оп. 1. Д. 1. Л. 26.

소연방 인민위원회 부대표 미코얀(А.И. Микоян)에게 행한 보고서

1946년 1월 15일

남사할린에서 현지 주민들을 상대로 한 개별 병사들의 약탈의 단호한 근절, 주민에게 양식 제공을 위해 이행된 대책, 임금을 지불하는 직업의 제공 그리고 1945-1946년 동절기 대비 쌀과 대두의 반입 이후 자신의 부인과 자녀 그리고 친구를 남사할린으로 데리고 올 수 있도록 허락해 달라는 것 등에 관한 일본 주민들의 청원서가 행정부 및 경제조직 기관으로 들어오기 시작했습니다. 예를 들면, 시리토노(Сиритоно) 읍의 읍장은 자신이 홋카이도로 출국하여 그곳에서 배를 용선하여 주민 수백 명을 남사할린으로 데리고 올 수 있도록 허락해 달라는 내용의 청원서를 모든 주민의 이름으로 작성하여 민사관할청에 제출했습니다. 본 청원서에는 읍장의 부인과 자녀들이 남사할린에 남아 있다는 사실이 강조되어 있습니다.

우리가 홋카이도로부터 남사할린으로 가족을 데리고 올 수 있도록 전혀 허락하지 않고 있음에도 불고하고, 현재까지 주민들의 밀입국이 이루어지고 있습니다. 예를 들어, 10월에 국경감시 기관에 의해서만 홋카이도 출신의 밀입국자 253명이 억류되었으며, 대부분은 국경수비대를 피해 각 마을에 도착했습니다.

홋카이도로 도주한 경우도 존재하지만, 주로 상인, 공무원, 투기업자 등입니다.

상기 기술한 바를 고려하여 홋카이도를 탈주한 이들을 어떻게 대할 것인지에 대해 설명해 주실 것을 귀하께 부탁드리는 바, 그들에게 거주

지와 직업을 제공해도 되는 것입니까? 아니면 되돌려 보내야 합니까?

홋카이도로부터 사할린으로 자신들의 가족을 데리고 올 수 있도록 허락해 달라는 주민들의 질의 및 모국으로 돌아갈 수 있도록 해 주거나 친척들에게 편지를 발송할 수 있도록 허락해 달라는 일본인, 한국인, 중국인들의 개별적 요청에 어떻게 답해야 할지 통보해 주시기 바랍니다. 그에 더하여 홋카이도에서 쿠릴열도로 도주한 이들의 청원에 따라 과거 쿠릴열도와 남사할린에서 조업을 했던 모든 어부들이 봄에 쿠릴열도와 남사할린으로 가고자 준비 중입니다.

극동군관구 군사위원회 위원 (레오노프 - 괄호 안은 저자가 넣은 것)
남사할린 민사관할청 청장   (크류코프[Д. Крюков])

ГИАСО. Ф. 171. Оп. 1. Д. 5. Л. 41.

사할린으로부터의 한인 귀환 문제에 대하여 대일 연합군
최고사령부에 행한 보고서

1946년 2월 20일

1. 사령부의 1946년 2월 20일자 라디오프로그램 C A X(SAKH-사할린의 앞을 딴 것임 - 역주) 58062, 주제: "사할린으로부터 한인들의 송환"은 외교적 통로를 통해 본 문제를 해결하자고 질의하는 것임.

2. 일본에 있는 18명의 한인 노동자들은 그들의 가족이 사할린에 남아 있으며, 최근 6개월 동안 그 가족들과 연락하고 있다는 사실을 통보했음.

3. 상기 한인들의 성명과 주소가 통보서에 게재되어 있으며 이 보고서에도 첨부되었음.

최고사령관을 위해
첨부 1: 한인 명단1)

장석홍. 사할린 지역 한인 귀환... 220쪽.2)

---

1) 이 책의 121쪽에 게재된 그림 11을 보시오.
2) 여기서 및 향후 장석홍의 상기 연구물에서 인용한 문서의 번역 부분은 워싱턴 주재 미합중국국립문서보관소(NARA)에 보관 중인 자료들이다. 사할린한인의 귀환 문제와 관련된 문서들은 문서군 RG331에 보관되어 있다(General Headquarters Supreme Commander for the Allied Powers), Entry UD 1146, Box # 382, Folder # 10 (Repatriation of Korean from Sakhalin, G-3 Repatriation). 이 문서의 러시아어 번역은 본 저자가 했다.

챔벌린 장군을 위한 비망록

1946년 3월 21일

1. 종전 얼마 전에 사할린으로부터 일본으로 이송된 한인 18명의 가족이 사할린에 남아 있다는 통보를 받았습니다. 러시아 군이 종전으로 사할린을 점령했던 그때부터 사할린에 있는 가족으로부터 아무런 통보가 없었습니다. 이것이 자기 가족의 귀환이 보장되지 않는 한 한국으로 귀국하길 원하지 않는 일본 내 피해 한인들 사이에서 동요를 야기했습니다.

2. 처음에는 우리가 군사 부서에 이 문제로 외교적 활동을 개시할 것을 요청했으며, 그곳에서 답하기를 우리가 우선적으로 이곳에 위치한 러시아 군사절단을 통해 그 문제를 해결하기 위해 노력해 달라는 것이었습니다.

3. 명단에 제시된 한인들을 한국으로 귀환시키는 것에 관한 요청의 내용으로 데레반코(Деревянко) 장군에게 제출된 서신에 서명할 것을 제안합니다.

우(Л. Дж. У)

장석흥. 사할린 지역 한인 귀환... 229쪽.

한인의 귀환 문제로 육군소장 데레뱐코에게 발송된 서한

1946년 3월 23일

AG 3TO.05 GC AFO 500

1. 전쟁 전에 직접적으로 사할린에서 일본으로 이송된 18명의 한인 노동자들은, 자신의 가족들이 사할린에 남아 있다는 사실을 우리에게 통보했습니다. 그들이 주장하는 바에 따르면, 6개월 동안 자신의 가족들과 아무런 연락이 없었다고 합니다. 그들의 가족은(명단이 첨부되어 있음) 과거 한반도의 위도 38도선 이남에서 살았던 한국 민족으로 노동자들을 따라 사할린에 온 이들입니다.

2. 현재는 자유로운 인민의 일원인 이 가족들의 강압적 이별은 쓸데없는 무자비함으로 보입니다. 이런 사실에 비추어 우리는 첨부된 명단에 성명이 게재된 한인들을 가족들이 한국에서 그들이 살던 장소로 혹은 향후의 귀환을 위해서 일본으로 되돌아 갈 수 있도록 허락해 줄 것을 소연방 정부에게 부탁했으며, 이런 실행되어진 작업에 관하여 연합군 총사령관에게 통보했습니다.

총사령부를 위하여.

첨부: 한인 가족 구성원의 성명 명단.

육군 준장 쳄벌린 S. G. 쳄벌린

장석흥. 사할린 지역 한인 귀환... 230쪽.

연합국 위원회 소비에트 대표 키슬렌코(А.П. Кисленко) 육군 준장에게 발송한 총참모부의 공한 안, 도쿄

1946년 3월 이후

초안

존경하는 각하,

소비에트의 통제 하에 있는 지역으로부터의 일본인 송환 실행 문제에 대하여 참모부[3]가 준비되어 있다고 설명한 것에 더하여, 본 참모부는 만약 소비에트 당국이 귀환을 위해 적절한 형태로서 사할린에 있는 한인들의 집결시켜 놓는다면, 그에 대칭적으로 그 한인들 중에서 귀환을 원하는 모든 이들을 그곳으로부터 한국으로 귀환시킬 준비도 되어 있습니다.

귀하께서 우리 참모부에 통보해주실 한인들의 총 인원수를 위해 필요한 수송은 마오카 항에서 가능할 것입니다(현재 마오카로부터 일본인들의 송환이 이루어지고 있는 것과 동일한 방법으로).

감사합니다.

장석흥. 사할린 지역 한인 귀환... 231쪽.

---

[3] 연합군 총사령부(GHQ SCAP)를 말한다.

소연방 각료회의 귀환 관할처 전권 차석 육군소장 골루베프(К.Д. Голубев)가 소연방 외무부 차관 말리크(Я.А. Малик)에게 발송한 공한

1947년 2월 7일

No. 0683 비밀

극동군관구 귀환과의 조사와 동록 자료에 따라 남사할린에 22,777명의 한인들이 거주하고 있다는 사실이 밝혀졌습니다.

상기 한인들은 남사할린으로부터 한국으로 가능한 한 보다 더 신속하게 이주하기를 절실히 원하고 있습니다.

정부의 규정에 한인 귀환 문제가 결정되지 않은 바, 위와 같은 사실과 관련하여 상기의 한인 22,777명을 남사할린으로부터 북한으로 귀환시킬 것인지의 여부를 통보해주기 바랍니다.

소연방 각료회의 귀환 관할처 전권 차석   육군소장 골루베프
이와 같이 틀림없음. (서명)

ГАРФ. Ф. Р-9526. Оп. 4. Д. 54. Л. 128. 사본.

소연방 각료회의 귀환 관할처에서 작성한 "남사할린의 한인" 정보

1947년 10월 7일

№ 7761 / Iдв 비밀

소연방 각료회의 성환 관할처의 자료에 따르면 일본의 항복 이후 남사할린 지역에는 공장에서의 작업을 위해 일본인들에 의해 이송된 22,777명의 한인들이 남아 있습니다.

이 한인들은 수차례에 걸쳐서 지역 소비에트 기관과 소비에트 군사령부에 자신들을 한국으로 귀환시켜 줄 것을 요청했습니다. 금년 4월 23일에는 남사할린의 김정용이라는 한인이 스탈린(И.В. Сталин) 동지에게 그런 요청을 했습니다.

스탈린 동지 앞으로 발송한 김정용의 서한과 관련하여 말리크(Малик)는 올해에 남사할린으로부터 한국으로의 한인 귀환 가능성과 관련된 부처에 문의했습니다.

소연방 각료회의와 소연방 무력부는 남사할린의 회사에서 형성된 노동력 확보와 관련된 긴장 상황으로 인하여 남사할린으로부터의 한인 귀환을 실행하는 것이 1948년 가을까지는 합목적적이지 않다는 사실을 통보했습니다.

금년 6월 9일자 보고서에서 말리크 동지는 몰로토프(В.М. Молотов) 동지에게 러시아 소비에트 연방 사회주의 공화국 각료회의와 소연방 무력부의 의견에 동의해 줄 것과 1947년에는 남사할린에서 한국으로 한인들의 귀환을 실행에 옮기지 말아 달라고 요청했습니다. 몰로토프

동지는 이 보고서 위에 다음과 같은 결정을 기술해 넣었습니다. "말리크 동지에게. 반대하지 않습니다(그에 더하여 한인들이 사할린에 체류하는 것에 물질적으로 관심을 갖도록 경제 기관들에게 언급해 둘 필요가 있음). 몰로토프. 7월 19일."

이런 결정에 부응하여 러시아 소비에트 연방 사회주의 공화국 각료회의와 남사할린 주집행위원회에게 일련의 지시가 하달되었습니다. 그 외에도 사할린 내 산업체의 직장에 한인들을 확보해 두기 위해 가능한 조치들에 관한 차다예프(Чадаев) 동지의 질문에 대해, 남사할린에 거주 중인 한인 노동자들의 법률적 관계에서 소비에트 노동자들과 동일시해야 한다는 답변이 통보되었습니다.

러시아 소비에트 연방 사회주의 공화국 각료회의에 발송된, 한인들이 사할린에서의 체류에 물질적으로 관심을 갖게 해야 할 필요성에 관한 금년 7월 31일자 공한 № 543과 관련하여 금년 8월 28일 소연방 각료회의는 한인 노동자들을 위해 러시아 노동자들과 동일한 임금 급여에 상응하는 범주의 수립, 동일한 식품과 공산품의 공급 기준 수립, 기준에 따라 빵 대신 쌀의 지급(노동자에게 500그램, 노동자의 각 가족 구성원 1인당 300그램) 등을 규정한 결의 № 3014를 채택했습니다.

위에 언급된 우리의 공한 № 543가 사할린 주집행위원회로 발송되었습니다. 그러나 이 공한과 관련하여 현지에서 주집행위원회가 어떤 대책을 실행했는지에 대한 정보는 아직 입수하지 못했습니다.[4]

남사할린에 거주 중인 한인들의 문화 서비스를 개선하는 문제와 관련하여 외무부는 소연방 무력부 수석정치국의 금년 4월 10일자 요청에 따라 수석정치국장에게 상응하는 지시를 하달했습니다.

---

4) [아래에 다음과 같이 기재되어 있다] 라프쇼부(Лапшов) 동지에게. 이 정보를 받아야 합니다. 47년 10월 8일. 몰로토프.

루노프(Ф. Рунов)

РГАСПИ. Ф. 82. Оп. 2. Д. 1264. Л. 1-3. 인증 등본.

문서 No. 9

태평양 주재 연합군 총사령관 더글라스 맥아더 장군에게 발송한
사할린한인의 조속한 귀환 실행회의 탄원서, 일본, 도쿄

1947년 10월 26일
한국 서울시 중구 정동 129

존경하는 각하

귀하께 서한을 드리니 무한한 영광입니다. 저희는 일본을 상대로 승리를 하신 그날부터 귀하의 활동에 대해 무한한 존경을 표합니다.

저희들은 소련에 의하여 특별한 이유도 없이 사할린에 억류되어있는 4만 가족에 대해 우리가 걱정하고 있다는 사실을 귀하께 통보해 드리고 싶습니다. 오직 귀하의 참모부만이 적절한 접촉을 통해서 이 문제를 해결할 수 있는 유일한 기관이라는 것을 알고 있습니다.

다음과 같이 현 상황을 알려드리오니 러시아 사령부와 함께 해결해 주실 것을 귀하께 요청 드립니다. 문제는 4만 한인 시민들의 귀환에 관한 것으로 그들 중 대부분은 한국에 거처를 지니고 있습니다.

1. 러시아인들에 의하여 사할린에 억류되어 있는 한인들은 태평양전쟁 당시 탄부 또는 노동자로 일본인들에 의하여 동원된 이들입니다.

2. 현재 이 한인들은 해방된 민족으로서의 적절한 보호를 받지 못한 채 사할린에 억류되어 있으며, 러시아 육군에 의하여 이전보다 더 혹독하게 착취되고 있습니다.

3. 이 한인들은 스스로 수차례에 걸쳐 소비에트 당국과 협상했으나, 한국임시정부가 설립될 그 순간까지 한인 귀환 문제로 접촉을 시도할

첨 부 285

수 있는 정부가 존재하지 않는다는 이유에서 귀환이 금지되었습니다.

4. 한인들은 적의 포로가 아니며, 연합국 간의 약속에 따라 가능한 한 빨리 모국으로 이송되어야만 한다는 사실을 수차례에 걸쳐 청원했으나, 그 약속은 합리적인 이유 없이 위반되고 있습니다.

5. 만약 소비에트의 입장이 올바른 것이라면, 우리는 연합군 최고사령부만이 이 한인들을 위하여 모든 불가피한 절차를 수행할 수 있는 바로 그런 기관이 될 수 있다고 이해하고 있습니다. 소련은 이 문제로 귀하를 만나야만 할 것입니다.

6. 귀하께서 이 문제로 체결하실 수 있는 모든 협약들이 조속한 시일 내에 체결되기를 진심으로 요청 드립니다.

존경을 표하며,

사할린한인의 조속한 귀환 실행회 대표   이봉상

장석흥. 사할린 지역 한인 귀환... 236-237쪽.

제24군[5] 군단장 존 하지(John Reed Hodge) 중장이
연합군최고사령부 폴 밀러 소장에게 발송한 공한

1947년 11월 1일

APO 500

친애하는 폴 씨,

이 단신에 맥아더 장군께 전달해 달라는 부탁을 받은 편지를 첨부합니다.

소비에트의 사할린으로부터 최근 돌아온 몇 명의 귀환자들이 있습니다. 그들은 학대에 관한 무서운 이야기를 한국인들에게 해주었으며, 우리는 그 문제에 대해서 무엇인가 조치를 취해 달라는 많은 질의를 받고 있습니다.

본인은 연합군 총 사령관께서 사할린에 있는 일본인들과 한국인들을 포함하여 그곳에 관해 어떤 정보를 지니고 계신지 알 수 없습니다만, 만약 우리들이 우리의 관심을 보여주기 위해 한국인들에게 이야기해 줄 수 있는, 또는 그 문제를 밝혀주는 그 무엇인가를 지니고 있다면, 그것은 우리에게 큰 도움이 될 것입니다.

삼가 올립니다.

하지 중장

장석홍. 사할린 지역 한인 귀환... 238쪽.

5) 제2차 세계대전 이후 한국에 주둔 중이던 미국 육군 부대로서 연합군 최고 사령관에 배속되어 있었다.

사할린으로부터 외국인의 귀환 문제에 대한 외교단의 증명서

1947년 11월 22일

AC 014.33 (47년 11월 22일) GC-O

1. 연합군 최고 사령관이 사할린으로부터의 한인 귀환 문제로 소연방에게 행할 수 있는 제안에 관하여 생각하는 바, 외교단이 취하게 될 행동은 반드시 다음과 같은 사안들을 고려해야만 한다.

2. 일본정부는 ("가라후토의 전 행정부를 위해 현재 유지되고 있는 관청" - 최고정보책임자[6]를 통해서) 소연방이 가라후토를 점령할 당시 그곳에 체류 중이던 한인의 수가 약 1만5천 명이었으며, [일본이] 항복하기 1년 전인 1944년에 최대 25,435명에 달했다고 한다.

3. (위 2에 언급된 바와 같이) 한국의 청원서에 있는 40,000명보다 15,000명이 오히려 현실적 수치에 더 가까워 보인다.

4. 일본정부는 가라후토에 있는 한인 중 일부가 소연방의 면전에서 자신을 일본인으로 가장했으며, 연합군 최고사령부 소속의 전함을 타고 마오카로부터 송환되었다. 그러나 그 수가 상대적으로 많지 않다. 그 외에도 일본정부의 자료에 따르면 가라후토로부터의 일본인 송환자들은 소련이 성공적으로 일본으로 송환된 일본인 노동자와 농민들을 대신하기 위해 북한으로부터 가라후토(사할린)로 다수의 한국인들을 이송하고 있다는 주장을 펼치고 있다.

5. 연합군 최고사령부는 가라후토에서 온 1만5천 명 혹은 4만 명의

---

6) Chief Intelligence Officer(CIO).

한인을 한국에서 물질적으로 보장할 수 있는 가능성을 보유하고 있다. 이를 위해서는 현재 일본인 송환자들을 위해 이루어지고 있는 것처럼, 마오카 항으로부터 한인들을 이송하는 것이 반드시 필요하다. 한인들은 조사를 위해 사세보 항으로 이송될 수 있을 것이며, 그 사세보로부터 나머지의 짧은 거리인 한국의 부산으로 운송될 수 있을 것이다.

6. 소련에게는 포츠담 선언 또는 그 이후의 항복조건에 있는 의무 사항인 일본인 이외의 그 어떤 누구도 귀환시켜야 할 의무가 없다.

7. SCAP에게는 소연방의 통제 하에 있는 영토로부터 한인을 귀환시켜야 하는 그 어떤 식의 의무도 없다. 그러나 중국과 만주에서는 선례가 있었던 바, 일본의 억압 때문에 도피할 수밖에 없었던 한국 출신의 한인들을 인도적 차원에서 이송하도록 SCAP가 허락했던 것이다.

현재 사할린에 남아 있는 일부 한인들은 일본인들에 의하여 노동을 위해 사할린으로 강제 송출되었으나, 그럼에도 불구하고 그들의 상황은 중국과 만주에 있는 한인들의 상황과 비슷하다.

8. SCAP가 1946년 12월 19일 소연방과 체결한 송환에 관한 협약에는 소연방에 의해 통제되는 영토에 남아 있는 한인은 언급되지 않았으며, 그 한인들이 북한이나 한국 중 어디 출신인지는 중요하지 않다. 그러나 협약의 조항들은 위도 38도선 이북의 한국에서 출생한 한인 1만 명을 일본에서 북한으로 귀환시키는 것을 포함하고 있다(현 자료에 다르면 겨우 351명의 한인들이 모국으로 돌아가는 것에 동의했다).

9. 24군 참모부 사령관의 서한은 그가 이미 곤란을 경험하고 있는 한국으로 현 시점에서 4만 명의 궁핍한 한인들의 귀국을 허가할 수 있거나 허락해 준다는 것을 어떤 형태로도 의미하는 것이 아니다. 그는 이 문제가 개인적 이유에서 중요한 사활적인 것이라고 생각하는 한국 사람들은 소수라는 사전 정보에 대해서 SCAP에 문의하는 것일 뿐이다.

10. SCAP는 '사할린한인의 조속한 귀환 실행회'로부터 청원서를 접수했으며, SCAP 위도 38도선 이남에서 출생한 한인 모두를 사할린으로부터 귀환을 숙고하고 싶다는 성명을 발표한 후, 위 서한의 문제로 소련 대표를 통해 소련과 접촉하도록 권고한다. 본 귀환은 일본인 송환이 실행된 것과 같은 절차를 통할 수 있다. 계속해서 소비에트 대표와 접촉하기 전에 의견이 확인되어지고 그리고/또는 위에 서술된 행위에 대해 한국에 주둔 중인 미 육군 사령부의 동의가 확보되어 있도록 권고한다.

장석흥. 사할린 지역 한인 귀환... 250-251쪽.

소연방 각료회의 사할린한인 관할처 전권 골리코프(Ф.И. Голиков)
중장이 소연방 각료회의 부대표 몰로토프에게 발송한 보고서

1947년 12월 3일

No. 05118

아래와 같이 보고 드립니다.

정확한 자료에 따르면 남사할린에 23,298명의 한인들이 거주하고 있
으며, 일본인 송환을 위해 실행된 조치들을 목격한 이들은 자신들의 모
국 귀환에 관한 문제를 강력하게 제기하고 있습니다.

우리가 보기에는 1948년 후반에 상기 제시된 인원수의 한인들을 북
한으로 귀환시키는데 착수할 수 있을 것으로 보이며, 본인 및 남사할린
주집행위원회의 대표, (북한025군 참모부 그리고 해군은 이 문제에 동
의했습니다.

이 문제에 대한 정부 결의안을 첨부합니다.

첨부: 결의안 1쪽.

육군소장 (서명) 골리코프

ГАРФ. Ф. Р-9526. Оп. 5. Д. 53. Л. 13. 사본.

소연방 각료회의 결의 안

1947년 12월 3일

비밀

사할린과 쿠릴열도에서 북한으로의 한인 귀환에 관하여.

1. 소연방 각료회의 귀환 문제 전권(골리코프 동지)에게 1948년 6월부터 10월까지의 기간 동안 남사할린과 쿠릴열도에서 북한으로 23,298명의 한인 주민들의 귀환을 실행하도록 허락할 것.

2. 남사할린 주집행위원회(크류코프 동지)가 소연방 각료회의 귀환 문제 전권(골리코프 동지)의 계획에 의하여 모국으로의 귀환을 위해 규정된 기간 동안 위에 제시된 인원을 수용소 No. 379에 집결시키도록 의무를 부여할 것.

3. 소연방 각료회의 귀환 문제 전권의 신청에 의거하여 위에 제시된 수의 한인을 수용소 No. 379에 집결시키고, 그들을 북송시키기 위한 용도의 선박을 제공하도록 해군부(쉬르쇼프[Ширшов] 동지)에게 제안할 것.

4. 남사할린에서 북한으로 인도될 모든 한인들의 수용 및 정착을 위해 한인들을 북한 인민위원회에 인계하는 임무를 북한 소련군 지휘부의 민정청에게 위임할 것.

5. 남사할린으로부터 귀환되는 한인들의 개인 재산 중 관세규칙에 따라 반출이 명기된 모든 것은 북한으로 반출을 허락할 것.

소연방 각료회의 대표 　　　　　　　　　　　　　　　　　　　스탈린

소연방 각료회의 귀환 문제 담당자   차다예프(Я. Чадаев)

ГАРФ. Ф. Р-9526. Оп. 5. Д. 53. Л. 15. 사본.

남사할린과 쿠릴열도로부터의 한인 귀환에 관한 증서

1947년 12월 26일

Bx. No. 07118 비밀

증명

1. 극동군관구 대령 라스포핀(Распопин) 동지로부터 받은 자료에 근거하여 소연방 각료회의 부의장 수신으로 발신된 1947년 2월 17일 No. 0683 공한에서 말리크 동지는 남사할린에서의 한인 거주에 관한 문제가 제기되었다. 한인 귀환에 관한 정부의 결의가 존재하지 않는 만큼 지시를 요청했다.

말리크 동지로부터 답변을 접수하지 못했다.

2. 라스포핀 대령 동지는 남사할린을 떠나고 싶어 하는 한인들의 의향에 관하여 1947년 내내 수차례에 걸쳐 보고했으며, 그에 더하여 일본인들의 송환을 목격한 한인들이 자신들의 억류를 특히 민감하게 받아들이고 있다는 사실을 강조했다.

3. 이와 관련하여 그리고 1948년의 전반적인 귀환준비와 관련하여 한인 귀환의 가능성에 관한 문제가 몰로토프의 면전에 제기되었으며, 정부 결의안이 제출되었다(1947년 12월 3일 No. 05118). 우리들은 이 계획에 미리 동의했다:

금년 10월 29일 크류코프 동지의 의견을 문의했으며, 후자는 다음과 같이 통보했다.

즉 (금년 11월 6일 No. 78/cy)1948년 후반부에 한인들을 귀환시키는 것이 합목적적이라는 것.

1947년 11월 14일 우리들의 질의 No. 3330p에 대한 니콜라예프 동지 (연해주 군관구 부사령관)의 답변이 수신되었다. 이 답변에 따르면 하절기 한인들의 귀환과 정주가 가능하다.

해군부는 우리의 질의에 대해 한인들의 이송이 1948년 후반에게 보장될 수 있을 것이라고 통보했다.

4. 정부 결의안을 제출하면서 몰로토프에게 발송된 공한에는 1948년 후반기에 한인 귀환이 가능하다는 육군대장 골리코프의 견해가 서술되어 있다. 이런 견해는 옳은 것인 바, 노동력으로서의 한인 23,000명의 억류가 우리에게는 큰 의미가 없지만, 그들의 북한 귀환은 극히 합목적적이다.

가브릴로프 대령

ГАРФ. Ф. Р-9526. Оп. 4. Д. 54. Л. 416. 사본.

소연방 각료회의 의장 차다예프에게
발송한 소연방 외무부 차관 말리크의 서한

1948년 1월 4일

No. 3/Ma 비밀

차다예프 동지에게
1947년 12월 9일자 No. c 1-12 379

　남사할린 집행위원회 대표 크류코프 동지의 통보에 따르면, 자신들이 한국 출신이라고 주장하는 한인 집단들이 자신들을 한국으로 귀환시켜 달라고 부탁하는 몇 통의 청원서를 제출했다고 합니다. 이 청원서에 기초하여 남사할린에 거주 중인 23,000명의 한인 모두가 한국으로의 귀환을 바란다는 결론을 내려서는 안 됩니다. 크류코프 동지에게도 그런 자료는 없습니다. 외견상 최소한 일본인들의 송환이 종료되는 시점까지 남사할린으로부터 한인들을 강제로 이주시킬 필요성 또한 존재하지 않습니다.

　그에 더하여 남사할린으로부터의 일본인 송환으로 인해 남사할린의 산업과 어업은 심각한 노동력 부족을 경험하고 있습니다. 한인의 귀환은 이 문제를 더욱 심각하게 만들 것입니다.

　위에 서술된 사실에 기초하여 소연방 외무부는 1948년에 남사할린으로부터의 대규모 한인 귀환의 실행이 필요치 않다고 판단하고 있습니다.

일부 한인들의 한국으로의 출국에 관한 청원의 경우, 통상적 차원에서 검토하여 문제를 각 청원서마다 개별적으로 해결해야 할 것입니다.

말리크

ГАРФ. Ф. Р-9526. Оп. 5. Д. 53. Л. 16. 사본.

소연방 각료회의 귀환 문제 전권 소연방 시민 골리코프에게
발송한 소연방 각료회의 의장 차다예프의 단신

1948년 1월 7일

No. C-170

귀하의 요청에 따라 1948년 남사할린과 쿠릴열도로부터 북한으로의
한인 귀환에 관한 공한을 본 문제에 대한 외무부 장관(말리크 동지)의
결정과 함께 귀하께 반송합니다.[7]

첨부: 소연방 각료회의 전권의 귀환 문제에 관한 47년 12월 3일자 서
한 No. 05118과 소연방 외무부 장관의 48년 1월 4일자 서한 No. 3/Ma의
사본.
총 3쪽.
소연방 각료회의 서리   차다예프(Я. Чадаев)

ГАРФ. Ф. Р-9526. Оп. 5. Д. 53. Л. 12. 사본.

---

7) 문서 가장자리에 가브릴로프(Гаврилов) 동지에게 (서명) 9.1.48이라고 적혀있다.

한국주재 미 군정청 수석참모부에서 한국 주둔 미육군 APO 235 사령관에게 발송한 서한, APO 234, 2편

1948년 2월 24일

근거: SCAP가 "사할린으로부터의 귀환"이라는 주제로 발송한 1947년 12월 9일자 서한과 1947년 12월 25일자 동봉 서한.

1. 종전 이후 2,800,000 명이 넘는 귀환자들과 난민들의 한국으로의 입국은 필요한 의식주를 보장하는 기존 업무에 무리가 될 것이다. 한국 경제에 대한 하중이 심각한 규모가 될 것이며, 이런 현상은 난민의 상당한 수치가 지속적으로 증가하면서 겨울철에 특히 더 할 것이다. 그 결과 설사 그들이 38도선 이남에 등록되어 있다 할지라도, 현 시점에서 사할린과 쿠릴열도로부터 추가로 수 천 명의 사람들을 받아들일 수 있는 형편을 한국 내에 만든다는 것은 바람직하지 않다.

2. 그러나 만약 한국 출신자들의 귀환에 따른 어떤 의무도 받아들이지 않아도 된다면, 일본 군부에 의해 [남사할린과 쿠릴열도]로 이송되어 소연방에 잔류한 사람 중 한국 출신의 정확한 수치에 관한 정보를 일본을 위하여 합동위원회에서 소련대표로부터 반드시 확보하기 위해 노력하라. 이런 정보는 현재 한국에서의 특정 측면에 따른 지휘부의 활동에 유용할 것이다.

사령관을 위하여.

중령 얼 로즈(Эрл Л. Родс)

재발송:

1948년 2월 26일, 한국 주둔 미군 사령부 APO234 - (SCAP)최고사령부
참모부로 발송

원본 서한 3번에 대한 질문에 의거하여 재 발송된 서한2에 관심을
가져주시기 바랍니다.

사령관을 위하여

대령 존 프레이저(Дж. В. Фрейзер)

장석흥. 사할린 지역 한인 귀환... 250-251쪽.

사할린한인의 조속한 귀환 실행 위원회가
일본 도쿄의 연합군 사령관 더글라스 맥아더 장군에게 발송한 서한

1948년 3월 10일
한국 서울시 중구 초동 129번지

사할린한인의 귀환에 관한 탄원서

1. 약 3만 명의 한인들이 탄광에서의 노동과 심지어 공공사업에 종사하기 위해 한국에서 남사할린으로 이송되었습니다. 이 징용은 전쟁 당시 일본정부에 의해 이루어졌으며, 연합국의 승전으로 한국이 일본의 압제에서 벗어나자 노동자들은 고향으로 돌아가기를 바랐습니다.

그러나 귀향이 금지되었을 뿐만 아니라, 러시아 육군은 일본인들이 그랬던 것보다도 더 심하게 한인들을 노예처럼 착취하고 있습니다.

2. 한인들은 귀환을 통하여 이런 노예 상태로부터 벗어나고자 노력하고 있습니다.

한인들이 어떤 방법을 써서라도 사할린을 벗어나 모국으로 돌아가고자 노력하고 있음에도 불구하고 성공하지 못한 상태이며, 러시아 관원들과 귀환 문제로 합의에 도달하려고 애쓰고 있으나, 그 역시 실패하고 있습니다.

현재 애석하게도 한인들에게는 그 자신들을 보호해 줄 자유로운 국민정부가 없는 바, 그로 인해 귀환 문제를 부탁할 수 있는 상대가 미국과 한국 주재 미군정청밖에 없습니다.

3. 저희는 남사할린에 억류 중인 3만 명의 한인이 사할린 주재 러시아 육군 참모부와의 협약 체결을 통해 한국으로 귀환할 수 있게 해주

십사 귀하께 부탁드립니다.

4. 믿을만한 소식통으로부터 입수한 최근 소식에 따르면 매월 사할린에 살고 있는 일본인 약 5만 명이 일본으로 송환되고 있습니다. 우리는 사할린으로부터 일본으로의 일본인 송환 계획에 한인들을 포함시키도록 일본정부에 특별 명령을 하달해 줄 것을 귀하께 부탁드립니다.

존경을 표하며,

사할린한인의 조속한 귀환 실행위원회 대표 　　　　　이 봉 선

장석흥. 사할린 지역 한인 귀환... 245쪽.

사할린 소재 북조선 노동자들에 관하여 소연방 각료회의
부대표 미코얀에게 발송한 서한[8]

1948년 3월 19일

우리는 3월에 한국(북한 - 역주)으로부터 6,500명의 노동자와 7,000명의 부양가족을 데리고 와야만 합니다. 사할린의 어로 조직에 총 13,500명이 있습니다.

3월 내내 이들은 우리에게 운송을 요청하지 않았습니다. 이 사람들은 현재 검역을 받고 있으며, 이 검역은 3월 29일에 끝날 것입니다.

이에 우리는 3월 말, 즉 3월 29~31일까지 모든 사람들을 동시에 이송해야 합니다.

우리는 그 정도로 준비된 선박을 즉각 제공할 수 있는 상황이 아닙니다.

사할린 수산업회의 통보에 따르면 나야하라(Наяхара) 지역에서 이미 청어가 올라온다고 합니다. 이에 어로기에 맞춰 인력을 수송할 수 있도록, 사전 수속 없이 북한으로 선박을 출항시킬 수 있도록 허락해주시기 바랍니다.

이를 위해 국경수비대(즤랴노프[Зырянов])에게 지령을 하달하시어, 그가 각 선박에 자신의 경비대를 배치하고 승조원들의 연안 상륙을 허락하도록 해 주십시오.

이런 조치가 필요한 선박은 '쿨루(Кулу)' 호, '노보시비르스크(Новосибирск)' 호, '카피탄 스미르노프(Капитан Смирнов)' 호 등입니다.

---

8) [육필로] 48년 4월 1일. 문제가 해결됨이라고 적혀 있음.

이런 조건 하에서만 우리는 한인들을 적시에 기업소로 운송할 수 있습니다.

귀하의 조속한 결정을 부탁드리옵니다.

바카베예프(Вакавее)

ГАРФ. Ф.Р-5446. Оп.50а. Д.5783. Л.2. Копия(사본)

소연방 각료회의 부대표 미코얀에게 발송한 보고서

1948년 3월 25일

3월 중 해군부 장관은 북한의 항구로부터 사할린으로 13,500명의 노동자들을 운송해야만 합니다.

북한 항구로부터의 노동자 반출이 3월 29-30일로 예정되어 있습니다.

비자를 받은 선원들이 배치된 해외 항행용 선박이 다른 것들의 운송에 바쁘고, 어로기의 시점까지 노동자 수송이 지연되지 않아야 한다는 사실을 고려하여, '쿨루' 호, '노보시비르스크' 호 그리고 '카피탄 스미르노프' 호를 사전 수속 없는 예외적 형태로 북한으로 출항시킬 수 있도록 허락해 주실 것을 귀하께 요청 드리옵니다.

명령문 안을 첨부하여 보냅니다.

소연방 해군부 차관 노비코프(Новиков)
소연방 동방지구 수산업 차관 파블로프(Павлов)

ГАРФ. Ф.Р-5446сч. Оп.50а. Д.5783. Л.4. Подлинник(원본)

소연방 각료회의 명령서 № 3670-rs

1948년 3월 30일

비밀

1. 노동자 운송에 3척의 기선 '쿨루', '노보시비르스크' 그리고 '카피탄 스미르노프' 호와 각 선박 내 개별 승조원들이 정해진 절차에 따라 서류수속을 밟지 않는 대신 승조원들의 상륙권을 인정하지 않는 예외적 형태로 북한으로 출항시키는 것을 해군부에게 허락할 것.
2. 북한 주둔 소련군 사령부에 북한 항구 내 선박 승조원들의 체류 규정 감시를 위임할 것.

소연방 각료회의 대표   스탈린

ГАРФ. Ф.Р-5446сч. Оп.50а. Д.5783. Л.8. Подлинник(원본)

대일 연합군 최고지휘부 수석참모부를 위한 사할린 내 한인 관련 자료

1948년 10월 23일

비밀

극동사령부 지휘관과 각 구성원에 관한 정보를 위해 선별된 질문들.
정치적. No. 1950
남사할린의 한인들은 미국 당국에게 청원서를 제출했음.
　해설: 본 자료의 정보는 미국 점령 당국 앞으로 발송된 청원을 번역
하여 얻은 것임. 남사할린에 남겨진 4만 한인들을 위해 최용기가 서명
한 청원은 한국 주둔 미국 점령군 지휘부와 합의를 본 것임. 최용기의
청원을 확인시켜주는 추가 정보는 없음.

　(a) 청원을 위한 전제 조건: 전쟁 중 일본 당국은 한인 4만 명을 한국
에서 남사할린으로 이송했다. 그곳에서 그들을 노동징용이라 명명한
후, 노비와 같은 노역을 강요했다. 일본인들은 소비에트 침공에 앞서
남사할린에 있는 모든 한인들을 학살하라는 명령을 직접적으로 하달
했다. 이 명령에 남사할린 주지사 혹은 군 지휘부가 서명할 수도 있었
다. 이 명령에 따라 수 백 명의 한인들을 불에 태워 죽였으며, 3천 명을
살해했다는 확신이 든다. 만약 소비에트 육군이 며칠이라도 늦었다면
남사할린에 살아남은 한인은 많지 않았을 것이다.
　(b) 주변의 한인들: 소비에트가 사할린을 점령한 순간부터 한인들은
명백한 오해를 받고 있다. 소비에트 당국은 규범적 절차를 위해 일본

인들을 국가 기구와 다른 공적 임무에 임명했다. 또한 소비에트는 한인들이 한국에 대한 충성을 조직하고 표현하지 못하게 방해했다. 한인들은 일본인들의 억압을 받고 있으며, 소비에트 당국은 한인들을 전쟁 포로처럼 대하고 있다. 이런 조건 속에서 한인들은 어떤 형태로도 자신의 지위를 개선할 수 없다.

(c) 한인들을 위한 귀환의 부재: 전체 일본인의 절반 이상이 1946년 9월부터 사할린에서 송환되었으나, 한인들 중에서는 집으로 돌아간 이가 단 한 명도 없다. 소비에트는 3년 후부터 소비에트정부의 식량 배급을 받게 되는 합의서에 서명하도록 한인들을 강요했으나, 그 합의서가 현재 한인들의 물질적 상황을 개선시켜주지 못했다.

(d) 미국 당국에 대한 청원: 남사할린의 한인들은 협력 요청의 형태로 미국 공무원들에게 자신의 청원을 제출했다. 사할린과 한국의 연락은 금지되어 있으나, 한국에 대한 국제 협약과 관련된 소식이 간혹 단편적으로 들려오고 있다. 사할린의 한인들은 4만 명에 달하는 한인들의 귀환을 위해 필요한 행동을 취할 수 있도록 한국의 공식대표를 남사할린에 임명해 줄 것을 원하고 있다. 청원은 한인들의 귀국 시 일본정부의 책임이 특히 사활적으로 중요하며, 학살 명령에 대한 책임이 구체적으로 규정되어야만 한다고 못 박았다. 마침내 청원은 한인들이 남사할린 출도를 금지한 소비에트의 점령 정책을 조사해 달라고 요청하고 있다.[9]

해석: 청원서의 번역본은 기간을 명백하게 규정하지 않고 있다. 흉악한 범죄는 소비에트 점령군이 사할린에 대한 통제권을 장악하기 며칠 전에 있었던 것으로 추측된다.

---

9) [본문 내의 주해] 제24군 참모부 보고, '가라후토(남사할린)의 한인들', 02309, 1947년 10월 23일.

일본정부의 정책은 남사할린으로 한국과 일본 노동자들을 운송하는 것이었다. 높은 노임과 토지 분배는 장려의 방책으로 제안되었으나, 노동자들이 이런 장려책을 얼마나 인식했는지 알려지지 않았다. 1940년 조사에 따르면 한인의 수는 1만 6천 명이어서 수적으로 남사할린에서 두 번째 큰 집단이었다(JAWIS 79).

청원서는 피정복 지역의 일상적인, 즉 외국 점령군 행정부에서 해방된 민족들의 유쾌하지 못한 상황들과 유사한 곤란한 상황들을 설명해 주고 있다.

장석흥. 사할린 지역 한인 귀환... 233-234쪽.

남사할린과 쿠릴열도로부터의 한인 귀환에 관한
연합군총사령부의 전문

1948년 10월 23일 이후

연합군총사령부는 소연방의 통제 하에 있는 영토로부터의 한인 귀환을 실행해야 하는 그 어떤 형태의 의무도 지니고 있지 않다. 하지만 중국과 만주에는 그런 전례가 있었던 바, 연합군총사령부가 한국 태생으로 일본의 박해를 피해 도주하여 살아남아야 했던 모든 한인들을 지원한다는 인도적 이유에서 귀환을 위한 운송수단의 제공을 제안했던 것이다. 현재 사할린에 남아 있는 많은[일부라는 표현에 줄을 그음] 한인들은 산업체에서의 노동을 위해 일본인들에 의해 사할린으로 강제 이송되어, 중국 및 만주에 있는 한인들과 비슷한 상태에 처해있다.

장석흥. 사할린 지역 한인 귀환… 235쪽.

일본(도쿄) 주재 한국외교사절단이 도쿄 주둔
대일연합군최고사령부 총참모부 외무국에게 발송한 통첩

1949년 4월 4일

한국외교사절단은 연합군최고사령부 총참모부 외무국에게 경의를 표하며 존경의 마음을 담아 다음의 사안에 협력해 주실 것을 부탁드립니다.

전쟁 중 일본은 수백만 명의 한인들을 동원하여 전선에서 중노동을 시켰습니다. 실제 약 5만 명의 젊은 한인들이 사할린(가라후토/樺太)과 쿠릴열도(치시마/千島)으로 이송되어 노예와 같은 노동에 시달렸습니다.

전후 정당한 형태로서 귀환이 되었어야만 하는 한인들은 모든 이유에도 불구하고 국제적 정의에 대한 무시 및 소비에트 러시아와의 국제 협약 부재로 인해 아직까지도 외국에 억류된 상태입니다.

일본을 통해 도피할 수 있었던 사람들이 전달한 바에 따르면, 식량과 입을 만한 의복은 물론, 의료 시설의 부족으로 한인들은 병마에 시달리다 죽어가고 있습니다.

한국의 여론은 소련 땅에 남아 있는 동포들이 처한 애처로운 상황을 걱정하고 있습니다. 이 문제에 대한 의회 청문회도 이미 있었습니다.

위에 언급된 사실들을 고려할 때, 총참모부가 현 시점에서 사할린과 쿠릴열도에 남아 있는 한인들의 수, 거주지, 주거 환경 등에 대해 보유하고 있는 모든 정보를 한국정부와 함께 공유해 주신다면, 높은 평가를 받을 것입니다.

장석흥. 사할린 지역 한인 귀환... 259쪽.

도쿄주재 한국외교사절단에게 발송한 연합국총사령부 외무국의 통첩

1949년 5월 13일

DS/CKH/RWA/bk

외무국은 한국 외교사절단에게 존경을 표하며, 사할린과 쿠릴열도에 남아 있는 한인들과 관련하여 총참모부가 알고 있는 모든 정보를 제공해 달라는 1949년 4월 4일자 마지막 통첩을 존중의 마음을 담아 반송합니다.

참모부는 이 문제와 관련하여 그 어떤 직접적인 혹은 공식적인 정보를 입수하지 못했습니다. 참모부가 아닌 곳에서 입수한 정보원에 의해 내려진 비공식적 평가에 따르면 약 2만 명의 한인들이 사할린에 남아 있으며, 약 11만 명에서 12만 명의 사람들이 전쟁 말기에 강제 추방되었고, 가족을 포함해서 약 1만 4천 명의 한인들이 1948년에 노동자의 자격으로 사할린에 입도했다고 하나, 그 정확성은 책임질 수 없습니다. 또한 우리는 한인들이 현재 거주지나 한인들을 혹독하게 다룬다는 내용에 관한 정보를 가지고 있지 않습니다.

외무국으로 발송한 G-2 1949년 5월 5일자 통첩 No.2에 근거하고 있으며, 1949년 4월 22일자 체크리스트, 주제: "사할린과 쿠릴열도에 있는 한인들의 정보에 관한 질문".

RWA 25-5443

장석흥. 사할린 지역 한인 귀환... 266쪽.

도쿄주재 한국외교사절단의 통첩

1949년 6월 14일

한국외교사절단은 연합군총사령부 총참모부 소속 외무국에 경의를 표하며, 우리의 질문에 대한 1949년 5월 13일자 답변 및 사할린과 쿠릴 열도에 남겨진 한인들에 관한 정보를 우리와 공유해 주신 것에 감사드립니다.

한국사절단은 아직까지도 소비에트에 의해 점령된 사할린과 쿠릴열도에 남겨진 모든 한인들이 신속히 귀환하도록 참모부가 고귀한 활동을 감히 요청 드립니다.

한국정부의 계산에 따르면 약 4만 명의 젊은 한인들이 전쟁 중에 강제로 사할린과 쿠릴열도로 동원되었습니다. 대부분의 경우 그들은 일본 전쟁기계의 목적에 봉사하기 위해 한국에서 동원되어 그곳[사할린]으로 이송된 노동자들입니다. 이 노동자들 외에도 상대적으로 많지 않았지만 역시 일본군대로 강제 징집되었던 한인 병사들도 있습니다.

전쟁 말기에 사할린과 쿠릴열도에 남겨진 한인들 중에서 공식적 또는 공개적으로 한국에 귀환한 이들은 지금까지 없습니다. 일본 침략의 희생자인 이들은 죄가 전혀 없음에도 불구하고 아무런 근거 없이 그곳에 억류되어 있습니다.

심지어 그에 더하여 소비에트 정권은 이런 아무 죄가 없는 한인 포로들에게 조속한 귀환은 보장하지 않은 채, 강제 노역을 강요하고 있습니다. 이런 상황에 대한 격앙된 감정이 한인들 사이에서, 특히 최근에는 한국 여론 속에서 활발하게 확산되자 한국정부는 그런 열악한 상황으로부터 자신의 동포들을 데리고 나오라는 국민들의 열화와 같은 바람에 답하지 않을 수 없게 되었습니다.

한국정부의 이런 질문은 공식적인 자격을 지니고 계시며, 일본의 항복 조건 실행이라는 임무를 위임받은 연합군 총사령관께서 과거 일본군은 물론, 인종, 거주지나 출생지를 불문하고 일본제국의 신민이 아닌 이들까지 귀환할 수 있도록 전력을 경주하여 주실 것이라는 총참모부에 대한 믿음에 기초하고 있습니다.

장석흥. 사할린 지역 한인 귀환... 269쪽.

총참모부 외무국이 도쿄주재 한국외교사절단에게 발송한 통첩

1949년 7월 15일

DS/CKH/TWA/bk

외무국은 한국사절단에게 경의를 표하며 사할린과 쿠릴열도로부터의 한인 귀환에 관하여 참모부로 질문을 주신 1949년 6월 14일자 최근 통첩을 반송해드립니다.

연합군총사령부와 소연방 간의 귀환에 관한 1947년 12월 19일자 협약(이 협약은 포츠담선언의 조건을 실현한다는 원칙에서 작성되었다)은 일본군에 복무했거나 참전했던 이들을 소연방의 통제 하에 있는 영토로부터 송환하는 것과 관련된 것이어서 오직 일본으로의 송환만을 보장하고 있습니다. 따라서 한국정부가 한·소 양국 모두와 외교관계를 맺고 있는 국가의 중재 하에 이 문제로 소비에트 사회주의공화국연방과 비공식 접촉을 해야 할 것입니다.

도쿄

S 321/4

기록용: 1. G-2는 외무국에게 발송된 1949년 7월 1일자 통첩 No.2와 "사할린과 쿠릴로부터의 한인 귀환"이라는 주제의 1949년 6월 21일자 G-3 외무국의 통첩에서 언급된 신속한 행동에 동의한다.

2. G-3는 상기 열거된 문제에 대한 외무국의 1949년 7월 13일자 통첩

No. 3, 그리고 (G-3)스테클라(Стекла) 대령과 (외무국)아인스보트(Айнсворт)
와의 7월 14일자 전화 통화에 동의한다.

  TWA 26-5443

  장석흥. 사할린 지역 한인 귀환... 273쪽.

대일 연합군총사령관 총참모부의 행위각서

1949년 7월 12일

비밀

1. 근거: 외무국 G-2와 G-3의 답변, 주제: "사할린과 쿠릴열도로부터 한인들의 귀환", 1949년 6월 21일.

2. 지급:

a) 외무국 질문(G-2, No. 2 및 G-3, No. 3), 주제: "사할린과 쿠릴열도에 있는 한인들에 관한 정보 문의", 1949년 4월 22일(표 A);

b) 1949년 5월 13일자 외무국 통첩(표 B).

3. 논의:

a) 상기 단락 2a에 대한 참조: (1)현재 소비에트에 의하여 사할린(가라후토)과 쿠릴열도에 억류되어 있는 한인의 수, 거주지와 거주 환경 등의 내용을 담고 있는 G-2와 G-3발 정보는 요청상태이다. (2)G-2는 약 2만 명의 한인들이 사할린과 쿠릴열도에 남아 있으며, 1만 4천 명의 북한 노무자들이 (가족과 함께) 1948년에 소연방의 사할린과 쿠릴열도에 파송되었다는 사실을 보여주고 있다. 그리고 (3)G-3는 위 지역에 있는 한인들에 관한 추가 정보를 보유하지 못하고 있다(표 A). 위 26 단락에 대한 참조, 외무국의 통첩은 상기 한국외교사절단에게 정보를 다시 발송했다(표 B).

b) 주요 활동: 예상되는 바와 같이, 한국 사절단에게 통첩의 일부를 발송하고, 대일연합군사령부가 제2차 세계대전 당시 사할린과 쿠릴열

도로 강제 이주된 약 4만 명에 달하는 '강제 동원 노동자' 한인 및 일본군으로 참전한 소수의 한인들의 귀환을 실행해 달라고 요청하고 있는 마지막 문구에 주의를 기울일 것. 한국 사절단이 한인들을 구 일본군의 참전자 범주에 상응하는 것으로 보고 있음을 외무국이 용인한 것으로 확신된다. 또한 외무국은 한국정부가 이 문제로 서울과 모스크바에 있는 외교대표들에게 전권을 부여한 국가 기관을 통해서 또는 워싱턴 주재 한국대사관과 국무부를 통해서 직접 소비에트 정부와 연락해야 한다는 정보를 접했다는 견해를 고수하고 있음을 의미한다.[10]

c) 연합군최고사령부와 소연방 간의 송환에 관한 1946년 12월 19일자 합의는 일본군과 일본 국적의 일본 시민이 그의 자의로 소연방과 소연방의 통제를 받고 있는 지역에서 일본으로 송환되는 것 및 일본에서 온 한인을 북한으로 귀환시키는 것과 관련해서만 체결된 것이다. '해방된' 민족으로서 한인들을 보호하기 위해 소비에트 정책이 위에서 언급된 것처럼 장시간에 걸쳐 형성되었음을 고려할 때, 비록 한국 사절단은 산업체에서의 노동을 목적으로 가라후토와 쿠릴열도로 이송된 한인들이 군복무자 또는 과거 일본군의 부역자로 여겨져야 한다고 기초하고 있으나, 그렇게 규정될 수는 없을 것이다.

d) 가라후토와 쿠릴열도 내 한인의 지위(첨부 2)와 관련하여 대일위원회의 소연방 대표에게 발송하였으나 답변을 받지 못한 채 남아 있는 1948년 3월 18일자 외무국의 서한에 따라 그리고 소연방이 한국의 정부를 인정하지 않고 있다는 사실로 인하여 G-3가 반드시 주해 №1의 네 번째 문구에 적시된, 외무국이 제안한 행동양식을 제 때에 따라야 한다는 것으로 보였다.

10) 미국 국무부(Министерство иностранных дел США).

4. 필요한 행위: 외무국이 1948년 3월 대일위원회의 소비에트 대표에게 전달된 서한에 관심을 갖도록 하고, 중재인을 통해 한국 사절단이 소연방과 연락을 취하도록 제안하는 것이 바람직하다는 문제를 제기할 것.

5. 권고 행위: 상기 네 번째 단락에서 언급되어 있는 바와 같이 외무국에게 통보.

6. 수신자 이름: 필요없음.

7. 조언: 외무국에 제시된 주석을 승인하고 발송할 것.

8. 협력활동: 필요없음.

9. 결론: 이것이 주요 통첩에 대한 최종적 행위이나, 문제는 아직 해결되지 않았다.

26-5945

장석흥. 사할린 지역 한인 귀환... 270-271쪽.

코르사코프 시, 홈스크 시 그리고 네벨스크 지역 내
한인 주민들의 정치적 동원 및 문화계몽 작업의 상태에 관한
소련공산당(볼셰비키) 지도부 회의록 №7의 사본

1950년 10월 2일

발표자 네나드케비치(Ненадкевич), 블라센코(Власенко) 동지.

발표자: 한(Нан), 차가이(Чагай), 네나드케비치, 고린(Горин), 갈킨
(Галкин), 예멜리야노프(Емельянов), 옐리세예프(Елисеев),
바리코프(Бариков), 멜니크(Мельник) 동지

소련공산당(볼셰비키) 주위원회 지도부는 코르사코프 시, 홈스크 시
그리고 네벨스크 지역에 있는 한인들 내에서의 최근 정치선전 문화계
몽 작업이 어느 정도 개선되었다는 사실을 강조했습니다. 강의, 보고
그리고 토론, 체육회 등이 더 자주 실행되기 시작했으며, 영화와 연극
으로 한인 노동자들의 근무가 개선되었습니다. 문맹 노동자의 대부분
은 문맹퇴치학교를 졸업했습니다. 교육 작업이 일부 개선되면서 한인
노동자들의 생산 활동이나, 그들의 노동 규율 모두 향상되었습니다. 수
산업, 탄광 그리고 제지공장에서 근무하는 대부분의 한인 노동자들은
자신에게 부과된 노동과업을 받아들여 생산과업의 120에서 250%, 그리
고 일부 노동자들은 400%를 초과 달성했습니다.

그러나 소련공산당(볼셰비키) 주위원회 집행부는 한인 주민들을 상
대로 한 정치선전과 문화계몽 작업이 계속해서 극도로 불만스러우며,
정치선전과 문화계몽 작업 분과 부대표가 없는 곳에서 그리고 가정주
부들을 상대로 한 작업의 불만족도가 더 심한 것으로 파악하고 있습니

다. 실행된 강의나 보고대회 역시 그 내용을 보면 깊이가 없고, 주제 역시도 극히 제한적입니다. 대부분의 한인 노동자는 '코레이스키 라보치(Корейский рабочий, 한인 노동자라는 뜻 - 역주)' 지(紙)를 받아쓰지 않고 있으며, 이 신문 역시 정치교육 작업에서 잘 이용되지 않고 있습니다. 일부 한인 주민이 라디오를 통해 친미와 친일주의 선전을 접하는 사실이 중요합니다. 노동력을 지닌 주민의 상당수가 생산과 집단농장에 편입되지 않은 채 투기에 종사하고 있음에도 불구하고 코르사코프스키 경제지도자들과 소련공산당(볼셰비키)의 코르사코프와 홈스크 시위원회 그리고 네벨스키 지역위원회는 위의 편입되지 않은 무리들을 사회적으로 유익한 노동에 유입시키는데 꼭 필요한 대책을 수립하지 않았으며, 일본의 착취자들에 의해 한인들이 견딜 수 없는 주거생활에 처해있었다는 사실을 망각하여 한인 노동자에게 정상적인 주거생활 갖추어 주는 일에 전혀 관심을 기울이지 않았습니다.

인민교육부 산하 분과들은 한인학교를 잘 지도하지 못하고 있습니다. 학교에서는 교과서와 실물교재는 물론 비품도 모자랍니다. 학습교육 업무가 미약합니다. 야학에서는 성인 교육에 관심을 충분히 기울이지 않고 있습니다. 한인학교의 학생들이 러시아학교의 학생들보다 최악의 조건에 처해 있는 경우도 있습니다.

소련공산당(볼셰비키) 주위원회 지도부는 소련공산당(볼셰비키) 홈스크 시위원회와 시집행위원회가 한인 순회공연장의 업무에 협력하지 않음은 물론, 23시 이후에야 공간을 제공하고 대관료로 수입의 절반을 징수하여 극장 활동을 방해하는 현 상황이 전적으로 옳지 않다고 판단했습니다.

소련공산당(볼셰비키) 주위원회 지도부는 소련공산당(볼셰비키) 시위원회와 구위원회가 한인들 사이에서의 정치선전과 문화계몽작업 부국장들의 역할을 과소평가하고, 한인 주민들 내에서 부국장들을 행정 경제업무에 임명하지 않는 것을 허용하며, 그들을 가르치지도 않으면서 정치선동과 문화계몽 작업을 조직함에 있어 그들에게 반드시 필요한 부분을 도와주지 않은 것도 심각한 실수로 파악하고 있습니다. 소련공산당(볼셰비키) 크라소프스키 시위원회와 네벨스키 주위원회는 한인주민 사이에서 일할 교사들을 현재까지도 확보하지 못한 상태입니다.

소련공산당(볼셰비키) 주위원회 지도부는 다음과 같이 결의했다.

1. 소련공산당(볼셰비키) 크라소프스키, 홈스키 시위원회와 네벨스키 지역위원회은 다음과 같은 의무를 지닌다.

a) 상기 언급된 결격사항을 타파하고, 강의, 보고, 토론, 공연장과 영화, 시각적 선동, 신문과 라디오 등 모든 형태의 수단을 이용하여 한인 주민들 내에서의 정치선전과 문화계몽작업을 확실하게 개선할 것.

b) 강의와 보고회의 주제를 확대하고 사상적 내용을 제고할 것, 소비에트 사회주의체제의 장점, 소연방 내에서의 공산주의 건설과 인민민주주의 국가들 내에서의 사회주의 건설, 미국 침략주의자들에 대응한 조선 인민의 영웅적 투쟁에 관한 주제를 선전할 것.

c) '코레이스키 라보치' 지를 둘러싼 작업을 개선할 것, 한인 노동자를 상대로 이 신문을 최대한 확산시켜 정치선전작업에 이 신문을 더 많이 이용할 것.

d) 명확한 선동의 당면성 및 영화, 공연장, 강의에 대한 집단적이고 규칙적인 시청과 수강을 이루어낼 것, 각각의 한인 노동자 기숙사에 라디오방송 수신 설비를 설치할 것.

e) 가정주부 그리고 한인들 내에서의 작업 부국장이 존재하지 않는 모든 기업에 속한 노동자를 상대로 지속적 정치선전작업을 조직할 것,

이 작업에 한인 공산주의자들을 끌어들일 것.

2. 소련공산당(볼셰비키) 코르사코프스키, 홈스크 시위원회와 시집행위원회, 네벨스크 지역위원회와 주집행위원회는 다음과 같은 의무를 지닌다.

a) 한 달 동안 경찰 기구와 공동으로 사회적으로 유익한 노동에 종사하지 않는 한인들의 수를 조사하여 그들을 산업체, 집단농장 그리고 직업동맹에 속한 협동조합 내의 생산직으로 유인할 것.

b) 농업, 어업 협동조합 및 산업 협동조합 내에 있는 한인 조직, 한인들의 영구 정착 등에 모든 방법을 동원하여 협력할 것, 한인들의 주택 건설, 가축 확보 및 경제적 필수품의 비치 등에 도움을 줄 것.

c) 노동 경쟁에 모든 한인 노동자들을 끌어들이고, 노동 의무의 이행 결과를 규칙적으로 총합할 것. '코레이스키 라보치' 지, 벽보 그리고 노동자들의 생산 집회를 이용하여 최고의 한인 생산자가 지닌 노동 경험을 전파시킬 것.

d) 1950년 10월에 한인들의 노동 경험을 공유하기 위해 어업, 탄광, 제지산업 분야 한인돌격대원들의 지역모임과 시모임을 개최할 것.

3. 소련공산당(볼셰비키) 홈스크, 코르사코프 시위원회와 네벨스크 지역위원회는 다음의 의무를 지닌다. 즉 한인 노동자들에게 정상적인 주택 및 공공서비스를 보장해 줄 것, 의료위생 서비스를 개선할 것, 10월 내내 가정집과 기숙사 수리 및 월동용 연료의 공급 등을 실행할 것, 모든 방법을 동원하여 한인 노동자들에 의한 개인주택의 건설을 지원해 줄 것, 한인노동자들이 생산 시설을 떠나지 않도록 할 것 등.

4. 소련공산당(볼셰비키) 주위원회 집행부는 코르사코프와 홈스크 시위원회 그리고 네벨스크 주위원회에게 다음의 사실을 요구한다.

a) 한인 주민들 내에서 부대표의 역할에 대한 과소평가 및 부대표로

임명하지 않은 이들을 부대표로 활용하지 말 것, 부대표들의 활동으로 지도부를 개선할 것, 부대표들과의 세미나를 규칙적으로 수행할 것, 대중들에게 노동 현장을 가르칠 것, 한인 노동자들의 작업에 대한 지속적인 통제 방법을 수립할 것, 소련공산당(볼셰비키) 시위원회와 주위원회 집행부에 대한 한인 주민들의 노동 보고를 정기적으로 경청할 것.

b) 한인 노동자들이 존재하지 않는 기업소와 기관 내에서 근무하는 한인 공산주의자들을 한인들이 존재하는 모든 기업소로 이직시켜, 한인 주민들 사이에서의 정치대중과 문화계몽 작업에 그들을 이용할 것, 적대적인 친미 및 친일 선전과의 투쟁 강화를 목적으로 북한 출신 및 일제 이후 남겨진 정치적으로 신뢰할 수 있고 준비된 한인들로 활동분자들을 만들 것, 한인 노동자 내에서의 활동을 위해 소련공산당(볼셰비키) 주위원회와 시위원회 산하에 가장 준비된 한인 공산주의자들로 외부 강사 집단을 만들 것.

c) 순회공연을 하는 한인 순회공연장에게 모든 방법을 동원하여 도움을 주고 배우들에게 교통과 숙박, 관람석 등을 보장해 줄 것.

5. 소련공산당(볼셰비키) 코르사코프, 포로나이스크 시위원회, 체호프, 마카로프, 네벨스크 그리고 토마리스크 지역위원회는 한 달 동안 한인 주민들을 상대로 한 작업 지도원을 소련공산당(볼셰비키) 지역위원회와 시위원회 기구로 천거할 의무를 지닌다.

6. 소련공산당(볼셰비키) 코르사코프, 홈스크 시위원회와 네벨스크 지역위원회는 인민교육부 (텔푸호프스키[Тельпуховский] 동지의)주 분과는 다음의 의무를 지닌다.

a) 한인학교 지도부를 결정적으로 개선할 것, 학교의 활동 내용을 보다 더 깊게 규명할 것, 한인학교 내에 최선의 교육자재체제를 설립할 것, 교과교육 활동을 제고할 것. 학교장과 학교 운영자들의 업무를 체

계적으로 통제할 것, 각 학교에 상시 지원을 제공할 것.

b) 한인학교에서 러시아어 교육을 강화할 것, 한인 아이들이 7년제 학교를 마친 후, 러시아 중학교와 중등기술교육기관에 진학할 수 있도록 러시아어 교육시간을 늘릴 것.

c) 한인 노동자들의 야간 초등학교 및 7년제 학교를 조직할 것, 학교에 수업을 담당할 교사와 교육공간을 보장할 것.

7. 금년 10월 소련공산당(볼셰비키) 주위원회 산하 선전선동분과에게 한인 주민들 내에서의 활동이라는 문제로 소련공산당(볼셰비키) 시위원회와 지역위원회 소속의 부대표와 지도원들을 상대로 10일 기간의 세미나를 실행하도록 지시할 것, 이를 위해 세미나 커리큘럼을 작성할 것.

8. 한인 주민들이 거주하고 있는 각 지역과 시에 있는 소련공산당(볼셰비키) 지역위원회와 시위원회는 자체 회의 중 정치대중과 문화계몽 작업의 상태에 관한 문제를 논의할 것 그리고 본 명령에 따라 위 작업을 개선하는데 불가피한 대책을 마련할 것.

9. 국가안전부(МГБ) 주관리국장 옐리세예프(Елисеев) 동지는 엄격한 지시를 내릴 것, 현지 경찰기구를 통해 10월 내내 한인 노동자들 내에서의 엄격한 신분증명제도의 시행을 보장할 것 등의 의무를 지닌다.

10. 현 명령의 이행 확인을 소련공산당(볼셰비키) 주위원회 선전선동분과에 부과할 것.

ГИАСО. Ф. П-4. Оп. 2. Д. 587. 145 л. Л. 23-27.

사할린 주에 거주 중인 한인 주민들에 대한
작업의 보완 조치에 관한 보고[11]

1952년 1월 19일

No.35os 극비.

최근 소련공산당(볼셰비키) 사할린 주위원회는 한인 주민들을 상대로 한 작업을 강화하기 위해 일련의 보완 조치를 취했습니다.

소연방 각료회의의 "사할린 주에 거주 중인 한인 주민들의 조직에 관한" 1951년 10월 1일자 명령에 따라 농업 협동조합과 집단어로단에 한인들을 받아들이기 시작했습니다. 한인학교의 교육 요원은 대체로 충원되었고, '코레이스키 라보치' 지의 활동을 개선하기 위한 조치들이 개발되었으며, 정치와 문화대중 작업 담당 기업의 부대표 회의가 진행되었습니다. 많은 기업들에서 한인 노동자들의 회의가 진행되었으며, 정치동아리, 문맹퇴치동아리 설립 작업이 진행 중에 있습니다. 한인 공연장의 활동을 개선하기 위한 조치가 취해졌고, 한인 주민들 내에서 반혁명·사보타지 및 투기 단속 비상위원회의 활동도 어느 정도 강화되었습니다.

---

11) {문서 가장자리에 다음과 같이 적혀 있다}
 1) 중앙위원회 서기와 쉬키랴토프(Шкирятов), 이그나티예프(Игнатьев), 쿠즈네초프(Кузнецов В), 미하일로프(Михайлов), 체르노우소프(Черноусов) 동지들에게 발송할 것.
 2) 그로모프(Громов Г), 그로몸(Громом Е)동지에게 발송
 3) 중앙위원회 서기부로
  (1952년 2월 2일) 말렌코프(Г. Маленков)

당 주위원회는 소련공산당(볼셰비키) 중앙위원회와 함께 우글레고르스크와 홈스크 시의 당시위원회의 한인 주민들 내에서의 작업에 관한 보고서를 준비하고 토의했습니다. 두 시위원회의 보고에 따른 결의안에서 취업, 문화 및 생활 서비스, 정치와 문화계몽 업무에 대한 보완조치들이 구상되었습니다. 마지막까지도 해결되지 않은 문제들, 즉 기술교육 및 한인 노동자들의 자질 향상 조직, 지속적으로 활동하고 있는 현지 직업조직 위원회 업무에 최고의 한인 생산자들을 가입시키는 것, 사회주의 경쟁에 한인 노동자들을 참가시키고 그들을 고무시키는 방법, 노동에 종사 중인 한인들에게 개인텃밭의 형태로 일정 토지를 제공하는 것 등과 같은 사안에 상응하는 명령이 사할린 주의 당, 소비에트, 노동조합, 콤소몰 조직과 경제 기구들에 하달되었습니다.

소련공산당(볼셰비키) 주위원회, 주집행위원회 그리고 경제 조직들은 각 지역과 기업소에서 한인 주민들과의 문제를 확인하고 있었던 소련공산당(볼셰비키) 중앙위원회의 일꾼들과 당 주위원회 작업반원들에 의해 드러난 문제점을 해소하기 위한 조치들을 즉각 채택했습니다.

그러나 한인 주민들을 상대로 한 작업의 개선을 위해 실행된 그리고 설계된 대책들에도 불구하고 전소련공산당(볼셰비키) 주위원회의 1951년 12월 11일자 보고서에 서술되어 있는 문제들 이외에도, 현지에서는 해결될 수 없고, 소련공산당(볼셰비키) 중앙위원회의 승인이나 중앙부처, 전 소연방 노동조합 중앙회의 그리고 다른 중앙 기관 등의 결정을 필요로 하는 일련의 새로운 문제들이 발생했습니다.

이에 다음의 문제들을 검토하시고 해결해 주실 것을 소련공산당(볼셰비키) 중앙위원회에 부탁드립니다.

I. 한인 노동자들을 노동조합원으로 받아들이는 것에 관한 문제
사할린 주 기업과 기관들 내에 2만 1천 명 이상의 한인들이 취업한

상태이며, 그들 중 대부분은 공장에서 일을 잘하면서, 사회주의 경쟁에 참가하고 있습니다. 그들 내에서는 활동적인 사회생활을 추구하는 큰 의지가 관측되기도 합니다만, 그들에게는 다양한 소비에트 사회 조직에 가입할 수 있는 권리가 없으며, 심지어 노동조합 상조기금에 가입할 수도 없는 상태입니다. 이런 상황은 다수의 한인들이 자신들의 분리된 조직, 동아리, 모임, '상조 형제회' 등을 결성하도록 자극하고 있습니다.

한인 노동자들을 사회정치생활로 끌어들이고, 보다 더 활동적인 생산 활동에 가담시키며, 분리된 민족 조직을 설립하려는 욕망을 다른 곳으로 유인하려는 목적에서, 노동조합 가입 절차와 조건을 만들도록 전 소연방 노동조합 중앙회에 하명하시어 노동계약에 따라 사할린에 입도한 북한 출신의 한인은 물론, 소비에트 공장과 기관에서 일을 하고 있는 현지 한인들의 노동조합 가입을 허락해 주시기 바랍니다.

II. 노동조합 노선에 따른 한인 노동자들과의 업무 강화 문제

한인 노동자들과의 노동조합 조직의 업무를 강화하고 노동 문제의 신속한 해결을 위해 한인 노동자 업무에 관한 지도원의 직책에 임명하여 사할린 주 직업소비에트 및 탄광, 어업, 삼림 그리고 제지공장 노동조합 주위원회의 정원으로 가입시킬 것과 주 직업소비에트 산하에 법률 자문의 설치 문제를 해결해 주실 것을 요청 드립니다.

III. 체육운동 업무에 한인 청소년들을 가입시키는 문제

체육과 스포츠에 대한 한인 청년들의 욕구를 고려하여 동호인 운동 모임에 한인들을 받아주시고, 지역, 시 그리고 주 대항 경기에 참가할 수 있도록 허락해 주실 것을 부탁드립니다. "노동과 국방에 준비된" 그리고 "노동과 국방에 준비될 수 있는" 배지에 대한 기준을 한인 청년들에게 하달해 주시고 그에 상응하는 문서 발급 및 배지 교부를 행하여 주십시오.

IV. 콤소몰 요원들에 의한 지원 문제

전소련공산당(볼셰비키) 주위원회가 한인학교에서의 소년단원 조직의 설립 문제에 대해 긍정적인 해결을 내릴 경우, 소년단 지도자 요원들을 보장해주어야 하는 필요성이 제기되나 사할린 주 콤소몰 조직에서는 그런 요원들을 선발하는 것이 불가능합니다. 또한 현지에서는 콤소몰 지도자 업무를 맡을 수 있는 한인 콤소몰회원을 선발할 수 없습니다. 이에 사할린 주로 25명의 한인 콤소몰회원을 파견하여 콤소몰 업무에 종사하고 선임 콤소몰 지도자의 직책에 임하도록 하는 의무를 전소연방 레닌공산청년동맹 중앙위원회에 부여해 주시기 바랍니다.

V. 인민교육부 각 지부에서 한인학교의 감독관 직책 수행 문제

사할린 주의 각 도시와 지역에는 74개의 한인학교가 있으며, 총 5천 명의 학생이 그곳에서 수학하고 있습니다. 한인학교에서 일할 전문적 일꾼들이 부족함을 고려할 때 인민교육부 기관은 학교에서의 문제와 교육과정을 통제하지 못하고 있습니다. 방법론적 도움과 한인학교에서의 교육과정에 대한 통제를 강화하려면, 돌린스크, 우글레고르스크, 홈스크 등의 시와 5개에서 최대 10개까지의 한인학교가 있는 포로나이스크, 체홉 그리고 세베로쿠릴스크 지역에 있는 한인학교에 인민교육부 지역분과와 시분과 소속 지도원의 직책을 허가받은 정원보다 더 많이 도입할 수 있도록 사할린 주집행위원회에 허가를 내주어야 합니다.

VI. 기업의 정치와 문화계몽 작업 부대표의 직책 문제

전소련공산당(볼셰비키) 중앙위원회의 "극동의 산업체에 고용된 한인들 사이에서의 정치와 문화계몽 작업에 관한" 1948년 4월 16일자 결정에 따라 사할린 주의 각 기업 중 200명이 넘는 한인 근로자가 근무하는 곳에는 문화계몽 작업 부대표의 직책이 제정되었습니다. 현재 이 기업들에는 4,485명이 넘는 한인들이 있으며, (1만 5천 명이 넘는)나머지의 한인 노동자는 한국어를 이해하는 전문 일꾼을 갖추지 못한 기업에서 근무하고 있습니다. 이에 문화계몽 작업은 불만족스러운 상태입니다.

한인 주민들 사이에서의 문화교육 작업을 강화하려는 목적에서 100명 이사의 한인들이 근무하는 기업에서도 정치와 문화계몽 작업 부대표와 기업 정원 내에서 한 명의 문화계몽 작업 조직책을 보유할 수 있도록 허락해 주실 것을 요청합니다.

VII. 소연방 국가대출 신청에 한인 주민들의 참가 허락 문제

한인들의 상당수가 자신의 저축금으로 소비에트 국가의 강화에 참가하고 싶어 한다는 사실을 고려하여 한인들이 소비에트 시민들과 동등하게 소연방 국가 대출 신청에 참가하도록 허락해 주실 것을 요청합니다.

VIII. 한인 주민의 문화 봉사 개선 문제

사할린 주의 한인 주민들에게는 한국어로 된 문학 서적과 정치학 서적이 실로 부족합니다. 중앙으로부터 발송된 문학서적은 필요량을 충족시켜주지 못하고 있으며, 그 외에도 각각의 번역 수준이 떨어지는 편입니다. 한인 주민에 대한 영화서비스는 1950년부터 수석영화보급소 사할린 주 지부가 한국어 자막이 들어간 새로운 영화를 보급 받지 못하면서 현재 보유 중인 영화가 겨우 16편밖에 안 되어 곤란을 겪고 있습니다.

한인 주민 사이에서의 생동감 있는 선전 역시 사할린 주가 보유한 그래픽 자원으로는 뛰어난 정치포스터를 제공하기 곤란한 상황입니다.

상기 문제들은 이곳 현지에서 해결될 수 없는 바, 아래의 사항들을 요청합니다.

a) 소연방 각료회의 산하 그래픽 산업, 출판과 서적판매업에 대한 수석관리부는 정치와 문학 서적의 한국어 번역시 능숙한 요원들을 보강하여 번역서의 질을 개선하고 양을 늘릴 것, 그와 더불어 한국어로 된

정치와 예술 포스터를 출판할 의무를 지도록 할 것.

b) 소연방 영화제작부가 한국어 자막이 들어간 소비에트 영화와 한국어로 재녹음된 영화의 제작을 늘리고, 조선민주주의 인민공화국에서 만들어진 좋은 영화들을 사할린 주로 보내줄 의무를 지도록 할 것.

IX. '코레이스키 라보치' 지에 대한 지원 제공 문제

한국어로 발행하는 유일한 기관이자 전 극동지역 한인 주민들을 위해 봉사하는 '코레이스키 라보치' 지는 매번 1만부에 주 3회만 발행되어 한인 주민들의 늘어나는 수요를 만족시키지 못하고 있습니다.

이에 '코레이스키 라보치' 지의 발행부수를 1만부에서 1만2천부로 늘리고 발행 회수를 주 3회에서 5회로 증편하며, 편집부 정원을 간부 6명과 기술자 2명으로 증원한 다음 문학과와 학교과를 창설하도록 전소련 공산당(볼셰비키) 중앙위원회에게 요청 드리는 바입니다.

X. 국가안전부 사할린 주 관리국의 요원들에 대한 지원 제공 문제

소연방 국가안전부가 국가안전부 관리국 기구 및 한인 주민들이 많은 지역에서 근무하게 될 6명의 고려인 국가안전부원을, 그리고 국가안전부 시분과와 지역분과 그리고 지부의 책임자로 4-5명의 경험 있는 안전부원을 1952년 4월 1일까지 사할린 주의 국가안전부 관리국 지휘하로 파견하도록 의무를 지울 것.

본 기록에 서술된, 전소련공산당(볼셰비키) 중앙위원회에 대한 요청사항들은 1952년 1월 15일 당 주위원회 지도부에서 논의되었다.

체플라코프(П. Чеплаков)

전소련공산당(볼셰비키) 사할린 주위원회 서기

ГИАСО. Ф. Р-5446. Оп. 86а. Д. 10325. Л. 1-7. 사본.

전소련공산당(볼셰비키) 중앙위원회
서기 말렌코프(Г.М. Маленков)에게 발송한 서한

1952년 2월 12일

비밀

전소련공산당(볼셰비키) 사할린 주위원회 비서 체플라코프는 인민교육부 산하 세 개의 시분과와 세 개의 지역분과에 한안학교에 대한 감독관 직책을 승인된 정원 이상으로 설립할 것을 요청 드립니다.

현재 인민교육부 주분과 기구 내에는 한인학교 감독관이 겨우 한 명에 불과합니다. 그 한 명으로는 74개 한인학교의 업무를 확인하고 각 학교 교사들에게 반드시 필요한 방법론적 도움을 제공할 수 없습니다. 결과적으로 인민 교육부 기관들은 한인한교에서의 교육 업무라는 표상을 지니고 있지 못하며, 일터에 존재하는 부족함을 수정할 수 있는 가능성을 잃어버렸습니다. 이런 상황은 전적으로 비정상적인 것이며, 그에 더하여 현재까지도 한인학교에서는 필수 사범과정을 이수하지 않고 정치적 교육도 받지 못한 교사들이 상당 수 근무하고 있습니다.

이와 관련하여 전소련공산당(볼셰비키) 중앙위원회 학교분과는 체플라코프의 요청을 반드시 지지해야 하는 것으로 판단하고 있습니다.

소연방 각료회의의 명령 안을 첨부합니다.

전소련방공산당(볼셰비키) 중앙위원회 학교분과 부분과장　지민(П. Зимин)

ГИАСО. Ф. Р-5446. Оп. 86а. Д. 10325. Л. 9. 사본.

소연방 각료회의의 검토에 제기된 문제에 대한 지시

1952년 2월 15일

p. 30

문제의 내용: 사할린 주 인민 교육부 산하 3개 시분과와 3개 지역분과에 있는 한인학교에 대한 감독관 직책의 설립에 관하여.

(문제는 전소련방공산당(볼셰비키) 중앙위원회 학교분과 지민 동지에 의해 제출되었다).

지시: 페로프(Перов), 체르노우소프(Черноусов)(소집), 쿠진(Кузин) 그리고 지민(Зимин) 동지들에게 제안을 검토할 것과 제안을 제출하도록 할 것.

기간 5일.

베리야(Л. Берия)

불가닌(Булганин)

말렌코프(Маленков)

ГАРФ. Ф. Р.-5446. Оп. 86а. Д. 10325. Л. 10. 사본.

전소련공산당(볼셰비키) 중앙위원회 당, 노동조합과 콤소몰 기구 분과 그로모프(Е.И. Громов)에게 발송된 공한

1952년 2월 19일

사할린 주에 거주 중인 한인 주민들과의 업무 문제에 대한 쿠즈네초프(Кузнецов)의 서한을 합의에 따라 귀하께 발송합니다.

첨부: 언급된 1952년 2월 12일자 4쪽으로 이루어진 서한 No. 177.

소연방 각료회의 업무 주간

스미르튜코프(М. Смиртюков)

ГАРФ. Ф. Р.-5446. Оп. 86а. Д. 10325. Л. 12. 사본.

한인학교 감독관에 관한 전소련공산당(볼셰비키) 중앙위원회 학교분과의 참조문

1952년 2월 29일

비밀

전소련방공산당(볼셰비키) 중앙위원회 학교분과(지민 동지)는 사할린 주 인민교육부 산하 돌린스크, 우글레고르스크, 홈스크 시분과의 정원 내에 한인학교 감독관 직책을 주 별로 규정된 정원 외로 설립하기 바랍니다.

지민 동지는 상기 지역에 74개의 한인학교가 운영되고 있으며, 인민교육부 사할린 주 기구 내에는 한인학교 감독관이 겨우 1명뿐이라는 사실을 통보했습니다.

이 문제로 소연방 국가계획위원회(페로프[Перов] 동지), 러시아공화국 각료회의(체르노우소프 동지), 국가 편성위원회(쿠진 동지) 그리고 전소련방공산당(볼셰비키) 중앙위원회 학교분과(지민 동지) 등과 합의된 소연방 각료회의의 명령 안을 첨부합니다.

볼로딘(И. Володин)

포포프(И. Попов)

ГАРФ. Ф. Р.-5446. Оп. 86а. Д. 10325. Л. 15. 사본.

소연방 각료회의 명령 № 4341-rs

1952년 5월 1일

비밀

소연방 각료회의 산하 국립 편성위원회가 사할린 주 인민 교육부 산하 돌린스크, 우글레고르스크, 홈스크 시분과, 포로나이스크, 체호프 그리고 북쿠릴 지역분과의 정원 내에 한인학교 감독관 직책을 주별로 규정된 정원 외로 설립하도록 의무를 지울 것.

소연방 각료회의 대표　　　　　　　　　　　　　　　스탈린

ГАРФ. Ф. Р.-5446. Оп. 86a. Д. 10325. Л. 16. 사본.

사할린 주로부터의 한인 이주에 관한 참조문

1952년 6월 20일

소연방 각료회의의 1952년 2월 13일자 결의 No. 753-270에 따라 소연 방 임업부와 소연방 어업부는 사할린 주, 하바로프스크 주 그리고 연해 주의 현지 국가안전부 기관의 동의를 받아 해당 지역의 한인들 중 비 통제지역에 거주 중인 이들의 노동력을 이용할 의무와 이 노동자들을 1952년 전반기 내에 통제 지역에서 비 통제 지역으로 이주시킬 의무를 지닌다.

모든 사할린 주가 통제 지역에 포함되는 관계로 전소련방공산당(볼 셰비키) 사할린 주위원회 서기장 체플라코프(Чеплаков) 동지는 위의 결의 수행 절차에 대한 교시를 하달해 달라고 요청했다.

ГАРФ. Ф. 5446сч. Оп. 50а. Д. 5783. Л. 1. 원본.

소연방 각료회의 최고회의 간부회 사무국으로 발송한 보고서

1952년 6월 27일

극비

전소련방공산당(볼셰비키) 사할린 주위원회 서기장 체플라코프 동지의 전문과 관련하여 다음의 사실을 보고합니다. 즉 사할린 주 내에는 개인적인 노동계약에 따라 북한에서 파견된 한인 11,700명이 있는데, 그 중 5,410명은 어업에 종사하고 있으며 나머지 3,165명은 부양가족들입니다.

그 외에도 남사할린에는 예전에 일본이 이주시킨 한인 27,335명이 거주하고 있습니다.

전체 사할린 주가 통제 구역이며, 현 시점에서 막대한 준비 작업 없이 그리고 상당한 물질적 지출 없이 비 통제구역으로 한인을 이주시키는 것은 가능해 보이지 않다는 사실에 의거하여, 소연방 각료회의의 1952년 2월 13일자 결정 No. 753-270ss의 3조 'a'항은 합목적적이지 못하다고 판단합니다.

소연방 각료회의 결정 안을 첨부합니다.

이그나티예프(Игнатьев)

코샤첸코(Косяченко)

그로모프(Громов)

파블로프(Павлов)

오를로프(Оролов)

ГАРФ. Ф. 5446сч. Оп. 50а. Д. 5783. Л. 5. 원본.

문서 No. 38

소연방 각료회의 명령

1952년 6월 28일

소연방 각료회의의 1952년 2월 13일자 결정 No. 753-270의 3조 'a'항에서 열거된 주(州) 중에서 사할린 주를 삭제할 것.

소연방 각료회의 의장   스탈린

ГАРФ. Ф. 5446сч. Оп. 86а. Д. 7624. Л. 7. 원본.

사할린에 거주 중인 한인 주민들의 작업 개선 지원과 관련하여
소련공산당 중앙위원회 러시아 소비에트 연방 사회주의공화국
담당사무국으로 발송한 보고서

1956년 7월 19일

1956년 7월 1일 기준 경찰기관에 등록된 자료에 따르면 사할린 주, 그 중에서도 섬의 남반부에는 약 3만 명의 한인 주민들이 소비에트 시민권이 없는 상태로 거주하고 있습니다. 그들 중 21,251명은 1941-1944년 사이 일본인들에 의해 한국에서 이송되었다가 일본 정복자들로부터 자유를 되찾은 후 사할린에 남은 소비에트 시민권이 없는 이들이며, 나머지 8,748명은 1947-1949년 사이에 수산물공장에서의 근로를 목적으로 모집에 응해 사할린에 입도한 조선민주주의 인민공화국의 시민입니다.

한인 주민의 대부분은 수산물공장, 임업공장, 제지공장 그리고 다른 산업 분야와 집단농장이나 집단어획단에서 일하고 있습니다. 최근 수년 동안 당과 정부의 막대한 지원 덕분에 한인 주민들의 문화생활이 확연하게 개선되었습니다. 주 내에는 50개의 한인학교와, 1개의 한인 순회공연장이 설립되어 운영 중이며 한국어로 주(州) 신문이 발행되고 있습니다. 100명 이상의 한인 노동자들이 근무하고 있는 수산물공장, 석탄공장, 임업공장 그리고 제지공장에서는 한인 근로자들을 상대로 일을 하는 33명의 공장 부사장이 근무하고 있습니다. 소연방공산당 소속 14개의 시위원회와 지역위원회에는 한인 주민들을 상대로 일하는 훈령이 마련되어 있습니다.

주 조직들의 요청에 따라 소연방 각료회의는 1952년 5월 7일자 결정 №2188-823으로 현지 지역 한인(시민권 비보유자)과 조선민주주의 인민공화국에서 근로 입국한 한인 모두에게 소연방 시민이 될 수 있도록 허락해주었습니다. 1952년부터 현재까지 2,580명의 한인들이 소연방 시민권을 획득했습니다. 한인 주민 중 일부는 지금도 소연방 시민권을 받아들이고 싶은 희망을 표명하고 있습니다. 현재 241개의 완성된 신청서가 경찰 조직에 제출되어 있습니다.

소비에트 시민이 아닌 한인들 역시 전체 조합원의 절반이 넘지 않는 선에서 집단농장과 집단어획단에 가입할 수 있게 되었습니다.

전(全) 소연방 노동조합 중앙회의는 사할린 주 내의 기업과 조직에서 근로중인 한인 노동자들을 노동조합의 회원으로 받아들이도록 허락해주었습니다.

지난 기간 동안 수행된 대책들 덕분에 한인 주민들의 정치와 문화 수준이 괄목하게 성장했습니다. 사할린에 거주하는 한인 주민들의 정치적 성향은 전반적으로 건전합니다.

그와 동시에 한인 주민의 대부분은 정치적으로나 문화적으로 아직 뒤떨어져 있으며, 그들의 일상생활 속에서는 과거의 후진적 정서와 흔적이 종종 드러나고 있습니다. 특히 여성들이 정치적, 문화적으로 뒤떨어져 있습니다. 대부분의 한인 여성들은 사회적으로 유익한 노무에 종사하지 않고 있습니다. 그들 중 대부분은 가족 내에서 불평등한 위치에 놓여 있으며, 은밀한 삶의 방식을 이어가고 있습니다. 결혼을 목적으로 어린 여자 아이들을 팔아버리는 경우도 목격됩니다. 이것은 사할린에 한국 여성들의 수가 남성들에 비해 상당 수준에서 확연하게 적기 때문인 바, 이런 조건 하에서 남성들은 가족을 만들기가 매우 힘듭니다.

최근 한인 주민들이 제출하는 소비에트 시민권 신청서가 줄어들고 있습니다. 이런 현상은 1954년 후반부에 조선민주주의 인민공화국 시민들은 물론 (시민권이 없는)사할린 현지의 한인들이 북한으로 출국할 수 있게 되었기 때문인 것으로 풀이됩니다.

만약 1954년 9월까지의 접수 시점부터 1,800명의 소연방 시민권을 받아들였다면, 조선민주주의 인민공화국으로의 출국을 허락한 이후에는 700명뿐이었습니다. 현재 경찰 정보에 따르면 소연방 시민이 아닌 2,000명 이상의 한인들이 조선민주주의 인민공화국으로의 출국 요청서를 제출했다고 합니다. 출국서류 작성은 모스크바주재 조선민주주의 인민공화국 대사관을 통해 개인적으로 진행되고 있습니다.

한인들 중 다수는 소련 시민권 취득이 자신의 가족과 부모가 계신 모국으로의 향후 귀국을 어렵게 만들 수도 있다고 추측하여 서류 작성을 자제하고 있음이 한인들과의 면담을 통해 밝혀졌습니다.

그 외에도 현실이 보여준 바와 같이, 소련 시민권 취득에 따른 복잡한 서류 작성 절차도 소련 시민권 취득을 어느 정도 늦추는 요인입니다. 소련 시민권을 취득했으나 자식이 없는 한인들은 사할린에 미혼인 한인 여성들이 거의 없어서 종종 가족을 만들 수 없음에도 불구하고 소연방의 다른 모든 근로자들처럼 무자녀 국세를 납부해야 하는 상황 역시 시민권 취득이 낮은 이유 중 하나가 되고 있습니다.

당 기구는 한인 주민들 내에서의 정치교육 작업의 강화를 위한 대책을 수립했습니다만, 한인들의 문화생활 서비스 개선과 관련된 일부 문제들을 현지에서 완전하게 해결하는 것은 가능하지 않습니다. 이와 관련하여 당 사할린 주위원회는 아래의 문제들을 검토하시고 해결해주실 것을 소련공산당 중앙위원회 러시아 소비에트 연방 사회주의공화국 담당사무국에 요청 드립니다.

1. 한인 주민의 소양 양성 업무에 라디오를 보다 더 적극적으로 활용하려는 목적에서 한국어로 주 라디오방송을 할 수 있도록 허락해 줄 것, 그리고 그것을 위하여 주 방송시간을 30분 늘리고 주 라디오정보과의 인원을 3명(편집자 2명, 책임자 1명) 증원해 줄 것.

사할린에 거주하고 있는 한인 주민은 소연방 문화부의 연방라디오가 외국을 상대로 한국어로 송출하고 있는 라디오 방송을 듣고 있습니다. 사할린 주의 라디오 중계실은 사할린 현지 시간으로 오전 7시부터 7시 30분까지 한국어 방송 중 하나를 송출하고 있습니다. 하지만 이 방송은 사할린 현지의 삶을 언급하지 않고, 충분히 일반적인 언어로 진행되는 것도 아니며 한국 민요를 들려주는 것도 극히 드물어서 내용 상 사할린한인 노동자들의 정치적, 문화적 소양의 양성에는 도움이 되지 않습니다.

2. 한인 청년들에 대한 소양 양성 작업을 개선하려는 목적에서 소연방의 시민이 아닌 젊은 한인 남녀들을 전 소연방 레닌 공산 청년 동맹의 회원으로 받아들여 주실 것을 요청 드립니다.

사할린 주의 한인 사회는 상당 부분 청년으로 이루어져 있습니다. 한인 학생들이 있는 학교와 공산소년단원 조직에서 소양 작업은 다른 모든 학생들과 동일하게 이루어지고 있습니다. 학교 졸업 후 생산업체에 취직할 수 있는 가능성을 항상 지니고 있었던 것은 아니었던 한인 청년들은 콤소몰의 대열에 합류하지 못한 상태에서 대부분의 경우 자기 혼자 일을 찾기 때문에 우리의 완전한 영향력 하에 있지 않습니다. 그 결과 한인 청년 중에서는 폭력배나 다른 반사회적 행위에 가담하는 이들이 있습니다.

3. 러시아 소비에트 연방 사회주의 공화국 내무부가 신청서를 검토하고 (시민권이 없는)현지 한인 주민들의 일본 성과 이름이 들어가 있

는 개인 서류들을 하나하나 면밀하게 검증한 후 그것을 한국식으로 변경할 수 있도록 허락해 줄 것.

사할린 남부를 일본 식민주의자들이 지배할 당시 많은 한인들은 강제로 일본식 성과 이름을 지녀야만 했으며, 그것은 당연히 한인들의 불만을 불러 일으켰습니다. 현재 이 한인들은 자신들의 원래 성과 이름을 복구해야 한다는 문제를 정당하게 제기하고 있습니다.

4. 한인들이 직면한 경제생활, 노동 그리고 다른 유사한 문제들을 보다 능률적으로 해결하기 위하여 유즈노사할린, 코르사코프, 홈스크, 돌린스크, 포로나이스크, 우글레고르스크 시집행위원회, 마카로프, 네벨스크, 체홉, 토마린, 크라스토고르스크, 아니바 그리고 유즈노사할린스크 지역집행위원회의 정원 내에 한인 주민 관련 업무 감독관 직책을 개설할 것. 이 지역에는 다수의 한인 주민이 있음(1,100명부터 3,300명까지).

현재 다수의 한인 노동자들이 거주와 생활, 노동 구조의 다양한 문제들을 노동소연방 공산당 시집행위원회와 지역집행위원회에 문의하고 있습니다. 소비에트 조직에는 이런 문제를 다루는 전문가들이 없는 만큼, 당위원회의 한인 주민 관련 업무 감독관은 수많은 구두 신청과 문서로 작성된 신청서 그리고 한인 노동자들의 불만을 검토하는 일에 대부분의 시간을 할애하고 있는 바, 이로 인해 감독관들은 한인 주민에 대한 대중정치와 문화계몽 작업을 처리할 수가 없습니다.

5. 한인 노동자들이 노조 조직에 호소하고 있는 생활, 노동 그리고 다른 문제들의 능률적인 해결을 목적으로 사할린 주 노동조합 위원회의 정원 내에 한인 주민을 상대로 한 업무 감독관의 직책을 신설하도록 전 소연방 노동조합 중앙회에 위임할 것. 사할린한인 노동조합 회원은 1만1천 명이 넘음.

현재 노동조합 주 위원회는 한인 문제에 대한 전문 일꾼을 보유하고 있지 않으며, 대부분의 경우 한인 노동자들의 요청과 불만을 검토할 수 있는 상태가 아닌 바, 이런 사실이 한인들 내에서 정당한 불만을 야기하고 있습니다.

6. 한인 청소년을 생산, 소양 개선 작업 등에 가입시키기 위하여, 사할린에 거주하고 있지만 소연방 시민이 아닌 한인 청소년들이 유즈노 사할린스크 사범대학교, 모든 전문학교와 기타 중등교육기관, 직업학교 그리고 사할린 주 공업교육학교 등에 보편적 기준에 따라 입학하는 것을 허락해줄 것.

현재 소비에트 시민권을 보유하지 않은 한인 청소년 중 많은 이들이 호소하고 있음에도 불구하고 그들은 상기 교육기관에 진학하는 것이 금지되어 있습니다. 한인 청소년의 부모들은 이와 관련하여 현지 당기구와 소비에트 조직에 이 문제를 해결해 달라고 요청하고 있습니다.

7. 사할린 주에 거주하는 소연방 시민이 아닌(비 시민권자) 현지 한인들에게 국가연금법을 확산시킬 것.

a) 소비에트 시민에 대한 연금 지급을 위해 규정된 직장 경력의 2/3 이상 근무한 경우 노약자 연금을 시작할 것. 소비에트 기업과 조직에서 근무한 경력을 직장 경력에 포함시킬 것.

b) 부양자가 사망한 경우 보편적 기준에 따라 연금을 부여할 것.

c) 소비에트 기업과 기관에서 9년 이상 근무한 직장 경력을 지닌 경우 노인연금을 지급할 것(일본기업에서 근무했던 경력은 계산될 수 없으므로 고려하지 말 것).

8. 소연방 시민권을 지니고 있지 않은 현지 한인 및 노동계약에 따라 사할린 주의 기업에서 근무 중인 조선민주주의 인민공화국 시민의 개인생명보험을 보편적 기준에 따라 예외적 형태로 처리하도록 사할린

주 국립보험기관에게 허락해 줄 것.

현재 한인 주민의 재산만 보험에 가입할 수 있도록 되어 있으며, 그들의 생명보험은 허락되지 않았습니다. 많은 가족들은 부양자가 사망하거나 혹은 노동력을 상실한 경우 물질적 곤란을 경험하고 있으며, 그로 인하여 재산은 물론 자신의 생명까지도 보험에 가입하길 원하고 있습니다.

9. 소연방 각료회의의 1951년 10월 1일자 결의 №. 3711-1719의 2조를 변경하고 협동농장과 협동어로단에 한인들을 제한 없이 받아들일 것. 조정권은 주집행위원회에 부여할 것.

현재 소연방 시민이 아닌 상태로 농업생산과 어로협동조합에 종사 중인 한인들은 사할린 주의 많은 집단농장에 흩어져 있음에 따라 그들을 상대로 정치교양 업무를 수행하는 것은 물론 그들의 아이들을 교육시키는 것조차 곤란합니다. 또한 그들이 집단농장을 떠나지 않도록 하는 조건도 형성되지 않았습니다.

10. 사할린 주 경제 조직과 기관들이 소비에트 시민이 아닌 한인들에게 소연방 각료회의의 1956년 2월 8일자 결의 №. 180에 규정된 개인 주택 건설 및 가정필수품 구매를 위한 대출을 제공할 수 있도록 허락해 줄 것.

현재 경제 조직과 기관의 지도자들은 그럴 권리가 없는 상태로 소비에트 시민권을 보유하지 못한 한인 노동자들의 개인주택 건설 및 가정필수품 구매비용 대출을 제공하지 않고 있습니다.

11. 사할린에 거주하면서 소비에트 시민권을 획득한 한인 주민 중에서 미혼자에게는 소련 최고상임위원회 "미혼, 독신 및 소수의 가족구성원을 지닌 시민들에 대한 세금에 관한" 정령을 예외적으로 적용하지 말 것.

소비에트 시민이 아닌 한인들에게는 무자녀 세금이 부과되지 않지만, 소비에트 시민권을 획득한 후에는 그들에게 독신 세금에 관한 법률이 적용됩니다. 이런 상황이 소비에트 시민권 획득을 상당 정도 억제하고 있습니다. 위에 언급된 바와 같이 많은 한인들은 사할린에 한인 여성이 부족하기 때문에 가족을 이룰 수도 그리고 아이를 가질 수도 없습니다.

12. 임신 중인 여성과 어머니를 위한 국가보조의 특혜를 다자녀와 미혼모에게 제공하는 것에 관한 소련 최고상임위원회의 1944년 7월 8일자 정령을 소비에트 시민이 아닌 한인 여성들에게도 적용할 것.

13. 사할린 주 의료기관에 한국어를 구사할 수 있는 의사가 부족한 점을 고려하여 러시아 소비에트 연방 사회주의공화국 보건부는 한국어를 구사하는 15명의 치료사, 3명의 외과의사 그리고 2명의 산부인과 전문의를 사할린 주로 파견하는 의무를 질 것.

14. 러시아 소비에트 연방 사회주의 공화국 교육부는 학년도가 시작할 때까지 40명의 1개 과목 전문교원을 사할린 주로 파견하고, 한인학교 교육계획에 부응하는 모든 교과서를 한국어로 출판하여 운송할 의무를 질 것.

다수의 한인학교가 한인 교사 정원을 완전하게 충원하지 못한 상태이며, 심각한 교과서 부족을 경험하고 있습니다. 7년제 학교와 중학교에는 물리학 교사 7명, 수학 교사 11명, 역사 교사 7명, 화학과 생물학 교사 6명, 지리학 교사 5명 그리고 한국어 선생 4명 등 총 40명의 1개 과목 전문교원이 부족합니다. 5-7학년에는 한국어로 작성된 교과서가 절반에 못 미치며, 8-10학년에는 한국어로 된 교과서가 전혀 없습니다.

15. 러시아 소비에트 연방 사회주의공화국 통상부는 사할린 주를 위해 설립된 기금에 매년 쌀 600톤과 대두 70톤을 추가로 분배할 의무를 질 것.

쌀과 대두는 한인 주민들의 중요하고도 필수적인 식량입니다만, 사할린 주에게 이 작물의 기금을 분배할 때 상기의 현재 상황이 고려되지 않았습니다.

16. 사할린 주의 기업, 조직 그리고 기관에서 근무하고 있는 현지 한인과 북한 시민인 한인들이 북한에 있는 자기 가족이나 친척들에게 임금의 일부를 송금할 수 있도록 허락해 줄 것.

현재 적용되는 규정 및 수산물 공장에서 일하고 있는 한인들과 체결한 개별 계약에 의거하여 한인 노동자들은 자기 임금의 일부를 모국에 있는 자기 가족들에게 송금할 수 있는 권리를 지니고 있습니다. 만약 계약이 1949년 2월 13일 이전에 체결되었을 경우에는 임금의 50%까지, 그리고 그 이후에 체결되었을 경우에는 매달 100루블 이하로 송금할 수 있습니다.

소비에트 시민이 아니면서 개별 계약을 체결하여 인민 경제의 다른 분야에서 일하고 있는 모든 한인들에게 이런 규정을 적용하는 것은 합목적적입니다. 개별 계약이 없는 이들에게도 북한에 있는 자기 가족 또는 친척에게 임금의 일부를 송금할 수 있으나, 매달 100루블을 넘어서는 안 됩니다.

17. 러시아 소비에트 연방 사회주의공화국 각료회의가 1956년 사할린한인 노동자 200명을 위한 장애인 주택 건설 자금을 배분하도록 하명할 것.

사할린 주에는 1957년 5월 1일 기준으로 자녀나 친인척이 없으면서 장애인 주택을 배정받아야 하는 노인이나 노동력을 상실한 한인이 400명 이상 거주하고 있습니다. 주가 보유하고 있는 노인이나 장애인용 주택은 모두 배분되어서 주거지가 필요한 이들을 추가적으로 받아들일 수 없는 상태입니다.

18. 소비에트 시민권이 없는 한인과 북한 시민권자로서 사할린 주에서 거주하고 있는 한인들의 소비에트 시민권 취득 청원을 위한 서류제출 절차의 간소화와 관련하여 1956년 7월 9일자 서한(주집행위원회가 러시아 소비에트 연방 사회주의 공화국 최고상임위원회에 발송한 서한의 사본이 첨부되어 있음)에 기술되어 있는, 사할린 주 주집행위원회의 제안을 러시아 소비에트 연방 사회주의 공화국 최고상임위원회가 검토하도록 하명할 것.

상기 열거된 문제들의 긍정적 해결이 문화생활체계를 확연하게 개선시키고 사할린 주의 한인 주민들을 상대로 한 정치교양 작업을 강화하는데 도움을 줄 것입니다.

소연방공산당 사할린 주위원회 서기   체플라코프(П. Чеплаков)

РГАНИ. Ф. 5. Оп. 32. Д. 52. Л. 17-25. 사본.

사할린 주에 거주하며 소비에트 시민권자가 아닌 한인
청소년들의 콤소몰 가입과 관련하여 소련공산당 중앙위원회
러시아 소비에트 연방 사회주의공화국 담당사무국에 행한 보고서

1957년 2월 2일

1956년 7월 소연방공산당 사할린 주집행위원회가 사할린 주 내에
거주하나 소비에트 시민이 아닌 한인 주민들의 물질적 상태와 문화생
활 서비스의 향후 개선에 대한 일련의 문제를 기술한 공한을 소연방공
산당 중앙위원회로 발송했습니다. 그 문제들 중 다수는 긍정적으로 해
결되었습니다. 그러나 소연방 시민권자가 아닌 한인 청년들의 전소연
방 레닌공산청년동맹으로의 가입 문제가 아직 해결되지 않은 상태입
니다.

사할린 주에는 현재 2만 7천 명이 넘는 한인들이 소비에트 시민권이
없는 상태로 살고 있으며, 그 중 14세부터 26세까지의 젊은이들은 7천
명이 넘습니다. 이 젊은이들 중 일반교과를 가르치는 학교에서 배우는
청년들이 3,150명, 사범대학과 유즈노사할린스크 교육대학 한국과에서
배우는 학생은 119명입니다. 3천 명이 넘는 젊은이들이 공업과 농업분
야에서 근무하고 있습니다. 이들 중 많은 이들은 생산돌격대원입니다.

한인 젊은이의 상당 부분은 문화계몽 기관, 체육조직, 예술단, 공산
소년단원과 학생단체 등의 활동에 적극적으로 참가하고 있습니다. 많
은 한인 소년 소녀들이 전소연방 레닌공산청년동맹에 가입하고 싶다
는 신청서를 제출했으나, 거절당하고 있습니다.

사할린 주의 당과 콤소몰 조직은 한인 젊은이들을 상대로 충분한 정

치적 작업을 수행하고 있지 못하며, 모든 한인 젊은이에게 영향을 줄 수도 있고 일상적으로 의존해도 되는 성숙한 활동분자도 보유하지 못한 상태입니다.

전소연방 공산당 사할린 주 주위원회는 한인 젊은이들을 상대로 한 당과 콤소몰 조직의 정치사상 활동과 문화교양 작업을 강화시킬 목적으로 소련 시민이 아닌 한인 소년소녀들을 예외적 형태로 전소연방 레닌공산당청년동맹에 가입시킬 수 있도록 허락해 줄 것을 요청하였습니다. 이 문제를 긍정적으로 해결할 경우 당과 콤소몰 조직은 한인 젊은이들과 더 친근해질 것이며, 그들의 정치사상에 대한 영향력을 강화시킬 수 있을 것입니다.

소연방공산당 사할린 주위원회 서기   체플라코프(П. Чепдаков)

РГАНИ. Ф. 5. Оп. 32. Д. 52. Л. 2-3. 사본.

문서 No. 41

한인 젊은이들의 전소연방 레닌공산당청년동맹 가입과 관련하여
소연방공산당 중앙위원회에 행한 사할린 주위원회의 보고[12]

1957년 2월 15일

당 사할린 주위원회는 사할린 주의 영토에 거주하나 소비에트 시민
권자가 아닌 한인 젊은이들의 전소연방 레닌공산당청년동맹 가입 문
제 해결을 소연방공산당 중앙위원회에 요청했습니다. 당 주위원회는
현재 기준으로 14세부터 27세 사이에 공장과 농장에서 일하고, 일반교
과 학교와 다른 교육기관에서 학업에 임하고 있는 한인 청년들이 2만7
천 명 넘게 사할린 주 영토 내에서 살고 있다는 사실로서 자신의 요구
에 동기를 부여하고 있습니다.

소연방공산당 주위원회의 견해에 따르면 이 문제의 긍정적 해결 덕
분에 당과 콤소몰 조직은 한인 소년소녀를 상대로 정치사상 활동과 문
화교양 작업을 강화할 수 있을 것이며, 한인 소년소녀들이 사회 활동에
광범위하게 참가할 것입니다.

전소연방 레닌공산당정년동맹 중앙위원회(세미차스트니[Семичастный]
동지)는 자신의 일꾼을 사할린 주로 파견하여 소련 시민이 아닌 한인
젊은이들의 전소연방 레닌공산당청년동맹 가입에 관한 문제를 현지에
서 조사해 보아야 할 필요가 있다는 판단을 내렸습니다.

소연방공산당 중앙위원회 당기관부는 러시아 소비에트 연방 사회주

---

12) (서명) 사할린 주위원회의 제안이 채택되었다는 사실이 소연방공산당 중앙위원회
   - 전소연방 레닌공산당청년동맹(세미차스트니 동지에게)에 통보되었다. 전소연방
   레닌공산당청년동맹 중앙위원회 일꾼이 근시일 내에 사할린 주로 파견될 예정임.
   소연방공산당 중앙위원회 당기관부 처장 - 바실리예프(В. Васильев). (1957년 2월 21일).

의 공화국 건에 대한 전소연방 레닌공산당정년동맹 중앙위원회의 제
안을 지지하고 있습니다. 이에 우리는 동의를 요청합니다.

　러시아 소비에트 연방 사회주의 공화국 건에 대한 소연방공산당 중
앙위원회 당기관부장

추라예프(B. Чураев)

РГАНИ. Ф. 5. Оп. 32. Д. 52. Л. 4. 사본.

문서 목록

약어 목록

SCAP – Supreme Commander of Allied Powers / 연합군 최고 사령관

ВКП(б) – Всероссийская Коммунистеская партия (большевиков) / 전러시아 공산당(볼셰비키)

ГАРФ – Государственный архив Российской Федерации / 러시아연방 국립문서보관소

ГИАСО – Государственный исторический архив Сахалинской области / 사할린 주 국립역사문서보관소

ГУ – Гражданское управление (Южного Сахалина и Курильских островов) / (남사할린과 쿠릴열도 민정국)

ДВВО – Дальневосточный военный округ / 극동군관구

КНДР – Корейская Народно-Демократическая Республика / 조선민주주의 인민공화국

Морфлот – морской флот / 해군함대

Облисполком – Областной исполнительный комитет 주집행위원회

ООН – Организация Объединенных Наций / 국제연합

ПримВО – Приморский Военный округ / 연해주군관구

РГАНИ – Российский государственный архив новейшей истории / 러시아국립 최신사문서보관소

РГАСПИ – Российский государственный архив социально-политической истории / 러시아국립 사회정치사문서보관소

РК – Республика Корея / 대한민국

РООСК – Региональная общественная организация сахалинских корейцев / 사할린한인 지역사회조직

РФ – Российская Федерация / 러시아연방

СМ СССР – Совет Министров Союза Советских Социалистических Республик / 소연방 각료회의

СНК СССР – Совет Народных Комиссаров Союза Советских Социалистических Республик / 소연방 인민위원회

СООО РССК – Сахалинская областная общественная организация разделенных семей сахалинских корейцев 사할린한인 이산가족협회

СССР – Союз Советских Социалистических Республик / 소연방

США – Соединенные штаты Америки / 미합중국

ЦК КП(б) – Центральный Комитет Коммунистической партии (большевиков) / 공산당(볼셰비키) 중앙위원회

사할린 지명의 러시아어와 일본어 명칭 목록

Сахалин(사할린)	樺太	가라후토
Южно-Сахалинск(유즈노사할린스크)	豊原	도요하라
Углегорск(우글레고르스크)	恵須取	에스토루
Пожарское(포자르스코예)	瑞穂	미즈호
Корсаков(코르사코프)	大泊	오토마리(오도마리)
Анива(아니바)	留多加	루타카(루다카)
Невельск(네벨스크)	本斗	혼토
Холмск(홈스크)	真岡	마오카(마오코)
Томари(토마리)	泊居	토마리오루
Восточный(보스토츠니)	元泊	모토도마리(모토토마리)
Поронайск(포로나이스크)	敷香	시스카(시쿠카)
Макаров(마카로프)	知取	시루토루(시리토리)
Долинск(돌린스크)	落合	오치나이
Пожарское(포자르스코예)	瑞穂	미주호
Леонидово(레오니도보)	上敷香	카미시스카

참고 문헌

문서보관소 소장 자료

Государственный архив Российской Федерации (ГАРФ), г. Москва

Ф. 10026. «Съезд народных депутатов, Верховный Совет Российской Федерации и их органы». Оп. 4. Д. 879. 164 л.

Ф. 5446сч. «Управление Совета Министров СССР». Оп. 50а. Д. 5783. 8 л.; Оп. 86а. Д. 7624. 7 л.

Ф. Р-9526. «Управление Уполномоченного Совета Министров СССР по делам репатриации». Оп. 1. Д. 509. 251 л.; Д. 510. 106 л.; Оп. 4. Д. 54; Оп. 5. Д. 53.

Ф. А-2306. «Министерство просвещения РСФСР». Оп. 71. Д. 1568.

Ф. Р-5446. «Совет Министров СССР». Оп. 86а. Д. 10325. 16 л.

Ф. Р-7523. «Верховный Совет СССР». Оп. 78. Д. 944. 52 л.

Российский государственный архив новейшей истории (РГАНИ), г. Москва

Ф. 89. «Коллекция рассекреченных документов». Оп. 8. Д. 1. 7 л.; Оп.25. Д.39.3л.;Оп.35.Д.40.37л.

Российский государственный архив социально-политической истории (РГАСПИ), г. Москва

Ф. 17. «Центральный Комитет ВКП(б). Техсекретариат Оргбюро ЦК ВКП (б)». Оп. 122. Д. 92. 107 л.

Ф. 82. «Молотов Вячеслав Михайлович (1890–1986)». Оп. 2. Д. 1264. 9 л.; Д. 1384. 157 л.; Д. 1385. 226 с.

Ф. 495. «Исполнительный Комитет Коминтерна (ИККИ) (1919–1943)». Оп. 127. Д. 21. 98 л.

Ф. 575. «Информационное бюро коммунистических и рабочих партий (1947 – 1956)». Оп. 1. Д. 29. 71 л.

Государственный исторический архив Сахалинской области (ГИАСО),
г. Южно-Сахалинск

Ф. 1038. «Коллекция документов по истории Сахалина и Курильских островов».
   Оп. 1. Д. 79. 12 л.; Д. 104. 45 л.

Ф. 1174. «Управление Федеральной службы контрразведки России по
   Сахалинской области». Оп. 2. Д. 2172. 496 л.

Ф. П-20. «Политический отдел Южно-Сахалинского областного управления
   по гражданским делам». Оп. 1. Д. 1. 359 л. Л. 13; Д. 32. 69 л.

Ф. 131. «Сахалинский обллит». Оп. 1. Д. 4. 150 л.

Ф. 143. «Отдел народного образования Сахалинского облисполкома». Оп. 1.
   Д. 3. 254 л.; Д. 72. 216 л.; Д. 111. 208 л.; Д. 198. 332 л.; Д. 218.
   45 л.

Ф. 171. «Южно-Сахалинское областное управление по гражданским делам».
   Оп. 3. Д. 4. 261 л.; Д. 5. 55 л.; Д. 7. 193 л.

Ф. 242. «Паспортный отдел. Управление милиции УМВД Сахалинской области».
   Оп. 1. Д. 60. 188 л.

Ф. 3. «Статистическое управление Сахалинской области». Оп. 2. Д. 19.
   133л.; Д. 98. 92 л .; Д. 226. 42 л.

Ф. 523. «Отдел переселения и органабора рабочих Сахалинского облисполкома».
   Оп. 3с. Д. 1. 28 л.; Д. 2. 21 л.; Д. 3. 33 л.

Ф. 53. «Исполком Сахалинского областного Совета депутатов трудящихся».
   Оп. 7. Д. 181. 53 л.; Д. 237. 362 л.; Д. 268. 205 л.; Оп. 25. Д. 1666.
   16 л.; Д. 2630. 46 л.

Ф. П-4. «Сахалинский обком КПСС». Оп. 1. Д. 329. 185 л.; Д. 332. 217 л.;
   Д. 416. 47 л.; Д. 556. 110 л.; Д. 639. 159 л.; Оп. 159. Д. 86. 38 л.;
   Оп. 63. Д. 1. 108 л.; Д. 2. 238 л.; Оп. 80. Д. 46. 273 л.

Ф. Фотодокументы. Оп. 1. Ед.хр. 10; Ед.хр. 43; Ед.хр. 364; Ед.хр. 568;
   Ед.хр. 5474.

Ф. 1252. «Личный фонд К.Е. Гапоненко, писателя и краеведа». Оп. 2. Ед.хр.
   43.

국가기록원 대전 시

Ф. ВА0881063. «Проблема репатриации корейцев Сахалина, 1969–1973». Д. 1260349-99999999-000019. 169 л.

입법 자료

1. Конвенция между Правительством Союза Советских Социалистических Республик и Правительством Корейской Народно-Демократической Республики об урегулировании вопроса о гражданстве лиц с двойным гражданством (Пхеньян, 16 декабря 1957 г.) // Ведомости ВС СССР. 1958. № 4. С. 84.

2. Преступления государственные. Контрреволюционные преступления. Статья 58 // Уголовный Кодекс РСФСР. М., 1950. 256 с. С. 35–43.

3. 平和条約の発効に伴う朝鮮人, 台湾人等に関する国籍及び戸籍事務の処理 (Циркуляр о ведении дел в отношении гражданства и регистрации корейцев и тайванцев после вступления в силу мирного договора) // Режим доступа: http://c-faculty.chuo-u.ac.jp/~okuda/shiryoshu/showa27 _ tsuta tu.html (дата обращения: 04.09.2011).

4. Закон СССР от 01.12.1978 № 8497-IX «О гражданстве СССР». Статья 13 // Ведомости ВС СССР. № 49. С. 816.

5. Закон СССР от 23.05.1990 № 1518-1 «О гражданстве СССР». Статья 16 // Ведомости СНД и ВС СССР. 1990. № 23. С. 435.

6. Закон РФ от 28.11.1991 № 1948-1 «О гражданстве Российской Федерации». Статья 17 // Ведомости СНД и ВС РФ. 1992. № 6. С. 243.

7. Закон РФ от 17.06.1993 № 5206-1 «О внесении изменений и дополнений в Закон РСФСР «О гражданстве РСФСР». Статья 17 // Ведомости СНД и ВС РФ. 1993. № 29. С. 1112.

8. Федеральный закон от 31.05.2002 № 62-ФЗ «О гражданстве Российской Федерации». Статья 12 // Ведомости СНД и ВС РФ. 1992. № 6. С. 243.

9. Постановление ГД ФС РФ от 17.10.2003 № 4485-III ГД «О Федеральном

законе «О внесении изменений и дополнений в Федеральный закон «О гражданстве Российской Федерации». Статья 12 // Ведомости ФС РФ. 2003. № 30. С. 1584.

문서집과 자료집

10. Сахалинская общественная организация дважды принудительно мобилизо ванных корейцев / под ред. Со Дин Гира. Южно-Сахалинск: Идюн динен, 2001. 228 с. – Текст парал. рус., кор., яп.
11. Сахалинские корейцы: история и современность. Документы и материалы, 1880–2005 / авт.-сост. А.Т. Кузин. Южно-Сахалинск: Сахалинское областное книжное издательство, 2006. 460 с.
12. Сибирь и Корея в Северо-Восточной Азии: сборник научных статей / отв. ред. С.И. Кузнецов, Ли Гил Лжу. Иркутск: Оттиск, 2004. 128 с.
13. Японские военнопленные в СССР: 1945–1956: сборник документов / сост. В.А. Гаврилов, Е.Л. Катасонова. М.: МФД, 2013. 784 с.
14. 장석흥. 사할린 지역 한인 귀환 // 한국근현대사연구 2007년 겨울호 제 43집. 210-275쪽. [Чан Сокхын. Материалы о репатриации сахалинских корейцев // Хангуккынхёндэсаёнгу. 2007. № 43. С. 210–275.]
15. 長澤秀. 戦時下強制連行極秘資料集. 東京: 緑蔭書房, 1996. 4冊. 1冊: 391 頁, 2冊: 371頁, 3冊: 419頁, 4冊: 293頁. [Нагасава Сигэру. Сборник документов о насильственной мобилизации во время войны. Токио: Рёкуин сёбо, 1996. В 4 т. Т. 1: 391 с., Т. 2: 371 с., Т. 3: 419 с., Т. 4: 293 с.]
16. 長澤秀. 戦時下朝鮮人中国人連合軍俘虜強制連行資料集: 石炭統制会極秘 文書復刻版. 東京: 緑蔭書房, 1992. 4冊. 1冊: 339頁, 2冊:3 82頁, 3冊: 364頁, 4冊: 477頁. [Нагасава Сигэру. Сборник документов о насильс твенной мобилизации корейцев и китайцев во время войны. Токио: Рёкуин сёбо, 1992. В 4 т. Т. 1: 339 с., Т. 2: 382 с., Т. 3: 364 с., Т. 4: 477 с.]

러시아 문헌

17. Авксентьев А.В., Авксентьев В.А. Этнические группы и диаспоры Ставр ополья (краткий справочник). Ставрополь: СГУ, 1997. 90 с.

18. Агличеев С. Энтузиасты // Губернские ведомости. 1999. 1 июня. С. 1.

19. Алин Ю.Ю. Получат ли сахалинские корейцы свои вклады? // Южно-Сахалинск. 2000. 18 октября. С. 5.

20. Арутюнов С.А. Диаспора – это процесс // Этнографическое обозрение. 2000. № 2. С. 74–78.

21. Арутюнов С.А. Роль и место языка в этнокультурном развитии общества // Этнические процессы в современном мире / отв. ред. Ю.В. Бромлей. М.: Наука, 1987. 448с. С. 44.

22. Арутюнов С.А. Народы и культуры. Развитие и взаимодействие. М.: Наука, 1989. 243 с.

23. Аствацатурова М.А., Савельев В.Ю. Диаспоры Ставропольского края в современных этнополитических процессах. Ростов-на-Дону-Пятигорск: изд-во Северо-Кавказской академии государственной службы, 2000. 256 с.

24. Белоногов А.А. К вопросу об историографии политико-правового положения корейской диаспоры на российском Дальнем Востоке (вторая половина XIX – конец XX веков) // Вопросы гуманитарных наук. 2009. № 4. С. 51–55.

25. Бок Зи Коу. К вопросу о «проблемах сахалинских корейцев» // Нам жизнь дана / сост. Сун Дюн Мо. Южно-Сахалинск: Дальневосточное книжное издательство. Сахалинское отделение, 1989. 111 с.

26. Бок Зи Коу. Сахалинские корейцы: проблемы и перспективы. Южно-Сахалинск: ИМГиГ ДВО АН СССР, 1989. 77 с.

27. Бок Зи Коу. Корейцы на Сахалине. Южно-Сахалинск: Южно-Сахалинский государственный педагогический институт, Сахалинский центр документации новейшей истории, 1993. 222 с.

28. Бромлей Ю.С. Очерки теории этноса. М.: Наука, 1983. 412 с.

29. Брубейкер Р. «Диаспоры катаклизма» в Центральной и Восточной Европе и их отношения с родинами (на примере Веймарской Германии и

постсоветской России) // Диаспоры. 2000. № 3. С. 6–32.

30. Бугай Н.Ф., Пак Б. 140 лет в России. Очерк истории российских корейцев. М.: Институт востоковедения РАН, 2004. 464 с.

31. Бугай Н.Ф., Сим Хон Ёнг. Общественные объединения корейцев России: конститутивность, эволюция, признание. М.: Новый хронограф, 2004. 370 с.

32. Бугай Н.Ф. Российские корейцы и политика «солнечного тепла». М.: Готика, 2002. 256 с.

33. Бугай Н.Ф. Российские корейцы: новый поворот истории, 90-е годы. М.: ООО «Торгово-издательский дом «Русское слово-РС», 2000. 112 с.

34. Булавинцева М.Г. Сахалин – Карафуто: история границы сквозь ценность образования // Япония наших дней. 2010. № 3 (5). М.: ИДВ РАН, 2010. 164 с. С. 89–98.

35. Бэ Ын Гиёнг (Пэ Ын Киёнк). Краткий очерк истории советских корейцев (1922–1938). М.: издательство Московского университета, 2001. 137 с.

36. Войнилович М.М. Вернулся Хван на родину // Советский Сахалин. 1994. 18 июня.

37. Высоков М.С. Перспективы решения проблемы репатриации сахалинских корейцев в свете опыта Израиля, Германии и других стран // Краеведческий бюллетень. 1999. № 2. С. 94–102.

38. Высоков М.С. История Сахалина и Курил в самом кратком изложении. Южно-Сахалинск: Сахалинский центр документации новейшей истории, 1994. 95 с.

39. Гапоненко К. Трагедия деревни Мидзухо. Южно-Сахалинск: Риф, 1992. 134 с.

40. Гринь В. Разлука длиною в жизнь. Южно-Сахалинск: издательство «Лукоморье», 2010. 76 с.

41. Гумилев Л.Н. Этногенез и биосфера Земли. М.: Айрис-Пресс, 2001. 556 с.

42. Дин Ю.И. Зарубежная историография истории корейцев Сахалина // Российская история XIX–XX вв.: Государство и общество. События и люди: сборник статей. СПб.: Лики России, 2013. С. 232–247.

43. Дин Ю.И. Корейская диаспора Сахалинской области: конфликты групп и столкновения идентичностей // Россия и АТР. 2013. № 4(82). С. 5–14.

44. Дин Ю.И. Корейцы Сахалина в поисках идентичности (1945–1989 гг.) // Вестник РГГУ. Серия «Востоковедение. Африканистика». 2014. № 6(128). С. 237–249.

45. Дин Ю.И. Миграция корейского этнического населения на Южный Сахалин в период японского правления (1905–1945 гг.) // Гуманитарные исследования в Восточной Сибири и на Дальнем Востоке. 2013. № 4(24). С. 34–42.

46. Дин Ю.И. Несостоявшееся изгнание: планы депортации корейцев Сахалинской области в контексте геополитики послевоенного периода // Клио. 2015. № 1 (97). С. 137–140.

47. Дин Ю.И. Общественное движение за репатриацию сахалинских корейцев на территории Японии и Южной Кореи (1945–1991 гг.) // Теория и практика общественного развития. 2013. № 9. С. 209–212.

48. Дин Ю.И. Проблема репатриации Южного Сахалина (1945 – 1950гг.) // Вопросыистории. 2013. №8. С. 72–81.

49. Дин Ю.И. Термин «диаспора» в российской науке и корейская община Сахалина // Ученые записки Сахалинского государственного университета. 2013. Вып. X. С. 161–170.

50. Дин Ю.И. Этническая идентификация корейцев Сахалина // Вест - ник Центра корейского языка и культуры. 2014. № 15. С. 361–380.

51. Дударец Г.И. Обзор японских фондов государственного архива Сахалинской области // Краеведческий бюллетень. 1995. № 2. С. 188–192.

52. Дятлов В. Диаспора: экспансия термина в общественную практику современной России // Диаспоры. 2004. № 3. С. 126 – 138.

53. Дятлов В.И. Диаспора: попытка определиться в понятиях // Диаспоры. 1999. № 1. С. 8–23.

54. Забровская Л.В. Власти КНДР и РК в борьбе за симпатии сахалинских корейцев (1990-е гг.) // Китай и АТР на пороге XXI века: Тезисы докладов. IX международная научная конференция. Ч. 1. М., 1998.

C. 185–188.

55. Забровская Л.В. Власти КНДР и РК в борьбе за симпатии сахалинских корейцев (1990-е годы) // Китай и АТР на пороге XXI века. Тезисы докладов IX международной научной конференции «Китай, китайская цивилизация и мир. История, современность, перспективы» (Москва, 29 сентября – 1 октября 1998 г.). Ч. 1. М. ИДВ РАН, 1998. 212 с. С.185–188.

56. Забровская Л.В. Российские корейцы и их связи с родиной предков (1990–2003 гг.) // Проблемы Дальнего Востока. 2003. № 5. С. 39–50.

57. Забровская Л.В. Трудовая миграция из КНДР в Россию (середина 1940-х – 2003 гг.) // Проблемы Дальнего Востока. 2005. № 5. С. 62–72.

58. Забровская Л.В. Россия и КНДР: опыт прошлого и перспективы будущего (1990 годы). Владивосток: Издательство Дальневосточного университета, 1998. 116 с.

59. Забровская Л.В. Россия и Республика Корея: от конфронтации к сотрудничеству (1970–1990-е гг.). Владивосток, 1996. 128 с.

60. Зубкова Е.Ю. Прибалтика и Кремль. 1940–1953. М.: Российская политическая энциклопедия (РОССПЭН); Фонд Первого Президента России Б.Н. Ельцина, 2008. 351 с.

61. Иконникова Е.А., Пак Сын Ы. Писатели корейской диаспоры на Сахалине // Азия и Африка сегодня. 2009. № 7. С. 74–77.

62. Иларионова Т.С. Этническая группа: генезис и проблемы самоидентификации (теория диаспоры). М.: Нойес лебен, 1994. 169 с.

63. История Сахалина и Курильских островов с древнейших времен до начала XXI столетия / отв. ред. М.С. Высоков. Южно-Сахалинск: Сахалинское книжное издательство, 2008. 712 с.

64. История Сахалинской области. Учебное пособие по краеведению для учащихся VII–X кл. / В.А. Голубев, Н.И. Колесников и др. Южно-Сахалинск: Дальневосточное книжное издательство, 1981. 255 с.

65. История Сахалинской области: С древнейших времен до наших дней: Учеб. пособие по истории для учителей, учащихся общеобразоват.

шк., ПТУ, студентов сред. спец. учеб. заведений и вузов / М.С. Высоков и др. Южно-Сахалинск: Сахалинский центр документации новейшей истории, 1995. 271 с.

66. Ищенко М.И. Сахалинцы: к истории формирования региональной идентичности // Краеведческий бюллетень, 2000. № 4. С. 3–14.

67. Ищенко М.И. Русские старожилы Сахалина. Вторая половина XIX – начало XX вв. Южно-Сахалинск: Сахалинское книжное издательство, 2007. 360 с.

68. Ким Г.Н. Корейцы на Сахалине // Сервер «Заграница». Режим доступа: http://world.lib.ru/k/kim_o_i/str1rtf.shtml (дата обращения: 04.02.2011).

69. Ким Г.Н. Распад СССР и постсоветские корейцы // Сервер «Заграница». Режим доступа: http://world.lib.ru/k/kim_o_i/aws.shtml (дата обращения: 04.02.2011).

70. Ким Е.У. Судьбы и перспективы русских корейцев // Сотрудничество: материалы 6 международной научной конференции. Вып. 3 / под общ. ред. Е.У. Кима. М., 2001. 149 с. С. 44–57.

71. Ким И.Б. Сахалинские корейцы // Проблемы сахалинского краеведения: тезисы выступлений на краеведческой конференции 18 мая 1988 года. Южно-Сахалинск, 1988. 61 с.

72. Ким И.П. Репатриация японцев с Южного Сахалина в послевоенные годы // Вестник Российского государственного университета им. И. Канта. 2009. Вып. 12. С. 26–30.

73. Ким Г.Н. История иммиграции корейцев. В 2 кн. Кн. 1. Вторая половина XIX в. – 1945 г. Алматы: Дайк-пресс, 1999. 424 с.; Кн. 2. 1945–2000 годы. Ч. 1. Алматы: Дайк-пресс, 2006. 428 с.; Ч. 2. Алматы: Дайк-пресс, 2006. 396 с.

74. Ковальченко И.Д. Методы исторического исследования. 2-е изд., доп. М.: Наука, 2003. 486 с.

75. Колесников Н.И. В одном строю с рабочими и крестьянами. Южно-Сахалинск: Сахалинское отделение Дальневосточного книжного издательства, 1974. 120 с.

76. Костанов А.И., Подлубная И.Ф. Корейские школы на Сахалине:

исторический опыт и современность. Южно-Сахалинск: Архивный отдел администрации Сахалинской области, Сахалинский центр документации новейшей истории, 1994. 24 с.

77. Краткая Российская энциклопедия. М.: Большая Российская энциклопедия, ОНИКС, 21 век. Т. 1. С. 820.

78. Крюков Д.Н. Гражданское управление на Южном Сахалине и Курильских островах в 1945 – 1948 гг. // Краеведческий бюллетень, 1993. № 1. С. 3–44; № 2. С. 2–24; № 3. С. 3–40.

79. Кузин А.Т. Выдворение // Особое мнение. 2007. № 53. С. 54–56.

80. Кузин А.Т. Дальневосточные корейцы: жизнь и трагедия судьбы. Южно-Сахалинск: Дальневосточное книжное издательство, Сахалинское отделение, Литературно-издательское объединение «Лик», 1993. 368 с.

81. Кузин А.Т. Интеграция корейского населения в историко-географическое и социокультурное пространство Сахалинской области // IV Рыжковские чтения: материалы научно-практической конференции, 7 – 8 октября 2008 г. Южно-Сахалинск: издательство «Лукоморье», 2009. С. 77–82.

82. Кузин А.Т. Исторические судьбы сахалинских корейцев. В 3 кн. Кн. 1. Иммиграция и депортация (вторая половина XIX в. – 1937 г.). Южно-Сахалинск: Сахалинское книжное издательство, 2009. 262 с.; Кн. 2. Интеграцияиассимиляция(1945–1990гг.). Южно-Сахалинск: Сахалинское книжное издательство, 2010. 336 с.; Кн. 3. Этническая консолидация на рубеже XX–XXI вв. Южно-Сахалинск: издательство «Лукоморье», 2010. 384 с.

83. Кузин А.Т. История сахалинских корейцев как неисследованная актуальная научная проблема // Научные проблемы гуманитарных исследований. 2010. № 10. С. 30–37.

84. Кузин А.Т. Корейская эмиграция на русский Дальний Восток и ее трагизм // Миграционные процессы в Восточной Азии. Международная конференция 20–24 сентября 1994 г.: тезисы докладов и сообщений. Владивосток, 1994. С. 112–114.

85. Кузин А.Т. Корейцы – бывшие японские подданные в послевоенной

советской системе управления на Южном Сахалине (1945–1947 гг.) // Власть и управление на Востоке России. 2010. № 3. С. 95–101.

86. Кузин А.Т. Корейцы на Южном Сахалине // Великая Отечественная война: итоги и уроки. Всероссийская научная конференция, 21–22 апреля 2010 г. Владивосток, 2010. С. 40–47.

87. Кузин А.Т. Переход корейцев в Дальневосточные пределы Российского государства (Поиски исследователя). Южно-Сахалинск, 2001. 64 с.

88. Кузин А.Т. Послевоенная вербовка северокорейских рабочих на промышленные предприятия Сахалинской области (1946–1960-е гг.) // Россия и АТР. 2010. № 3. С. 148–156.

89. Кузин А.Т. Проблемы послевоенной репатриации японского и корейского населения Сахалина // Россия и АТР. 2010. № 2. С. 76–83.

90. Кузин А.Т. Просвещение сахалинского корейского населения: исторический опыт и современность // Вестник Красноярского государственного университета им. В.П. Астафьева. 2011. № 2. С. 252–257.

91. Кузин А.Т. Сахалинские корейцы // История и положение корейцев в России. Материалы научно-практической конференции, посвященной 140-летию добровольного переселения корейцев в Россию, 13 августа 2004 г. Хабаровск, 2004. С. 61–72.

92. Кузин А.Т. Сахалинские корейцы: из истории национальной школы (1925–2000 гг.) // Вестник СПб. ун-та. Серия 13. 2010. Вып. 4. С. 3–8.

93. Кузин А.Т. Сахалинские корейцы: международно-правовые аспекты // А.П. Чехов в историко-культурном пространстве Азиатско-Тихоокеанского региона: материалы международной научно-практической конференции 21–30 сентября, 2005 г. Южно-Сахалинск: издательство «Лукоморье», 2006. С. 155–159.

94. Кузин А.Т. Сахалинское корейское население: гражданско-правовые аспекты // III Рыжковские чтения: материалы краеведческой научно-практической конференции 5–6 октября 2004 г. Южно-Сахалинск: Сахалинское книжное издательство, 2006. С. 95–101.

95. Кузин А.Т. Судьбы корейцев в аспекте исторического опыта освоения

Сахалина и Курильских островов // Россия и островной мир Тихого океана. Вып. I. Южно-Сахалинск: Сахалинское книжное издательство, 2009. 400 с. С. 269–281.

96. Кузин А.Т. Трансформация гражданского статуса сахалинских корейцев // Власть. 2010. № 08. С. 75–78.

97. Кузнецов С.И. Корейцы в советско-японской войне 1945 г. и проблема репатриации // Сибирь и Корея в Северо-Восточной Азии: сборник научных статей. Иркутск, 2004. С. 51–52.

98. Курбанов С.О. История Кореи: с древности до начала XXI в. СПб.: изд-во СПб. ун-та, 2009. 680 с.

99. Ланьков А.Н. КНДР вчера и сегодня: Неформальная история Северной Кореи. М.: Восток – Запад, 2005. 448 с.

100. Ланьков А.Н. Корейцы Сахалина // Восточный портал. Режим доступа: http://lankov.oriental.ru/d113.shtml (дата обращения: 04.02.2011).

101. Левин З.И. Менталитет диаспоры (Системный и социальный аспекты) // Национальные диаспоры в России и за рубежом в XIX–XX вв. Сборник статей. М.: ИРИ РАН, 2001. 332 с. С. 45–53.

102. Левин З.И. Менталитет диаспоры (системный и социокультурный анализ). М.: Институт востоковедения РАН; издательство «Крафт+», 2001. 176 с.

103. Ли Квангю. Корейская диаспора в мировом контексте // Этно - графическое обозрение. 1993. № 3. С. 27–39.

104. Лим Сунг-Сук. Обсуждение значения «возвратной миграции» среди сахалинских корейцев // Вестник Сахалинского музея. 2011. № 18. С. 261–264.

105. Ло Ен Дон. Проблема российских корейцев. М.: издательство «Арго», 1995. 108 с.

106. Мартин Т. Империя положительной деятельности: Советский Союз как высшая форма империализма // Государство наций: Империя и национальное строительство в эпоху Ленина и Сталина / под ред. Р.Г. Суни, Т. Мартина. М.: Российская политическая энциклопедия (РОССПЭН); Фонд «Президентский центр Б.Н. Ельцина», 2011. 376

с. С. 88–116.

107. Мики М. Карафуто в системе японских колоний // Россия и островной мир Тихого океана. Вып. I. Южно-Сахалинск: Сахалинское книжное издательство, 2009. 400 с. С. 144–148.

108. Милитарев А.Ю. О содержании термина «диаспора» (к разработке дефиниции) // Диаспоры. 1999. № 1. С. 24–33.

109. Мир после войны: дальневосточное общество в 1945–1950-е гг. / подобщ. ред. В.Л. Ларина, отв. ред. А.С. Ващук. Владивосток: Дальнаука, 2009. 696 с. (История Дальнего Востока России. Т. 3. Кн. 4).

110. Миссонова Л.И. Этническая идентификация населения Сахалина: от переписи А.П. Чехова 1890 года до переписей XXI века // Исследования по прикладной и неотложной этнологии. М., ИЭА РАН, 2010. Вып. 223. 88 с.

111. Миямото М. Японские исследования быта корейцев на Сахалине в период Карафуто // Россия и островной мир Тихого океана. Вып. I. Южно-Сахалинск: Сахалинское книжное издательство, 2009. 400 с. С. 261–268.

112. Молодяков В.Э., Молодякова Э.В., Маркарьян С.Б. История Японии. XX век. М.: ИВРАН; Крафт+, 2007. 528 с.

113. Мосейкина М.Н. Русская диаспора в Латинской Америке в послевоенный период // Национальные диаспоры России и за рубежом в XIX–XX вв. Сборник статей / Сост. Г.Я. Тарле. М.: ИРИ РАН, 2001. 331 с. С. 137–148.

114. Нацуко Ока. Корейцы в современном Казахстане: стратегия выживания в роли этнического меньшинства // Диаспоры. 2001. № 2–3. С. 194–220.

115. Пак Сын Ы. А.П. Чехов и проблемы аккультурации в сфере питания сахалинских корейцев // X Чеховские чтения: «Ориентиры сахалинского чеховедения в панораме XXI в. Южно-Сахалинск: издательство СахГУ, 2007. С. 55–61.

116. Пак Сын Ы. А.П. Чехов и проблема ассимиляции иммигрантов (на материале произведений сахалинских корейцев) // IX Чеховские чтения:

А. П. Чехов и проблемы нравственного здоровья общества. Южно-Сахалинск: издательство СахГУ, 2006. С. 53–58.

117. Пак Сын Ы. Адаптационная эволюция обрядов жизненного цикла у сахалинских корейцев // Современные корееведческие исследования в Дальневосточном государственном университете. Вып. 4. Владивосток: издательство Дальневосточного университета, 2006. С. 37–44.

118. Пак Сын Ы. Жизнь корейцев на Карафуто // Информационный портал корейцев СНГ. Режим доступа: http://www.arirang.ru/news/2007/07164.htm (Дата обращения: 30.09.2007).

119. Пак Сын Ы. К вопросу о послевоенной ответственности Японии за судьбу сахалинских корейцев // Уроки истории. Вторая мировая война и история России и мира XX–XXI вв.: материалы II международной научно-практической конференции. СПб.: издательство Политехнического университета, 2009. С. 89–90.

120. Пак Сын Ы. К вопросу об этимологии и структуре собственных имен сахалинских корейцев // VI научно-методическая сессия ЮСПК СахГУ: сборник научных статей. Южно-Сахалинск: издательство СахГУ, 2006. С. 107–112.

121. Пак Сын Ы. Корейцы на Сахалине: до и после Чехова // А.П. Чехов в историко-культурном пространстве Азиатско-Тихоокеанского региона: материалы международной научно-практической конференции 21–30 сентября 2005 г. Южно-Сахалинск: Лукоморье, 2006. С. 159–179.

122. Пак Сын Ы. Обряды жизненного цикла сахалинских корейцев: рождение ребенка, пэкиль, толь // XXXVII научно-практическая конференция преподавателей, аспирантов и сотрудников СахГУ: сборник научных статей. Южно-Сахалинск: издательство СахГУ, 2006. С. 41–43.

123. Пак Сын Ы. Политические репрессии и депортация корейцев с Сахалина в 1930–70-х гг. // Известия корееведения в Центральной Азии. 2010. № 9 (17). С. 55–67.

124. Пак Сын Ы. Политические репрессии и депортация корейцев с Сахалина в 1930–1970-х гг. // Вестник Сахалинского музея. 2014. № 21. С. 147–156.

125. Пак Сын Ы. Проблема адаптации иммигрантов и ее выражение в литературных текстах (на материале произведений сахалинских корейцев) // Филологический журнал: межвузовский сборник научных статей. Вып. XIV. Южно-Сахалинск: издательство СахГУ, 2006. С.17–21.

126. Пак Сын Ы. Проблемы идентификации сахалинской корейской молодежи // «Мозаика культур»: теория и практика поликультурного диалога в Азиатско-Тихоокеанском интеграционном поле: материалы международной научно-практической конференции 20–25 марта 2009 г. Южно-Сахалинск: издательство СОИПиПКК, 2009. С. 39–41.

127. Пак Сын Ы. Проблемы репатриации сахалинских корейцев на историческую родину // Сахалин и Курилы: история и современность: материалы региональной научно-практической конференции 27–28 марта 2007 г. Южно-Сахалинск: издательство Лукоморье, 2008. С. 277–287.

128. Пак Сын Ы. Проблемы сыновней почтительности «хё» у сахалинской корейской диаспоры // Актуальные проблемы духовно-нравственного воспитания детей и молодежи: материалы региональной научно-практической конференции 25–26 мая 2006 г. Южно-Сахалинск, 2007. С. 63–67.

129. Пак Сын Ы. Репатриация сахалинских корейцев на родину: история и проблемы // Сахалинское информационно-аналитическое агентство. Режим доступа: http://siaa.ru/index.php?pg=1&id=127088&owner=1&page=4&ndat=&cd=012012&hd=3(датаобращения:08.07.2012).

130. Пак Сын Ы. Сахалинская корейская семья: от традиционной к современной // Феномен творческой личности в культуре: материалы II международной конференции. М.: издательство МГУ, 2006. С. 133–141.

131. Пак Хен Чжу. Репортаж с Сахалина. Южно-Сахалинск: ЗАО «Файн Дизайн», 2004. 167 с.

132. Пак Чон Хё. Сахалинская область и корейцы после окончания Второй мировой войны // Уроки Второй мировой войны и современность: материалы международной научно-практической конференции 2–3 сентября 2010 г. Южно-Сахалинск, 2011. 404 с.

133. Петров А.И. Корейская диаспора в России 1897–1917 гг. Владивосток:

ДВО РАН, 2001. 400 с.

134. Петров А.И. Корейская диаспора на Дальнем Востоке России. 60–90-е годы XIX века. Владивосток: ДВО РАН, 2000. 304 с.

135. Подлубная И.Ф. Источники формирования корейского населения на Сахалине // Миграционные процессы в Восточной Азии: тезисы докладов и сообщений международной конференции 20–24 сентября 1994 г. Владивосток, 1994. С. 115–117.

136. Подпечников В.Л. О репатриации японского населения с территории Южного Сахалина и Курильских островов // Вестник Сахалинского музея. Южно-Сахалинск. 2003. № 10. С. 257–260.

137. Подпечников В.Л. Репатриация // Краеведческий бюллетень, 1993. № 1. С. 102–118.

138. Полоскова Т.В. Современные диаспоры. Внутриполитические и международные аспекты. М.: Научная книга, 1999. 252 с.

139. Российский энциклопедический словарь / гл. ред. А.М. Прохоров и др. В 2 кн. Кн. 2. М.: Большая Российская энциклопедия, 2001. 2015 с.

140. Савельева Е.И. От войны к миру: гражданское управление на Южном Сахалине и Курильских островах 1945–1947 гг. Корсаков: ИП Анистратов Александр Сергеевич, 2012. 112 с.

141. Семенов Ю.И. Этнос, нация, диаспора // Этнографическое обозрение. 2000. № 2. С. 64–74.

142. Сталин И.В. Марксизм и национальный вопрос // Сочинения. Режим доступа: http://www.petrograd.biz/stalin/2-19.php (дата обращения: 30.07.2012).

143. Степанов Н.Ю. Русские школы в Югославии и Чехословакии. К вопросу об адаптации российской диаспоры // Национальные диаспоры в России и за рубежом в XIX–XX вв.: сборник статей / сост. Г.Я. Тарле. М.: ИРИ РАН, 2001. 331 с. С. 149–159.

144. Стефан Дж. Сахалин. История // Краеведческий бюллетень. 1992. № 1. С. 46–88; № 2. С. 25–67; № 3. С. 65–126; № 4. С. 63–116.

145. Тен М.Д. Особенности личных взаимоотношений корейцев Узбекистана с корейцами Республики Корея в трудовых коллективах // Актуальные

вопросы корееведения: проблемы и перспективы: сборник материалов II международной научно-практической конференции, июнь 2011. Уссурийск, 2011. С. 240–243.

146. Тен Ю.М., Ким Е.У. Корейцы России – современное положение и проблемы // Сотрудничество. Материалы 6 международной научной конференции / под общ. ред. Е.У. Кима. Вып. 3. М., 2001. 149 с. С. 36–44.

147. Тишков В.А. Исторический феномен диаспоры // Этнографическое обозрение. 2000. № 2. С. 43–63.

148. Тишков В.А. О феномене этничности // Этнографическое обозрение. 1997. № 3. С. 3–21.

149. Тишков В.А. Реквием по этносу. М.: Наука, 2003. 542 с.

150. Тишков В.А. Единство в многообразии: публикации из журнала «Этнопанорама» 1999–2011 гг. 2-е изд., перераб. и доп. Оренбург: издательский центр ОГАУ, 2011. 232 с.

151. Толстокулаков И.А., Пак Сын Ы. Корейская диаспора на Сахалине: история формирования // Доклад на международной научной конференции «Россия и Корея в Северо-Восточной Азии в конце XIX – начале XX вв.». Владивосток, 24 – 25 августа 2009 г.

152. Тощенко Ж.Т. Постсоветское пространство: суверенизация и интеграция: Этносоциологические очерки. М.: РГГУ, 1997. 212 с.

153. Тощенко Ж.Т., Чаптыкова Т.И. Диаспора как объект социологического исследования // Социологические исследования. 1996. № 12. Л. 33–42.

154. Тян В.С. Сахалинские корейцы в Южной Корее (Отчет о поезд - ке в Республику Корея) // Вестник Сахалинского музея. 2011. № 18. С. 475–477.

155. Усманова Л. В поисках национальной идентичности (тюрко-татарская диаспора в Северо-Восточной Азии) // Диаспоры. 2005. № 2. С.6–39.

156. Ханья С. Интеграция Сахалинских корейцев в советское общество в середине 50-х гг. XX столетия // Краеведческий бюллетень, 2005. № 4. С. 195–212.

157. Хегай И.А. Корейцы России: история и современность // Сибирь и

Корея в Северо-Восточной Азии. Сборник научных статей. Иркутск, 2004. С. 21–25.

158. Цупенкова И.А. Забытый театр (Из истории Сахалинского корейского драматического театра. 1948–1959 гг.) // Вестник Сахалинского музея. 1997. № 4. С. 207–213.

159. Чебоксаров Н.Н. Народы, расы, культуры. М.: Наука, 1985. 271с.

160. Чернолуцкая Е.Н. Трудовое и бытовое устройство корейцев на Сахалине в конце 1940-х – начале 1950-х годов // Вестник Центра корееведческих исследований ДВГУ. Спецвыпуск: материалы II международной научной конференции. Владивосток, 2004. № 1. С. 117–125.

161. Чехов А.П. Остров Сахалин // Из Сибири. Иркутск: Восточно-Сибирское книжное издательство, 1985.

162. Шерешевская Е. Строка, ведущая к истоку // Губернские ведомости. 2009. 30 мая. С. 3.

163. Широкогоров С.М. Этнос: Исследование основных принципов изменения этнических и энографических явлений. Изд. 2-е. М.: Книжный дом «ЛИБРОКОМ», 2011. 136 с.

164. Шнирельман В.А. Мифы диаспоры // Диаспоры. 1999. № 2. С. 6–33.

165. Щеглов В.В. Переселение советских граждан на Южный Сахалин и Курильские острова в середине 40-х – начале 50-х гг. XX в. // Краеведческий бюллетень. 2000. № 4. С. 54–68.

166. Экономика Сахалина / Бок Зи Коу, М.С. Высоков и др. Южно-Сахалинск: Сахалинское областное книжное издательство, 2003. 308 с.

학위논문 및 학위논문 요약집

167. Гадиева А.Н. Осетинская диаспора в Турции: этносоциологический аспект: дис. … канд. соц. наук. М., 2002. 160 с.

168. Ким И.П. Политическое, социально-экономическое и демографическое

развитие территорий, присоединенных к Российской Федерации после завершения второй мировой войны (Восточная Пруссия, Южный Сахалин, Курильские острова). 1945 – первая половина 1949 года: дис. ... канд. ист. наук. Южно-Сахалинск, 2010. 255 с.

169. Кузин А.Т. История корейского населения российского Сахалина (конец XIX – начало XXI вв.): дис. ... д-ра. ист. наук. Владивосток, 2012. 526 с.

170. Кушхабиев А.В. Черкесская диаспора в арабских странах. История и современность: автореферат дис. ... д-ра. ист. наук. М., 1998. 49 с.

171. Ли Бен Дю. Южный Сахалин и Курильские острова в годы японского господства: дис. ... канд. ист. наук. М., 1976. 177 с.

172. Ли Сонг Джэ. Вопросы гражданства в международном праве: дис. ... канд. юр. наук. М., 2002. 215 с.

173. Рудянов Г.С. Греческая диаспора на Северном Кавказе во второй половине XIX – начале XX века: автореферат дис. ... канд. ист. наук. Пятигорск, 1998. 23 с.

통계 자료

174. Всероссийская перепись населения 2010 г. Национальный состав и владение языками, гражданство // Всероссийская перепись населения 2010 г. Режим доступа: http://www.perepis-2010.ru

175. Всероссийская перепись населения 2002 г. Т. 4. Национальный состав и владение языками, гражданство // Всероссийская перепись населения 2002 г. Режим доступа: http://www.perepis2002.ru

176. Всесоюзная перепись населения 1989 года. Национальный состав населения по регионам России (Рабочий архив Госкомстата России. Таблица 9с. Распределение населения по национальности и родному языку) // Демоскоп Weekly. Режим доступа: http://demoscope.ru/weekly/ssp/rus_nac_89.php? reg=73

177. Итоги переписи населения 1999 г. в Республике Казахстан. Статистический сборник. Т. 4. Часть 2. Население Республики Казахстан по национальностям и уровню образования / под ред А. Смаилова. Алматы: Агентство Республики Казахстан по статистике, 2000. 298 с.

178. Сахалинская область на рубеже XXI в. Статистический ежегодник. Южно-Сахалинск: Госкомстат России, Сахалинский областной комитет государственной статистики, 2001. 321 с.

179. Сахалинская область: цифры и факты 2010–2011 гг. Южно-Сахалинск: Федеральная служба государственной статистики, Территориальный орган федеральной службы государственной статистики по Сахалинской области (Сахалинстат), 2012. 48 с.

영문 문헌

180. Chapman D. Zainichi Korean identity and ethnicity. London, New York: Routledge, 2008. p. 182.

181. Chong Il Chee. Repatriation of Stateless Koreans from Sakhalin Island // Korea and World Affairs. 1987. Vol. XI. № 4. pp. 708–743.

182. Duus P. The Abacus and the Sword: the Japanese Penetration of Korea, 1895–1910. Berke-ley-Los Angeles-London, University of California Press. p. 480.

183. Ginsburgs George. Labor policy and foreign Workers: the case of North Korean Gastarbeiter in the Soviet Union // Soviet Administrative Law: theory and policy edited by George Ginsburgs, Giarnmaria Ajani, Ger P. van den Berg. Netherlands: Martinus Nijhoff Publishers, 1989. pp. 399–424.

184. Ginsburgs George. The citizenship law of the USSR. Netherlands: Martinus Nijhoff Publishers, 1983. p. 391.

185. Kashiwazaki Ch. The politics of legal status // Koreans in Japan: Critical voices from the margin / Edited by Sonia Ryang. London and New

York: Rouledge, 2000. p. 228, pp. 13–31.

186. Ko Swan Sik. Nationality and international law in Asian perspective. Dordrecht-Boston: M. Nijhoff, 1990. p. 453.

187. Kuzin A.T. The former Japanese citizens in the post-war Soviet control system on Southern Sakhalin (1945–1947) // Power and administration in the east of Russia. Khabarovsk, 2010. № 3. pp. 82–88.

188. Lankov Andrei. Dawn of Modern Korea. The Transformation in Life and Cityscape. Seoul: EunHaeng NaMu, 2007. p. 374.

189. Lankov Andrei. Forgotten People: The Koreans of Sakhalin Island, 1945–1991 // Transactions of the Royal Asiatic Society – Korea Branch. 2010. Vol. 85. pp. 13–28.

190. Lee Ch., De Vos G. Koreans in Japan. Ethnic Conflict and Accommodation. Berkeley, Los Angeles, London: University of California Press, 1981. p. 438.

191. Lee Dayne. Sakhalin Korean Identity & Engagement in the 21st Century Korean Diaspora: senior thesis. Claremout: Pomona College, 2011. p. 157.

192. Lee Jeanyoung. Ethnic Korean Migration in Northeast Asia // Human Flows across National Borders in Northeast Asia: International Seminar/ Monterey: Monterey Institute of International Studies, 2002. pp. 118–140.

193. Morris-Suzuki Tessa. Northern lights: The making and unmaking of Karafuto identity // The Journal of Asian Studies. 2001. Vol. 60 (Aug). № 3. pp. 645–671.

194. Morris-Suzuki Tessa. Reinventing Japan: time, space, nation. New York: M.E. Sharpe, 1998. p. 237.

195. Relations with the Soviet Union / A Country Study: South Korea. June 1990 // Library of Congress Country Studies: South Korea. Режим доступа: http://loc.gov (дата обращения: 17.07.2012).

196. Shiode H. Nation or Colony? The Political Belonging of the Japanese in Karafuto // Social Science Journal. 2009. Vol. 12. № 1. pp. 101–119.

197. Stephan John J. Sakhalin: a history. Oxford: Clarendon Press, 1971. p. 240.

198. Tamura Eileen. Americanization, acculturation, and ethnic identity: the Nisei generation in Hawaii. Urbana: University of Illinois Press, 1994. p. 326.

199. The Japanese Colonial Empire / edited by Ramon H. Myers and Mark R. Peattie. Princeton: Princeton University Press, 1984. p. 541.

200. Voices from the Shifting Russo-Japanese Border: Karafuto/Sakhalin / edited by Svetlana Paichadze, Philip A. Seaton. London and New York: Routledge, 2015. p. 362.

일본 문헌

201. サハリン残留韓国・朝鮮人問題と日本の政治: 議員懇談会の七年. 東京: サハリン残留韓国・朝鮮人問題議員懇談会, 1994. 501頁.

202. ディンユリア. アイデンティを求めて―サハリン朝鮮人の戦後 // 北東アジアのコリアン・ディアスポラ樺太を中心に. 小樽: 小樽商科大学出版会, 2012. 148-165頁.

203. 角田房子. 悲しみの島サハリン―戦後責任の背景. 東京: 新潮社, 1994. 308頁

204. 角田房子. 悲しみの島サハリン―戦後責任の背景. 東京: 新潮社, 1997. 380頁.

205. 高木健一. サハリン残留韓国・朝鮮人問題: 日本の戦後責任. 大阪: 大阪人権歴史資料館, 1989. 80頁.

206. 工藤信彦. わが内なる樺太―外地であり内地であった「植民地」をめぐって. 東京: 石風社, 2008. 310頁.

207. 奈賀悟. 日本と日本人に深い関係があるババ・ターニャの物語. 東京: 文藝春秋, 2001. 331頁.

208. 大沼保昭. サハリン棄民―戦後責任の点景. 東京: 中央公論社, 1992. 228頁. 209. 大沼保昭. 東京裁判, 戦争責任, 戦後責任(『東京裁判から戦後責任の思想へ』の改題). 東京: 東信堂, 2007. 361頁.

210. 大沼保昭. 東京裁判から戦後責任の思想へ. 東京: 東信堂, 1997. 416頁.

211. 大沼保昭. 東京裁判から戦後責任の思想へ. 東京: 東信堂, 1993. 330頁.

212. 大沼保昭. 東京裁判から戦後責任の思想へ. 東京: 有信堂高文社, 1985. 241頁.

213. 李恢成. 私のサハリン. 東京: 講談社, 1975. 197頁.

214. 李恢成. サハリンへの旅. 東京: 講談社, 1989. 506頁.

215. 林えいだい. 証言・樺太(サハリン)朝鮮人虐殺事件. 東京: 風媒社, 1992. 302頁.

216. 朴慶植. 朝鮮人強制連行の記録. 東京: 未来社, 1965. 341頁.

217. 朴亨柱. サハリンからのレポ-ト. 東京: 御茶の水書房, 1990. 200頁.

218. 北東アジアのコリアン・ディアスポラ樺太を中心に / 今西一編著 小樽: 小樽商科大学 出版会, 2012. 339頁.

219. 三木理史. 国境の植民地・樺太. 東京: 塙書房, 2006. 173頁.

220. 三木理史. 移住型植民地樺太の形成. 東京: 塙書房, 2012. 420頁.

221. 三木理史 戦間期樺太における朝鮮人社会の形成 // 社会経済史学. 2003 年1月. 第65・5号. 25・45頁.

222. 松田利彦. 戦前期の在日朝鮮人と参政権. 東京: 明石書店, 2004. 195頁.

223. 新井佐和子. サハリンの 韓国人はなぜ 帰れなかったのか. 東京: 草思社, 1997. 268頁.

224. 伊藤孝司. 写真記録 樺太棄民―残された 韓国・朝鮮人の 証言. 東京: ほるぷ出版, 1991. 150頁.

225. 長澤秀. 戦時下南樺太の被強制連行朝鮮人炭礦夫について//在日朝鮮人 史研究. 1986年10月. 第16号. 1・37頁.

226. 長澤秀. 戦時下常磐炭田の朝鮮人鉱夫殉職者名簿: 1939. 10~1946.1. 東京: 松戸, 1988. 51頁.

227. 長澤秀. 朝鮮人強制連行強制労働の 記録〈北海道・千島・樺太篇〉. 東京: 現代史出版会, 1974. 485頁.

228. 崔吉城. 樺太朝鮮人の悲劇―サハリン朝鮮人の現在. 東京: 第一書房, 2007. 282頁.

229. 片山通夫, 吉翔. サハリン物語―苦難の 人生をたどった 朝鮮人たちの 証言. 大阪: リトルガリヴァー社, 2001. 260頁.

230. 片山通夫. 追跡! あるサハリン残残留朝鮮人の 生涯. 東京: 凱風社, 2010. 288頁

231. 玄武岩. コリアン・ネットワーク: メディア・移動の歴史と空間. 札幌: 北海道大学出版会, 2013. 468頁.

232. 玄武岩. サハリン残留 韓国・朝鮮人の 帰還をめぐる 日韓の 対応と 認識-- 1950~70年代の 交渉過程を中心に // 同時代史研究. 2010年3月. 35/50頁.

한국 문헌

233. 이재혁. 일제강점기 사할린의 한인이주 // 시베리아연구. 2011. 제1(15) 집. 85–135쪽.

234. 이토다카시. 사할린 아리랑: 카레이스키의 증언. 서울: 눈빛, 1997. 234쪽.

235. 검은 대륙으로 끌려간 조선인들·강제동원 구술기록집 / 방일권 책임편 집. 서울: 일제강점하 강제동원피해 진상규명위원회, 2006. 351쪽.

236. 김명환. 할린 강제동원 조선인들의 실태 및 귀환. 서울: 대일항쟁기 강제 동원 피해조사 및 국외강제동원희생자등 지원위원회간, 2011. 92쪽.

237. 김민영. 사할린한인의 이주와 노동, 1939–1945 // 국제지역연구. 2000. 제1(4)집. 23–52쪽.

238. 김성종 . 정책옹호연합모형을 통한 정책변동과정 분석: 사할린 동포 영 주 귀국 사례 // 한국동북아논총. 2009. 제53집. 309–334쪽.

239. 김성종. 사할린한인동포 귀환과 정착의 정책과제 // 한국동북아논총. 2006. 제40집. 195–218쪽.

240. 김성종. 사할린한인동포 귀환의 정책의제화 과정 연구// 한국동북아논 총. 2009. 제50집. 309–329쪽.

241. 김승일. 사할린한인 미귀환 문제의 역사적 접근과 제언 // 한국근현대사 연구. 2006. 제38집. 185–225쪽.

242. 김인성. 사할린한인의 한국으로의 재이주와 정착분석–제도 및 운용실태 를 중심으로 // 재외한인연구. 2011. 제24집. 279–301쪽.

243. 김주자. 사할린 귀환동포의 생활적응 실태 연구–노인시설 거주자를 중 심으로: 석사학위논문. 용인: 단국대학교, 2007. 89쪽.

244. 나형욱. 사할린 영주귀국 동포 정착실태에 관한연구 // 외동포와 다문 화: 2009년 재외한인학회·세계한상문화연구단 공동학술대회 자료 집. 2009년. 109–137쪽.

245. 노영돈. 사할린한인에 관한 법적 제문제 // 국제법학회논총. 1992. 제37– 2집. 123–144쪽.

246. 노영돈. 사할린한인에 대한 일본의 법적 책임 / 교포정책자료. 서울: 제 35집. 해외교포문제연구소, 1990. 35–41쪽.

247. 노영돈. 사할린한인의 귀환문제에 관하여 // 인도법논총. 1991. 제10–11 집. 219–236쪽.

248. 노영돈. 사할린한인 우편저금 등 보상청구소송 // 한민족공동체. 2008.

제16집. 60–76쪽.

249. 러시아 사할린, 연해주 한인동포의 생활문화. 서울: 국립민속박물관, 2001. 419쪽.

250. 마츠다 도시히코. 일제시기 참정권문제와 조선인. 서울: 국학자료원, 2004. 195쪽.

251. 박경석. 사할린에서 온 편지 // 신동아. 1967년. 제9집. 248–252쪽.

252. 박경석. 적치하의 망향 30년 // 신동아. 1967. 제3집. 170–178쪽.

253. 박승의. 사할린한인동포 제2세. 우리는 누구인가 // 지역사회. 2004. 제 47집. 115–129쪽.

254. 방일권. 한국과 러시아의 사할린한인 연구 – 연구사의 검토 // 동북아역 사논총, 2012. 제38(12)집. 363–413쪽.

255. 배상우. 사할린영주귀국 시설노인의 생활실태 및 만족도에 대한 연구: 석사학위논문. 대구: 대구대학교, 2006. 93쪽.

256. 배수한. 영주귀국 사할린동포의 거주실태와 개선방향: 부산 정관 신도 시 이주자 중심으로 // 국제정치연구. 2010. 제13(2)집. 279–308쪽.

257. 사할린 가미시스카(上敷香) 조선인 학살사건 진상조사 / 연구책임자: 방 일권. 서울: 일제강점하 강제동원 피해진상 규명위원회, 2007. 88쪽.

258. 사할린 미즈호(瑞穗) 조선인 학살사건 진상조사 / 연구책임자: 방일권. 서울: 일제강점하 강제동원 피해진상 규명위원회, 2008. 107쪽.

259. 오누마 야스아키. 사할린에 버려진 사람들. 서울: 정계연구소, 1993. 228쪽.

260. 이상원. 해방 이후 (1945–1977) 사할린한인의 정착과정과 귀환운동: 석 사학위논문. 서울: 고려대학교, 2014. 79쪽.

261. 이성환. 사할린한인 문제에 관한 서론적 고찰 // 국제학논총. 2002. 제 7(12)집. 215–231쪽.

262. 이순형. 사할린귀환자. 서울: 서울대출판부, 2004. 180쪽.

263. 이원용. 사할린 가미시스카 한인학살사건 1. 서울: 북코리아, 2009. 426쪽.

264. 이은숙, 김일림. 사할린한인의 이주와 사회문화적 정체성: 구술 자료를 중심으로 // 역사문화지리. 2008. 제20–1집. 19–33쪽.

265. 이재혁. 러시아 사할린한인이주의 특성과 인구발달 // 국토지리학회지. 2010. 제2(44)집. 181–198쪽.

266. 이재혁. 러시아 사할린한인인구의 형성과 발달: 박사학위논문. 서울: 경 희대학교, 2010. 202쪽.

267. 장민구. 사하린의 한국인들 // 북한. 1976. 제56(8)집. 243–253쪽.

268. 장민구. 사할린(화태)억류동포실태에 관한 연구: 석사학위논문. 서울: 동국대학교, 1978. 53쪽.

269. 장민구. 사할린에서 온 편지. 서울: 한국방송공사, 1976. 284쪽.

270. 장세철. 사할린 영주귀국자들의 생활실태: 안산시에 영주 귀국한 1세 독신노인을 중심으로 // 인문사회과학연구. 2003. 제3집. 127–143쪽.

271. 정근식·염미경. 디아스포라, 귀환, 출현적 정체성: 사할린한인의 역사적 경험 // 재외한인연구. 2000. 제9집. 237–280쪽.

272. 정천수. 사할린영주귀국동포 생활상 및 사회복지 지원실태에 관한 연구: 안산고향마을을 중심으로: 석사학위논문. 금산군: 중부대학교, 2007. 103쪽.

273. 정혜경, 심재욱, 오일환, 김명환, 北原道子, 김남영. 강제동원을 말한다. 1, 이름만 남은 절규: 명부편. 서울: 선인, 2011. 422쪽.

274. 정혜경. 1944년에 일본 본토로 '전환배치'된 사할린(화태)의 조선인 광부 // 한일민족문제연구. 2008. 제14집. 5–73쪽.

275. 정혜경. 전시체제기 화태 전환배치 조선인 노무자 관련 명부의 미시적 분석 // 숭실사학. 2009. 제22집. 155–182쪽.

276. 정혜경. 지독한 이별: 1944년, 에스토르(惠須取). 서울: 선인, 2011. 299쪽.

277. 조정남. 북한의 사할린한인정책// 민족연구. 2002. 제8집. 187–197쪽.

278. 최길성. 사할린 동포의 민족간 결혼과 정체성 // 비교민속학. 2000. 제19집. 103–123쪽.

279. 최길성. 사할린: 유형과 기민의 땅. 서울: 민속원, 2003. 302쪽.

280. 최길성. 한인의 사할린 이주와 문화변용 // 동북아문화연구. 2001. 제1집. 243–271쪽.

281. 최상구. 사할린: 얼어붙은 섬에 뿌리내린 한인의 역사와 삶의 기록. 서울: 미디어 일다, 2015. 308쪽.

282. 최종혁·한동우. 사할린 귀환동포 생활실태조사. 용인: 강남대학교, 2001.

283. 춘계 (류시욱). 오호츠크해의 바람 / 방일권 옮김. 서울: 선인, 2014. 350쪽.

284. 텐 옥사나. 러시아 사할린한인의 민족정체성-우즈베키스탄 고려인과의 비교를 중심으로: 석사학위논문. 서울: 연세대학교, 2011. 64쪽.

285. 한경구. 일본인의 전쟁과 죽음의 기억: 신화로서의 사할린. 마오카 우편전화국 여성 전화교환수 집단자살 사건과 국제이해 교육 // 사회과

학연구. 2008. 제21집. 23-48쪽.

286. 한혜인. '조선인강제연행'에서의 강제성의 한 단면: 홋카이도탄광 기선 주식회사를 중심으로 // 일본어문학. 2001. 제10집. 265-293쪽.

287. 한혜인. 노동력 동원에 있어서 식민지 지배 '폭행'선 // 중국인 강제여행. 2002. 제6집. 1-9쪽.

288. 한혜인. 사할린한인 귀환을 둘러싼 배제와 포섭의 정치: 해방후~1970년 대까지의 사할린한인 귀환 움직임을 중심으로 // 사학연구. 2011. 제102집. 157-198쪽.

289. 한혜인. 전시기(戰時期) 조선인 강제연행의 경로 -강제연행 정책수립의 과정을 중심으로// 한일군사문화학회. 2007. 제5집. 149-171쪽.

290. 한혜인. 코리안 디아스포라로서의 사할린여성: 착중된 고향, 화태의 기억 // 심포지움 '코리안 디아스포라: 젠더, 계급, 민족'. 서울: 서울대학교. 2007년 11월 3일-4일. 1-9쪽.

291. 현규환. 재소한인의 사적 고찰 / 교포정책자료. 서울: 제13집. 해외교포 문제연구소, 1972. 1-200쪽.

292. 호경임. 사할린 귀환동포의 생활만족 결정요인에 관한 연구: 석사학위 논문. 용인: 강남대학교, 2002. 75쪽.

293. 황정태. 사할린 귀환동포의 생활적응 과정에 관한 연구: 석사학위논문. 용인: 강남대학교, 2002. 70쪽.

인터뷰 자료

294. [А.], муж., 1938 г. р., г. Ансан, 10.06.2010.

295. [А.], муж., 1951 г. р., п. Углезаводск, 01.02.2009.

296. [А.], муж., 1958 г. р., г. Южно-Сахалинск, 28.08.2010.

297. [А.], муж., 1970 г. р., г. Южно-Сахалинск, 23.08.2010.

298. [А.], муж., 1980 г. р., г. Южно-Сахалинск, 13.09.2010.

299. [А.], муж., 1980 г. р., г. Южно-Сахалинск, 18.12.2010.

300. [Б.], жен., 1942 г. р., г. Южно-Сахалинск, 22.12.2009.

301. [Б.], муж., 1938 г. р., г. Южно-Сахалинск, 22.12.2009.

302. [Д.], жен., 1954 г. р., г. Южно-Сахалинск, 10.04.2009.

303. [Д.], жен., 1979 г. р., г. Южно-Сахалинск, 17.11.2010.

304. [Д.], муж., 1952 г. р., г. Южно-Сахалинск, 12.04.2009.

305. [И.], муж., 1985 г. р., г. Южно-Сахалинск, 10.08.2010.

306. [И.], муж., 1985 г. р., г. Инчхон, 08.11.2010.

307. [К.], жен., 1947 г. р., г. Южно-Сахалинск, 19.12.2009.

308. [К.], муж., 1990 г. р., г. Южно-Сахалинск, 23.08.2010.

309. [Н.], муж., 1934 г. р., г. Ансан, 10.06.2010.

310. [Н.], муж., 1938 г. р., г. Ансан, 10.06.2010.

311. [П.], муж., 1925 г. р., п. Углезаводск, 20.12.2008.

312. [П.], муж., 1936 г. р., г. Южно-Сахалинск, 10.11.2009.

313. [Р.], жен., 1945 г. р., г. Южно-Сахалинск, 28.12.2008.

314. [С.], жен., 1977 г. р., г. Южно-Сахалинск, 09.11.2010.

315. [С.], муж., 1930 г. р., г. Южно-Сахалинск, 09.11.2009.

316. [С.], муж., 1931 г. р., г. Южно-Сахалинск, 12.11.2009.

317. [С.], муж., 1943 г. р., г. Пусан, 17.06.2010.

318. [С.], муж., 1944 г. р., г. Южно-Сахалинск, 11.11.2009.

319. [Т.], муж., 1930 г. р., г. Южно-Сахалинск, 03.08.2009.

320. [Т.], муж., 1933 г. р., г. Южно-Сахалинск, 19.03.2009.

321. [Х.], жен., 1926 г. р., г. Поронайск, 28.11.2009.

322. [Х.], жен., 1960 г. р., г. Южно-Сахалинск, 17.07.2010.

323. [Ч.], жен., 1937 г. р., г. Ансан, 10.06.2010.

324. [Ч.], муж., 1930 г. р., п. Быков, 26.09.2010.

325. [Э.], муж., 1955 г. р., г. Южно-Сахалинск, 17.07.2010.

인터넷 자료

326. Library of Congress. Режим доступа: http://loc.gov

327. Всероссийская перепись населения 2002 г. Режим доступа: http://www.perepis 2002.ru

328. Всероссийская перепись населения 2010 г. Режим доступа: http://www. perepis-2010.ru

329. Информационный портал корейцев СНГ. Режим доступа: http://www. arirang.ru/regions/russia/sakhalin.htm

330. Муниципальное бюджетное общеобразовательное учреждение средняя общеобразовательная школа № 9 с углубленным изучением восточных языков и культуры. Режим доступа: http://www.school9.sakh.com

331. Официальный сайт Организации Объединенных Наций. Режим доступа: http://www.un.org/ru/documents/decl_conv/declarations/declhr.shtml

332. Официальный сайт, созданный Министерством Юстиции, Министерством Экономики и Министерством Труда Республики Корея. Режим доступа: http://www.hikorea.go.kr

333. Центр просвещения и культуры Республики Корея на Сахалине // Официаль http://www.sakhalinedu.com/rus/main

진 율리야 이바노브나

사할린국립대학교 졸업. 대한민국 고려대학교 석사과정 졸업. 블라디보스토크 소재 극동연방대학교에서 박사학위 취득.
사할린 한인사, 제2차 세계대전 이후 사할린 다민족 사회, 가라후토의 역사 등에 관심을 갖고 연구를 진행 중이다.
사할린과 쿠릴열도의 역사와 관련된 여러 편의 저서와 논문 등 연구 업적이 있다.
"사할린박물관소식" 지의 책임편집자를 역임하고 있다.

김종헌

건국대학교 정치외교학과 졸업, 동 대학교 대학원 정치학 석사, 모스크바국립대학교 역사학부에서 역사학 박사학위 취득.
러일전쟁사, 근대시기 한러관계, 러시아의 극동정책 등과 관련하여 저서, 논문, 역서 등 약 50여 편의 연구업적이 있다.
고려대학교 역사학연구소 연구교수.